高等学校中文一流学科参考教材

中国训诂学

冯浩菲 著

山东大学出版社
SHANDONG UNIVERSITY PRESS
·济南·

图书在版编目(CIP)数据

中国训诂学/冯浩菲著. --济南:山东大学出版社,2023.6

高等学校中文一流学科参考教材

ISBN 978-7-5607-7654-5

Ⅰ.①中… Ⅱ.①冯… Ⅲ.①训诂-高等学校-教材 Ⅳ.①H13

中国版本图书馆 CIP 数据核字(2022)第 187228 号

责任编辑　郭凯迪
封面艺术　徐　超
美术编辑　王秋忆

中国训诂学

ZHONGGUO XUNGUXUE

出版发行　山东大学出版社
社　　址　山东省济南市山大南路 20 号
邮政编码　250100
发行热线　(0531)88363008
经　　销　新华书店
印　　刷　山东新华印务有限公司
规　　格　720 毫米×1020 毫米　1/16
　　　　　31.5 印张　510 千字
版　　次　2023 年 6 月第 1 版
印　　次　2023 年 6 月第 1 次印刷
定　　价　88.00 元

"高等学校中文一流学科参考教材"编辑出版工作委员会

“高等学校中文一流学科参考教材”总序

中国最早的教材要数相传孔子教弟子用的《诗经》《尚书》《乐经》《易经》《仪礼》《春秋》,这六部书被称为“六经”,师徒相授,代代不绝。教材是对先民历史和智慧的总结,具有系统性。《礼记·经解》说:“其为人也,温柔敦厚,《诗》教也。疏通知远,《书》教也。广博易良,《乐》教也。絜静精微,《易》教也。恭俭庄敬,《礼》教也。属辞比事,《春秋》教也。”《史记·太史公自序》:“《易》著天地阴阳,四时五行,故长于变。《礼》经纪人伦,故长于行。《书》记先王之事,故长于政。《诗》记山川溪谷、禽兽草木、牝牡雌雄,故长于风。《乐》乐所以立,故长于和。《春秋》辩是非,故长于治人。”用现在人的眼光看,是完整的“教材体系”。这个教材体系,经过千百年的阐释而不断丰富,成为中华民族文化的“根脉”。辛亥革命推翻了帝制,1912年教育总长蔡元培主持制定颁发《普通教育暂行办法》《普通教育暂行课程标准》,废除了“读经科”。我国的小学、中学、大学课程体系逐步走上了一条与国际接轨的新路,教材体系也随之改变,从民国间商务印书馆的全套教材,可以看到它的面貌。“读经科”废止后,“五经”的内容并没有中止传播,而是经过调整散入了新的课程体系,不过对这些经典的诠释有了全新的角度,“五经”转化为“历史文化”。时至今日,大学分科早已成熟,文、史、哲、政、经、法、数、理、化、生物等等,门类齐全,应有尽有。与之适应的教材也同样体系完备。教材是一个国家教育水平的基本标志,学术体系、学科体系、话语体系、教材体系、评价体系的建设,成为加快构建中国特色哲学社会科学体系的组成部分。2017年,国务院办公厅发布关于成立国家教材委员会的通知,决定成立国家教材委员会,旨在加快构建中国特色的教材体系。为响应党中央号召,山东大学文学院决定组织出版“高等学校中文一流学科参考教材”,把中国语言文学学科具有参考价值的教材修订重印,同时把正在使用而尚未正式出版的优秀教材进行完善,正式出版。希望教育界的同行试用或参考这些教材,提出修改意见,使这些教材逐步成为适应新时代课程体系的成熟教材。历史经验告诉我们,教材建设是一项复杂的工作,优秀教材是在教学实践中逐步形成的,有一个被接受、被认可的过程。例如郭在贻先生的《训诂学》,1986 年由湖南人民出版社出版(周秉钧主编的"古汉语学习丛书"之一),以其独创性和实用性,逐步被教育界、学术界认可,2005 年中华书局出版的修订单行本,被誉为"训诂学的经典教材"。其间经历了二十年的历史。我们把这套教材叫"参考教材",正是本着这样的思路。我们希望用这样的方式为国家教材建设做出一定的贡献。

这项工作得到各位专家教师的积极合作,山东大学文学院用学科建设经费予以资助,山东大学出版社予以大力支持,谨此申谢。

杜泽逊

2022 年 5 月 8 日

例　言

一、鉴于直至目前，我国训诂学的学科体系仍然是粗疏的、落后的，跟其他现代社会科学各学科的完备体系相比，距离尚远，故本书企图向学界提供一个训诂学的新体系，使这门学科的整个体系在科学化改造方面能够向前迈进一大步。

二、长期以来，学界基本上把训诂学等同于语义学（semantics），这是借用训诂学母体之大名，代行语义学支子之小实，不利于两门学科的发展。应当依照文字学、音韵学、语法学、修辞学等学科的成例，还母体之实，新支子之名。因此，本书所论，正本清源，认定训诂学就是具有综合性质和实用性质的注释学，对它的名称定义作了新解，与国外对这类学科的分类和称名相同。凡与注释性质无直接关系的其他分支学科内容，如文字变异孳乳、音韵流变法则及词义嬗变规律等等，均不论及，留待各有关学科去专门讨论。

三、本书的基本目的是通过学习，让热心训诂学和训诂事业的人员既能够看懂历代群书旧注，又能够掌握系统的科学的训诂学知识，并会作新注。为此，在内容安排上一扫前人杂目并陈、主次不明的旧规，以介绍中国历代群籍训诂著作中所反映出来的训诂学体系——训诂体式、训诂方面、训诂方法、训诂理论——为内容，其中又以训诂方法的介绍为主。在章目编排上，除绪论外，历代训诂学发展大势关乎全局，训诂学体系其他诸项目总括于体式，故各辟专章，先行介绍。主体章目的编次，以今人从事训诂工作的一般进程，即以训诂方面的先后缓急为序，方法、理论贯穿其中。章内分节，节内分层，基本以一、（一）、1、1）、（1）、①、A、a 的级差标码为序，上下相属，彼此相关，各有部居，绝不相乱，构成一个完整的有机的训诂学理论体系。

四、为了帮助读者了解历代群籍训诂著作中所反映出来的训诂学体系的全貌，书中力求对每一种训诂体式、训诂方面所涉及的各类主要训诂方法都加以介绍,并对其功能、兴废酌加评论,使读者易知去取。

五、遵照前辈学者所倡"例不十,法不立"的标准,确立各类条目。同一条目之下所举例证,力求按时代先后为序,或点明演变之迹,使训诂学的史与法相交织,取便习览。

六、本书所举例证,大都经过精心选择,除要求切合例意、论点之外,还注意到用例的典型性、代表性、风格及教育作用、普及作用等。凡孤例单证、淫辞詈句及古僻聱牙者均不采录。读者既可以了解掌握训诂学知识,又可以增广异闻,拓宽知识范围,尽量做到一书多用。

七、学术术语正确与否,直接关系着一代学术水平的高低。因此,本书除随着一些新内容新概念的出现标立相应的新名目之外,对原有的训诂学术语也斟酌情况,有所更新。如用"反义同字词"代替"反训词",用"随文注释"代替"随文释义",用"训诂工具书体"及"考证体"等名目分别指代原有的"训诂专书"或"通释语义的专著"等提法中所包括的有关书目。凡此之类,均以显明准确为要归,非故意标新立异。

八、为了撰写本书,著者曾专门花了十多年时间,昼夜兼程,仔细研读了历代数百千种有代表性的典籍训诂著作。因此,本书所涉及的参考书籍,上自商周,下迄清朝乃至当代,兼及外域,数量相当庞大。篇幅所限,不可能一一列举书目。凡曾经研览而不引录其文的均不予提及,凡引及其文的均随文举出主名书名或加脚注,不另列引书目录。

九、为了行文简便,常用书名首见时举其全称,并标明时代及作者姓名。如东汉郑玄《毛诗笺》,陈、隋间陆德明《经典释文》,清代王念孙《读书杂志》等。以后复出,一般用简称,如《毛诗郑笺》、陆氏《释文》、王念孙《杂志》等。有些书的书名、篇名连引时也用简称,如《易·坤·初六·象》,即《周易》坤卦初六爻辞的《象》辞;《左·隐·元年》,即《左传·隐公元年》。凡不常见的训诂著作,每次引录都用全称,时代及姓名也不省,便于读者查寻。引用今人论著,也只标姓名,不称字号,虽老师名家,并不附"先生"字样,非为不恭,但求简便而已。

十、本书虽然内容一新,自成体系,但也兼收诸家训诂学论著之长,参考较多的有齐佩瑢、陆宗达、洪诚、周大璞、张永言五家。论述中对于诸家较为显著的发明,必揭举名姓著作,一般情况恕不一一注明,非敢掠美,但求行文流畅,节省篇幅。

十一、为了行文方便,不失古书之真,举例中遇到使用简体字有歧义时,适当保留个别繁体字。如郑玄《礼记注》:"兴,当作'釁',字之误也。""釁"字如果用简体"衅",注文的意思就不明显,故仍用繁体,余可类推而明。

十二、书后附录训诂学重要用语及主要训式索引,以便读者寻览。

目 录

第一章　绪论

第一节　训诂与训诂学

训诂学是我国的一门传统学问，历史悠久，但出于种种原因，直到目前，学术界对这门学科的名称定义说法不一。有的认为是字义学，有的认为是语义学，有的则认为是一门综合性的解释学。而且与此相关，在学科归类方面也存在着较大的分歧。这种状况直接影响了训诂学学科体系的科学化进程，影响了训诂学课程的教学，也影响了学术交流、古籍整理和辞书编制等方面的工作。因此，克服训诂学名称定义的混乱和分歧，便成了这门学科的研究和发展中所遇到的首要问题。

我们认为，首先，作为训诂学学科名称基本用语的“训诂”二字，是两个训诂体式名称“训”与“诂”的合称，只能按照训诂体式名称来理解，不能作别的解释。先秦两汉，训诂体式名称已经很多。有一个字的名称，如“传”、“故”、“诂”[①]、“说”、“训”、“解”、“记”、“义”、“序”、“微”、“注”等；也有两三个字合称的，如“章句”“训诂”“解诂”“解说”“注训”“故训传”等。[②] 魏晋以下，各种各样的训诂体式名称越来越多。很明显，“训”与“诂”是众多训诂体式名称之中的两个，两者可以对言，可以散言，也可以合用。对言时是有区别的。如唐代孔颖达解释《毛诗·周南·关雎诂训传》时说：“诂者，古也，古今异言，通之使人知也。训者，道也，道物之貌以告人也。”又如《尔雅》的《释诂》与《释训》，前者所释大多为一般基本词汇，后者所释为联绵词和句子。两者散言，没有什么区别。如三家《诗》有《鲁故》《韩故》《齐后氏故》，汉代贾逵有《尚书训》，高诱注《淮南子》篇篇称“训”。称“故”，称“训”，因时因人而异，都是指

---

① “故”“诂”，古字通用。

② 例证均见第三章第一、二节。

注解工作。两者合用称“训诂”,就是从众多的训诂体式名称中标举“训”与“诂”两体之名,以少概全,作为一个词语看,概指各种有关的注解工作。如《后汉书·刘陶传》云:“陶明《尚书》《春秋》,为之训诂。”所谓“为之训诂”,用今天的话说,就是给这两种书作注释。再如《陈元传》云:“父钦,习《左氏春秋》……元少传父业,为之训诂。”也是指给《左氏春秋》作注解。这种用法历代相承,一直沿用到今天。既然是给各种书籍作注解,那么除了《尔雅》《说文》之类的训诂工具书之外,注解别的书籍,所要注释的方面就很多,不仅仅限于解释字义或词义。因此,如果根据“训”与“诂”这两个训诂体式名称对言时的含义来理解作为学科名称“训诂学”中合用的“训诂”一语,从而以此给“训诂学”下定义,认为训诂学就是“字义学”“词义学”“语义学”,那就不妥当了。训诂学所包含的内容相当广泛,而且有它自己的特征,不应该根据“训”与“诂”这两个训诂体式名称对言时的含义来给“训诂学”下定义。这就是说,作为训诂体式名称而合用的“训诂”一语,意思跟现在我们常说的“注释”“注解”相同。因此“训诂学”也可以称作“注释学”或“注解学”,只是为了保持这门学问称名上的传承关系及统一性,才沿用了历代常用的“训诂”这个词语,一般仍称作“训诂学”,不称作“注释学”或“注解学”。

其次,“训诂”与“训诂学”虽然关系密切,但两者情况不同:单用的“训”与“诂”兼具动词和名词两种功用,合用的“训诂”一词也是这样。注解书籍叫“训诂”,书籍的注解也叫“训诂”。“训诂学”却只能是一个名词。作为一种事业的训诂,它的工作对象是需要加以注释的书籍;工作任务是给一种既定的书籍作注解;工作方面依照今人从事训诂工作的一般进程,依次有标点、校勘、作序、标音、释词、解句、补释、揭示语法、揭示写法、翻译、作图、考辨疑误、论述要意、发凡立例等;工作性质是具体的、实践的。但是,作为一门科学的训诂学,它的研究对象则是一切现成的训诂资料,包括一般训诂著作及训诂工具书等;工作任务主要是写出专门论著,指导训诂工作;工作内容是研究训诂的体式、方面、方法、理论等;工作性质是抽象的、理论的[①]。为显明计,两者的区别可以表解如下:

① 作为一门学科的训诂学,它是依赖于作为一门科学的训诂学而存在的。

表 1-1　训诂与训诂学的区别

概念	项目			
	工作对象	工作任务	工作方面或内容	工作性质
训诂	需要加以注释的书籍	给既定的书籍作注解	标点、校勘、作序、标音、释词、解句、补释、揭示语法、揭示写法等	具体的、实践的
训诂学	一切现成的训诂资料	写出专门论著，指导训诂工作	研究训诂的体式、方面、方法、理论等	抽象的、理论的

因此，给训诂学下定义时，应该从训诂学的研究对象、工作任务、工作内容、工作性质出发，而不应该从训诂的工作对象、工作任务、工作方面、工作性质出发，否则，两相纠葛，张冠李戴，所作出的定义必然混乱不清，似是而非。比如有人认为“训诂学就是研究字义之学”，这是混淆了训诂的工作方面与训诂学的工作内容，把前者视为后者而作出的错误论断。实际上，训诂学并不正面研究字义，因为那是训诂的工作方面之一。训诂学所研究的内容之一，是解释字义（即词义）的方法，而不是具体地逐一地去解释字义。训诂学著作中对字义的解释，仅是为说明某种训诂方法而服务的，它与训诂著作中正面解释字义的目的不同。如陆宗达《训诂简论》在“解释词义”一目下举用对“格”字的解释，作为一个例证，首先说明朱熹训为“至也”是“辗转为训”，不足取；接着说明郑玄训为“来也”是对的，并引用《说文》《尔雅》《方言》及其他旧注来证明这一点。显然，陆书对“格”字的解释是为了证明“解释词义”是训诂的方面之一，进而说明“辗转为训”的释词方法不可取。这与朱熹、郑玄《大学》注中正面解释“格”字之义的目的、场合完全不同。所以不能说“训诂学就是研究字义之学”，只能说研究解释字义的方法是训诂学的内容之一。再如黄侃曾谓“盖真正之训诂学，即以语言解释语言，初无时地之限域”①，若是针对历代的群书注疏而言，“以语言解释语言”这句话虽然笼统，但基本上是适合的；若是针对训诂学论著而言，这句话就不适合了。因为“以语言解释语言”，乃是训诂之事，而非训诂学之事。

---

① 黄侃讲，潘重规记：《训诂述略》，《制言》1935 年第 7 期。

再次,如上所论,训诂的工作方面颇多,而且在实际应用中往往因时、因书、因人而异,各有侧重。因此给"训诂学"下定义,不应该只认定训诂的一个方面的内容,而忽视其他众多的方面。以往一些学人受宋代《崇文总目》和清代《四库全书总目》的影响,以"训诂"之目统摄《尔雅》之类训诂工具书,进而以"训诂学"为"语义学"的代称,这种以全代偏的做法,既与中国训诂学史上对"训诂"一词的正常理解和应用不合,又与两千多年来的训诂实践不合。众所周知,中国的训诂书籍种类繁多,数量庞大,如果仅以《尔雅》类工具书占有"训诂"大名,那么其他众多的训诂著作该归于哪一类?该如何称名?与此相关,如果仅以释词方面的训释内容占有"训诂"大名,那么其他众多的训诂方面的训释内容又该归于哪一类?又该如何称名?何况历代史《志》也没有这样的称名归类法[①],《崇文总目》以下一些目录学著作的称名归类,乃是一种权宜之计,不是经过深思熟虑之后所作出的合理决定,不足以为典要。在这种以全代偏的称名归类法中,仅相当于《尔雅》之类义书的"训诂"与仅相当于语义学的"训诂学",都是偏称概念,而不是全称概念。全称概念应该是"训诂"包括所有的训诂书籍,"训诂学"就是具有综合性质的注释学。可对比图示如下:

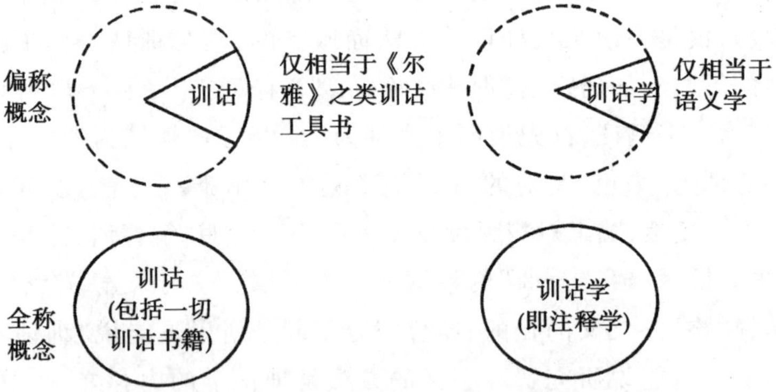

图 1-1 训诂与训诂学的概念对比

我们认为,为了训诂学这门学科的顺利发展,今后在这方面应该使用全

① 有人认为传统小学的形、音、义三分法始于《隋书·经籍志》,实际上那是对《隋志》的错误标点所引起的误解和误说。

称概念,文献中的偏称概念让它历史地存在,可以不论。今后研究《尔雅》之类工具书,研究词义及语义学,可直接使用“词义”“语义学”或“历史语义学”这类通俗明确的术语。除了叙述词汇学史、语义学史之外,关于词义、语义学之类的表达,再不必借用“训诂”或“训诂学”这样的大帽子戴了。就像文字学、音韵学、语法学、修辞学、校勘学等,虽然都曾经跟训诂与训诂学密切相连而且还要永远发生联系,但它们各自发展为独立学科之后,与再不必借用“训诂”与“训诂学”这样的大名去称说它们各自的学科名的情形一样。

还有,训诂作为一种事业,它的工作对象和范围并没有一定的限制,凡是需要加以注解的书籍,不论古代的、当代的,也不论经、史、子、集,甚至不论中国的、外国的,都可以列入注解的范围,作为注解的对象。只不过书籍的时代愈远,当代人愈难以理解,所以越是古代的书籍,注解工作便越显得需要,产生的训诂著作也就越多。除此之外,在下定义时,对训诂和训诂学的工作对象、范围都不应该再作别的什么限定性说明。

根据以上论述,我们认为,对训诂学这门学科可以作出如下的定义和说明:

训诂学是一门研究训诂的科学。训诂,就是注释的意思。因此训诂学也可以叫作注释学。它以一切现成的训诂书籍为研究对象,其工作性质是抽象的、理论的。通过研究和介绍训诂的体式、方面、方法、理论等,用以指导训诂实践。由于训诂的方面颇广,训诂学必然要从说明怎样进行注释工作的角度涉及文字、音韵、语法、修辞、校勘等方面的有关知识和问题,因此它又有综合性和实用性的特征。按照现代社会科学系统,训诂学属于语文字大类,也可以看作文献学的一个分支。

第二节　学习训诂学的目的和作用

一、为适应继承文化遗产的需要,培养从事训诂事业的专业人才

我国是世界上的文明古国之一,有着以书籍形式保存下来的浩如烟海的光辉灿烂的文化遗产。继承这份遗产,对促进祖国的繁荣昌盛、人类文明的发展,都有不可忽视的作用。但这些书籍都是用不同阶段的古代汉语写成的,没有标点,而且在长期的流传过程中迭经抄写、翻刻,讹脱衍倒严重。大

量的古书都没有注释,有注释的也存在着这样那样的问题,如果不加整理、注解,广大读者根本无法读懂,也就谈不到继承的问题。如果要整理、注解,必须要求从事者有这方面的专长。学习训诂学,正是培养这种专业人才的重要途径和最有效的方法。通过对训诂学的学习和研究,有关人员了解、掌握训诂学的基础知识和基本技能,懂得训诂学的发展演变大势,懂得训诂的体式、方面、方法、理论等,并能够将它们有效地应用到训诂实践之中去,做出具体成绩。简而言之,通过训诂学的学习,达到这样两个基本目标:既能够读懂旧注,又能够作新注。前者是基础,是手段,后者是结果,是目的,二者相辅相成,不可偏废。道理很简单,历代旧注既反映了古人最初对原文所作的理解,又体现了一定的注解方法。读懂了旧注,就能够吸收这两方面的营养和经验,推陈出新,有所创造,有所发明。否则,读不懂旧注,就失去了基础和依靠,免不了走弯路,事倍功半,吃力不讨好。如果注解者满足于一知半解,不加深究,东抄西凑,便只能是粗制滥造,这种东西即使千方百计印出来,也不可能发挥应有的社会效益,必然经不起历史的考验,不可能传之久远。因此,读懂旧注,方能作新注,这是训诂学发展史上的一条通则。历代凡是做出显著成就的训诂家,如孔子、子夏、左丘明、公羊高、穀梁赤、毛亨、伏胜、孔安国、马融、郑玄、许慎、高诱、郭璞、刘焯、刘炫、陆德明、孔颖达、颜师古、贾公彦、李善、邢昺、朱熹、胡三省等及清代乾、嘉诸大师和现代诸名家,他们当中没有一个人的训诂经历是不符合这条通则的。当然,所谓读懂旧注,方能作新注,是以整个训诂学发展史为背景来说的,不是独立地针对某一部古书而言的。比如晋代束皙在解释《穆天子传》时,或许没有该书的旧注可依,但他本人自幼博学多闻,研读过其他经籍旧注,深通训诂之道。因此说到底,仍然是先通旧注,才能作新注。

二、指导训诂工作,搞好古籍整理

初学者通过学习训诂学,才能够胜任训诂工作,已如上述。进一步讲,即使已经从事训诂工作的人,也要不断阅览那些写得比较好的训诂学专著,从中吸取对自己有用的东西,用以指导训诂实践,搞好古籍整理工作。因为训诂的体式、方面、方法、理论等很多、很复杂,较好的训诂学专著对这些内容都有系统介绍、高度概括、精密分析和详细论证,并且提供了典型范例及各种公式。训诂家可以根据自己的工作对象和需要,随时翻检,参考取法。还有,即使训诂大家、名家，也要不断地研究古今训诂著作，钩玄发微，取长补短，精益求精，以补现有训诂学专著之不足。宋代朱熹精研汉代人注释方法，形成自己简明的训诂风格，并从理论上加以说明，用以启迪后学，便是这方面的一个典型例证。《朱子文集》卷七十四云：

凡解释文字，不可令注脚成文。成文，则注与经各为一事，人唯看注而忘经。不然，即须各作一番理会，添却一项功夫。窃谓须只似汉儒毛、孔之流，略释训诂名物及文义理致尤难明者，而其易明处，更不须贴句相续，乃为得体。盖如此，则读者看注即知其非经外之文，却须将注再就经上体会，自然思虑归一，功力不分，而其玩索之味，亦益深长矣。

三、推广训诂学知识，促进文化教育事业的发展

不但从事古籍整理及训诂工作的人需要学习训诂学，从事其他各种文化、教育、科技工作的人，也应该尽可能多地了解一些训诂学知识，正确解决自己工作中随时可能遇到的与训诂有关的种种问题，以便搞好本职工作。这方面最常见的情形就是查字词典。从事各种文化工作的人，在学习和工作中遇到不懂的词语，经常需要求助字典、词典，可是每一种字词典所收的字词量总是有限的。如果自己所要查找的字词，工具书中未收，那就成了拦路虎，一时间没有办法，只好当作疑难问题挂起来，或多或少难免影响工作。如果自己懂得训诂学知识，一看词典不收，通过研究考求，照样可以得到圆满的解释。有时候，词典上的释义有错误，还可予以辨正，不致信讹传讹。《辞书研究》杂志上所载的辨释性短文，大都属于这类情况。不仅如此，懂得训诂学知识，还可以进一步发现问题，解决问题。如“反训”“反训词”这两个术语在各种训诂学专著和语文刊物上频频出现，新修订的《辞源》解释“反训”说：

用反义词解释词义。有些词古代含有相反两义，如乱字有扰乱和治理两义。以“治”解释“乱”，就是反训。

《辞海》《中文大字典》等大型工具书对“反训”一词的训释与此略有出入，但都说得稀里糊涂，不大清楚，症结在于这个词条本身有问题。事实上，“反训”与“反训词”这两个术语欠妥，不符合古籍中相反两义同居一字的这类词的词义特征和训释特征。古籍注释中根本不存在什么“用反义词解释词义”的现象，存在的只是用某个词A的相反两义a与b分训或连训这个词。因此，这类词的训释可图示如下：

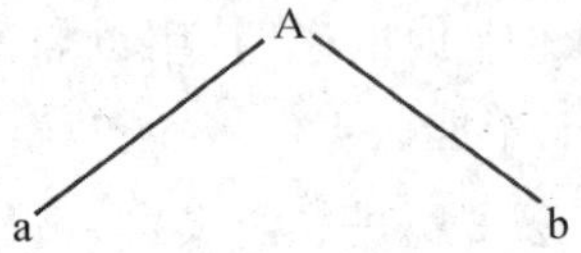

图 1-2　反义同字词的训释

A 代表被释词，a 与 b 分别代表 A 所包含的两个相反义项。很清楚，不管以 a 训 A，还是以 b 训 A，都是训释 A 所包含的一义罢了。对于被训词 A 来说，a 这个义项是它具有的，并不相反；b 这个义项也是它具有的，也不相反。就以“乱”字为例，《说文》训为“治也”，是它具有的；《集韵》训为“紊也”，也是它具有的。可见对被训词“乱”来说，“治”是它的同义词，而不是反义词；“紊”也是它的同义词，而不是反义词。因此两训都是容受的，并不相反。真正的反义词是 a 与 b，只有 a 与 b 相训，即“治”与“紊”相训，才会出现所谓“用反义词解释词义”的现象，但古籍训释中从来没有这样的训例，也不可能有这样的训例。“乱”字的情形如此，以往被训诂家们列为所谓“反训词”的所有的字的情形莫不如此。“反训”说的失误在于以 a 或 b 训 A 的时候，只注意了 A 所包含的一个义项，而忽忘了另一个义项，并且把 a 与 b 两义的相反误作 a 与 A 或 b 与 A 的相反。错误的理解产生了错误的术语，错误的术语长期以来又被错误地解释，错误地沿用。学术术语的正确与否，直接标志着一代学术水平的高低。我们认为有错必纠，“反训”与“反训词”这一对提法不妥当，后者应该用“反义同字词”来代替，说明这一类词的词义特征是相反两义同居一字。“反训”一词可以历史地存在，不再使用，词典中的训义应该给予修改，它所指称的训法可称为反义同字词的连训或单训。这个例子说明懂得训诂学知识，不但可以纠正字词典词义的失误，而且能够发现并纠正学术史上存在的有关问题。至于掌握训诂学知识，释难解纷，辨正群籍旧注中存在的种种问题，例子比比皆是。第十四章第一节中有专门举证，这里不再赘述。

第三节 学习和研究训诂学的主要方法

一、坚持理论与实践相结合

学习任何科学知识都要坚持理论与实践相结合,才能收到预期的良好效果。学习训诂学也是这样,主要包括两个方面的结合:第一,要把学习书中概括介绍的各种训诂体式、方面、方法、理论等同验证原始材料结合起来,将二者细心地加以对照。这样既可以加深对书中所介绍的各项内容的理解,又可以发现并掌握分析问题的方法。比如训诂体式名目繁多,格局互异,如果不接触原始材料,只按照训诂学专书上的介绍去理解,那就越看越复杂,不得要领,印象不深,难以记忆,当然也就谈不上正确应用了。相反,在阅读有关训诂体式介绍的同时拿有关的旧注做样品,分别项目,逐一加以对照验证,情形就大不相同了:印象深刻,容易理解,容易应用,而且还会领悟出研究概括的方法。训诂体式的学习如此,推而广之,对其他各项内容的学习也应该如此。

第二,要把理论学习同训诂实践结合起来。在第一节中我们已经讲过,训诂学是一门具有实用性特征的学科。也就是说,训诂学所讲的各种体式、方面、方法、理论等都来自训诂实践,又都要反过来指导自己的训诂实践,只有这样,才能真正掌握训诂学的各项基本知识,才能使这种学习变得有意义。如果只记诵有关理论,不进行实践锻炼,那样对理论的理解便是肤浅的,而且容易忘记。所以学习训诂学一定要真枪实弹地进行练习,即要跟训诂实践结合起来。早年曾听一位博学的老先生讲过:“初学者不要怕麻烦,知难而退,下功夫注解好一部古书,就会学到一套看家的真本事。”他所讲的正是这个道理。

二、要把对训诂学的学习同研究结合起来,有所发明,有所创造

对于热心训诂学的人来说,既有学习现有训诂学知识的任务,又有研究、创新的任务,即采用当代的新观点、新理论,认真研究现有的一切训诂资料,总结有益的训诂经验和教训,用以补充、修正乃至更新已有的训诂学理论体系,促进训诂学的不断发展。晚近以来,不少训诂学家如黄侃、沈兼士、陆宗

达、洪诚、周大璞等，在这方面都作出了应有的贡献①。

研究训诂学应该注意的问题很多，但根据以往的情况，需要强调两点：第一，要有实事求是、埋头苦干的精神。中国的训诂学体系隐藏于历代汗牛充栋的训诂著作中，要加以挖掘和发明，就得埋头苦干，甘愿与尘土覆盖的故纸堆打交道，长期去做那种别人认为枯燥无味的工作。只有这样，才能通过研究大量的第一手资料，取得比较系统、全面、可靠、有益的结论和证据，以之作为构成训诂学完整体系的最基本的材料，再由此继续努力，必能在训诂学研究方面取得可观的成绩。但是如果与此相反，无实事求是之意，有哗众取宠之心，不肯下苦功夫钻研资料，习惯于东拼西凑，人云亦云，那就难免捡了芝麻，丢了西瓜，只见蹄角，不见全牛，不可能有什么像样的创造和发明。

第二，要有现代意识，要用科学方法。研究训诂学固然要更多地同古书打交道，但必须弄明白训诂工作是当代精神文明建设事业的一个组成部分，而训诂学又是为这种事业服务的现代社会科学门类之一。因此必须坚持古为今用的原则，并且让训诂学的学科体系和理论体系都能真正体现这个原则。同时从研读历代训诂著作，采集资料，到归纳、次比，构造体系，再到分析论证，逐章成文，都要使用科学方法，努力避免株守管窥、堆砌材料、支离破碎、似是而非的做法。

三、要重视与相邻学科的联系，并处理好同它们的关系

我们在第一节中讲过，训诂学是一门具有综合性质的学科，与文字学、音韵学、语法学、语义学、语源学、修辞学、校勘学等学科关系密切。学习训诂学，既要重视同这些相邻学科的联系，又要处理好同它们的关系。

所谓重视与这些相邻学科的联系，是指训诂诸方面和训诂诸方法与这些学科有亲缘关系，这些学科在最初的时候，都包括在训诂学母体里，后来随着时代前进，学术发展，逐渐脱离母体，各自发展成为独立学科。当它们独立发展的时候，形成各自的理论体系，这些体系已不能为训诂学母体所包含，但在进行训诂工作和论述训诂学体系时，又必然要同它们发生这样那样的联系。比如进行形训或论述形训法时，要联系文字学上的字形分析；进行标音或论述标音法时，要联系音韵学上的声韵调理论；进行释词或论述释词法时，要联

① 具体情况，参见本书第二章第八节。

系词义的演变和辨析;揭示语法或论述这一种训释方法时,要联系词法学、句法学方面的有关内容;揭示写法或论述这一种训释方法时,要联系修辞学上的有关内容;进行校勘或论述校勘法时,要联系校勘学上的有关内容,等等。因此,学习训诂学还必须根据不同情况,适当参考这些相邻学科的有关内容,才能真正学好训诂学。

所谓处理好同这些相邻学科的关系,主要是指不要使训诂学同这些学科强行离合.即该合的时候不要强分,该分的时候不要强合。前者是指当一种新学科的胎儿在训诂学母体中形成、发育,但还不到分娩期时,不要将它强行分开。比如音韵学虽然在东汉时期的训诂著作中已经开始萌发,但只有到了魏晋间李登的《声类》和吕静的《韵集》等专书出现时,才开始同训诂学分离。在此之前,欲将它从训诂学中强行分出,那是不可能的。后者是指当一种新学科的胎儿在训诂学母体中已经孕育成熟时,不要遏止它的诞生,也不要强占母体之名,借行支子之实。比如语法学,到了清代末期,随着《马氏文通》的问世,已经开始独树一帜,这时如果不让它从训诂学中分出,或强占训诂学之名,以称语法学之实,不以"文通"称名,而称为"训诂学",那是不科学的。总之,该合而强分,不行;该分而强合,也不行。目前我国训诂学上存在的问题,属于后者,即该分而强合。清末章太炎《文始》的问世,标志着我国的语源学和语义学已经基本发展成熟,开始脱离训诂学母体而独立。特别是晚近以来,随着国外语义学论著的不断翻译引进,更促进了我国语义学的发展。可是从黄侃、沈兼士之后直至今天,许多训诂学家仍变着法儿坚持要用"训诂学"大名称行"语义学"小实,这种做法正像胎儿要分娩了,已经过了时辰,但助产婆却强行不让胎儿问世一样的荒唐。我们可以设想一下,如果从事文字学、音韵学、语法学、修辞学、校勘学等学科的学者们都像这类训诂学家(实际上其中许多人应该是"语义学家")一样,强行占住"训诂学"母体大名不放,欲借它来称代各自的分支学科,那样中国的学术界不知要发生何种争斗!

世界巨变,学术猛进,国外语义学(semantics)早已有了长足的发展,派系繁多,著述层出。中国的语义学也应该坚决地从训诂学母体中分出来,再不能被强行捏合在一起,用母体之名,行支子之实。分则两美,合则两伤,此中利弊,明如指掌,不应该再有丝毫的含糊。

不同文化的不同国家对同类学科的分类系属也可以作为这方面的比证。

正像犹太教、基督教国家的解经学及伊斯兰教国家的经注学并没有为语义学所代替一样[①],中国的训诂学也不应该被语义学所代替,应该沿着本门学科的正确道路向前发展。

① 上海辞书出版社所出《宗教词典》载,解经学,是犹太教、基督教专门研究和诠解《圣经》的学科。源出希腊文 exēgēsis,意为"解释"。后来专指对《圣经》原义从宗教角度进行的诠释,一般包括释词、解句、翻译及对篇章或专题的论述等。经注学,是阿拉伯文"Ilm al-Tafsīr 的意译,是伊斯兰教诠释《古兰经》的学科,研究经文词意、经文由神"下降"的时代背景、原因以及注释的语法规则、修词格式、伦理标准等问题。

第二章　中国训诂学发展概况

第一节　概　说

作为一门学科的训诂学固然出现得很晚，但是作为一门学问和科学的训诂学却产生得很早。几乎可以说，训诂学与训诂是孪生姊妹，当训诂在中国学术史上产生的时候，训诂学的萌芽就跟着产生了。因为既然要训解一本书，训解者就自然知道如何训解，这如何训解四个字所包含的正是训诂学的道理。比如战国秦汉之际的大毛公给《诗三百篇》作《故训传》，他就一定懂得训诂学这门学问，否则他是写不出这部体系完备的训诂著作来的；只不过由于体例所限，他所掌握的训诂学知识只能间接表现为关于《诗》篇的注解而不能直接表现为系统的训诂学理论罢了①。《毛诗》的训诂情况如此，其他古籍的训诂情况都与此大同小异。由此可知，以往一些学者把训诂学在中国学术史上产生的时代越推越晚，是很不妥当的。

由于时代推移、地域相隔、社会变迁、人事增繁等等，语言文字也随之发生种种变化。于是后代人要读前代的书，此地人欲知彼地的事，就得依赖于解释和翻译。这种情况在我国古代社会里开始出现的时候，于是就产生了训诂。可以想见，最初的训诂是口头讲解，即所谓"口耳相传"，不妨称为"口头训诂"。到了后来，逐渐出现了用文字记录的注解材料，与口头训诂相对应，可以称为"书面训诂"。在这样的注解和翻译过程中，先民们必然要摸索、积累关于注解和翻译的方法、道理，于是就产生了关于训诂的学问，即训诂学。大致时代越晚，社会越向前发展，书籍越多，语言文字的变化就越复杂，与此相适应，对训诂的需要就越急迫，训诂的方面就越多，训诂的范围就越广，训

① 关于《毛诗故训传》的训诂学体系，可参阅拙著《毛诗训诂研究》上册，华中师范大学出版社 1988 年版，第 308—313 页。

诂著作也就产生得越多。同样,训诂学的知识也就积累得越来越多、越来越深、越来越系统,只是由于时代限制,情况不同,目的有别,古人注重现成文籍的注解,而不大注重记录关于如何注解的知识。因此训诂著作一代一代流传下来,而关于训诂学的知识却多是师徒口耳相传,现实指点,很少直接形之于文字,流传后世。这是一种历史的偏颇。但是我们应该看到,这种师徒口耳相传,现实指点的方式,正是历代训诂学知识借以流传的一种特殊渠道。大致春秋以下,关于训诂学的知识开始零星见于记载。越到后来,这方面的记载就越多。不过后世学者要了解古代,特别要了解汉唐以上的训诂学知识,主要的途径还是研究古代的训诂著作,借以发明其中所包含的训诂体式、方面、方法、理论乃至整个训诂学体系。可惜这方面的工作前人做得很不够,有待于当代学者和后世学者相继去做。

关于中国训诂学发展史,详细讲起来要写成专门著作,学界这方面的书已经出版得不少,各有建树,长短自在。对于训诂学发展阶段的划分和认识,各家多有不同。我们认为从古至今,应该分为七个阶段。现根据本书的撰写任务和总体安排,对各阶段训诂学的发展大势及概况,分别提示要点,略作介绍。

第二节　训诂学的萌芽

一、概况

春秋前期以上,是我国训诂学的萌芽阶段。

由于年代久远,旧籍亡佚,这个阶段几乎没有直接的训诂学资料保留下来,但是也能够通过其他文献典籍,考见其时训诂学萌芽的情况。唐人《正义》本《尚书·舜典》载:"帝曰:夔!命汝典乐,教胄子。直而温,宽而栗,刚而无虐,简而无傲。诗言志,歌永言,声依永,律和声。八音克谐,无相夺伦,神人以和。"就是说,舜帝任命夔掌管音乐,教育贵胄子弟,一并安排了教育的要求、内容、方法和所要达到的标准。古代帝王治理天下,很注重音乐教育,用以陶冶人们的性情,培养人才,敬事神祇,移风易俗。这种音乐教育是音乐、歌诗、舞蹈三位一体的制度,既要奏乐,又要歌唱,还要舞蹈。受教育者都是少年儿童。可以想见,夔和他的助手们在教育过程中,对所教诗歌的内容必然要进行讲解,这样学习者才容易理解,容易掌握。这种讲解即属于口头训诂一类。大概一直到周代,诗乐之教传为定制,天子、诸侯、卿、大夫、士,从幼童时代起,都得接受诗乐的教育,学诗、用诗乃至作诗。有诗乐教育,就有诗乐的讲解,可知这类口头训诂一直在流传。

文明初起,教育内容比较单纯。到了后来,特别到了周代,教育内容逐渐增多。《周礼·地官·保氏》载:"养国子以道,乃教之六艺:一曰五礼,二曰六乐,三曰五射,四曰五驭,五曰六书,六曰九数。"这样多的教学内容,而且许多内容难度较大,必然要加强口头训诂;为了便于教学,还很可能产生一些训诂性质的文字材料,即类似于书面训诂的材料。

尧舜以上且不论,夏、商、周各代都产生了许多政事文献[1]。为了便于流传,古代的史官或教官对某些重要文献写出了补记和解说,即书面训诂材料。如《国语·周语下》载单襄公论晋孙谈之子周时说:"吾闻之《大誓故》曰:'朕梦协朕卜,袭于休祥,戎商必克。'"《大誓》,也写作《泰誓》,是《尚书》篇名,该篇记载周武王大会诸侯兵于孟津,誓师伐纣的事情;《故》是一种训诂体式,这里表示补叙故实。《大誓故》,即是对《大誓》的补叙和补释。因此章太炎说:"《大誓》有故,犹《春秋》有传。"[2]《墨子·尚贤中》载:"且以尚贤为政之本者,亦岂独子墨子之言哉!此圣王之道,先王之书,距年之言也。《传》曰:'求圣君哲人,以裨辅而身。'《汤誓》曰:'聿求元圣,与之戮力同心,以治天下。'"此《传》是指《书》之《传》。《史记·孔子世家》也载孔子"追迹三代之礼,序《书传》"。这都表明在周代,在孔子以前,已有关于《尚书》的训诂著作流传于世。《仪礼·丧服传》相传出自子夏,《传》内又有《传》,唐代贾公彦疏谓"是子夏引旧传证成己义"。子夏所引旧传,当是出于孔子之前的训诂著作。

这个阶段,文献正文中已经有训诂式语句出现,由少到多,不断增加。如殷虚甲骨卜辞(合261)云[3]:

帝于北方曰夗,风曰役。

帝于南方曰光,□□□。

帝于东方曰析,风曰劦。

---

① 见《尚书序》及《史记》有关篇目,如《夏本纪》《殷本纪》《周本纪》《孔子世家》等。

② 见《国故论衡·明解故上》。

③ 见周大璞主编:《训诂学初稿》转引夏渌说,武汉大学出版社1987年版,第14页。

帝于西方曰彝,风〔曰桊〕。

再如《尚书·禹贡》云:

济河惟兖州……

海岱惟青州……

海岱及淮惟徐州……

淮海惟扬州……

《尚书·洪范》云:

水曰润下,火曰炎上,木曰曲直,金曰从革,土爰稼穑。润下作咸,炎上作苦,曲直作酸,从革作辛,稼穑作甘。

关于《周礼》和《仪礼》的成书年代,传统的说法是西周时期,后来学界有争议,但比较一致的看法认为至迟在孔子以前就有了。在这两部古书中,"A 曰 B"与"A 为 B"这两种训式的训诂性语句比较多,而且训释性明显增强。如《周礼·夏官·司勋》云:

王功曰勋,国功曰功,民功曰庸,事功曰劳,治功曰力,战功曰多。

《仪礼·聘礼》云:

十斗曰斛,十六斗曰籔,十籔曰秉。

再如《周礼·春官·司常》云:

日月为常,交龙为旂,通帛为旜,杂帛为物,熊虎为旗,鸟隼为旟,龟蛇为旐,全羽为旞,析羽为旌。

《逸周书·谥法》通篇以训诂语句为文①,训释性颇强,除大量的"A 曰 B""A 为 B"式句子之外,开头还有"A 者,B 之 C 也"式语句。如云:

谥者,行之迹也。号者,功之表也。车服者,位之章也。

《铨法》篇有对句子的训解。如云:

有三不远,有三不近,有三不畜。敬谋、祇德、亲同,三不远也。听谗自乱,听谀自欺,近憝自恶,三不近也。有如忠言竭亲以为信,有如同好以谋易寇,有如同恶合计掬虑,虑泄事败,是谓好害,三不畜也。

文献正文中出现训诂性语句,正是训诂学萌芽的一种折射和反映。

《国语·鲁语下》记载鲁大夫闵马父跟景伯对话时说:"昔正考父校商之名《颂》十二篇于周大师,以《那》为首。"唐代孔颖达《毛诗正义》解释说:"宋

① 关于《逸周书》的成书年代,《四库全书总目提要》认为究其本始,"终为三代之遗文",只是战国以下又有所附益。

之礼乐虽则亡散，犹有此诗之本。考父恐其舛缪，故就太师校之也。”校勘是训诂的工作方面之一。正考父校《商颂》，发生在东周初期，这当是文字记载中我国校勘工作的开端。

另外，据历史记载，周公姬旦不仅是西周初年位极人臣的政治家，而且也是中国文化的奠基人。他多才多艺，在摄政期间主持制礼作乐，他和他的助手们必然要翻阅大量的文献资料，也要涉及训诂方面的工作。因此《尔雅》中的一些基本词条相传出于周公[①]。

二、训诂学体系各方面的情况

1. 训诂体式

就传世文献资料来看，萌芽阶段的训诂体式有两大类、四小类。两大类即文献正文体与随文注释体。四小类为，第一大类文献正文体只有一个小类，即以训释性语句成文体；第二大类随文注释体包括三个小类，即故体、传体、校勘体。例证均见上文。

2. 训诂方面

本阶段的训诂方面有五个，即明句读、校勘、释词、解句、补叙事实。口头训诂第一步就是句读。其他四个方面的例证均见上文。

3. 训诂方法

本阶段的训诂方法质朴、单纯。见于记载的释词方法主要是相对为释法，常用训式有“A 曰 B”“A 惟 B”“A 为 B”三种。解句法有补释法和阐明大意法，前者如《大誓故》，后者如上文所举《逸周书·铨法》例。

根据上述情况看，春秋前期以上，不但已经有了训诂著作，而且也有了关于训诂学的知识，只是这些知识还没有用文字形式直接表现出来，仅是师徒口耳相传。这一时期我国的训诂学已经处于萌芽状态。

第三节　训诂学的初步发展

一、概况

春秋后期，特别从孔子的时代到战国末年，是我国训诂学的初步发展阶

① 见三国魏张揖《上广雅表》。

段。这个阶段训诂学发展的主要成就和特色表现为以下四个方面。

(一)口头训诂进一步发展

孔子开私人办学之风,有教无类,广收弟子,文化开始普及。《史记·孔子世家》载:"孔子以《诗》《书》《礼》《乐》教,弟子盖三千焉,身通六艺者七十有二人。"教学活动仍是口耳相传,口头训诂进一步发展,而且屡见于文字记载。《礼记·孔子闲居》记述孔子与子夏论诗的事情,是一个很典型的例子。子夏以《大雅·泂酌》篇两句诗发问,谓怎样才能称作"民之父母"。孔子在解答中有"致五至而行三无"的说法,子夏又相继问到"五至""三无"的含义,孔子先论"五至"的道理,后说"三无"的事情,又引《诗》为证。接着又讲到"三无""五起"的意义,也就是五种功效。整个问答详尽地体现了阐明大意的解句方法。

《韩非子·显学》篇载,"孔、墨之后,儒分为八,墨离为三",逐渐形成百家争鸣的局面。各家大师辈出,徒弟众多,口耳相传的教学活动越来越频繁,口头训诂也就越来越发展。这正是在先秦诸子及其他古籍正文中训诂性语句空前增多的最直接的原因。

(二)训诂著作陆续出现

当时的训诂著作有两种情况:一种情况为文献训诂家亲自训解,著作成书。如《论语·子罕》云:"子曰:'吾自卫反鲁,然后乐正,《雅》《颂》各得其所。'"《史记·孔子世家》载孔子序《书传》,订《礼》,删《诗》,序《彖》《系》《象》《说卦》《文言》,说明孔子整理文献典籍的情况,其中的序作、校正等事项,即属于书面训诂工作。《史记·孟子荀卿列传》载,孟子与"万章之徒序《诗》《书》,述仲尼之意",又载慎到、田骈、环渊"皆学黄老道德之术,因发明序其指意",这些都属于文献训诂家自注成书的情况,并表明当时书面训诂日益发展,不但儒家重视的几部传世典籍有了新的训诂著作,诸子之书也产生了训诂著作。另一种情况是各派大师讲解经书的口头训诂材料被一代一代传下来,后世方著录于简帛,成为一部部训诂著作,《公羊传》和《穀梁传》便是这方面的两个典型例子①。

根据文献记载和传统说法,这个阶段产生的重要训诂著作有孔子《易大

① 《公羊传》《穀梁传》著录写定于西汉初,参见《四库全书总目提要》。

传》[①]、《书序》[②]、子夏《诗序》[③]、《仪礼·丧服传》[④]、《春秋左氏传》、《公羊传》、《穀梁传》、七十子后学《夏小正传》[⑤]，大、小戴《礼记》中收编的许多文献资料也都属于这个阶段所出现的训诂著作。虽然《礼记》在唐代也被升为经，实际上属于训诂著作，而非经类。因此朱熹《仪礼经传通解》离析《礼记》各篇，使其与《仪礼》有关篇章相配，称之为传，不为无见。《春秋三传》也属于这种情况。汲冢竹书中的《卦下易经》《公孙段》《易》《图诗》[⑥]，还有湖北云梦县睡虎地11号墓出土的《法律答问》等，都属于这个阶段的训诂著作。

在以上训诂著作中，《易大传》从不同角度对《周易》作了全面训解，尤其在阐发义理方面，对汉代今文经学家与宋代理学家的解经风格产生了直接的影响。《书序》《诗序》是序体发展的极致，后代训诂家虽然有人议论它们内容方面的是非，但是不能不继承它们的体式规范。关于《春秋》的训解，《左传》主要是补叙有关史实，用以证发经义，同时也往往发明凡例，辨析词义，有助于对经文的理解。《公羊传》和《穀梁传》以阐明经义为要务，《公羊传》释词与解句并重，专名须解，故释词多用专门训例；句意较明，故诠句以揭明行文之意即所谓"笔法"为主。训解都用问答式进行，层层深入，分析细密。《穀梁传》叙事不及《左传》详细，释义不及《公羊》广大，但清婉平正，自有特色。

另外，先秦诸子著作中出现了原文与注解性文字分篇并载的现象。如《管子》有《牧民》《形势》《立政》《版法》《明法》等篇，又有《牧民解》《形势解》《立政九败解》《版法解》《明法解》诸篇；《墨子》有《经上》《经下》两篇，又有《经说上》《经说下》两篇；后边带"解"或"说"的篇章都是对前边各篇的训解。至于《韩非子》中的《解老》《喻老》两篇，则是注解《老子》的专文。

（三）文献正文中的训诂性语句剧增

这个阶段，由于训诂学趋于成熟，并得到发展，应用渐广，不仅产生了各类训诂著作，而且新出现的各种子书及其他文献也大量使用训诂性语句，训式多种多样，随事而施，各得其宜，训释性极强。如：

---

① 《易大传》即《十翼》，《太史公自序》引作《易大传》。

② 《书序》即百篇小序。孔颖达《尚书正义》称马融、郑玄、王肃并谓孔子所作。

③ 见唐孔颖达《毛诗正义》引王肃、陆玑说。

④ 见唐贾公彦《仪礼注疏》卷二十八。

⑤ 见清王聘珍《大戴礼记解诂》。

⑥ 见《晋书·束皙传》。

《老子》上篇："视之不见名曰夷，听之不闻名曰希。"

《论语·颜渊》："政者，正也。"

《墨子·尚贤中》："何以知尚贤之为政本也？曰：自贵且智者为政乎愚且贱者则治，自愚且贱者为政乎贵且智者则乱，是以知尚贤之为政本也。"

《管子·乘马》："地者，政之本也。朝者，义之理也。市者，货之准也。黄金者，用之量也。"

《孙子·行军》："众树动者，来也。众草多障者，疑也。鸟起者，伏也。"

《孟子·梁惠王下》："从流下而忘反谓之流，从流上而忘反谓之连，从兽无厌谓之荒，乐酒无厌谓之亡。"

《庄子·齐物论》："庸也者，用也；用也者，通也；通也者，得也。"

《荀子·非十二子》："信信，信也；疑疑，亦信也。贵贤，仁也；贱不肖，亦仁也。言而当，知也；默而当，亦知也。故知默犹知言也。故多言而类，圣人也；少言而法，君子也。"

《商君书·算地》："夫刑者，所以夺禁邪也；而赏者，所以助禁也。"

有些文献正文中记载了成段成篇的训诂内容。如春秋时晋国叔向聘于周，单靖公宴请他时谈到《周颂·昊天有成命》一诗。《国语·周语下》记载了叔向同单氏室老谈话时对这首诗的解释，其文云：

> 且其语说《昊天有成命》，颂之盛德也。其诗曰："昊天有成命，二后受之，成王不敢康。夙夜基命宥密，於缉熙！亶厥心，肆其靖之。"是道成王之德也。成王，能明文昭，能定武烈者也。夫道成命者而称昊天，翼其上也。二后受之，让于德也。成王不敢康，敬百姓也。夙夜，恭也。基，始也。命，信也。宥，宽也。密，宁也。缉，明也。熙，广也。亶，厚也。肆，固也。靖，和也。其始也，翼上德让，而敬百姓；其中也，恭俭信宽，帅归于宁；其终也，广厚其心，以固和之。始于德让，中于信宽，终于固和，故曰成。

叔向这段话全释《昊天有成命》一诗，体现了释词法和解句法中的许多基本训法。叔向对一首诗能作出这样系统的解释，表明他深通训诂学。这个典型事例铁一般地表明，早在两千五百多年前，我国的训诂学已开始由萌芽阶段向成熟阶段发展过渡。

《韩非子》的《内储说》与《外储说》分为六篇(《内储说》分上、下两篇,《外储说》分左上、左下、右上、右下四篇),每篇前部全列正文,称为“经”,后部全为注解,对正文中的有关要义及典故一一加以解说和注明,是本阶段所出现的文献正文中的训诂的另一种形式。

(四)训诂工具书出现

我国第一部训诂工具书《尔雅》大致成书于这个阶段①。训诂学的发展过程中产生了大量训诂资料,使这部工具书的编定和增补既有必要,又有可能。《尔雅》一书的出现标志着我国训诂学进入了成熟时期,其对后代训诂学的发展产生了巨大作用。汲冢竹书中的《名》也属于这一类。

二、训诂学体系各方面的发展

1. 训诂体式

这个阶段的训诂体式在前一阶段的基础上,增加了三个大类、十个小类。三个大类为总论体、图解体、训诂工具书体。十个小类为,总论体包括两个小类,即单书总论体(如《礼记》的《冠义》②,又属于义体)、群书总论体(如《礼记·经解》)。图解体包括一个小类,即单书图解体(如汲冢竹书的《图诗》)。训诂工具书体包括一个小类,即雅书体(如《尔雅》,其中的《释训》,属于训体,也系新增)。原有的随文注释体又增加了四个小类,即说体(如《墨子》的《经说》上下)、解体(如《管子·牧民解》)、记体(如《仪礼·士冠礼》的《记》)、序体(如《尚书序》)。文献正文体又增加了两个小类,即记载训诂资料体和同篇前文后注体,例证均见上文。这就是说,本阶段训诂体式大致已经发展到五大类、十四小类。训诂体式的增多,是训诂学得到发展的直接标志之一。

2. 训诂方面

这个阶段训诂方面扩大到十一个,除了上阶段已有的五个之外,又增加

---

① 关于《尔雅》的产生时代,历来说法不一,大致可分为三种:第一,东汉郑玄认为孔子门人所作,以释六艺之言(见《尔雅·释天》疏)。第二,魏人张揖《上广雅表》称周公“制礼以导天下,著《尔雅》一篇”,孔门弟子以下,继有增补。第三,宋代欧阳修认为秦汉之间学《诗》者纂集博士解诂而成。其中第一种说法较为可信,大概七十子之前,就有一些相传出于周公的同义词条式的训诂资料流传,孔子门人加以修订增补,编定成书,下至秦汉间,继有补益。

② 各种训诂体式的详细举例见于各阶段的概况介绍或第三章,这里每类体式一般只举一例,以资说明,下同。

了六个方面,即作序、揭示写法[①]、考辨疑误[②]、论述有关内容[③]、作图、发凡[④]。训诂方面的增多,也是训诂学得到发展的直接标志之一。

3. 训诂方法

这个阶段的训诂方法趋于多样化、系统化。比如释词方法,既有随文注释的各种具体训法,又有同义词条和分门别类的各种概括训法[⑤]。在随文注释中,不但义训方法明显增多,而且出现了声训法[⑥]和形训法[⑦]。考辨性训法也已经开始应用。再如补释法,可分为补释史料法和补释制度法两大类,前者又可分为紧贴原文补释、解甲事而述及乙事、补述事实又加评论等小类[⑧]。

4. 训诂理论

文明初起,总是重视实践,忽视理论,中国训诂学的发展也是这样。第一阶段,处于萌芽时期,关于训诂学的知识,还只是口耳相传。春秋后期以下,训诂事业初步发展,对训诂学知识的需求增强、传播日多,因此关于训诂学的理论或直接或间接有了文字记载。《论语·子罕》云:"子绝四:毋意,毋必,毋固,毋我。"这是说孔子处理问题不妄猜,不武断,不固执,不自是,整理古籍时,当然也要发扬这种精神。《论语·卫灵公》云:"子曰:'辞达而已矣。'"即反对浮华冗长的文风,提倡达意、得体。训诂性文字更需要如此。

如果说孔子的上述言行与训诂学理论还只有着间接的联系,那么到了战国时期,孟子和万章之徒讲论《诗》《书》,所提出的以意逆志说和尚友论世说,则的确属于直接的训诂学理论。《孟子·万章上》云:

> 咸丘蒙曰:"舜之不臣尧,则吾既得闻命矣。《诗》云:'普天之下,莫非王土;率土之滨,莫非王臣。'而舜既为天子矣,敢问瞽瞍之非臣,如何?"曰:"是诗也,非是之谓也;劳于王事,而不得养父母也。曰:'此莫非王事,我独贤劳也。'故说诗者,不以文害辞,不以辞害志。以意逆志,是为得之。如以辞而已矣,《云汉》之诗曰:'周馀黎民,靡有孑遗。'信斯言

① 如《春秋三传》,例证见第十三章。
② 例证见第十四章第一节"考辨法"下。
③ 例证见第十四章第二节"论述法"下。
④ 例证见第十四章第三节"发明凡例法"下。
⑤ 如《尔雅》前三篇和后十六篇的训法。
⑥ 如第九章第六节"一般性以声通义法"下所引《礼记·射义》例。
⑦ 如第十章第八节"形训法"之"各书自出的以形说义法"下所引《韩非子·五蠹》例。
⑧ 例证见第十一章第二节"说明性解句法"之"补释法"下。

也，是周无遗民也。”

咸丘蒙所问，见《小雅·北山》。孟子答问中提出了“说诗者，不以文害辞，不以辞害志。以意逆志，是为得之”的理论。文，指字。辞，指语句。志，即“诗言志”之志，指作者的原意。意，指说诗者的体会、想法。逆，即推测、解释。这几句话意谓解诗者不要拘于文字而误会诗句，也不要拘于诗句而误会诗的原意，根据自己的体会去仔细捉摸作者的原意，就能够得到正确解释。这是我国见于记载最早的直接的训诂学理论。再如《万章下》云：

孟子谓万章曰：“一乡之善士斯友一乡之善士，一国之善士斯友一国之善士，天下之善士斯友天下之善士。以友天下之善士为未足，又尚论古之人。颂其诗，读其书，不知其人，可乎？是以论其世也，是尚友也。”

颂，与“诵”通。孟子讲到进一步的取友之道，即取益于古人，说明诵读古人的诗书，应当考知他们的为人及当时的社会情况。这里间接表明：研究前代的著作，必须要弄清楚它的背景及作者的情况。又如《尽心下》云：

孟子曰：“尽信书，则不如无书。吾于《武成》，取二三策而已矣。仁人无敌于天下，以至仁伐至不仁，而何其血之流杵也？”

《尚书·武成》记载武王伐纣，战斗中流血漂杵，言之过实，故孟子提出了“尽信书，则不如无书”的论点。这里表明了如何正确理解古书文意的问题，对后世的训诂家影响很大。另外，《万章》《告子》等篇记载孟子在与弟子讨论《诗》《书》意义时，还提出了不少别的与训诂理论有关的问题。

总之，从春秋后期下至战国末年，我国的训诂学趋于成熟，得到了初步发展，从各个方面奠定了基础。正因为这样，秦汉之际才有可能涌现出那么多的训诂著作，特别是像《毛诗故训传》那样体系完备的诗解专著。

第四节　训诂学的兴盛

一、概况

两汉时期（前206—220），我国训诂学出现了兴盛局面，主要原因有以下几个方面。

首先，经过以前漫长时期的发展，特别是经过战国以来的发展，我国训诂学积累了经验，培养了人才，完善了体例，形成了制度。无论对最高统治者还是对一般士人，传世典籍必须经过注释讲解，才能被理解利用，因此经籍训诂已经成为一项重要事业，成为一种需要，一种制度。这一切为新时期训诂学的蓬勃发展奠定了基础，提供了条件。

其次，秦朝的焚书坑儒事件造成了文化的毁坏和断层，刺激了汉初的最高统治者，迫使他们实行抢救古籍的措施。如惠帝四年（前191）除挟书律[①]，广大士民始可以自由藏书。文帝时，天下能治《尚书》的只有秦时博士济南伏生，年九十余，不能应征，于是下诏太常，使掌故晁错前往受教，继承了这门绝学。[②] 武帝时，下令民间献书，“建藏书之策，置写书之官，下及诸子传说，皆充秘府”[③]。文、景两帝已置有博士官，研习典籍。武帝时设置五经博士，选置博士弟子，讲习经义。以后成为定制，人数不断扩大，至成帝时，博士弟子员增加到三千人。成帝下诏，派谒者陈农到各地求书，又令刘向领校皇家藏书，分门别类。每校完一书，刘向即写定叙目，送皇帝审阅。刘向去世，他的儿子刘歆继续这项工作，著成《七略》。[④] 此书收录了我国有史以来的各种重要典籍，成为我国第一部目录学著作，对后世产生了巨大影响。这些抢救古籍的措施既为训诂学的发展打好了基础，同时许多事情本身也都属于训诂工作。

再次，文字的演变和语言的发展使训诂工作变得非常需要，成为训诂学发展的直接动力。汉字在甲骨文以前且不说，从西周到汉初大致经历了籀文、古文、小篆和隶书四种形体的变化。汉初通行隶书，可是士人必读的重要典籍原都是用古文字写成的。要沟通古文字跟隶书的联系，就必须依赖注释和说明。由于时代变迁，地域相隔，语音语义也发生了变化，要读懂先秦古籍，也必须通过训诂。各种简册的异同、文字的讹误等，也有待校正才能明白。对训诂工作的种种需要，促使当时的学者去研究、摸索训诂的方法、经验，从而促进了训诂学的更大发展。

但是，促使两汉训诂学出现空前兴盛局面的最重要的原因，恐怕还是今文经学与古文经学的斗争。[⑤] 西汉前期，五经博士之学全部是今文经学，其中

---

① 见《汉书·惠帝纪》。

② 见《汉书·晁错传》。

③ 见《汉书·艺文志》。

④ 见《汉书·艺文志》。

⑤ 用汉朝通行的隶书所写的经书叫作今文经，传授今文经的学说叫作今文经学。与此相对，用秦以前的古文字所写的经书叫作古文经，传授古文经的学说叫作古文经学。

以董仲舒的《春秋公羊》学说为代表。董仲舒在景帝和武帝时都是研究《春秋公羊传》的博士。《春秋》相传为孔子所作,以正名分和诛乱臣贼子为宗旨,有利于维护封建地主阶级的统治。《公羊传》对《春秋》这方面的思想阐发得最为透彻。汉武帝从当时政治需要出发,不但采用董仲舒的建议,罢黜百家,独尊儒术,而且在儒术中又特别重视《春秋公羊》学。董仲舒为了适应这一需要,炮制了一个杂以阴阳五行说和黄老刑名思想的儒学新体系,借天道以说人事,宣扬天人感应、君权神授,提倡大一统思想,认为人间万事都应由皇帝主宰。同时企图用天意来约束君权,监督政事。这一套神学化的新理论受到了朝廷的青睐,便任用他做了大官。路子一开,各家各派纷纷仿效,好为章句,不求本解,以己意附会经义,妄加皮傅,把大量的谶纬迷信成分加入解说中,以致形成了今文经学阴阳五行化及烦琐、空疏的弊病。

西汉前期是今文经学一统天下,但今文经学内部存在着复杂的派别分歧,一经往往分为几家,如《诗》分为《鲁》《齐》《韩》三家,《书》分为欧阳及大、小夏侯三家,《礼》分为后苍及大、小戴三家,《易》分为杨、施、孟、梁邱、京房五家,《春秋》分为《公羊》《穀梁》两家。各家大师一般都专治一经,他们的经说称为师法,弟子们严格按照师法讲经,称为守家法。不守家法,违背师说,不但要受到同门的攻击,而且要受到朝廷的非难。如孟喜从田王孙学《易》,有所改作,但也托以师法。后来田氏《易》博士缺,众推荐孟喜,皇帝听说他改师法,便不录用。于是各家各派严守师法,不敢越雷池一步,界限划然,各不相通。

古文经学在西汉前期没有取得官学地位,一直在诸侯王国和民间流行。如《汉书·河间献王德传》载,献王德"修学好古,实事求是。从民得善书,必为好写与之,留其真,加金帛赐以招之。由是四方道术之士不远千里,或有先祖旧书,多奉以奏献王者,故得书多,与汉朝等。是时,淮南王安亦好书,所招致率多浮辩。献王所得书皆古文先秦旧书,《周官》《尚书》《礼》《礼记》《孟子》《老子》之属,皆经传说记,七十子之徒所论。其学举六艺,立《毛氏诗》《左氏春秋》博士。修礼乐,被服儒术,造次必于儒者。山东诸儒多从而游"。河间献王是景帝的儿子,先于武帝而立王,说明在武帝之前,古文经学早已在他的王国里流行了。刘歆原先治《易》,并习《穀梁春秋》。校书时,发现了《春秋左氏传》,以为左丘明亲见孔子,而《公羊》《穀梁》出于七十子之后,传闻与亲见不同,因此喜好《左传》,引传文以释经,转相发明,由此章句义理始备。

哀帝时，刘歆建议将《春秋左传》和《毛诗》《逸礼》《古文尚书》列于学官，但遭到今文博士们的强烈反对。从此，古文经学和今文经学的斗争明面化。王莽改制时，曾为古文经立博士，东汉建立，古文经博士又被取消。斗争时起时伏，今文经学派的势力牢牢地把持权柄，不让古文经学派在政治上得势。但是，西汉后期至东汉时期，今文经学的空疏、荒诞、烦琐越来越引起人们的厌恶。如《汉书·艺文志》云："后世经传既已乖离，博学者又不思多闻阙疑之义，而务碎义逃难，便辞巧说，破坏形体；说五字之文，至于二三万言。后进弥以驰逐，故幼童而守一艺，白首而后能言；安其所习，毁所不见，终以自蔽。此学者之大患也。"古文经学与此不同，训诂简明，举大义而已，不为章句，不凭空臆说，反对谶纬，迷信成分较少。这种朴实纯正的风格赢得了社会的重视。章帝时，被迫下诏，令诸儒选高材，教授古文经传。桓谭、班固、王充、贾逵、许慎、服虔、马融、郑玄等人，都是东汉著名的古文经学大师，他们博通群籍，相继用力，终于使古文经学大显。

总之，为了维持或争取官学地位，也为了发扬自己的学说，不论今文经学内部，还是今古文经学之间，始终存在着激烈的竞争。各家各派都在按照自己解经的方式和理想努力改进学说，这种改进学说的过程也就是改进训诂学的过程，因此这一时期各式各样的训诂著作层出不穷。比如古文经学的殿后大师郑玄集两汉经学之大成，宗主古文经传，兼收今文经学之长，遍注群籍，创立郑学，对我国训诂学的发展作出了重要建树，产生了巨大影响。

二、本阶段出现的训诂著作

训诂著作大量涌现，成为两汉时期训诂学兴盛的主要标志之一。本阶段所出现的训诂著作主要是对儒家经典的注释。西汉的这类著作，据《汉书·艺文志》载，《易》有《周氏》《古五子》《五鹿充宗略说》等十八种二百五十九篇，《书》有《传》《欧阳章句》《议奏》等八种二百一十五篇，《诗》有《鲁故》《齐杂记》《毛诗故训传》等十二种三百零二卷，《礼》有《记》《明堂阴阳说》《周官传》等五种八十篇，《春秋》有《穀梁传》《左氏微》《公羊杂记》等十五种三百三十五篇，《论语》有《齐说》《燕传说》等七种一百三十一篇，《孝经》有《长孙氏说》《杂传》等八种三十一篇，小学有《苍颉传》、杜林《苍颉故》等四种四篇。凡六艺共七十七种一千三百五十七篇（卷）。

据钱大昭《补续汉书艺文志》载，东汉儒家经典的注释从数量上看大大超过西汉。可考见的，《易》有樊英《易章句》、袁京《难记》、宋忠《周易注》等八种；《书》有牟卿《尚书章句》、刘陶《尚书训诂》、荀爽《尚书正经》等十八种；《诗》有侯苞《韩诗翼要》、马融《毛诗注》、郑玄《毛诗笺》等十二种；《礼》有卢植《三礼解诂》，杜子春《周官注》，郑玄《仪礼注》《周官注》《礼记注》等十八种；《春秋》有服虔《左氏传解谊》、何休《公羊解诂》、马融《三传异同说》等二十九种；《论语》有何休《论语注训》、郑玄《论语注释义》等七种；《孝经》有高诱《孝经解》、宋均《孝经皇义》等四种；《孟子》有赵岐《孟子章句》、刘熙《孟子说》等四种；共九十八种。另外，据《隋书·经籍志》和《经典释文序录》载，《尔雅》有犍为文学、刘歆、樊光、李巡四家注。

两汉阶段还出现了论述经义的论述体训诂著作。如《汉书·艺文志》所载《书》《礼》《春秋》《论语》的石渠《议奏》和《五经杂议》，再如东汉班固《白虎通义》，许慎《五经异义》，郑玄《驳五经异义》《六艺论》，郑小同《郑志》等。

这个阶段关于儒家经典之外的旧籍的注释也逐渐多起来。《汉书·艺文志》所载西汉学者的这类训诂著作只涉及《老子》一家，有《老子邻氏经传》《老子傅氏经说》《老子徐氏经说》及刘向《说老子》，共四种五十一篇。东汉时代，范围扩大，除马融和严遵两家的《老子》注释外，《国语》有郑众《国语章句》、贾逵《国语解诂》等三种；《战国策》有高诱《战国策注》一种；《吕氏春秋》有高诱、许慎两家注两种；《楚辞》有王逸《楚辞章句》、马融《离骚注》两种；《史记》有延笃《史记音义》一种；《汉书》有应劭《汉书集解音义》、服虔《汉书音训》两种；《纬书》有宋均《易纬注》《书纬注》等，郑玄《易纬注》《尚书中侯注》等，何休《七分注训》等，共十四种；还有郑玄的《黄帝九宫经注》《九宫行棋经注》等。总之，这个阶段训诂范围扩大，已经涉及经、史、子、集四部。

但是，由于时代久远，迭经变迁，这个阶段以上所出现的绝大多数经籍注释早已相继佚亡，或残缺不全，完整地保留下来的主要有《易传》《春秋传》《毛传》《韩诗外传》，郑玄《三礼注》《毛诗笺》以及王逸、赵岐、何休、高诱等人的一些著作。

这个阶段出现的训诂工具书有《小尔雅》《方言》《释名》《说文解字》四种。

《小尔雅》，一篇，《汉书·艺文志》著录，无撰人名氏。唐代以后散佚。据书名，当是《尔雅》的续作。今天所见到的《小尔雅》是宋代人从《孔丛子》中摘录单行的一篇，不是《汉志》原书，但仍然属于汉代人所作，也是《尔雅》的续作，有一定参考价值。

《方言》，十三卷，西汉末扬雄撰。可看作我国第一部比较系统的方言词典，不但在训诂学和方言研究上提供了不少重要资料和经验，而且开辟了一条走出书斋、联系社会实际来研究学问的新路子。

《释名》，八卷，东汉刘熙撰。全书以声训为主，以音求义，探寻事物命名的由来，虽然不免偏颇，但集前人声训法之大成，实开我国语源学之先河。

《说文解字》，十五卷，东汉许慎撰。首创了以部首归字的编排体例，是我国语言学史上第一部系统地析形、解义、辨声读的字典，也是研究远古文字的桥梁。《说文》的出现，标志着我国文字学开始走上独立发展的道路。

三、训诂学体系各方面的发展

1. 训诂体式

本阶段训诂体式主要增加了两个大类、十六个小类。两个大类为考证体和翻译体。十六个小类为，考证体包括两个小类，即一书单考体（如贾逵《欧阳大小夏侯尚书古文同异》）、群书杂考体（如应劭《风俗通义》）；翻译体包括一个小类，即译文单载体；原有的训诂工具书体中增加了一个小类，即部首体（如《说文解字》）；随文注释体是训诂体式中的主干和大宗，本阶段增加了十二个小类，即章句体（如《书》类《欧阳章句》）、微体（如《春秋》类《左氏微》）、注体（如马融《毛诗注》）、释体（如服虔《左氏膏肓释疴》）、笺体（如郑玄《毛诗笺》）、学体（如何休解《公羊传》署“何休学”）、翼体（如侯苞《韩诗翼要》）、音体（如郑玄《尚书音》）、故训传体（如《毛诗故训传》）、训诂体（如刘陶《尚书训诂》，包括解故体、解说体、注解体、注训体等）、音义体（如延笃《史记音义》）、集解体（如《汉书集解音义》，当包括训纂体）。此外，这个阶段所出现的略说体（如《易》类《五鹿充宗略说》）和说义体（如《书》类《欧阳说义》）当括于上阶段就已产生的说体，传记体（如《书》类刘向《五行传记》）和杂记体（如《诗》类《齐诗杂记》）当括于记体，内传体（如《诗》类《韩内传》）、外传体（如《韩诗外传》）和杂传体（如《论语》类《杂传》）当括于传体。

春秋战国以下，书面训诂体式逐渐发展成熟，训诂专著日多，研究以后各代的训诂学体系可以完全不依赖文献正文中的训诂材料，因此从本阶段起，文献正文体可以不论。总之，本阶段的训诂体式发展很快，新增加的类目不少，而且原有的训诂体式大都得到充分应用，这也是本阶段训诂学兴盛的直接标志之一。

2. 训诂方面

这个阶段训诂方面增加了四个，即标音①、疏解注文②、揭示语法③、翻译④。标音内容，是训诂学发展史上的一大创造，从此以后，书面无声语言就变成了有声语言。对旧注的疏解，使训诂工作增加了一项新任务。对语法问题的揭示，大大提高了疑难词句的训释效果。

原有的十一个训诂方面，在本阶段大都有新的开拓。比如校勘方面，文字校勘的内容大量增加；释词方面，声训和形训的内容大量增加；解句方面，翻译和说明的内容大量增加；补释方面，对古代制度的补释内容大量增加；等等。

3. 训诂方法

这个阶段各个训诂方面的训解方法不断增多，不断改进。以释词方面为例，义训法门类增多，可分为专门训法和通用训法两大类，专门训法中名物训法已极为详细，可析为几十个小类。通用训法又可析为一般性通用训法和通释性通用训法两类，前者中有许多重要训法，如以今释古法、举要训法、省文训法、缩词为解法、总分为解法等都是这个阶段所新增的。声训法发展为以声通义法及明正字与借字法两类，每一类又包括一系列不同训法，绝大部分系本阶段所新增。由于《说文解字》的问世，形训法在本阶段已经发展到相当完备的程度，其中也包括许多不同类别。本阶段释词法的发展情况可粗略表解如下：

---

① 参见第七章各节所引郑玄、许慎、何休、高诱等人的标音例证。

② 如郑玄《毛诗笺》、何休《春秋公羊传解诂》等。

③ 参见第八章第一节六、七两项所引毛亨、郑玄等人的有关例证及第十二章第二、三两节所引毛亨、郑玄、何休等人的有关例证。

④ 参见第三章第五节“翻译体”。

- 释词法
  - 一、义训法
    - （一）专门训法
      - 1. 专释名词法
        - 1）单训法
        - 2）连训法
        - 3）详解法
      - 2. 专释动词法
      - 3. 专释形容词法
      - 4. 专释助词法
      - 5. 专释叹词法
      - 6. 专释象声词法
    - （二）通用训法
      - 1. 一般性通用训法
        - 1）直接定义法
        - 2）间接定义法
      - 2. 通释性通用训法
  - 二、声训法
    - （一）以声通义法
      - 1. 一般性以声通议法
      - 2. 通释性以声通议法
    - （二）明正字与借字法
      - 1. 间接明正借法
      - 2. 直接明正借法
  - 三、形训法
    - （一）以形说义法
      - 1. 从象形角度说解法
      - 2. 从指事角度说解法
      - 3. 从会意角度说解法
      - 4. 从形声角度说解法
    - （二）说明字体法

上表仅粗举释词法的大小类目，至于各小类所括具体训法，限于篇幅，没有列出①。但据此已经可以看到本阶段训诂方法发展的一个缩影。释词方面的训诂方法如此，其他方面的训诂方法也如此。显然，这个阶段训诂方法有了空前的发展，成为本阶段训诂学兴盛的另一个直接标志。

4. 训诂理论

汉代训诂学家对训诂学各方面的知识和理论时有揭示。如郑玄论假借字②；赵岐《孟子题辞》论孟子“以意逆志”不限于说《诗》，并论自己作《孟子章句》的方法；王逸叙《离骚》，以如何评论屈原为例，表明评论历史人物的方法，并通过论证“夫《离骚》之文，依托《五经》以立义焉”，表明训解典籍须考源求

① 参见释词法各有关章节。

② 参见第九章第七节。

意的方法；刘熙《释名》示人以根据音理探求语源的方法，又在自序中谓“至于事类，未能究备。凡所不载，亦欲智者以类求之”，即告知学者如法推求其他事物命名取义的由来；许慎著《说文解字》，生动地表明了研究文字训诂时所使用的“据形系联，引而申之，以究万原”和“探啧索隐”的方法，同时在叙中批判了时人诡更正文，强不知以为知，穿凿附会，乱解字义的弊病，示人以析形说义的正确做法。扬雄手执油素笔墨，遍访来京吏卒，采集各地方言，著《方言》一书，用活语言印证雅训经义，开释经籍中博士们无法索解的古言古语，开辟了一条联系实际进行训诂的新途径。王充著《论衡》，全书以“疾虚妄”为宗旨，如《书虚》篇云：“世信虚妄之书，以为载于竹帛上者，皆贤圣所传，无不然之事，故信而是之，讽而读之。睹真是之传，与虚妄之书相违，则并谓短书不可信用。夫幽冥之实尚可知，沉隐之情尚可定，显文露书，是非易见，笼总并传，非实事，用精不专，无思于事也。夫世间传书，诸子之语，多欲立奇造异，作惊目之论，以骇世俗之人；为谲诡之书，以著殊异之名。”又如《问孔》篇云：“世儒学者，好信师而是古，以为贤圣所言，皆无非专精讲习，不知难问。夫贤圣下笔造文，用意详审，尚未可谓尽得实；况仓卒吐言，安能皆是。不能皆是，时人不知难；或是而意沉难见，时人不知问。”因此他对经典旧说，社会谬见，凡不合事理者，无不抉摘辨正。这种不畏圣贤、实事求是的科学精神，难能可贵，继承和发扬了孟、荀的辩驳精神，对唐宋以来考辨性训法的广为应用产生了巨大影响。

第五节　训诂学的深入发展

一、概况

魏晋南北朝至隋唐以及五代（220—960）的七百多年间，是我国训诂学深入发展的阶段。

从学术发展的原因方面来看，魏晋时代（220—420），以王肃经说为代表的王学为了争夺官学地位和宣扬本派的经学主张，向以郑玄经说为代表的郑学发起了进攻，展开了旷日持久的学术论争。郑学影响深远，及于朝野，弟子信徒遍天下。王学也很有号召力，而且由于联姻关系，得到当权的司马氏集团的支持。所以从皇帝、大臣到一般官吏和士人都卷进了这场学术论争。这种斗争客观上刺激了经学的深入发展,同时也就促进了训诂学的深入发展。论争双方为了驳倒对方,增加说服力,不但要说通经文,而且要反复申说各家宗师的注文大意。结果,以前经解中所存在的许多难点程度不同地得到了解释,产生了许多驳论体训诂著作①,疏体也更加成熟,为后来义疏的大兴做好了准备。

在王、郑论争的同时,由何晏、王弼、嵇康、阮籍、向秀、郭象等魏晋名士鼓动起来的玄学之风盛极一时,也对当时经学和训诂学的发展产生了强烈影响,特别是在"三玄"即《周易》《老子》《庄子》的注解中发生了很大的变革:不注重章句训诂,倾心于阐发义理,即借题发挥,阐述儒道合流的思想观点。这种变革注重理论思维,是中国训诂学史上义理派继两汉今文经学之后的第二次大演习,使阐发义理的训诂方法得到了进一步发展。

南北朝时期(420—589),由于社会及文化等差异,南北经学形成了不同的风格,史称"南学"和"北学"。南学兼容王学和郑学,并且受玄学和佛学的影响较深,长于阐发义理,这在《周易》《老子》《庄子》《论语》的注释中表现尤为突出,其他典籍的说解较为严谨。北学基本上没有受到玄学的影响,根据郑玄、服虔、何休的注解说经,保持着汉代经说的传统,也好谈谶纬迷信,但很少涉及义理。

南学和北学的不同风格,也就是南北训诂学的不同风格。当时著名的训诂学大家,南方有贺玚、崔灵恩、雷次宗、皇侃、费甝、沈文何、裴松之、刘孝标、顾野王、陆德明等,北方有刘献之、徐遵明、刘轨思、沈重、熊安生、刘炫、刘焯、萧该、郦道元等。

隋唐时期(581—907)由于国家统一,经济繁荣,文化事业得到进一步的发展,传统的儒学受到统治者的高度重视。隋开皇三年(583),秘书监牛弘表请分遣使人,搜访异本。到平陈以后,经籍渐备。《隋书·帝纪》和《儒林传》载,文帝、炀帝相继下诏,令天下劝学行礼,复开庠序,征辟儒生,相与讲论,统一南学与北学。唐初继承隋制,采取积极措施,设法统一经学。鉴于传世经典讹误相异,贞观四年(630),唐太宗诏令颜师古考定五经②,统一版本。贞观七年(633)书成,颁行天下,世称颜氏定本。又鉴于儒学多门,章句繁杂,不便于士子习览和科举考试,又诏令孔颖达等人撰定五经义疏,定名《五经正义》,

① 参见《隋书·经籍志》经部。

② 五经,指《周易》《尚书》《毛诗》《礼记》《春秋左传》。

于高宗永徽四年(653)颁行全国。自颜氏定本行,经典无异文;自《五经正义》出,经义无异说。其后,依照《正义》体例,贾公彦撰《仪礼注疏》《周礼注疏》,徐彦撰《春秋公羊传疏》,杨士勋撰《春秋穀梁传疏》,并立于学官,天下士民奉为圭臬。终唐之世近三百年,经义无二宗。这种局面有利于统一经学思想,但对学术的争鸣和发展却造成了禁锢和束缚,因此唐代学者撰写的经解著作,除官本之外,其他寥寥无几。与此相适应,唐代训诂学的发展水平,也就基本上以诸经正义和《史记》与《汉书》的注解为代表。诸经正义在训诂学上的贡献主要有两点:第一,集魏晋以来义疏之大成,既释经,又疏注,引证详确,疏解明晰,空前彻底地贯通了经义,而且大都能够维持古训,不失作者原意,成为后代学者明注通经的主要阶梯。第二,较之前代,诸经正义所体现的整个训诂学体系有了新发展,增添了新内容,对后世训诂学的发展产生了深远影响。

唐中叶以后,李鼎祚的《周易集解》,成伯玙的《毛诗指说》,陆淳的《春秋集传辨疑》《春秋集传纂例》《春秋微旨》①,韩愈、李翱的《论语笔解》等都超出了《正义》范围,或兼收并蓄,或驳先儒旧说,或撇开传统传注,直接从经文中阐发"圣人真意",开了宋人以己意说经的先河,但也给训诂学的新发展带来了生机,利弊各在。

五代时期(907—960)权柄频移,慌慌乱乱,不暇文事,训诂学消息杳然,间或有作,逐唐人余波而已。

二、本阶段出现的训诂著作

这个阶段所出现的训诂著作数量又大大超过了上一阶段。依照《隋书·经籍志》和《旧唐书·经籍志》所载去其重复,据不完全统计,经部约有五百四十部,其中流传到现在的主要有王弼、韩康伯《周易注》,王弼《周易略例》,郭京《周易举正》,孔颖达《周易正义》,李鼎祚《周易集解》,孔颖达《尚书正义》,陆玑《毛诗草木鸟兽虫鱼疏》,孔颖达《毛诗正义》,卢辩《大戴礼记注》,贾公彦《仪礼注疏》《周礼注疏》,杜预《春秋左氏经传集解》《春秋释例》,孔颖达《春秋左传正义》,范宁《春秋穀梁传集解》,徐彦《春秋穀梁传注疏》《春秋公羊传注疏》,陆淳《春秋集传纂例》《春秋集传辨疑》,唐玄宗《孝经正义》,何晏

① 陆氏《春秋》三书主要介绍他的师友啖助、赵匡的学说。

《论语集解》，皇侃《论语义疏》，陆德明《经典释文》等。史部约有三十五部，其中流传到现在的主要有裴骃《史记集解》，司马贞《史记索隐》，张守节《史记正义》，颜师古《汉书注》，李贤、刘昭《后汉书注》，裴松之《三国志注》，孔晁《逸周书注》，韦昭《国语注》，郦道元《水经注》等。子部约有九十三部，流传到现在的主要有李轨《法言注》、杨倞《荀子注》、房玄龄《管子注》、王冰《黄帝内经素问注》、李淳风《周髀算经注》、张湛《列子注》、王弼《老子注》、曹操等《孙子注》、刘孝标《世说新语注》等。集部约有二十二部，除李善《文选注》流传到今天外，其他如郭璞《楚辞注》、宋时刘和《杂诗注》等，皆亡佚。共计六百九十部。

这个阶段出现的训诂工具书很多，其中重要的有魏时张揖《广雅》，晋代吕忱《字林》、葛洪《要用字苑》，南朝梁陈间顾野王《玉篇》，唐颜元孙《干录字书》、释玄应《一切经音义》、释慧琳《一切经音义》等。

对前代训诂工具书的注解，有郭璞《尔雅注》《方言注》，佚名氏《说文音隐》，吴恭《字林音义》等。

本阶段还出现了群籍考证辨误的专门著作，有唐代李匡义的《资暇集》、李涪的《刊误》、苏鹗的《苏氏演义》，五代丘光庭的《兼明书》等。唐颜师古的《匡谬正俗》则是后世所见最早的一部完整的小学方面的考辨性专书。

音韵研究在这个阶段开始同训诂中的音释分道扬镳，走向独立发展的道路。魏时李登的《声类》、晋代吕静的《韵集》、梁时沈约的《四声》、隋唐间陆法言的《切韵》等都是这方面的代表作。

这个阶段的训诂范围从经、史、子、集扩大到佛藏、少数民族语言和外国语言。如《隋书·经籍志》载，佛藏经律论讲疏共九十一部，有关少数民族语言的著作《国语》《鲜卑语》《国语杂物名》等十三部，有关外国语言的著作《婆罗门书》《扶南胡书》《外国书》共三部。除佛藏的一部分讲疏外，后来别的书都亡佚了。南北朝以来，佛教在中国内地广泛传播。到了隋唐，中国佛学达到鼎盛时期，翻译了不少佛经。如玄奘取经归来，受到朝廷的高度重视，从事译经活动二十多年，先后译出大小乘经论七十五部、一千三百三十五卷。

三、训诂学体系各方面的发展

1. 训诂体式

本阶段训诂体式增加了一个大类、八个小类。一个大类为释例体。八个小类为，释例体包括一个小类，即单书释例体（如杜预《春秋释例》）；原有的随文注释体增加了五个小类，即疏体（如皇侃《论语义疏》）①、证体（如刘芳《礼记义证》）、考辨体（如唐代陆淳《春秋集传辨疑》）、述体（如吴人陆绩《易述》）、诠体（如唐代李翱《易诠》）；考证体增加了一个小类，即群籍散考体（如唐李匡义《资暇集》）；训诂工具书体增加了一个小类，即音序体（如隋陆法言《切韵》）。

但是，这个阶段训诂体式方面最显著的特点是随文注释体这个大类所包括的训诂体式的简约化发展。这个大类所包括的主要的训诂体式到本阶段为止已有二十六个，但训诂实践表明，当时的训诂家们并没有平均使用这么多的训诂体式。根据《隋书·经籍志》和《旧唐书·经籍志》所载书目看，本阶段这个大类中使用率最高的训诂体式是注体、疏体、音义体、集解体四类，其他各类体式使用较少或不见使用。训诂体式的简约化表明当时训诂学体系正在优化过程中发展。

2. 训诂方面

本阶段新增加了一个训诂方面，即立例（如杜预《春秋释例》）。原有的各个训诂方面，特别是其中的校勘、标音、释词、解句、揭示写法、考辨疑误、论述七个方面，在各种训诂著作中，尤其在疏体训诂著作中，大都得到了比较充分的应用和发展。

3. 训诂方法

这个阶段得到进一步发展的训诂方法主要有以下各类：疏通法；证明法；标音法；释词法义训类中的通释性通用训法，声训类中的通释性以声通义法；解句法中的综合性解句法；揭示语法法；揭明写法法；考辨法。例证详见第五章以下各有关章节。

4. 训诂理论

本阶段所出现的训诂理论颇多，散见于各类训诂著作，如孔颖达《尚书正义序》提出了解义不宜求之过深及注文不尚浮华的问题；《毛诗正义序》提出了训诂不可负恃才气、故意标新立异及注文必须详略得当的问题；《礼记正义序》提出了不宜违背本经而节外生枝及不宜故设难问而纷乱其说的问题；《春秋正义序》提出了不应不体本文而非毁旧注的问题。颜师古《汉书叙例》提出了如何对待旧注、不可追驳前贤以曲从后说、不宜竞博杂引而攻击本文的问

① 疏解注文的训诂著作出现于上一阶段，但“疏”体之名正式出现于本阶段。见第三章第一节“随文注释体（上）”之“疏体”。

题。《颜氏家训·勉学》论及校书主张谨慎,提出了"观天下书未遍,不得妄下雌黄"的名言。刘知几《史通·补注》提出了如何补注《史》文的问题。若此之类,都属于训诂理论。

第六节 创发新义阶段的训诂学

一、概况

宋元明时期(960—1644)是我国训诂学的创发新义阶段。

宋代(960—1279)开国之初,国力贫弱,民族矛盾和阶级矛盾十分尖锐。为了避免五季匆匆更替的覆辙,争取长治久安,统治阶级在政治、经济、军事、文化等方面谨慎地采取了一系列防范性和建设性的措施,取得了一定的效果。在经籍的研究和训诂方面也比较保守。比如真宗咸平二年(999),诏翰林侍讲学士邢昺与杜镐、舒雅等改定了三种义疏,即《孝经注疏》《论语注疏》《尔雅注疏》,大体沿袭了唐人《正义》的旧规。但是,仁宗即位前后,特别是庆历年间(1041—1048)以后,学术渐变,掀起了三股新风气,即讲究体用义理的风气、疑古自用的风气、钻研道学的风气。

讲究体用义理的风气,由范仲淹首倡鼓动,胡瑗教导示范,王安石身体力行。《宋史·范仲淹传》载,秘阁校理范仲淹"泛通《六经》,长于《易》,学者多从质问,为执经讲解,亡所倦。尝推其奉以食四方游士,诸子至易衣而出,仲淹晏如也。每感激论天下事,奋不顾身,一时士大夫矫厉尚风节,自仲淹倡之"。他的名言"先天下之忧而忧,后天下之乐而乐"强烈地震动了乐于用世的士人的神经,引得其风行响应。庆历年间,得到仁宗皇帝的信任,范仲淹、欧阳修等用事,实行新政,改革吏制,改革科举,将吴中(今苏州市)大儒胡瑗请到太学讲学。《胡瑗传》载:"瑗既居太学,其徒益众,太学至不能容,取旁官舍处之。礼部所得士,瑗弟子十常居四五。"胡瑗讲论,"经义其体,时务其用",即借儒家经典的躯体宣扬适时致用的观点,也就是借题发挥,阐述义理,为当时的封建政治服务。比如他的《周易口义》一变王弼以来用老、庄思想解《易》的陈规,主于阐明儒家的思想理论①,开宋人说经重义理的风气,士人引

① 《周易口义》系胡氏讲说,他的弟子倪天隐述录成书。例证参见第十一章第二节"阐发义理法"一目下。

以为楷模，影响极大。王安石进一步加以发展，认为“法先王之政者，法其意而已。法其意，则吾所改易更革，不至乎倾骇天下之耳目，嚣天下之口，而固已合先王之政矣”①。他主持所撰《诗》《书》《周礼》新义，牵合己说，标立新解，并利用执政的机会，颁布天下，“一时学者无敢不传习，主司纯用以取士，士莫得自名一说，先儒传注，一切废不用”②。

疑古自用的风气，受启发于孟子“尽信书，则不如无书”的见解及唐代后期韩愈、啖助、赵匡、陆淳等人说经的观点，由孙复发端，欧阳修倡导示范，刘敞推波助澜。《宋史·孙复传》载，孙复举进士不第，退居泰山，著《春秋尊王发微》，本于陆淳，废《三传》，立新说，认为《春秋》有贬无褒，用意苛酷。后被荐入朝，教授于太学。欧阳修文章冠天下，又身为朝廷重臣，参与推行庆历新政。他撰《毛诗本义》，声称后之学者“若使徒抱焚馀残脱之经，伥伥于去圣千百年后，不见先儒中间之说，而欲特立一家之学者，果有能哉，吾未之信也”。又谓先儒于经不能无失，而所得固已多矣。尽其说而理有不通，然后以论正之。因此他以推求诗人本志为目的，以自己的见解验定旧注的是非，不依赖于旧注，表现了疑古创新的精神和旨趣。同时刘敞承韩愈《论语笔解》体式，撰《七经小传》，为了服从己说，求胜于古人，往往改易古经文字及句序，穿凿附会，改变了先儒淳实的风气。故王应麟《困学纪闻》卷八《经说》云：“自汉儒至于庆历间，谈经者守训故而不凿，《七经小传》出而稍尚新奇矣。至三经《义》行，视汉儒之学若土梗。古之讲经者执卷而口说，未尝有讲义也。元丰间陆农师在经筵，始进讲义。自时厥后，上而经筵，下而学校，皆为支离曼衍之词，说者徒以资口耳，听者不复相问难，道愈散而习愈薄矣。陆务观曰：‘唐及国初学者不敢议孔安国、郑康成，况圣人乎！自庆历后，诸儒发明经旨，非前人所及。然排《系辞》，毁《周礼》，疑《孟子》，讥《书》之《胤征》《顾命》，黜《诗》之序，不难于议经，况传注乎！’斯言可以箴谈经者之膏肓。”

钻研道学的风气，受启示于韩愈的道统说③，经过周敦颐、张载、程颢、程颐相继推演，蔚为大观。大旨从子思、孟子的学说出发，参合西汉今文经学、魏晋玄学及佛道理论，以阴阳五行为经，以天命性心及仁义道德为纬，企图对大自天地万物生成演变的规律、小到修身养性的秘密，上自帝王传心的奥妙，

① 见《宋史·王安石传》。
② 见《宋史·王安石传》。
③ 见唐韩愈《原道》。

下至初学入德的门径，统统加以研讨和说明。

以上三种风气在产生之初，既有单独表现的一面，又有交织渗透的一面；到了后来，特别是到了南宋，便逐渐汇合为一，终由一代大师朱熹集其大成。

在这些风气的直接影响下，宋代创新派的训诂著作便形成了怀疑传世经籍、攻驳汉唐旧注、勇于创发新义、长于阐发义理的显明特征。这在当时所出现的每一种疑古创新的训诂著作中都能找到典型例证。朱熹所撰《周易本义》《诗集传》《大学章句》《中庸章句》《论语集注》《孟子集注》《仪礼经传通解》等便是其中的代表作。

从训诂学的角度看，宋人的疑古创新之风有偏颇的一面，也有独到的一面。偏颇的一面主要表现为对传世经籍及汉唐旧注怀疑过甚，否定太多，说解中师心自用，轻改古书，而且义理过繁，似作文，而不似解经。王柏的《诗疑》、程颐的《易传》、张载的《横渠易说》等可看作这方面的典型。其独到的一面主要表现为他们无所拘束，敢于提出问题，进行探讨，开了一代疑古创新的新风尚。他们所提出的有些问题确实值得重新研究。如欧阳修提出《尔雅》的作者问题，认为不是圣人所作，而是秦汉间学诗者纂集博士说《诗》解诂而成[①]，打破了《尔雅》为周公所作或为孔子及其门弟子所作的传统说法。又如朱熹提出《尚书》孔安国传及所增古文经篇目属于伪作，经过明代梅鷟和清代阎若璩等相继研究，终于成为定论。

疑古创新是宋代学术的主流，同时，传统派也不绝如缕，时有作为。如吕祖谦的《吕氏家塾读诗记》、林岊的《毛诗讲义》、李如圭的《仪礼集释》、王皙的《春秋皇纲论》等，都能不失古义，持论平实。但较之汉唐，风格也有所不同，义主于合时，辞主于要约。

元代(1271—1368)统一中国九十多年，由于蒙古贵族实行野蛮统治，制造民族敌视，屠杀汉人，破坏农业生产，经济、文化停滞、倒退。为了维护对广大汉族人民的统治，蒙古贵族笼络了许多汉族地主士大夫为其服务，被迫继承了宋代理学。当时的儒者基本上都是朱子学说的信仰者，其中许多人还是朱子的递传弟子。仁宗皇庆二年(1313)下诏，用朱子《四书章句集注》《诗集传》及《周易》注等兼用古注疏取士[②]，使朱子经注进一步官方化。因此，元代的训诂学及整个学术仍然沿着宋人疑古创新的路子发展，只是已经失去了势

① 见宋欧阳修《诗本义》。

② 见《元史·选举志》。

头，学风渐趋笃实。这个时期出现的群籍训诂著作不算少，但绝大多数都以翼赞朱书为务，创新发明较少。不过其中陈应润的《周易爻变易缊》自宋以来毅然破陈抟《易》说，认为玄妙的义理堕入老、庄，先天诸图杂以炉火之说不是《周易》本旨，在宋元人《易》解著作中翘然独秀，有功《易》学。其他如梁寅《周易参义》、许谦《读书丛说》、朱祖义《尚书句解》、梁益《诗传旁通》、陈澔《礼记集说》、赵汸《春秋左氏传补注》及胡三省《资治通鉴音注》等也各有特色，各有贡献。

明代（1368—1644）开国之初，为了加强中央集权的封建统治，太祖朱元璋即着意文教，提倡程、朱理学，亲自与刘基制定以八股文取士的科举制度，专以《四书》《五经》命题，经义以朱熹及其他宋元人的注解为依据，同时也参考汉唐旧注。明成祖永乐年间，命翰林学士胡广、侍讲杨荣等修定《四书五经大全》，颁行天下，据以课士。《四书大全》以朱注为正宗，《五经大全》抄纂元人宋学注疏成编。因此自从《大全》颁行以后，科举取士，经义一准宋学，旧注废而不用。由于八股文形式僵化，内容空洞，应考者多不必读书，只须将事先按照经义程式摹拟的试题答案背熟，临场抄录一过即可，以致士人学问狭隘浅陋。加之中叶以后，以薛瑄、陈献章等人为首的“河东学派”和以王守仁为首的“姚江学派”，大力提倡道学，徒众遍天下。前者祖述程、朱理学，主张躬行复性，澄心养静，无烦著作①；后者宣扬知行合一，认为致良知为天下之达道②，其末流乃至“束书不观，游谈无根”，造成“经学非汉、唐之精专，性理袭宋、元之糟粕”的局面③。

基于上述情况，明代的训诂基本上走着宋元疑古创新的老路子，成了强弩之末。这个时期出现的训诂著作大部分不是翼赞、纂述乃至剽抄朱子和其他宋元人的说解④，就是臆断立异，穿凿附会⑤，直至或以禅语作解⑥，或作伪欺世⑦。但是也有一些带有传统特色的经学家和训诂学家努力摆脱宋学的羁绊，克服空疏浅陋的弊病，上追汉唐，求实问证，表现出笃实、科学的风格。如

① 见《明史·儒林传》薛、陈本传。
② 见《明史·王守仁传》。
③ 见《明史·儒林传》。
④ 如《四书五经大全》、明代姜震阳《易传阐庸》等。
⑤ 如明代邓梦文《八卦馀生》、明代季本《易学四同》、明代郝敬《尚书辨解》等。
⑥ 如明代苏濬《周易冥冥篇》、明代寇慎《四书酌言》等。
⑦ 如丰坊《子贡诗传》《申培诗说》等。

熊过《周易象旨决录》鉴于时人说《易》多宗宋、元，主于理数，入于释道，慨然有复汉学之志，校勘考证，具于书首，说解主象，义必考古。来知德《周易集注》专取《系辞》"错综其数"之文以论《易》象，冥心力索，得其端倪，参互旁通，自成一说，当时推为绝学。湛若水《春秋正传》认为《春秋》本鲁史之文，不可强立义例，以臆说乱之，应当根据史实仔细考求，方能发明圣人之心和《春秋》之意。因此取诸家说一一加以辨正，尽扫向来穿凿破碎之例，别树一帜。其他如黄道周《易象正》、梅鷟《尚书考异》、陈第《毛诗古音考》、陈士元《论语类考》等，也都是出类拔萃的著作。再有李时珍的《本草纲目》，虽然不同于一般的训诂著作，但于每一纲目药名之下标列"释名""集解""气味""主治""发明""正误"等目，分别加以解释说明，实际上是一种详解的办法。因此该书不仅是一部中药学巨著，也是一部特殊的训诂巨著。

二、本阶段出现的训诂著作

宋元明阶段所出现的各种训诂著作数量之多，大大超过以前各个阶段。出于种种原因，实际上难以确计，根据《宋史·艺文志》《元史·艺文志》[①]及《明史·艺文志》所载，这个阶段所出现的训诂著作，经部（不括乐类和小学类）约有两千三百二十七部，史部约有五十四部，子部（包括释、道）约有二百五十部，集部约有五十一部，共计约两千六百八十二部，是前一阶段的三倍多。在本阶段所出现的经部训诂著作中，以数量而言，《易》类、《春秋》类、《礼》类、《论语》类占了绝大多数。据三史《艺文志》所载，《易》类约有六百二十九部，《春秋》类约有四百七十六部，《礼》类约有三百三十一部，《论语》类约有一百五十八部，共计约一千五百九十四部，占经部总数的百分之六十八以上。其他《书》、《诗》、《孝经》、经解四类只占百分之三十一左右。这种情况是本阶段疑古创新的风气及道学的发生、发展所决定的。因为《易经》《四书》是道学家们借以阐明微义奥旨和抒发义理的依据，而《春秋》经传及《三礼》又是他们掊击前贤、自由申说的最好的用武之地。

这个阶段出现的群籍考证辨误著作很多，如宋代黄朝英《靖康缃素杂记》、吴曾《能改斋漫录》、王观国《学林》、洪迈《容斋随笔》、王应麟《困学纪闻》，明代杨慎《丹铅总录》、方以智《通雅》等。

① 《元史·艺文志》，清代钱大昕补作，见清光绪八年（1882）镇海张寿荣刊《八史经籍志》。

本阶段又出现了一大批训诂工具书，其中影响较大的有宋代王安石《字说》、陆佃《埤雅》、罗愿《尔雅翼》、娄机《班马字类》、王洙和司马光等《类篇》、王应麟《小学绀珠》，辽僧行均《龙龛手鉴》、僧希麟《续一切经音义》等，还有宋陈彭年等重修的《广韵》《玉篇》及丁度主编的《集韵》。元代有卢以纬《语助》，明代有朱谋玮《骈雅》、梅膺祚《字汇》、张自烈《正字通》等。对于以前的训诂工具书的训解，有邢昺《尔雅注疏》、宋咸《尔雅注》、郑樵《尔雅注》、徐铉校定《说文》、徐锴《说文系传》等。

宋元明阶段，训诂范围进一步扩大，经部小学类增加了金石研究的内容。梁元帝萧绎有《碑集》百卷①，集录碑刻之文成编，后佚。北宋嘉祐年间（1056—1064），欧阳修收集历代金石遗文，研究同异，撰写跋文数百篇，成《集古录》一书，标志着我国金石学正式出现。同时，另一位学者刘敞也做了类似的工作，写成《先秦古器图》一卷。此风一开，学者竞起研讨，涉及彝器、玉饰、碑刻、印章等等，或考究文字，或摹写图像，有宋敏求《宝刻丛章》，吕大临《考古图》，李公麟《古器图》，官本《宣和重修博古图录》，赵明诚《金石录》，薛尚功《历代钟鼎彝器款识法帖》，郑樵《石鼓文考》，洪适《隶释》《隶续》等，共二十多部。洪适利用这些研究成果考证史传讹误，朱熹用以印证经书文字，将金石学与训诂学结合起来，同时也成为训诂学的一项内容。史部的训诂范围也进一步扩大，元人产生了注解《资治通鉴》的兴趣，据钱氏补作《元史 · 艺文志》载，有郝经《通鉴书法》、胡三省《资治通鉴音注》、尹起莘《资治通鉴纲目发明》、董蕃《通鉴音释质疑》等，共十部。明人对刑法类书籍多有注解，据《明史 · 艺文志》载，有何广《律解辨疑》、刘惟谦《唐律疏义》、张楷《大明律解》、王肯堂《律例笺解》等，共八部。子部的训诂，主要集中在儒家、道家、释家三类。其中儒家类，宋人对《孟子》的注解大增，成书数量占了该类的一大半，有孙奭《孟子音义》、游酢《孟子解义》、朱熹《孟子集注》、张栻《孟子详说》等。其次是《太玄》，有司马光《集注太玄经》、徐庸《注太玄经》、僧全莹《太玄略例》等。元代扩大到以注解宋代道学家的著作为主，其中有陈樵《太极图解》、程时登《西铭补注》、朱本《通书解》、徐骧《皇极经世发微》等。道家类对《列子》《关尹子》《文子》《阴符经》《参同契》的训诂增多，如宋代沈该《阴符经注》，金时赵秉文《列子补注》，元代杜道坚《关尹子阐玄》《文子缵义》，明代商

① 见《金镂子 · 著书》篇。

廷试《订注参同契经传》等。释家类的注解逐渐增多，除释门高僧作注外，一些大官僚和文人学士也为佛籍作注。如宋代王安石注《维摩诘经》、张戒《楞伽集注》，金人李纯甫《金刚经别解》，明太祖《集注金刚经》、方泽《华严要略》等。子部科技类书籍的注解也逐渐增多。如宋代贾宪《黄帝九章算经细草》、苏颂《校本草图经》，金人成无己注《伤寒论》，元代李晞范注《难经》、岳熙载注《李淳风天文类要》，明代孙兆《素问注释考误》等，集部的训诂从《楚辞》《文选》扩广到唐代以下李白、杜甫、韩愈、柳宗元、李商隐、苏轼、朱熹、陆游、范成大、元遗山等人的著作，多数是对前代作品的注解。如宋代朱熹《韩文考异》，张敦颐《柳文音辨》，洪兴祖《杜诗辨证》，杨齐贤《集注李白诗》，魏仲举《五百家注音辩昌黎先生文集》《五百家注音辩柳先生文集》等；金人王会注《太白诗》，孙镇注《东坡乐府》；元代刘应登《杜诗句解》，胡炳文注《朱子感兴诗》，释庆间注《范成大田园杂兴诗》，曾巽申《补注元遗山诗》等。也有对当朝作品的注解，如宋代李壁《王荆公诗注》、任渊《后山诗注》①、刘安世《资治通鉴音义》等。

另外，辽、金、元时期为了尽快吸收汉族文化，少数民族统治者用本族文字翻译了大量汉文经籍。据《元史·艺文志·译语类》载，有《辽译五代史》《辽译通历》，金《国语易经》《国语书经》《国语孝经》《国语论语》《女真字家语》《女真字孙膑书》，元《蒙古字孝经》《大学衍义节文》等。

由于时代愈晚书籍愈容易保存，因此这个阶段所产生的各类训诂著作流传到今天的比较多，绝大部分被收存在《四库全书》和其他各种丛书中。

三、训诂学体系各方面的发展

1.训诂体式

宋元明阶段，由于训诂学的新发展，训诂体式也产生了许多变化，主要表现在三个方面。第一，新增加了十一小类训诂体式，原有的随文注释体增加了七个小类，即订体（如宋代王与之《周礼订义》）、通释体（如元代刘瑾《诗传通释》）、广补体（如明代郑敷教《周易广义》、宋代洪兴祖《楚辞补注》）、科场备用体（如元代王充耘《书义矜式》）、读本体（如明代闵氏刻本《朱墨本左传》）、表注体（如宋代金履祥《尚书表注》）、纂集体（如宋代方闻一《大易粹

① 王荆公，即王安石。后山，即宋人陈师道。

言》)；考证体增加了两个小类，即专题考证体(如宋代王应麟《诗地理考》)、古文字考释体(如宋代郑樵《石鼓文考》)；图解体增加了一个小类，即群书图解体(如宋代杨甲《六经图》)；训诂工具书体增加了一个小类，即杂序体(如辽僧行均《龙龛手鉴》)。第二，由于创发新义是这个阶段绝大部分训诂家的指导观念，所以本阶段训诂体式的发展充分体现了创新的特点，其中考辨体、考证体、说体、义体、翼体五种体式的变化更能说明这个问题。比如考辨体训诂著作几乎占了这个时期所产生的训诂著作总数的一半。这个体式大致又演变成三个类型：(1)辨正体(如元代周鼎《诗经辨正》)，又称为"辨""考辨""辨解""辨说""问辨""辨误""辨失""辨妄"等[①]；(2)解疑体(如明代刘醇《四书解疑》)，又称为"疑""质疑""析疑""辨疑""志疑"等；(3)正误体(如元代吴莱《春秋经说胡氏传正误》)，又称为"考误""识误""纠谬""匡解""订诂""举正"等。考证体也适宜于表达疑古创新的内容，因此它所包括的各类体式也得到了充分应用[②]，称名又有"考正""考疑""考异""通考""义证"等不同，而且又往往与上述所举考辨体同名。说体也是表现新义的一种适宜体式，因此说体著作所占比例也很大。由于理学贯穿于这一时期的始终，解经著作，特别是解释《周易》《老子》《庄子》《四书》《尚书》《孝经》的著作便于阐发义理，因此义体的称名也不少。又因为濂、洛、关、闽四大派是理学的创始者和宗主，而朱熹又集其大成，所以这个阶段的翼体著作也很多，称名也各有不同。第三，这个阶段出现了"直解"与"句解"两种体式，前者全用白话文译释经书，后者对原文逐句作解[③]，通俗明了，易于普及。

2. *训诂方面*

中国训诂学体系所包括的训诂方面，到第四阶段即深入发展阶段为止，已经基本上发展齐备。自本阶段以下，大都是对已有的训诂方面细加分析和利用，很少有新的训诂方面增加。由于唐代以上对词义的解释用力较多，经籍中大部分词语的含义已经明白，所以宋元明阶段的训诂著作中释词的内容一般比较少[④]。由于这个阶段以疑古创新为特点，所以考辨疑误、考证原委[⑤]、

---

① 例证参见第三章第三节"考辨体"下。下同。
② 关于考证体的分类，参见第三章第四节"考证体"。
③ 参见第三章第一节"解体"。
④ 因训诂范围扩大，创注的著作除外。
⑤ 如宋代范谔昌《大易源流图》、无名氏《比兴穷源》，元代彭复初《易学源流》，明代魏校《周礼沿革传》等。

评论得失成为一般训诂家共同关注的三个训诂方面。又由于理学盛行，讲究体用，因此，解句中对义理的阐述成为一种时髦，这也是本阶段最重要的训诂方面之一。另外，这个时期训诂著作中体现得最多的训诂方面还有解句中的翻译、串讲及论述中的提示读书方法等。

3. 训诂方法

宋元明阶段所出现的训诂著作数量庞大，体式繁多，但相形之下，所使用的训诂方法却简易明快。释词方面常用的训法主要有以今释古、比况为训、点明词义、辨析词义、多词并释、连类广训、揭明通用假借等。解句方面常用的训法主要有翻译、串讲、分析文意、阐明意义、阐发义理、概括大意等。揭示语法、揭明写法及校勘方面的训诂方法都有进步。但是本阶段训诂中所使用的最具特色的训解方法还是考辨法、考证法、引古器物款识证经法、总论法、图解法、通释法和纂集法等。

4. 训诂理论

宋元明阶段直接的训诂理论逐渐增多。在释词方面，朱熹反复强调不可令注释文字成文，须简明扼要，使人有玩味余地①。宋代王圣美创立"右文说"，给因声求义的声训方法提供了一定的理论依据②。在解句方面，朱熹反对离题而冗长的串解文字，提倡训明词义，略加引导，让读者根据词义自行玩索文意③。吕祖谦《吕氏家塾读诗记》引张子说，主张"求诗者贵平易，不要崎岖求合"，也适用于其他经籍的训诂。洪迈也主张"解释经旨，贵于简明"④。金元间人王若虚提出解经必须合乎"文势语法"⑤。元代许谦主张考辨同异必须深入研究，"识其所以然"⑥。明代方以智对文字形、音、义的变化及引方言证经传的问题都有详细论述。⑦

---

① 参见第十四章第五节。
② 参见第九章第六节。
③ 参见第十四章第五节。
④ 《容斋随笔》卷一。
⑤ 《滹南遗老集·论语辨惑》。
⑥ 《元史·许谦传》。
⑦ 见《通雅》卷首。

第七节　释难解纷与训诂学的理论建设

一、概况

清王朝入关后（1644—1911）二百六十多年间，是我国训诂学的释难解纷与理论建设阶段。

清初，统治者鉴于明季王学末流极度空疏，不得人心，便一方面提倡程、朱理学，另一方面吸收汉、唐训诂成果，企图将二者结合起来，取长补短。因此当时奉敕编纂的《御纂周易折衷》《钦定书经传说汇纂》《钦定诗经传说汇纂》《日讲礼记解义》等虽然以宋人的解说为纲，但古义不可没者，都一一附录，以补阙遗，学术务求平正，经义务求协当。康熙皇帝对汉族士大夫阶层采取利用、怀柔政策，禁制尚疏，学派崛起，自由申说。对于经义，官家可补，私家可改，也可攻。故钱澄之撰《田间易学》《田间诗学》，汉、宋参用。李光地撰《诗所》，汉、宋都可以不顾，唯凭涵泳文句以推求诗意。顾炎武、王夫之等人的经解著作求实问证，无疑于义理之际，开了朴学的先河。黄宗羲《易学象数论》、胡渭《易图明辨》、阎若璩《尚书古文疏证》等，去伪存真，所向披靡。朱鹤龄撰《诗经通义》，专主小序，力驳废《序》之非。陈启源撰《毛诗稽古编》，则以《毛诗》为名，显明地举起了汉学的旗帜，训诂一准《尔雅》，篇意一准小序，诠释准于《毛传》，佐以《郑笺》，辨正朱（熹）、欧（阳修）、吕（祖谦）之书，批驳刘（瑾）、辅（广）之论。引据赅博，疏证详明，坚持汉学，至为纯粹，为清代汉学家解诗奠定了基础，标志着汉代古文经学在新形势下开始复兴。雍正、乾隆年间，大兴文字狱，学者不便抒发关涉时政的议论，相率致力于文献的考据、整理和辑佚，客观上促进了汉学的发展。乾隆时期开四库馆，网罗了当时三百多位专家，成了汉学家的大本营。乾、嘉两朝是古文经学复兴的全盛期，汉学派的思想在朝野占了主导地位。据梁启超《中国近三百年学术史》，当时的汉学家主要有吴派、皖派、浙东派三派。前两派承自顾炎武，有正统派之称；后一派承自黄宗羲，偏重于史学的研究。

吴派源于惠周惕、惠士奇，成于惠栋，大昌于钱大昕、王鸣盛、余萧客、江声、汪中等。这一派的研究以经说为主，旁及史学和文学。以考据详博见长，所失在于对汉人的经解往往达到迷信的程度。

皖派源于江永，成于戴震，大昌于金榜、孔广森、凌廷堪、任大椿、段玉裁、王念孙、王引之、郝懿行等。清末俞樾、孙诒让、章太炎等，都是这一派的殿后大师。此派治学的基本法则和宗旨是，以声音合文字，以文字考训诂，训诂通而经义明，最后达到通经致用的目的。他们在语言文字的研究方面成就卓著，并且以此为利器，对历代群籍注解中存在的各种疑难问题剔抉剖析，务求的当，作了一番空前规模的大清理，创获甚丰，而且在训诂学理论的探讨和建设方面也取得了前所未有的成就。由于攻有所专，业有所精，论者谓其疏于义理，也是实情。

浙东派的主要成就在史学方面，但其中万斯同的《石经考》《群书疑辨》，章学诚的《文史通义》《校雠通义》，全祖望的《经史问答》等，也都是与训诂学相关的重要著作。

道光（1821—1850）以下，内乱和外侵交加，社会开始动荡。这时，以阐发《春秋公羊》学的微言大义为要旨的今文经学复兴，倡导者主张更法改制，通经致用。开山大师庄存与所撰《春秋正辞》专门阐发微言大义，是清代今文经学派的第一部著作。他的弟子刘逢录、宋翔凤发扬师说，相继有作。刘氏撰《公羊春秋何氏释例》《春秋论》等，专门申述汉代董仲舒、何休的学说，颇有影响。中间经过龚自珍、魏源等人的努力，扩大了今文经学派的研究范围，涉及《书》《诗》《礼》《论语》等典籍。魏源撰《诗古微》，主三家说，攻击《毛传》和《诗序》。邵懿辰撰《礼经通论》，主张《仪礼》十七篇并非残缺，认为古文《逸礼》全属伪造。同时上承宋代王应麟辑佚之业，余萧客、迮鹤寿、陈寿祺等相继辑录和考证汉代今文经学佚文，也成为一种时兴。从龚、魏二氏起，开始利用《公羊》学说讥切时政，主张变法改制。到了光绪年间（1875—1908），今文经学的复兴达到高潮。王闿运《春秋公羊传笺》、皮锡瑞《经学通论》、廖平《四益馆经学丛书》等，都是有影响的著作。康有为是清代今文经学派的殿后大师，同时也是变法维新的主要人物。他研究经学带了相当浓厚的政治色彩，宣扬托古改制，为变法维新服务，所著《新学伪经考》《孔子改制考》等尽管曾经产生过颇大影响，但不免失于随意、诬罔，许多观点在学术上是不可靠的。

清朝末年，即19世纪末到20世纪初，随着中西文化大规模的接触和新学的出现，大量翻译西方的各种重要书籍，也是这个阶段训诂的内容之一。

总之，有清一代学术流派很多，不过在训诂学上贡献最大、影响最深的还是汉学派中的古文经学派，特别是其中的皖派。

二、本阶段出现的训诂著作

清代所出现的各种训诂著作数量之多，是前所未有的，不但大大超过了以前各个朝代，而且也超过了以前各个发展阶段。仅据《清史稿·艺文志》所载统计，经部（不括乐类和小学类）训诂著作约有一千二百四十八部，其中最著名的有惠栋《周易述》、胡渭《易图明辨》、李道平《周易集解纂疏》，阎若璩《尚书古文疏证》、孙星衍《尚书今古文注疏》、段玉裁《古文尚书撰异》，陈启源《毛诗稽古编》、陈奂《诗毛氏传疏》、马瑞辰《毛诗传笺通释》、王先谦《诗三家义集疏》，段玉裁《周礼汉读考》、孙诒让《周礼正义》、张尔岐《仪礼郑注句读》、胡培翚《仪礼正义》，朱彬《礼记训纂》、孙希旦《礼记集解》、王聘珍《大戴礼记解诂》，刘文淇《左传旧疏考证》、洪亮吉《春秋左传诂》、庄存与《春秋正辞》、陈立《公羊义疏》、许桂林《穀梁释例》、钟文烝《穀梁经传补注》，皮锡瑞《孝经郑注疏》，刘宝楠《论语正义》，焦循《孟子正义》等。道光年间，阮元辑《皇清经解》，选收清人经解一百八十多部；光绪年间，王先谦补辑了《续皇清经解》，又续收二百零九部；清代经解的精华基本上都荟萃进去了。史部训诂著作约有六百一十七部，著名的有梁玉绳《史记志疑》、钱塘《史记三书释疑》、王元启《汉书律历志正讹》、王先谦《汉书补注》、惠栋《后汉书补注》、王先谦《后汉书集解》、杭世骏《三国志补注》、乾隆敕撰《辽金元三史国语解》、王鸣盛《十七史商榷》、钱大昕《廿二史考异》、陈逢衡《逸周书补注》、洪亮吉《国语韦昭注疏》、郝懿行《山海经笺疏》、陈逢衡《竹书纪年集证》、孙志祖《家语疏证》、戴震《戴校水经注》、赵一清《水经注释》、浦起龙《史通通释》、章学诚《文史通义》、王夫之《读通鉴论》等。子部训诂著作约有四百二十五部，著名的有王先谦《荀子集解》、汪继培《潜夫论笺》、李光地《周子通书注》、王植《太极图说集释》、戴望《管子校正》、王先慎《韩非子集解》、孙诒让《墨子间诂》、陈昌齐《淮南子正误》、赵曦明《颜氏家训补注》、檀萃《穆天子传注疏》、徐大椿《阴符经注》、姚鼐《老子章义》、王先谦《庄子集解》、刘英龙《参同契集注》、张琦《素问释义》、陈念祖《金匮要略浅注》、梅文鼎《七政细草补注》、李锐《汉三统术注》、李潢《九章算术细草图说》等。集部训诂著作约有二百七十部，著名的有王夫之《楚辞通释》、蒋骥《山带阁注楚辞》、陶澍《陶靖节集注》、倪璠《庾子山集注》、王琦《李太白集注》、仇兆鳌《杜诗详注》、赵殿诚《王右丞集注》、顾嗣立《昌黎诗笺注》、王琦《李长吉歌诗汇解》、冯应榴《苏诗合注》、施国祁《遗山诗集注》、金檀《青邱诗集注》、杨谦《曝书亭诗注》、朱珔《文选集注》、梁章钜《文选旁证》、饶学斌《古诗十九首详解》等。

这个阶段出现的总义、通义、杂考类著作很多，其中礼类总义约有四十五部[①]，著名的有万斯大《学礼质疑》、陆陇其《读礼志疑》、孔广森《礼学卮言》、陈立《白虎通疏证》等。《春秋》类通义约有九十五部，著名的有洪亮吉《春秋十论》、惠士奇《半农春秋说》、李富孙《春秋三传异文笺》等。诸经总义约有一百四十五部，著名的有惠栋《九经古义》、毛奇龄《经问》、江永《群经补义》、崔述《考信录》、王引之《经义述闻》、程瑶田《通艺录》、卢文弨《经典释文考证》、阮元《十三经注疏校勘记》、俞樾《群经平议》、朱彝尊《经义考》、顾炎武《九经误字》、武亿《群经考异》、周春《十三经音略》、日本山井鼎《七经孟子考文》、顾炎武《石经考》、严可均《唐石经校文》。群籍杂考约有一百七十四部，著名的有顾炎武《日知录》、万斯同《群书疑辨》、黄生《义府》、全祖望《经史问答》、钱大昕《十驾斋养新录》、何焯《义门读书记》、王念孙《读书杂志》、俞正燮《癸巳类稿》、朱一新《无邪堂答问》、孙诒让《札迻》、陈澧《东塾读书记》、俞樾《诸子平议》和《古书疑义举例》等。

清代语言文字学（即小学）方面的训诂著作很多，既有工具书，也有一般的杂考、专解，工具书之中有注疏，也有新作；约计三百三十二部，其中词义训释类约有六十七部，又其中新作约有二十六部。著名的工具书有杭世骏《续方言》、江声《续释名》、洪亮吉《比雅》、王引之《经传释词》、阮元《经籍籑诂》等；其他有黄生《字诂》、戴震《转语》、王念孙《释大》、章太炎《文始》[②]等。注疏约有四十一部，著名的有邵晋涵《尔雅正义》、郝懿行《尔雅义疏》、王念孙《广雅疏证》、戴震《方言疏证》、江声《释名疏证》、胡承珙《小尔雅义证》等。字书类约有一百七十八部，其中新作约有三十部，著名的工具书有张玉书等奉敕撰《康熙字典》、官书《佩文韵府》及《骈字类编》、乾隆敕撰《钦定满洲蒙古汉字三合切音清文鉴》等，其他有谢启昆《小学考》、顾蔼吉《隶辨》、阮元《积古斋钟鼎彝器款识》、吴荣光《筠清馆金文》等。注疏约有一百四十八部，著名的有孙星衍《急就篇考异》、段玉裁《说文解字注》、庄述祖《说文古籀疏证》、桂馥《说文解字义证》、朱骏声《说文通训定声》、王筠《说文释例》等。韵书注解约有二十部，著名的有吴廷华《九经韵证》、江有诰《诗经韵读》等。

---

① 这类数目已包括在以上所述四部训诂著作中。

② 后两书《清史稿》未收。

以上所论清人各类训诂著作,仅仅是这个阶段所出现的主要的训诂著作而已,实际数量要比《清史稿·艺文志》所收大得多,目前还难以确计。

清代的训诂范围比上一阶段又扩大了。经部《大戴礼记》的训解剧增,约有四十四部,大大超过以前各代。语言文字是本阶段训诂家用力最多的部门之一,其中对《尔雅》《广雅》《说文》三部工具书的注解用力最勤,出书最多,成就最高,形势空前。比如《清志》所载义书六十七部,其中《尔雅》训释二十一部,占三分之一。字书约一百七十八部,其中《说文》训解一百二十八部,占十分之七。史部正史类的训解由前四史扩大到晋宋以下至于明朝的历代诸史。金石学大兴,《水经》的训诂也成了热门。另外,对甲骨文的考释已经开始,如孙诒让《契文举例》,《清志》未收,但它是考释甲骨文最早的著作。子部的训诂几乎遍及诸子百家,其中儒家类连宋元以来的各种重要著作也都有了训释。医药、天算、术数类的训诂著作也明显增多。集部别集类的训诂著作大增,上起魏晋,下至元、明,历代著名作家的主要诗文大都有了注解,而以唐宋为主。诗文评论蔚为大观,成为训诂事业的重要一翼。至于诸经总义、群籍杂考更是这个阶段最注目的训诂领域,各家济济,精品甚多。随着西学东渐,对西方书籍的大量翻译成了这个阶段后期的一项重要训诂内容。

三、训诂学体系各方面的发展

1.训诂体式

清代训诂体式的应用和发展有三个特点:第一,随着训诂学的空前繁荣和发展,训诂体式的应用出现了集大成的局面。换句话说,举凡历代训诂家们所使用过的各种类型的训诂体式,几乎都被清代训诂家们挖掘出来重新使用了。历代通常沿用的一般训诂体式且不说,就连各个阶段所产生而后来却很少使用的一些古僻体式也都有人重新开发使用。如萌芽阶段所出现的故体,春秋战国所出现的记体,汉代所出现的微体、细体、正体、难体、章句体、训纂体、故训传体,南北朝出现的证体,宋代以下所出现的口诀体、臆体、本义体、读本体、订体、大全体、管窥体等①。第二,历代累积下来的训诂体式虽多,犹不敷所用,故又增加了不少新体式。中国训诂体式的大类型,经过几千年的发展,到了宋元明阶段基本上都形成了。清代新增加的训诂体式都是在原

① 例证参见第三章各节有关体式下。

有的各大类之内所增加的小类,共有四个:随文注释体中增加了三个小类,即校注体(如周廷宷《韩诗外传校注》),又称为"校释"(如朱右曾《逸周书集训校释》)、"校义"(如胡澍《素问校义》)、"校补"(如周寿昌《汉书注校补》)等;疏证体(如王念孙《广雅疏证》),又称为"疏义"(如钱大昭《广雅疏义》)、"疏解"(如王明弼《周子疏解》)等;韵读体(如江有诰《诗经韵读》)。释例体中增加了一个小类,即群书释例体(如俞樾《古书疑义举例》)。第三,像宋元明时代的训诂家以疑古创新为宗旨一样,清代的训诂家前赴后继,一代一代都以释难解纷为要务,举凡神州群籍在历代训诂中所存在的各种疑难和纷争,都是他们训解的主要目标,就像攻克堡垒那样,一批一批被他们所开释。因此这个阶段考辨体和考证体应用得最为广泛。不但历代特别是宋代以来所出现的各种考辨、考证体式为他们所利用,而且还出现了不少新的考辨体式名称,如"明辨""条辨""辨伪""辨非""辨诬""辨异""辨微""疑辨""疑义""稽疑""识疑""悬解""悬判""刊误""匡名""正×""规×"等①。尤其值得注意的是重考体乃至多考体著作越来越多,同一部书籍,考了又考,辨了又辨,正了又正,校了又校,补了又补②,所以本阶段出现的训诂著作中考辨体、考证体占了绝大多数。如《清史稿·艺文志》所载《尚书》的训诂著作一百二十一部,其中考辨体、考证体著作约有八十七部;《史记》训诂著作十四部,考辨体、考证体著作十部;均占百分之七十以上。其他书籍的训诂情况与此相似。而且,在绝大多数其他种类的体式所属的训诂著作中,考辨性内容也占了相当大的比重。特别在诸经总义、史评、杂考、文评类著作中,考辨、考证的内容更多。

2. 训诂方面

清代的训诂方面再没有增加。但清人训诂,对历代累积下来的10多个训诂方面都有所涉及。由于释难解纷是清人训诂的主要目标,所以考辨疑误、考证原委、评论得失、校勘讹误、疏证古训是本阶段涉用最为频繁的几个训诂方面,涉及范围最广,出书最多,名家最多。另外发凡立例、揭示写法、翻译等方面也涉用较多。清代的训诂学成就以古文派汉学家为代表,汉学是对宋学的批判,宋学以义理见长,汉学家恶谈义理。因此在该派的训诂著作中义理的阐发甚为少见。

---

① 例证参见第三章第三节"考辨体"下。

② 如俞樾《四书辨疑辨》、严可均《说文订订》、朱骏声《逸周书集训校释增校》、吴兰庭《五代史纂误补》与吴光耀《五代史纂误续补》等。

语法学、语源学在本阶段开始走上独立发展的道路，马建忠的《马氏文通》和章太炎的《文始》分别是这两门学科的奠基之作。

3. 训诂方法

清代的训诂事业由于涉及范围广，出书多，体式多，方面全，特别由于训诂家们大都以释难解纷为目标，因此他们所使用的训诂方法在集前人之大成的基础上，又有不少创新，总特点是，能够历史地看问题，注重证据，注重科学分析，处处应用归纳演绎方法，抽举条例，推广训释效果。使用最频繁、效果最显著的训法主要有考辨法、考证法、以声通义法、揭明正借法、论述法、校勘法、疏证法、图解法、辨析词义法、连类广训法等。

4. 训诂理论

清代处于历史长河的下游，学者们可以综观历代训诂学发展的经验、教训与得失；训诂学的空前发展也使学者们有了更多切身的体验；加上西学东渐，世界先进科学信息的不断刺激和影响；特别由于古音学的新发展，学者们对文字形、音、义三者的关系有了比较科学的认识：这些因素共同促进了本阶段训诂学理论广泛深入的发展，几乎每个训诂方面都有理论可据，或有原则可循，这种状况是前所未有的。在训诂学理论的建设方面做出显著成就的学者很多，其中最著名的有顾炎武①、戴震②、段玉裁③、王念孙④、王引之⑤、阮元⑥、章学诚⑦、杭世骏⑧、黄以周⑨、朱一新⑩、俞樾⑪、章太炎⑫等人。其中章太炎处于这个阶段的末期，正值新旧交替时代，是清代训诂学的集大成者，又是下一个阶段训诂学的开山祖师，继往开来。1906 年，他在《国粹学报》第 24、25 期上发表《论语言文字之学》一文，主张使传统的小学（即文字、音韵、训

① 如论读经自考文始，考文自知音始。见顾氏《答李子德书》。

② 如戴氏《转语二十章序》论述音义关系及二者互相求证的方法。

③ 如用发凡式论述音义关系，见段氏《说文注》。

④ 如论音义关系及就古音以求古义，见《广雅疏证序》。

⑤ 如论古字通假的原则及揭明假借字的必要性，见《经义述闻序》。

⑥ 如论校勘的有关问题及方法，见阮氏《十三经注疏校勘记》各序及《江西校勘宋本十三经注疏书后》。

⑦ 如论校勘学，见章氏《校雠通义》。

⑧ 如论训诂非易事及从事训诂工作需要具备的条件等，见杭氏《李义山诗注序》。

⑨ 如论清人与汉、宋儒者注书方法的不同及注文宜简要的道理，见黄氏《示诸生书》。

⑩ 如论校书中不能轻易改动的道理及读书必先明其义例的道理，见朱氏《无邪堂答问》。

⑪ 如论述古书中存在疑义的各种情况及开释疑义须注意的各种问题，见《古书疑义举例》。

⑫ 如论训诂体式，见章氏《国故论衡》。

诂)摆脱经学的羁绊,从附庸地位彻底解放出来,成为独立的学问,并命名为“语言文字之学”,这标志着旧学的终结和新学的开端,具有划时代的意义。不过作为章氏“语言文字学”三门类之一的“训诂”,继承了宋代以来的含义,即仅仅指词义训释。章氏通过他的《文始》和《新方言》等著作,将训诂学引入语源学和语义学的轨道。受其影响,以后七八十年间,训诂学的研究基本上被限制在语义学的狭小范围之内,这当是时代的局限性,也正表明圣哲贤达,得失自在。

清代向来被称为训诂学的鼎盛时期,就以上情况看,实非过誉。本阶段训诂学上所存在的问题主要是训诂家们往往自信过胜,失于专辄,致使纰漏频出,行文或伤于芜杂,每每繁说淹没本解;长于疑难词语的考辨,但疏于章句义理。

第八节　白话文注释及训诂学学科体系的建立

一、概况

辛亥革命以来直至今天,是我国训诂学的白话文注释及学科体系建立阶段。

这个阶段,中国社会各种矛盾错综复杂,经历了多次翻天覆地的巨变。先是清王室的覆灭标志着封建时代的结束和民主革命的开始,接着五四运动爆发和中国共产党诞生,接着十四年抗战,国共两党分裂,接着新中国成立,接着“文化大革命”,最后“四人帮”倒台,实行改革开放。在这将近一个世纪中,随着政治上的不断变革,文化思想战线风起云涌,经历了一次又一次的斗争。其中与训诂学的发展关系最密切的是五四运动前后所掀起的新文化运动的影响。这个运动反对旧文化、旧道德,提倡新文化、新道德;与此相联系,反对文言文,提倡白话文。越到后来,阵营越大,态度越坚决,并与反帝、反封建的政治目标紧密配合,影响所及,无不披靡。由于反对读经,反对儒家伦理道德,所以这个阶段前期,对儒家经典及与之有关的其他古书,一般学者都采取谨慎回避的态度,训诂著作产生得比较少。间或有作,训解谨严,或从事批判,而且大都用白话文成书,带有新式标点。从50年代起,关于传世典籍的训诂著作逐渐多起来。

在中国整个封建社会中,训诂事业基本上是因统治阶级和依附于他们的知识阶层而存在的。因此尽管书面语言与口头语言的距离越来越大,文言文的正统地位一直没有动摇。五四运动反对文言文,提倡白话文,使文化从少数人的垄断之下彻底解放出来,为广大民众和全社会所掌握,这是开天辟地以来的一大进步。因此白话文注释的出现,也是中国训诂学发展史上所发生的可喜巨变。这样一来,训诂学成了全民的学问,训诂事业成了全社会的事业。

中国训诂学在三千多年的发展历史中,直到封建时代结束,始终以偏重训诂实践为特征,理论上的探讨和记载从宋代以下逐渐增多,但一直到清末仍然没有形成体系。进入本阶段以后,以章太炎和他的弟子黄侃、沈兼士等人为中心的一大批学者专门从事语言文字学研究,从事训诂学研究,他们总结历代特别是清代以来训诂学的发展成果,借鉴国外语言学理论,尝试创立训诂学的学科体系和理论体系。20世纪20年代初,黄侃在高等学校执教,开设训诂学课程,所用教学大纲《训诂学讲词》全文虽未公开刊行,但通过他的教学活动,实际上产生了深远影响。这个讲授提纲尽管很粗略,但筚路蓝缕,导夫先路,标志着训诂学终于摆脱了经籍附庸的地位,开始以一门独立学科的资格出现在中国学术史上。与此同时,沈兼士执教北大,也有关于训诂学问题的讲论①,颇有影响。1933年,何仲英《训诂学引论》出版。1939年,胡朴安《中国训诂学史》出版。1942年,张世禄《中国训诂学概要》出版。1943年,齐佩瑢《训诂学概论》出版。1964年,陆宗达《训诂浅说》出版。在此期间,学者们还出版了不少涉及训诂学问题的其他书籍,并发表了许多关于训诂学的学术论文,如章太炎《国故论衡》,沈兼士《右文说在训诂学上之沿革及其推阐》《声训论》,罗常培《训诂学纲要》,王力《新训诂学》,周法高《中国训诂学发凡》等。所有这些论著从不同的方面、不同的角度为促进训诂学学科体系和理论体系的建设作出了贡献。但必须指出,直到此时为止,受章、黄学说影响,训诂学的研究一直被局限于语义学的狭小范围之内。换句话说,这个时期学者们所讲论的训诂学实际上相当于语义学,头小帽子大,是个偏称概念,而不是全称概念。因为训诂学的实际内容要比语义学大得多,章、黄二氏处于社会制度新旧交替阶段,对传统的“训诂”一语没有来得及作准确的定义,

① 参见《沈兼士学术论文集》,中华书局1986年版。

仅是结合自己的研究专长权且作解。后继者祖述其说,也没有深加考论,致使以偏概全,相沿不改,这是一种历史性的承谬传讹。

1981年5月,中国训诂学研究会成立,这是我国训诂学发展史上的空前创举。研究会会员逐年增多,定期举行学术讨论会。受此影响,全国越来越多的高等院校相继开设了训诂学课程。这一切都促进了训诂学的进一步发展。80年代,各种训诂学专著和教材相继问世,其中陆宗达《训诂简论》谈到了训诂的七个方面,词义训释仅是其中之一,首次打破了训诂学就是语义学的旧认识,使对训诂学的理解从偏称概念向全称概念转变,对我国训诂学的正确发展作出了贡献。周大璞《训诂学要略》对训诂体式始有较全面的概括和分类,并且增加了训诂条例、训诂弊病等项内容,在完善训诂学学科体系方面做出了可喜努力。洪诚《训诂学》又增加了训诂原则、读注、作注等项内容,也有功于学科体系的建设。还有吴孟复的《训诂通论》,白兆麟的《简明训诂学》,张永言的《训诂学简论》,赵振铎的《训诂学纲要》,李建国的《汉语训诂学史》,杨端志的《训诂学》,许威汉的《训诂学导论》,周大璞主编《训诂学初稿》,黄建中的《训诂学教程》,陆宗达、王宁合著《训诂学方法论》等,也都各有建树。冯浩菲的《毛诗训诂研究》则是对历代《诗经》的训诂情况进行比较全面、系统、科学的研究的第一部专著,发明并建立了历代诗解的训诂体系,也等于《诗经》训诂研究的体系,亦即单经训诂研究的体系,对我国训诂学学科体系的科学化发展也产生了促进作用。这一段时间各级刊物上所发表的研究训诂学的学术论文更多,其中1982年陆宗达、许嘉璐发表的《关于训诂学教学的几个问题》一文对训诂学的教学与研究起了指导性作用①。黄焯、萧璋、罗邦柱、冯浩菲等人揭示旧注训诂条例的论文也都各有特色。另外,港台及海外也出版了一些训诂学著作,如林尹《训诂学概要》、新文丰出版公司《训诂学简论》、徐善同《训诂学》、杜学知《训诂学纲目》等,都为我国训诂学的科学化发展作出了贡献。

通过训诂学界同人长期以来的共同努力,此阶段我国训诂学的学科体系已初具规模,理论建设正向广度和深度发展。不过总的看来,诸家训诂学著作及教材中仍然存在着一些共同的弱点和亟待解决的问题,概括起来讲,主要有三条:(1)训诂学学科名称定义混乱分歧,以偏概全的认识继续占主导地

① 见《北京师范大学学报》(哲学版)1982年第5期。

位，影响了学科体系的科学化进程。(2)内容庞杂，取舍各异，方向不一致，重点不突出，影响了本门学科的科学价值和实用价值。(3)体系零乱，结构松散，缺乏系统性、理论性和科学性。因此，不能不看到，我国训诂学的学科体系和理论体系至今仍然是粗疏的、落后的，跟其他现代社会科学各学科的完备体系相比，距离尚远。实现本门学科的科学化改造任务，是摆在我国训诂学界同人面前的一项艰巨、迫切而义不容辞的任务。本书在这方面做了一次尝试。

二、本阶段出现的训诂著作

这个阶段由于对外开放，社会进步，注重实业，生产发达，厚今薄古，文化更新，科技兴盛，人才分流，从事训诂事业的学者相对而言本来就比较少，而且其中一部分学者又倾心于研究、构造训诂学的学科体系和理论体系，还有跟其他阶段相比，历时未久，因此所出现的注解经籍原文的训诂著作比前几个阶段要少得多。如上所述，本阶段的训诂著作有一个共同特点，就是用白话文作注解，注重普及性。其中影响较大的有高亨《周易古经今注》《周易大传今注》，曾运乾《尚书正读》，于省吾《诗经新证》，余冠英《诗经选》，陈子展《诗经新注》，林尹《周礼今注今译》，杨树达《论语疏证》，杨伯峻《春秋左传注》《论语译注》《孟子译注》，毛子水《论语今注今译》，史次耘《孟子今注今译》；中华书局二十四史点校，《资治通鉴点校》，杨树达《汉书窥管》，陈直《史记新证》《汉书新证》，陈垣《通鉴胡注表微》《史讳举例》，编辑组《中国历史地图集》；郭沫若等《管子集校》，任继愈《老子今译》，高亨《老子校诂》《墨经校诠》《诸子新笺》，刘文典《庄子补注》，梁启雄《荀子简释》，陈奇猷《韩非子集释》，杨树达《淮南子证闻》，向宗鲁《淮南子校注》，许维遹《吕氏春秋集释》，李渔叔《墨子今注今译》，熊公哲《荀子今注今译》，周绍贤《庄子要义》，王利器《颜氏家训集解》，彭铎《潜夫论笺校正》，黄焯《经典释文汇校》；郭沫若《屈原赋今译》，文怀沙《屈原离骚今译》，姜亮夫《屈赋解诂》《屈赋今译》，高步瀛《文选李注疏》《唐宋诗举要》，徐震堮《世说新语校笺》，余冠英《乐府诗选注》，马茂元《古诗十九首探索》，喻守真《唐诗三百首详析》，陈寅恪《元白诗笺证稿》，刘永济《唐五代两宋词简析》，钱仲联《韩昌黎诗系年集释》，叶葱奇疏注《李贺诗集》，傅庚生《杜甫诗论》，夏承焘《唐宋诗论》，范文澜《文心雕龙注》，启功《红楼梦注释》，张慧剑《儒林外史校注》等。

语言文字学方面的训诂著作，影响较大的有罗振玉、王国维关于甲骨文、金文及敦煌石室古籍的考释论著，杨树达《积微居小学述林》《积微居小学金石论丛》，郭沫若《甲骨文字研究》《殷周青铜器铭文研究》《石鼓文研究》，唐兰《殷虚文字记》，劳干《居延汉简考释》，马叙伦《说文解字六书疏证》，周祖谟《方言校笺》等。

本阶段编纂出版的训诂工具书数量庞大，远远超过以往各个阶段，其中影响最大的有《辞源》、《辞海》、《中华大字典》、杨树达《词诠》、张相《诗词曲语辞汇释》、朱起凤《辞通》、符定一《联绵字典》、陆澹安《小说词语汇释》、蒋礼鸿《敦煌变文字义通释》及《中国人名大辞典》《中国地名大辞典》《新华字典》《汉语词典》《中文大字典》《宗教词典》等。

另外，本阶段所出现的各种中外文互译著作及各种中外文词典数量之多，前所未有。

本阶段的训诂范围，仍按四部分类法来说，经部有所缩小。史、子两部有缩小，有扩大，即前人已涉及的，本阶段未涉及，是缩小；前人未涉及的，本阶段涉及了，是扩大。集部的训诂范围明显扩大了，关于历代诗集、文集的各种选注本层出不穷。本阶段对甲骨文和金石文字的考释成就斐然，另外对几部著名的明清小说如《三国演义》《西游记》《水浒传》《红楼梦》《聊斋志异》等都作了校注，以便读者阅览。

三、训诂学体系各方面的发展

1. 训诂体式

本阶段训诂体式的应用明显趋于简约，体式的大类没有增加，小类增加了五个：随文注释体增加了两个小类，即注译体（如杨伯峻《论语译注》）、点校体（如中华书局二十四史点校）。翻译体增加了一个小类，即对照翻译体（如任继愈《老子今译》）。工具书体增加了两个小类，即号码体（如《四角号码词典》）和杂陈体（如张相《诗词曲语辞汇释》）。原有体式中应用最多的有注体、集解体、疏体、翻译体、校注体、考辨体、考证体、总论体，其他旧有体式或偶尔一用，或不曾使用。

综上所述，按照本书的体系，从商周迄今，我国训诂学发展的各个阶段所出现和应用的主要的训诂体式累计达八大类、五十八小类。

2. 训诂方面

与训诂体式的简约化相对应，本阶段所涉及的训诂方面也不是很多，但比较集中,主要是标点、校勘、注音、释词、解句、翻译、揭示语法、考辨疑误、评论得失等。其中采用新式标点符号,注音使用注音字母和拼音字母或又加注直音,提高了准确度。由于语法学的进步,训诂中对语法问题的揭示更加明确,其他方面也多有改进。

按照本书的体系,从商周迄今,我国训诂学发展的各个阶段所出现和应用的主要的训诂方面累计达十六个。

3. 训诂方法

概括地说,本阶段所使用的训诂方法大致可别为普及性训法和高难训法两类,前者所使用的具体方法基本上是对前人一般训诂方法的选择承用,以简洁明白为宗旨。后者所使用的具体方法基本上斟酌于清代乾、嘉诸儒之间而又有新的发展,以考辨法为主,兼及其他,在古文字考释和古书中疑难问题的辨释方面大显身手,成就突出。

4. 训诂理论

本阶段随着一部部训诂学专著的相继问世,训诂学学科体系日臻完善,训诂理论开始向全面化、系统化、科学化发展。

第三章 训诂体式

训诂体式是指训诂著作的体裁和格式。注解一部书，首先要考虑采用何种体式为宜，而体式的选定，主要依据注解的对象、角度和目的等等。也就是说，被注解的书籍不同，注解时所采取的角度和目的不同，所选用的体式也随之而异。不同体式的训诂著作，其内容与形式均有差异，所产生的效果也不一样。因此，对训诂体式的研究是训诂学家首先应该注意的目标之一。从章太炎《国故论衡·明解故》分训诂体式为通论、驸经、序录、略例四类，至今百余年来，学界对训诂体式的认识和分类仍较为粗疏。我们认为，纵观我国训诂学发展史，详考历代各种有代表性的训诂著作，如前章所述，中国训诂体式基本上可以分为八大类、五十八小类。八大类为随文注释体、文献正文体、考证体、总论体、翻译体、释例体、图解体、训诂工具书体。在第二章中，我们已经概括论述了各个阶段训诂体式的发生、发展情况，以下分节对各类体式的特点集中加以简单介绍，以供学习者参考。

第一节 随文注释体（上）·传注单用体

随文注释体是随书籍原文进行注释的训诂体式，即章太炎所说的“驸经”。一般是逐篇、逐章、逐句、逐字选加注释，包括对旧注的疏证。虽然注文与原文可以分编单行，但并不改变注释随原文而出的特点。随文注释体是训诂体式中的正宗，自来研究训诂学的人对于它的分类都过于疏略。我们认为，这种体式应该分为十一类，即传注单用体、传注合用体、考辨体、通释体、广补体、科场备用体、读本体、韵读体、表注体、集解体、纂集体。以下分别加以介绍，本节介绍传注单用体。

传注单用体是指单独使用的一些传注性训诂体式，一般出现较早。其中许多体式最初使用或相对使用时，彼此之间有区别；到了后来，不断发生演变，乃至逐渐可以互相代替，往往名异实同。主要有以下二十二类：

1. 传体

从原来的意义上讲，传主于传承师说，表示传述的意思。在文献记载中，似以《仪礼·丧服传》所引之《传》及《墨子·尚贤》所引《书》之《传》为最早。传体的内容和形式又多种多样：或传述本事，证发经义，如《春秋左传》；或传述师说，正面解释经义，如《春秋公羊传》《春秋穀梁传》，或据说解与原文关系的疏密，定其称谓，关系密者称"内传"，关系疏者称"外传"，如《韩诗内传》[①]、《韩诗外传》。或尊大旧解，称为"大传"；自小其说，称为"小传""稗传"。前者如《易大传》《尚书大传》，后者如刘敞《七经小传》、吴仪《春秋稗传》等。其中《小传》《稗传》之"传"，实际上空具"传"名，仅是取便立称罢了，与"说""解""注"之类名异实同。

2. 故体

故体有两类：一为征引故实、故事，一为解释词义。前者与传述本事以证发经义的传体相近，在文献中似乎出现得最早，如《周语》所载《大誓故》即是一例。但这方面流传下来的用例不多，后世也很少使用。后者如《汉志》所载三家《诗》的《鲁故》《齐后氏故》《韩故》，都是以解释词义为主的训诂著作。这类"故"又通作"诂"，如《尔雅·释诂》，《释文》谓樊光、李巡本"诂"作"故"。此体后世使用较多，如汉代杜林《苍颉故》，清代黄生《字诂》、钱澄之《庄诂》等。

3. 说体

说体是一种源远流长而使用广泛的训诂体式，最初大概与传体相对立称，以义多自出为基本特征，即所释不是传述师说，而是自宣己见。说，就是说解。《汉志》所载说体著作很多，如《诗》有《鲁说》《韩说》，《礼》有《中庸说》《明堂阴阳说》，《论语》有《齐说》《鲁夏侯说》等，都未流传下来。考《墨子·经说》与《韩非子》的《内储说》《外储说》，可知此体在汉代以上以说解经籍原文的意蕴为要务，而不以词义训释为目标。从宋代起，由于疑古创新成

① 本章为了说明历代训诂体式的演变情况，凡见于历代史志和其他可靠文献的书名，不论是否流传至今，都根据论述需要，引为例证。为了行文简洁，恕不一一注明存佚情况。读者欲寻览某一书，请查阅有关书目。

为一种时尚，说体大行，并且在说解经籍原文的意蕴时以辨正旧注的误说为标的，即加强了考辨的性质。其体式可别为三种：一是不载所解原书全文，只依篇次为说。有说者，先列原文与旧注，继作说解；无说者，连原文也略而不录。如宋代司马光《易说》、刘敞《七经小传》，元代许谦《读书丛说》，明代朱善《诗解颐》，清代惠士奇《礼说》等，都属于此类。立称不同，体式无异，而以唐代韩愈《论语笔解》为滥觞。一是全载所解原文，有说者说解，无说者略而不论。如宋代黄度《尚书说》、明代姚舜牧《重订诗经疑问》等。一是全载原文，逐一说解，如明代高攀龙《周易易简说》。此外，"臆说"（如明代王守仁《五经臆说》）、"臆解"（如明代王世懋《经子臆解》）、"臆测"（如清代王定柱《中庸臆测》）、"枝指"（如明代陈禹谟《经言枝指》）等，都与说体异名而同实。

4. 训体

训体与其他体式相对而言，有所差别。如《尔雅》的《释训》与《释诂》《释言》对称，训释任务就不一样，《释训》只负责训释词义比较空虚的联绵词，兼解少量的诗句。若单独使用，往往没有什么不同，也是注解的别名。如东汉高诱注解《淮南子》，于每个篇题下加一"训"字，如《原道训》《俶真训》《天文训》之类，标明是训体，但主于释词，各种词语可释者都加以训释，而且兼及释音、校勘、解句等，实际上与一般的注体、解体等无异。因此自序称"乃深思先师之训，参以经传道家之言，比方其事，为之注解"。

5. 解体

解，即分析，解说。汉代以上，解体主于解说经籍蕴意奥旨，不以词义训释为务，介于说、微二体之间，或兼有二体的特色。又可别为两类：一为逐经籍原文作解，如《管子》的《形势解》《立政九败解》《版法解》《明法解》，《韩非子·解老》，高诱《孝经解》等。一为通论诸经要义，如《礼记·经解》。魏晋以下，又增加一种类型，即随文作注，释词与解句并重，又兼及其他方面，与注体同，如晋代孔晁解《逸周书》，每个篇题下加"解"字，有《度训解》《文酌解》《武称解》之类，但总署其书为《注》。此体后世使用较广，大致不出以上三种类型。至于题为"全解""详解""通解""约解"之类，仅是限制说明作解的详略广狭而已，与体例无多大出入。唯有"直解"和"句解"体例翻新，前者主于以当时口语直当明白地解释经籍原文，后者则对原文逐句作解，通俗明了，易于普及，可列为此体的第四种类型。如元代许衡《大学直解》、明代张居正《书经直解》、清代范廷谋《杜诗直解》、元代朱祖义《尚书句解》、明代陈仁锡《周礼句解》等。

6. 记体

记体与传体相近,原其本始,传主于传承师说,记主于录其闻见,不必师训。汉代以上,记体大致有两类:一为随文作记,如《仪礼》的《士冠礼》《士昏礼》《乡饮酒礼》《乡射礼》《燕礼》《聘礼》《公食大夫礼》《觐礼》《丧服》《既夕礼》《士虞礼》《特牲馈食礼》十二篇之后所附之《记》及《汉志》所载《书》类刘向《五经传记》、《诗》类《齐杂记》、《春秋》类《公羊颜氏记》等。考《仪礼》十二篇《记》,都附于当篇末尾,每篇所记内容较多,或记缺文以备礼,或记古礼以比证,或记说解明其隐微,要之均有益于理解《礼》文。一为单独作记,如《汉志》所载《礼》类有《记》一百三十一篇,班固附记云,七十子后学者所记。其中当有不少篇目与今本《礼记》相类,属于独立成篇,大都有助于理解《礼》文。独立作记,又包括两类:或专记一礼,如《礼记》的《丧服小记》《杂记》等,或通论六艺要义,如《礼记·坊记》。汉代以下,记体主要沿着随文记解与专门考论两条路线发展,前者如宋代吕祖谦《吕氏家塾读诗记》、袁觉《读书记》等;后者如各种札记、笔记之类。

7. 义体

义体以阐述重要意义及义理为主,兼及它事。大致可分为两类:一为随文作解,与说体的第三类相近。如《礼记》的《冠义》《昏义》《乡饮酒义》《射义》《燕义》《聘义》,实际上就是先哲对《仪礼》的《士冠礼》《士昏礼》《乡饮酒礼》《乡射礼》《燕礼》《聘礼》逐篇所作的解释,作记者分别抄录成文。大致每篇先阐明该礼的重要意义,其次训释各礼要节,继而杂论有关要义,末了或述古礼,或记礼事。宋代王安石《周官新义》、朱熹《周易本义》等均属于此类。一为总论群经要义,如东汉班固《白虎通义》。后世沿用此体训解经籍,都以"义"名书。义,又通作"谊"。如东汉宋均《孝经皇义》,梁武帝《周易大义》,魏人刘璠《毛诗义》,宋代胡瑗《周易口义》、谢湜《易义》,明代王肯堂《论语义府》,清代惠栋《易大谊》、宋翔凤《五经通义》,台湾程兆熊《五经大义》《四书大义》等。

8. 序体

相传孔子作《书序》及《易》之《序卦》,子夏作《诗序》,序体以此为最早①。篇序一般说明写作背景、全篇大意及作者,有时还兼解题。《诗序》又有大序,

① 《左传》《国语》中记载用《诗》情况,每揭明篇意,也是序体之类。

统序全《诗》。东汉郑玄遍注群籍,于《诗》作《谱》,于《书》作《赞》,都是序类。西汉刘向领校秘书,每书有《叙录》,又开目录家叙书之例。叙与序同。如此之类,后世学者沿用不已,都有利于读者理解所释原文。

9. 微体

微体主于阐发隐义微旨。《汉志》所载《春秋》类有《左氏微》《铎氏微》《张氏微》,都是阐述《春秋》的隐微之义,故颜师古注云:"微,谓释其微指。"后世沿用此体,不限于解《春秋》,如宋代赵令湑《易发微》、清代董德宁《黄庭经发微》等。微体之微,又称作"隐"[①],如晋代郭象有《论语隐》;或称作"发隐"(如清代杨文会《阴符经发隐》)、"索隐"(如宋代袁枢《易学索隐》)等。

10. 注体

唐代贾公彦《仪礼·士冠礼·疏》云:"注者,注义于经下,若水之注物。"这是推原注体得名的由来。其实注也是解释的意思,原本其初,大概与"传""记"相对立称,义多自出,书籍有难懂处,注解使其通彻明白。此体始于西汉,大行于东汉,至郑玄《三礼注》行世,影响深远,遂成为最通行的训诂体式之一。

11. 释体

释,就是注解的意思,似乎介于解、注两体之间,或兼而有之。虽然《尔雅》十九篇均以"释"字开头称名,但此体广为流行却在魏晋以后。如晋代李充《论语释》、宋代洪适《隶释》、元代刘瑾《诗传通释》、明代曾凤仪《心经释》、清代丁晏《毛郑诗释》等。

12. 笺体

笺体始于郑玄的《毛诗笺》。郑氏《六艺论》云:"注《诗》宗毛为主,其义若隐略,则更表明。如有不同,即下己意,使可识别也。"即是自论作《笺》大旨。考《毛诗笺》,可以发现《笺》对于《毛传》有三种关系:(1)《传》文隐晦质略者,加以申明;(2)《传》文从一个角度作解者,由另一个角度加以补足;(3)《传》文有疑误者,则辨而正之。申明旧注,上开疏体之源;补足旧注,导夫广补体之先路;辨正旧注,为考辨体之先声。可知一个笺体,兼萌疏、补注、考辨三体之特征。明代以前,此体应用较少。清人复兴汉学,笺体著作增多。如

---

① 此与"音义隐"之"隐"取义不同,见第二节"音义体"下。

陈法《易笺》、郝懿行《礼记笺》、龚景翰《离骚笺》、徐文靖《禹贡会笺》、陈本礼《汉诗统笺》等。

13. 述体

述体主于遵循旧解,加以发挥以成说。义多不自出,区别于注;非必师授,有异于传;取意于"述而不作",谦虚自处。此体出于魏晋间,后世沿用。如《经典释文》载《易》有吴人陆绩《述》,《老子》有晋代王尚《述》,《隋书·经籍志》载刘炫《尚书述义》《毛诗述义》,清代有惠栋《周易述》、陈梦雷《周易浅述》等。

14. 学体

汉末何休撰《春秋公羊经传解诂》,署为"何休学"。有人解释这个"学"字的用意说:"休谦辞,受学于师,乃宣此义不出于己。"是说学于师,有所得,谦称自己对《公羊》经传的注释为"学",表明承学于师,不敢擅自称为己说。后世注书称学,即本于此,然而不必都是谦逊于师说,大概斟酌前人旧解,有所发挥,而欲谦称其说,都可以标名为"学"。如宋代李焘《春秋学》、明代沈一贯《易学》、清代钱澄之《田间诗学》等。

15. 诠体

诠,即诠释,也就是详细解释。此体后出,应用稀少,自唐以下间或有作。如唐代李翱《易诠》、元代赵汸《周易文诠》、明代邓伯羔《古易诠》、近人杨树达《词诠》等。也有人以"筌"字称名,如宋代阮逸《易筌》、明代焦竑《易筌》等,取譬虽殊,为体不异,也是解释的意思。

16. 疏体

关于疏体,以往学界大都认为是南北朝时期所出现的一种既解经又解注的训诂体式。这种看法有偏颇之处,不够妥当。我们认为,疏体大致可分为三类:一为讲疏体,一为疏注体,一为条辨体。

讲疏体又称讲义体、口义体,以疏解原文大意、阐发思想内容为任务,疏解自行成说,引用前人旧解以为己说服务,行文流畅,一贯而下,繁简则因时因人而异。此体盖由先秦传体(如《公羊传》《穀梁传》《易大传》等)支分流衍而来,两汉今文经学家的部分经说当是此体的前身,魏、晋玄学家的部分经说当是此体进一步的发展,只是在此之前不以疏体名书而已。南北朝时期,讲疏之名才正式出现,大量应用。很明显,此体的产生是中国训诂体式发展的必然结果,可能多少受过佛家义学的影响,但却不是像有些人所说的那样,似乎是直接受后者影响而产生的。《隋志》所载这方面的训诂著作很多,如梁武帝《周易讲疏》《中庸讲疏》,皇侃《礼记讲疏》,徐孝克《孝经讲疏》等。但是这类书都佚散了。唐代史徵的《周易口诀义》似乎是现在所能见到的此类著作中较早的一种,以疏解原文为目的。下面移录书中对《泰》卦"小往大来,吉亨"一节的疏解以示例:

泰,小往大来,吉亨者,泰是通泰之名,以天地交感,万物长育,故名泰也。阴气消,故曰小往;阳气长,故曰大来。以天地通泰,君子道长,小人道消,以此吉而亨通矣,故曰吉亨也。

宋代以下,此类训诂著作日多。如宋代倪天隐述胡瑗《周易口义》、史浩《尚书讲义》、林岊《毛诗讲义》,清代库勒纳等奉敕所修《日讲书经解义》等。

疏注体即是一般所说的既释原文又释注文的一种疏类训诂体式。此体以西汉经师的《易》说为前身,《易大传》是对《周易》的训解,凡解释《易大传》的训说均属于疏注体。清代陈澧《东塾读书记》卷四谓西汉费直的《易》说为义疏之祖,其实不限于费直一家。因为西汉说《易》诸家一般都不能避开《易传》而不论。《汉志》所载《易》类书中当不无这类著作,只不过书都不传,无法考知罢了。汉代荀爽、京房、马融、郑玄、宋衷等人的《易》说在唐代李鼎祚《周易集解》中保存不少,他们对《十翼》所作的解释都属于此类。另外郑玄《毛诗笺》《周礼注》《礼记注》等也有这方面的内容。至于东汉何休《春秋公羊传解诂》、晋代范宁《春秋穀梁传集解》则纯粹属于疏注体著作,仅仅没有标出"义疏"之名罢了。南北朝时期,"义疏"大兴,多属于此类著作,如《隋志》所载萧子政《周易义疏》,费甝《尚书义疏》,沈重《毛诗义疏》,皇侃《礼记义疏》《论语义疏》等,现在保留下来的只有《论语义疏》一种,还是清代从日本倒流回来的。唐代以下,此体多以"正义""注疏"标称,如孔颖达等《五经正义》、贾公彦《周礼注疏》等。宋代又有人标称为"注疏解经",即疏注并解经的意思,嫌只言"注疏"不包解经,故补"解经"二字以足之。如邢昺《论语正义》每篇之前首标《论语注疏解经》,疏中以"正义曰"开头,可知"正义"即是"注疏解经"的总称。现标点,加序码,移录《周礼注疏》一节以示例[①]:

《天官冢宰·职内》:"掌邦之赋入,辨其财用之物而执其总,以贰官府都鄙之财入之数,以逆邦国之赋用。"①辨财用之物,处之,使种类相从。总,

① 据中华书局聚珍仿宋版《十三经注疏》本。

谓簿书之种别与大凡。官府之有财入,若关市之属。②○种,章勇反。③〔疏〕④"职内"至"赋用"。⑤○释曰:云掌邦之赋入者,谓九职九贡九赋之税入皆掌之。独云赋入者,赋是总名,下言赋者,皆此类也。辨其财用之物,凡所税入者,种类不同,须分别之。而执其总者,总,谓税入多少,总要簿书。又云以贰官府都鄙之财入之数者,官府财入,谓若关市之税,都鄙之财入。都鄙,谓三等采地。采地之税四之一。言贰者,谓职内受取一通副贰文书,拟钩考,以逆邦之赋用之者,职内既知财入之数,钩考用赋多少,知其得失。⑥○注"辨财"至"之属"。⑦○释曰:言辨财用之物,使种类相从者,但赋之所入先由职内,始至大府。大府分致于众府,以是分别使众类相从。云官府之有财入,若关市之属者,司关、司市皆属地官,关市皆有出税,故知官府之有财入,若关市也。言之属者,兼有城十二门,亦有税入。

①为郑玄注文。②为所附陆德明《经典释文》,用一个圆圈隔开。③"疏"表示以下都是贾公彦疏文。④先疏解《周礼》原文,标明所疏原文起至。⑤着一圆圈,用"释曰"二字开头,疏解原文。⑥后疏通注文,标明所疏注文的起至。⑦对注文的疏通。

条辨体是一种条疏考辨的疏类训诂体式,虽然以"疏"字标称,实际上也可看作考辨体的一种。一般不载所解全文,依次寻究,分条考辨,如王夫之《周易稗疏》《毛诗稗疏》之类。

17. 证体

证体是以证明、验证、证发所解文意为主要内容的一种训诂体式。此体的渊源当是周秦汉之际的传体,如《左传》及《毛传》中补释、印证方面的内容。《隋志》所载后魏刘芳《毛诗笺音证》及《礼记义证》是这方面见于记载的较早的著作。以后间或有作,如明代徐骏《五服集证》。清代随着考据学的兴盛,证体训诂著作大增,称为"义证"(如武亿《三礼义证》、桂馥《说文义证》)、"考证"(如刘毓崧《周易旧疏考证》、杭世骏《史记考证》)、"参证"(如胡清聚《四书注说参证》)、"旁证"(如梁章钜《论语旁证》)、"互证"(如赵绍祖《新旧唐书互证》)、"集证"(如陈乔枞《诗纬集证》、陈逢衡《竹书纪年集证》)等。

18. 翼体

此体近于讲疏体和疏注体,忠于所宗成说,对它进行推演、发明乃至委曲迁就。受启发于《易》之《十翼》,但与《十翼》有根本的区别:《十翼》是解释《周易》原文的,这里所说的翼体是翼赞旧解的。属于此体的训诂著作文献记载中似以东汉侯苞《韩诗翼要》为最早。自宋代起,由于对程、朱经说的崇拜,此体大兴,元明两代创新派的许多主要训诂著作都属于此体。如宋代郑汝谐

《易翼传》,元代胡炳文《周易本义通释》、陈师凯《书蔡传旁通》、刘瑾《诗传通释》,明代汤宾尹《易经翼注》、陈汝继《周易宗义》,清代晏斯盛《易翼宗》、沈淑《周官翼疏》、陈瑑《国语翼解》、严可均《说文翼》等。

19. 音体

音体是专门标释字音的训诂体式。此体产生于东汉,大行于魏晋南北朝时期,以后历代陆续有作。如东汉郑玄《尚书音》《礼记音》;曹魏嵇康《春秋左氏传音》;东晋徐邈《周易音》《尚书音》,李轨《庄子音》;宋徐爰《礼记音》;南朝梁邹诞生《史记音》;隋代曹宪《博雅音》;宋代许奕《九经直音》、施宿《石鼓音》等。这类体式又称为"音训"(如汉末服虔《汉书音训》)、"音诂"(如明代杨慎《周官音诂》)、"释音"(如元吾邱衍《周秦刻石释音》)、"音释"(如罗复《诗集传音释》)、"音隐"(如《隋志》载干氏《毛诗音隐》、无名氏《说文音隐》)等。起先,只音经籍原文,不音注。后来对注文也作音,称为"注音""并注音",如司马彪《庄子注音》、陆德明《周易并注音》、鲁世达《毛诗并注音》。必须指出,"注音"的"注"字指旧注,既不是动词,也不是"音义"体中"义"的代称,有人认为"注音"也是"音义"的别称,未妥。

20. 校体

校体以校勘书籍的篇章、文字、款式等的异同、讹误为任务。就现在所能看到的文字记载而言,此体的应用以周代正考父校《商颂》为最早。以后应用日广,记载日多。大致可别为四类:一为整理古籍中逐书施校,如西汉刘向、刘歆父子领校秘书及后来历代公私校录书籍时所作的校勘。一为注释中随文施校,如郑玄《三礼注》、陆德明《经典释文》、朱熹《诗集传》、王念孙《广雅疏证》等。一为校定书籍版本,以供行用,如东汉熹平石经、唐代开成石经、颜氏《五经定本》、段玉裁《毛诗定本》等。一为专事校勘,写出校记,以供学林参考,如清代阮元《十三经注疏校勘记》。

21. 订体

《说文》云:"订,平议也。"平议即评议。此体初起,即取评议的意思。如宋代王与之《周礼订义》,先分节或分句列经文,低一字集前人说解,又低一字出己说,加以评断;或标"总论"之目,纂集诸家总论该经之说。后来演出订正的意思,如明代郭良翰《周礼古本订注》。又演出参校归一的意思,如清代朱轼《周易传义合订》。还表示论定的意思,如明代史维堡撰《尚书集览》,后改名《尚书晚订》,表示晚年论定。

22. 章句体

此体出现颇早，如《汉志》所载《书》类有《欧阳章句》《大、小夏侯章句》，《春秋》类有《公羊章句》《穀梁章句》。以后历代陆续有作，保存下来的也不少，如东汉赵岐《孟子章句》、王逸《楚辞章句》，宋代朱熹《大学章句》《中庸章句》，清代吴廷华《仪礼章句》、王夫之《礼记章句》、汪绂《孝经章句》等。但是对章句体的解释，历来说法很多，或各执一偏，或含糊其词。相比之下，所说较为明晰可靠的有两家：《后汉书·桓谭传》注云："章句，谓离章辨句，委曲枝派也。"所谓"委曲枝派"，就是作详细的分析解说。又元代金履祥《尚书表注》自序云："正句，画段，提其章指与其义理之微。"所谓"提其章指与其义理之微"，就是概括章节大意，引申发挥，阐述义理。通过对这类著作的考察研究，我们认为，章句体是这样一种训诂体式：明确句读，划分章节，在分析解说全文的基础上，分章概括大意，阐述思想内容（即义理）。此体与其他体式最显著的区别在于标明章句，并于每章之后，专门行文，概括大意，阐述义理。下面标点移录朱熹《大学章句》[①]一节以见例：

> 所谓修身在正其心者，身有所忿懥，则不得其正；有所恐惧，则不得其正；有所好乐，则不得其正；有所忧患，则不得其正。程子曰："身有之身当作心。"忿，弗粉反。懥，敕值反。好、乐，并去声。〇忿懥，怒也。盖是四者，皆心之用，而人所不能无者。然一有之而不能察，则欲动情胜，而其用之所行，或不能不失其正矣。心不在焉，视而不见，听而不闻，食而不知其味。心有不存，则无以检其身，是以君子必察乎此而敬以直之，然后此心常存而身无不修也。此谓修身在正其心。
>
> 右传之七章。释正心修身。此亦承上章以起下章。盖意诚则真无恶而实有善矣，所以能存是心以检其身。然或但知诚意，而不能密察此心之存否，则又无以直心而修身也。〇自此以下，并以旧文为正。

从"所谓"至"其心"大字所印者为《大学》正文。中间小字为注文，圆圈之前为所引旧说旧注，之后为朱氏自注。"右传之七章"即标明上述正文是"传"的第七章。"释正心修身"，是概括全章大意。以下小字，说明本章写法及思想内容等。

以上所论二十二种传注单用体中，训、解、注、释、学、诠六体最为近似。到了后来，对这六体的应用，在大多数情况下仅是称名不同而已，差别甚微，

① 据1939年上海鸿文书局本《四书集注》。

往往可以互代。另外,随文注释体中还有对译体及单书释例体,分别参见本章第五节“翻译体”和“释例体”。

第二节 随文注释体(中)·传注合用体

传注合用体是指两三个单用体互相结合为用的传注性训诂体式。在一般情况下,合用体的特征都是由构成它的单用体并列起作用决定的。在少数情况下,诸构成因素所起的作用有主次轻重之分。这种体式主要有以下七类:

1. 故训传体

此为故、训、传三体并列合用体。如秦汉之际毛亨《毛诗故训传》,其中的故体指基本词汇词义的解释;训体既指联绵词的训释,又指译释诗句;传体指根据典训师说,阐发诗中蕴意奥义,并通过补释有关内容,证发经义。三者有机地结合在一起,互相为用,在《诗》三百篇的训释方面收到了良好的效果。现据世界书局缩印本《十三经注疏》标点并加序码,移录《毛诗·周南诂训传》一节以示例:

> 关关雎鸠,在河之洲。①兴也。②关关,和声也。③雎鸠,王雎也。鸟挚而有别。④水中可居者曰洲。⑤后妃说乐君子之德,无不和谐,又不淫其色,慎固幽深,若关雎之有别焉,然后可以风化天下。夫妇有别,则父子亲;父子亲,则君臣敬;君臣敬,则朝廷正;朝廷正,则王化成。窈窕淑女,君子好逑。⑥窈窕,幽闲也。⑦淑,善;逑,匹也。⑧言后妃有关雎之德,是幽闲贞专之善女,宜为君子之好匹。

其中③④⑦为故体,②⑥⑧为训体,①⑤为传体。后世仿用此体的有宋代晁公武《易故训传》《尚书故训传》等。

2. 训诂体

此体实际上是标举“训”“诂”二体之名,以少概全,作为一个词语看,概指各种有关的注解工作[①],绝不是仅指“训”与“诂”两种体式的结合应用。它与“解故”[②]、“注训”、“注解”、“注释”等异名同实,只不过行用有早有晚而已。其中“解故”之名出现于汉初,最早。“训诂”“注训”“注解”也都出现于汉代。“注释”似出现于宋代,最晚。清代以前,几个名称交互使用,因人而异。晚近

① 参见第一章第一节。
② “解故”之“故”通作“诂”。

以来,“注解”与“注释”两名最为流行。历代使用这一体式各个名称的训诂著作很多,如《汉志》载《书》类《大、小夏侯解故》,东汉刘陶《春秋训诂》、卢植《三礼解诂》、贾逵《周官解诂》、何休《论语注训》、许淑《左氏传注解》,明代黄润玉《道德经注解》,清代张溍《杜诗注解》,宋代黄庭臣《黄帝八十一难经注释》,清代阮福《曾子注释》等。

3. 音义体

此体起于汉魏之际,随即大行于世,既释音,又释义,故合称“音义”。如东汉应劭《汉书集解音义》,吴人韦昭《汉书音义》,宋时徐野民《史记音义》、吴恭《字林音义》等。原先的音义体一般只是释音释义,而且只释原文,不释注文。陈、隋间,陆德明撰《经典释文》,音义之外,兼及校勘,而且原文与注文兼释。所释有《周易》《尚书》《毛诗》及《老子》《庄子》《尔雅》等十四部古书,各书分称“音义”,如《周易音义》《尚书音义》等,总称为《经典释文》。宋孙奭《孟子音义》、清余萧客《文选音义》等均属于此类。

音义体有时也省称为“音”。如徐邈《毛诗音》有两种:一种十六卷,一种二卷,前者卷数繁重,当是音义兼释体。《日本国见在书目》所载徐氏《毛诗音义》,当为此种。

此外,音义体又称为“音义隐”“音注”等,如《隋志》载谢氏《礼记音义隐》、佚名氏《礼记音义隐》及元代胡三省《资治通鉴音注》。姚振宗《隋书经籍志考证》卷三解释徐广《毛诗背隐义》时说:“齐、梁时隐士何胤注书,于卷背书之,谓为‘隐义’。‘背隐义’之义盖如此。由是推寻,则凡称‘音隐’‘音义隐’之类,大抵皆从卷背录出,皆是前人隐而未发之义。当时别无书名,故即就本书加隐字以名之。”即是说明音义体著作加“隐”字名书的由来。

4. 校注体

校正原文,又加注解,故称“校注”。此体似起于清代,至今颇为流行。又称为“校释”“校义”“校诠”“校诂”等,异名同实。如清代周廷寀《韩诗外传校注》、王绍兰《汉书地理志校注》、朱右曾《逸周书集训校释》、胡澍《素问校义》、姚文田《说文校义》,今人高亨《墨经校诠》《老子校诂》等。

5. 点校体

此体晚近才出现,以标点校勘为职志,故称为“点校”,又称为“校点”。一般点校体除标点校勘之外,还要分段,有时酌加注释。若一时来不及对有关的古书作进一步的整理,往往先行点校出版,以应社会所需。如中华书局点校排印出版的二十四史及《资治通鉴》等，都属于这类。

6. 注译体

此体也是晚近才出现，先列原文，再加注释，再出译文。这是目前最为流行的一种普及性训诂体式，有全注全译和选注选译两种。前者如杨伯峻《论语译注》《孟子译注》，林尹《周礼今注今译》，熊公哲《荀子今注今译》等。后者如余冠英《诗经选》、徐放《唐诗今译》及近年全国高校古委会主编的大型译丛《古代文史名著选译丛书》等。

7. 疏证体

疏证体大致可分为四类：一为不载所解原文，自列标题疏解论证有关问题。如戴震《孟子字义疏证》。一为疏通证明《雅》书原文，如晋代郭璞《尔雅注》《方言注》，清代王念孙《广雅疏证》等。一为全载原文与旧注，随文疏通证明。如清代郝懿行《尔雅义疏》、陈立《公羊义疏》、孙星衍《尚书今古文注疏》等。一为不载原文，分别事类，条疏考证。如清代阎若璩《尚书古文疏证》。

第三节　随文注释体（下）·其他体式

其他随文注释体有以下九种。

一、考辨体

考辨体以考论辨正前人说解中存在的疑难失误为主要任务。此体起源甚早①，两汉至隋唐，逐渐发展成熟。宋代以下，成为常用的训诂体式之一。大致包括三类：一为辨正体。又称为“辨”“考辨”“辨解”“辨说”“明辨”“条辨”“辨误”“辨非”“辨失”“辨诬”“辨妄”“辨伪”“辨异”等。如清浦龙渊《周易辨正》，宋代刘牧《王弼易辨》，明代唐达《毛诗古音考辨》，明代郝敬《尚书辨解》，宋代王柏《诗辨说》，清代胡渭《易图明辨》、李沛霖《四书朱子异同条辨》，宋代崔源《本草辨误》，清万斯大《周官辨非》，宋王日休《春秋孙复解辨失》，清代夏炘《檀弓辨诬》，宋代郑樵《诗辨妄》，清代崔述《古文尚书辨伪》、邢澍《金石文字辨异》等。一为解疑体。又称为“疑”“质疑”“疑问”“析疑”

① 参见第十四章第一节。

"存疑""志疑""识疑""辨疑""辨惑""悬解""悬判"等。如明代刘醇《四书解疑》,宋代王柏《书疑》,明代吴炯《书经质疑》、姚舜牧《易经疑问》,清代方苞《周礼析疑》,明代陆埘《诗传存疑》,清梁玉绳《史记志疑》、王懋竑《南北史识疑》、钱大昭《后汉书辨疑》,宋韩子中《新唐史辨惑》,清黄元御《难经悬解》、钱谦益《金刚经疏记悬判》等。一为正误体。又称为"考误""识误""刊误""纠谬""匡解""匡名""举正""正解""正×""规×"等。如清陈昌齐《淮南子正误》,明代孙兆《素问注释考误》,宋代张淳《仪礼识误》,明代晏璧《孝经刊误》,宋代吴缜《新唐书纠谬》,明邹德溥《春秋匡解》,清严元照《尔雅匡名》、陈景云《通鉴胡注举正》,明代郝敬《周易正解》,清潘衍桐《尔雅正郭》、徐攀凤《选注规李》等。

从对所释原文的依附关系而言,考辨体又可别为三类:一为全载所解原文,依次考辨。如明湛若水《春秋正传》、清李开先《周易辨疑》等。一为不载全文,依篇次寻究,有疑误者先列原文,继加考辨;无疑误者从略,连原文也不录。此类应用最广。如唐代陆淳《春秋集传辨疑》,金人王若虚《五经辨惑》《论语辨惑》,清代方苞《礼记析疑》等。一为总论体。如宋邵伯温《易学辨惑》、明陈耀文《经典稽疑》等。

另外,清代还出现了重考体、多考体①。

二、通释体

通释体的特点在于上下左右贯通作解,又称为"通""通注""通故""通训""会通"等。大致有五类:一为贯通文意,简明洞达。这是针对纂集体的浩博繁滞而立称。如明徐昭庆《考工记通》、张綖《杜诗通》,清傅以渐等《易经通注》等。一为宗主一家,贯通众说。如宋张大亨《春秋通训》、清朱鹤龄《诗经通义》等。有些实际上属于翼体著作。如元代刘瑾《诗传通释》,明代彭勖《书传通释》等。一为重新编次所解原文,分别章目,会通事类,集传集解。如宋代朱熹《仪礼经传通解》、清代江永《礼书纲目》等。一为融会众说,但求详备,不避烦琐,近于纂集体。如元代李廉《春秋诸传会通》、明王邦柱《易经会通》等。一为句解章评,通训义,通流变。如清浦起龙《史通通释》等。

① 参见第二章第七节。

三、广补体

广补体是以推广或增补原文旧解为任务的双重性训诂体式，一般都先列所主旧解，继为广补，称名为“广×”、“补×”[①]，所广补的内容和体式又视×所代表的字而定，与所主旧解一致。“广义”，即推广其义，属于推广的义体；“补注”即增补注释，属于增补的注体；其余以此类推。包括广体和补体二种。前者如明郑敷教《周易广义》，清王夫之《诗广传》、无名氏《春秋三传事实广证》、朱嘉徵《乐府广序》、汪琥《伤寒辨证广注》等。后者如宋洪兴祖《楚辞补注》，元代赵汸《春秋左氏传补注》，清朱骏声《夏小正补传》、刘台拱《方言补校》等。广、补两体有时有区别，有时异名同实，可以互代。如清吴任臣《山海经广注》，也可称为《山海经补注》；成蓉镜《释名补证》，也可称为《释名广证》。

四、科场备用体

这是一种已被淘汰了的旧的训诂体式。在封建社会中，特别自宋、元以下，为了应付科举考试，便产生了这种训诂体式。其式一般不全载经文，仅依次照录有可能命题的章句，逐句诠解，很少释词，主诠句意，简明流畅，并标举作文款要；或者不作说解，篇题之下，仅摘数句，各为程文，以示标准。士子不必读全经，据此揣摩拟题，即可应试。此类著作没有学术价值，仅适应当时科考需用而已。如元陈悦道《书义断法》、王充耘《书义矜式》，明代唐龙《易经大旨》等。

五、读本体

读本体著作盛行于明清时期，有句读，有圈点，对当时的初学者来说，阅读比较方便。其圈点方式和所用符号不尽相同，一般而言，对文中关键词句（即所谓“眼目”）、上下呼应处、精妙处、衬贴处及大小段落等，都规定有不同的圈点符号，在书首“凡例”中有说明。圈点所用墨色，有朱、墨单色，朱墨两色和五色合用三种。此体大致可分为四类：一为只圈点，不注解。此类可看作早期的标点本。如明闵氏刻本《朱墨本左传》《朱墨本庄子》，清周世金《周

① “补×”中的“×”如代表人，即指增补某人的旧解。如清代翟灏《尔雅补郭》、黄模《国语补韦》，即是增补郭璞、韦昭的注解。

易句读读本》等。一为评注加圈点。如清林西仲《楚辞灯》、卢氏广州刻本《五色评本杜诗》等。一为选择众说,注于原文之下,不求阐发推演,仅备课读使用。如清吴应申《春秋集解读本》、英和等《左传读本》之类。一为使用新式标点,每章节之后,作通俗简明说解。如近人王缁尘《四书读本》。

六、韵读体

这是音韵研究方面的一种训诂性体式,以注明押韵字和所属韵部为任务。如清江有诰有《群经韵读》《楚辞韵读》等,现标点移录其《诗经·召南·鹊巢》韵读以示例:

维鹊有巢,维鸠居之①;之子于归,百两御之。鱼部。

维鹊有巢,维鸠方之;之子于归,百两将之。阳部。

维鹊有巢,维鸠盈之;之子于归,百两成之。耕部。

今人王力也有《诗经韵读》《楚辞韵读》,在韵字后用国际音标注了拟音。

七、表注体

此体是从作注的方式和注文的位置着眼而命名的。可分为两类:一为表注原形体,即作注于所解原书每页的上下左右四表,正句读,校文字,注音,分段,括举章节大意,阐发义理;但于原文之内不标点,不分段,不加注,保持原样。如宋金履祥《尚书表注》,近人黄侃《尔雅》批注、《说文》批注等。一为表注抄编体。不载原文,只将原书四表批注抄编成帙。一般虽然署注者之名,但抄编整理工作是其门人或后学来做的。如明代邵宝《简端录》由其门人王宗元抄编,近人黄侃《广韵校录》《文选评点》等由其侄黄焯整理。

八、集解体

集解体是东汉以下广为使用的一种训诂体式,主要有三类:一为集众说以作解。凡关于所解原书的一切成说,都可以聚集融会,用来作为同一原文的训释,因此又可以称为"训纂""集传""集注""集说""集释""集疏""集校""集证"等,有时还可以称作"详解""详注""会选""读记"等。但不管称名如何纷繁,这类体式有两个基本的特征:第一,期于发明文意,不期于纂集资料。

① 原刻在韵字之外加一圆圈,今为排印方便,改为在韵字下加三角号"△"。

因此标准的集解体所集诸说角度不同,互相发明,实为有机的注释文字,中间也有集解者的识断。这一点使集解体区别于纂集体。第二,集解体于每解之下所引诸说一般均属于众家对同一原文所作的不同训释,而不属于与同一原文无关的其他解说,因此属于集注,而不属于创注。这一点使集解体区别于一般的传注体。总之,这类集思广益的体式是集解体的主流,应用最广。如魏时何晏《论语集解》,宋时裴骃《史记集解》,唐李鼎祚《周易集解》,宋代吕祖谦《吕氏家塾读诗记》、魏仲举《五百家注昌黎文集》,元代陈澔《礼记集说》,明代薛惠《老子集解》,清代王植《太极图说集释》、陈逢衡《竹书纪年集证》,今人郭沫若等《管子集校》等。一为分传配经,比类相集,为之作解。如晋代杜预《春秋经传集解》,按年代依次分条配集《春秋》与《左传》,自为作解,与集众说作解者殊异,此体后世应用不广。一为汇集有关文献,为之作解。如清王先谦《诗三家义集疏》、陈乔枞《诗纬集证》等。

九、纂集体

这是一种资料汇纂性质的组织松散的训诂体式,宋代以下广为应用,又称作"纂传""纂言""汇纂""集编""集成""大全""粹言""附录"等。一般于每解之下先标举各种类目,如"本义""引证""辨正""通论""余论""存疑"等,再分类纂列,但求资料详备,不究训释效果,多无按断,没有学术价值。可分为三类:一为繁体。原文与众解毕载,务求全备。如宋代方闻一《大易粹言》、黄伦《尚书精义》,元代王天与《尚书纂传》,明代胡广等《五经大全》、何楷《诗经世本古义》,清代盛世佐《仪礼集编》等。一为简体。不载原文,只依篇次纂录注疏要义。如宋代魏了翁《尚书要义》《仪礼要义》,清代徐铎《易经提要》等。一为专目纂集。按照专门类目,纂辑有关资料,也与训诂相关。如蜀冯继先《春秋名号归一图》、宋张大亨《春秋五礼例宗》、明石光霁《春秋书法钩玄》等。

第四节 文献正文体、考证体、总论体

一、文献正文体

文献正文体,是指以文献正文形式存在的训诂资料。这一体式称名为陆

宗达所立[①]，诸家沿用。此体始见于商周文献[②]，盛行于春秋战国时期，以后累代沿用不已。只是从汉代起，由于专门的训诂著作越来越多，文献正文中的训诂资料自然而然地不再受训诂学家们注意罢了。这种体式所记载的训诂资料是附带性的、间接性的，因此是一种间接的而不是直接的训诂体式。我国最早的一些训诂资料正是依赖这种体式才得以保存下来，所以尽管属于间接训诂体式，却不能不受到训诂学家们的重视。必须指出，文献正文体是指不以训诂为目的的有关历史文献中的训释性语句和资料，记体、传体书籍一般属于训诂著作，不属于文献正文体，如《礼记》中的大多数篇目和《春秋三传》即是如此。这种体式大致可以分为以下三类。

（一）以训释性语句成文体

以训释性语句成文体，即文献中使用训释性语句以成文。最初使用"A曰B""A为B"之类的训式，以后训式逐渐增繁，变化多样。根据一篇文章中训释性语句的多少，又可分为两小类：

1. 部分以训释性语句成文体

属于这类体式的文献，一篇文章中只有部分训释性语句。这类体式出现最早，历代广泛沿用。如《尚书》《周礼》及先秦诸子中都有大量例证[③]。

2. 全部以训释性语句成文体

属于这类体式的文献，通篇以训释性语句成文。这类体式用例不多，《逸周书·谥法》是其中之一[④]。

（二）记载训诂资料体

属于这类体式的文献，文章中出于不同的写作目的，客观上记载了比较完整、系统的训诂资料。《国语·周语下》所载叔向解释《周颂·昊天有成命》一诗是这方面最典型的例子[⑤]。此外，《礼记》的《孔子闲居》《大学》等篇，《孟子·告子》篇，都有类似的例子。

（三）同篇前文后注体

属于这类体式的文献，文章的前部是正文，后部是对正文的注解。《韩非

① 参见陆宗达：《训诂简论》，北京出版社1980年版。

② 参见第二章第二节。

③ 参见第二章第二节至第三节。

④ 参见第二章第二节。

⑤ 参见第二章第三节。

子》的《内储说》《外储说》即如此。

二、考证体

考证体以对所解原文及与之有关的重要问题进行考稽、考释、论证为任务。考证的结果一般都表现为自成体系的独立论著，对所解原文没有依附关系，这一点使它区别于随文注释体中的考辨体。大致可分为一书单考体、群籍合考体、专题考证体、古文字考释体四类。

（一）一书单考体

这是对某一部书的有关问题进行考证的一种训诂体式，不载原书全文，根据既定的研究角度自拟纲目，依次进行考稽论证。有正面立论，也有驳论，视具体情况而定。如东汉贾逵《欧阳大小夏侯尚书古文同异》，明代梅鷟《尚书考异》、陈士元《论语类考》，清代惠栋《易汉学》，今人于省吾《诗经新证》等。

（二）群籍合考体

这是对群籍的有关问题进行综合考证的一种训诂体式，又可分为分类杂考体和散考体两类。

1. 分类杂考体

分类杂考体，即分门别类，杂加考证。又包括依书目分类杂考体、自加类目杂考体、混合分类杂考体三类。

1）依书目分类杂考体

依书目分类杂考体，即依照所解书籍分类，只标书名，不标篇目，每书考论若干条，多少无定，长短无定。每条或取所考词语为题，或不加标题，径直分条考证。或考经，或考子、史、集，或兼而有之。如五代丘光庭《兼明书》，清代黄生《义府》、何焯《义门读书记》、惠栋《九经古义》、王念孙《读书杂志》、王引之《经义述闻》、俞樾《群经平议》与《诸子平议》、陈澧《东塾读书记》、王鸣盛《十七史商榷》、钱大昕《廿二史考异》等。

2）自加类目杂考体

自加类目杂考体，即自行分类，标目，杂加考证。如东汉应劭《风俗通义》分“皇霸”“正失”“衍礼”“过誉”“十反”“声音”“穷通”“礼典”“怪神”“山泽”十目，分类杂考。再如汉代服虔《通俗文》，晋代崔豹《古今注》，宋代程大昌《考古编》、吴曾《能改斋漫录》、贾昌朝《群经音辨》、王观国《学林》、洪迈《容斋随笔》,明代杨慎《丹铅总录》、方以智《通雅》,清代钱大昕《恒言录》等,均属此类。

3)混合分类杂考体

混合分类杂考体,即前部按书目分类,后部自加类目或不加类目进行考证。如唐颜师古《匡谬正俗》、宋王应麟《困学纪闻》、明代杨慎《丹铅续录》、清顾炎武《日知录》等。

2. 散考体

散考体,即不分类,不标目,凡群籍所载及天地人事、方言俗语等,有说者均加以考论。如东汉蔡邕《独断》,唐李匡义《资暇集》、苏鹗《苏氏演义》,宋黄朝英《靖康缃素杂记》,明代杨慎《丹铅馀录》,清代黄生《字诂》、翟灏《通俗编》、钱大昕《十驾斋养新录》等。

(三)专题考证体

专题考证体,即对群籍训诂中的有关重要问题,立为专题,进行考证论述。大致可分为两类:一为对疑难问题的考证,如宋王应麟《诗地理考》、李如圭《仪礼释宫》、车垓《内外服制通释》,明张以宁《春王正月考》,清代沈彤《周官禄田考》、毛奇龄《郊社禘祫问》、黄宗羲《深衣考》、任启运《宫室考》、吴鼒《三正考》、王引之《太岁考》等。一为对有关问题的论证。如清程瑶田《果裸转语记》借对"果裸"一词的训释来阐发音义通转的道理和事物命名的规律。又如王念孙《释大》,通过依次汇释凡有大义的字词,对声义相通的道理进行典型论证。

(四)古文字考释体

古文字考释体即对见于龟甲兽骨和古器物上的甲骨文、金文、陶文等进行考释,达到能够正确识读理解的目的。大致可分为三类:一为散考,即对一个字或几个字零散考释,写为专文。如现今《古文字研究》及《中国语文》等刊物上经常刊载的考释文章即属于此类。这类散考日积月累,可以总集成帙。如杨树达《积微居小学述林 · 说字之属》、郭沫若《甲骨文字研究》、唐兰《殷虚文字记》、于省吾《甲骨文字释林》等。一为专题研究,即对某一系古文字不但要逐次进行考释,还要对有关的各类问题,如年代、载体、产地、流传等进行全面研究,写为专著。如宋代郑樵《石鼓文考》,郭沫若《石鼓文研究》《诅楚文考释》等。一为总录加考论,即总录有关古器物、古文字,附以考论、考释。如宋代郭忠恕《汗简》、洪适《隶释》、欧阳修《集古录跋尾》、赵明诚《金石录》、吕大临《考古图》、薛尚功《历代钟鼎彝器款识法帖》、罗振玉《殷虚书契》、清代孙诒让《契文举例》、郭沫若《卜辞通纂》等。

三、总论体

总论体不载所解原文，总论书中要义及有关问题、有关事项，对读者正确理解文意很有帮助。可分为单书总论体和群书总论体两类。

（一）单书总论体

单书总论体，即总论一部书中的要义及有关问题、有关事项。又可分为附载总论体和专门总论体两类。

1. 附载总论体

此指总论与分解结合体中的总论部分。又分为两类：一为先总论，后分解，总论部分居前。如清马瑞辰《毛诗传笺通释》三十二卷，卷一为总论部分，包括十九目，即《诗人乐说》《〈鲁诗〉无传辨》《〈毛诗诂训传〉名义考》《〈诗谱〉次序考》《〈诗谱〉逸文考》《十五〈国风〉次序论》《〈风〉〈雅〉正变说》《〈周南〉〈召南〉考》《二〈南〉后妃夫人说》《〈豳雅〉〈豳颂〉说》《〈豳〉非〈变风〉说》《〈王〉降为〈风〉辨》《〈王风〉为鲁诗辨》《邶、鄘、卫三国考》《诗人义同字变例》《〈郑笺〉多本〈韩诗〉考》《〈毛诗〉古文多假借考》《〈毛诗〉各家义疏名目考》《魏晋宋齐传诗各家考》，卷二以下，依经次散加考辨。宋丁易东《周易象义》，明来知德《周易集注》、柯尚迁《周礼全经释原》，清代方苞《周官集注》等均属此类。一为先分解，后总论，总论部分居后。如宋代李衡《周易义海撮要》、元胡一桂《易附录纂注》、清陈启源《毛诗稽古编》等。

2. 专门总论体

专门总论体，即专门总论一部书中的要义及有关问题、有关事项。如西汉董仲舒《春秋繁露》八十二篇，自立题目，有论有驳，据《公羊传》论述《春秋》大义。再如宋代吴沆《易璇玑》三卷，立二十七论，标目为《法天》《通六子》《贵中》《初上定位》《六九定名》《天地变卦》《论变有四》《有象》《求象》《明位》《明君道》《明君子》《论养》《论刑》《论伐》《辨圣》《辨内外》《辨吉凶》《通卦》《通象》《通爻》《通辞》《通证》《释卦》《释系》《存互体》《广演》，论述《易》理，前九篇说明天理自然，中间九篇讲修人事，后九篇补备注疏失误。又如魏时王肃《毛诗问难》，吴时韦昭《毛诗答杂问》，唐成伯玙《毛诗指说》，宋程大昌《禹贡论》、陈大猷《尚书集传或问》，元黄镇成《尚书通考》、铁山先生

《春秋提纲》,明代高拱《春秋正旨》,清王宏《周易筮述》、方苞《春秋通论》,今人黄焯《诗说》等,均属此类。

(二)群书总论体

群书总论体,即通论群书要义及有关问题、有关事项。题目自定,体例多样,有正面论述,有互相辩难,有条述举证,有一问一答,因人而异。如东汉班固《白虎通义》、郑玄《六艺论》与《驳五经异义》、郑小同《郑志》,宋代托题郑樵撰《六经奥论》、朱熹《四书或问》、陈淳《北溪字义》,元何异孙《十一经问对》、熊朋来《五经说》,明代高拱《问辨录》,清毛奇龄《经问》、万斯大《学礼质疑》、章学诚《文史通义》、皮锡瑞《经学通论》等。

第五节　翻译体、释例体、图解体

一、翻译体

翻译体的任务是把文言文译为白话文或把别种语言译为汉语,当然也包括把汉语译为别种语言,但这后一种情况本书不论。从译法上讲,主要有对译、意译、增补翻译三种,在第十一章第一节有专门论述①。这里介绍从原文出现与否所作的分类,主要包括对照翻译体和译文单载体两类。

(一)对照翻译体

这种体式晚近才出现,原文与译文两相对照,很少作别的解释,清楚、方便,带有普及性。包括古文今译和外译汉两类。前者如任继愈《老子今译》、陈子展《诗经直解》等,后者如商务印书馆(香港)有限公司出版的《一百丛书》(英汉对照 English-Chinese),其中包括《世界著名寓言一百篇》《英美名诗一百首》《圣经故事一百篇》《莎士比亚戏剧精选一百段》等。

(二)译文单载体

译文单载体即只载译文,不载原文,包括古文今译体和外文汉译体两类。

1. 古文今译体

古与今是相对而言的。司马迁写《史记》,采用《尚书》的资料很多,大都使用了翻译的办法,即将先秦古书译为汉代通行的语言,也是古文今译工作

① 关于外文汉译的方法,学界各有专书,限于体例,本书不予介绍。

的一部分。不过对古书完整的、大量的今译工作,还是从20世纪以来才开始的。如郭沫若《卷耳集》[①]、《屈原赋今译》,郭化若《孙子今译》,沈玉成《左传译文》。近年来海峡两岸暨香港相继出版的这类译本越来越多,如《白话尚书》《白话史记》《白话荀子》等。

2. 外文汉译体

外文汉译体有直译的,也有意译的;有译为语体的,也有译为文言文的。这种体式的大量应用是从东汉末年以后随着佛经的翻译才开始的。如东汉末支谶译《般若道行品经》《般舟三昧经》,东晋法显译《大般泥洹经》《杂藏经》,后秦鸠摩罗什译《法华经》《金刚经》,唐玄奘译《大般若波罗蜜多经》《瑜伽师地论》,明徐光启、利玛窦合译《几何原本》,清李善兰译《重学》《植物学》,华蘅芳等译《代数术》《三角数理》,严复译《原富》《天演论》,林纾译《茶花女遗事》《黑奴吁天录》,某氏译《新旧约全书》,马坚译《古兰经》等。新中国成立后所译外国作品越来越多,而且都是用白话文译出,随处可见,不烦举例。

二、释例体

释例体是概括、标举、解释书中体例的训诂体式。清代朱一新《无邪堂答问》卷五云:"古书各有体例……但古人著书,其例散见书中。"又云:"不通其书之体例,不能读其书,此即大义之所存,昔人所谓义例也。"说明揭示书中体例,也是训诂工作的要务之一。此体大致可分为单书释例体和群书释例体两类。

(一)单书释例体

单书释例体,即概括、标举、解释某一部书中的体例。又可别为随文释例体和专门释例体两类。

1. 随文释例体

随文释例体,即在注解原文的过程中,随文揭明有关体例,一般以发凡的形式揭明,又包括两类:一为揭明所解原文体例。《春秋三传》和汉唐旧注中多此类用例。一为注明己作凡例。宋代以下,训诂著作往往于书首自列凡例,即属此类。例证均见第十四章第三节。

---

① 《卷耳集》是对《诗经・国风》的选译。

2. 专门释例体

专门释例体，即撰写专书或专文，专门概括、标举、解释某一部书中的有关体例。这类论著都将概括出来的体例依次立为条例，分别论述举证，使读者能够以简驭繁，阅览所解原文。如晋代杜预《春秋释例》，清代王筠《说文释例》，近人刘师培《毛诗词例举要》、黄侃《诗经序传笺略例》①、杨树达《释名新略例》②等。

（二）群书释例体

这是概括、标举、解释群书中有关体例的一种训诂体式。如王引之《经义述闻·通说下》、俞樾《古书疑义举例》、刘师培《古书疑义举例补》等。

三、图解体

图解体是通过图表的形式来表明、解释书中有关内容的一种训诂体式。每图之下，一般都有简要说解。从文献记载看，此体在西汉就出现了，以后各代相继有作。宋代以下，应用相当广泛。大致可分为单书图解体与群书图解体两类。

（一）单书图解体

单书图解体又可别为附载图解体和专门图解体两类。

1. 附载图解体

附载图解体，即在随文注释体著作中附载图解，大部分附于书首，少数附于书后，也有文中插图性质的，属于此体的训诂著作最多。如宋代朱熹《周易本义》、林希逸《考工记解》，元朱公迁《诗经疏义会通》，明黄道周《易象正》、胡广等《尚书大全》，清乾隆敕编《钦定周官义疏》、胡渭《禹贡锥指》等。

2. 专门图解体

专门图解体，即专门以图表为书，解释一部书中有关内容。如《隋志》载梁有《毛诗图》《毛诗古圣贤图》《周官礼图》《郊祀图》《尔雅图赞》《五服图》《乐悬图》，宋代陈抟《易龙图》、刘牧《易数钩隐图》、孟先《禹贡治水图》、程大昌《禹贡山川地理图》、杨复《仪礼图》，明王应电《周礼图说》，清胡渭《易图明辨》等。

① 见《兰州大学学报》（哲学社会科学版）1982 年第 3 期。

② 见《积微居小学金石论丛》卷五。

（二）群书图解体

群书图解体，即专以图表形式解释群书中有关内容。如宋代杨甲《六经图》、聂崇义《三礼图集注》，明代刘绩《三礼图》、吴继仕《七经图》，清代江为龙《六经图》、杨魁植《九经图》等。

第六节 训诂工具书体

工具书一般具有纂编训义的性质，有严密的结构体系和检索体系，可供人们查阅使用。我国的训诂工具书基本上也是这样。此体大致可以分为雅书体、音序体、部首体、号码体、杂序体、杂陈体六类。

一、雅书体

雅书体就是《尔雅》体。《尔雅》是这类工具书的鼻祖[①]，专门训释词义，所以这类工具书又被称为“义书”，在旧的图书分类法中归入小学类训诂目。在《尔雅》之后，历代出现了许多模仿它的不同的著作，形成了雅体书系列群，统称为“群雅”。

关于《尔雅》的编排体例、释词方法及其他方面的问题，历代学者相继进行研究，内容很多，形成了“雅学”。但是作为整个雅体书所共有而创始于这部书中的基本特点却只有两个方面：第一，以词汇和事类分篇，篇目以“释”字开头，成“释×”式。如今本《尔雅》十九篇为释诂、释言、释训、释亲、释宫、释器、释乐、释天、释地、释丘、释山、释水、释草、释木、释虫、释鱼、释鸟、释兽、释畜。前三篇按词汇分篇，解释物名之外的一般词语。其中《释诂》“皆举古言，释以今语”[②]；《释言》“约取常行之字，而以异义释之”[③]；《释训》所释多为联绵词，兼及少量诗句。《释亲》以下十六篇按事类分篇，分门别类解释各种事物名称。如《释亲》解释亲属名称，《释宫》解释宫室建筑名称，余可类推。《尔雅》作者使用这样的编排方法，包括各类词语的训义，编成我国第一部词典。第二，前三篇以词汇分篇，主要使用多词并释或两词并释的方式排列训义，训

① 参阅第二章第二节。
② 见郝懿行《尔雅义疏》。
③ 见郝懿行《尔雅义疏》。

式固定，主要有以下两类：

A、B、C……，Z也。

A、B，C也。

如：

永、羕、引、延、融、骏，长也。

畴、孰，谁也。

以上见《释诂》。再如：

还、复，返也。

屡、昵，亟也。

以上见《释言》。再如：

晏晏、温温，柔也。

丕丕、简简，大也。

以上见《释训》。《释亲》以下十六篇每篇多用相同的训式训释不同的事物名，往往还用题上事的方式划分类别。如《释宫》云：

宫谓之室，室谓之宫。

牖户之间谓之扆，其内谓之家，东西墙谓之序。

西南隅谓之奥，西北隅谓之屋漏，东北隅谓之宧，东南隅谓之窔。

即用“A谓之B”式进行训释。再如《释天》云：

正月为陬，二月为如，三月为寎，四月为余，五月为皋，六月为且，七月为相，八月为壮，九月为玄，十月为阳，十一月为辜，十二月为涂。

月名

即用“A为B”式进行训解，“月名”二字题上事，表明以上所释均为月名。其他各篇的训法多如此类。

以上所论两个方面是雅体书的基本特点。凡具备这两种特点或只具有其中之一的书，都属于雅体；反之，不具有这些特点的书便不属于雅体。有些书虽然以“雅”字命名，但由于不具备这些特点，实非雅体。如唐代梅彪《石药尔雅》、明方以智《通雅》、清吴玉搢《别雅》等即如此。有些书虽然不以“雅”字命名，但由于具有这些特点，实属雅体。如吴时陆玑《毛诗草木鸟兽虫鱼疏》、清代陈奂《毛诗传义类》等即如此。根据对这些特点的不同体现，可以将后世产生的群雅分为以下三类。

1. 两种特点具备或有所变通的雅书

两种特点具备的如魏时张揖《广雅》，清代陈奂《毛诗传义类》、朱骏声

《说雅》、程先甲《选雅》，今人张舜徽《郑雅》[1]等，这些书都是依照《尔雅》的篇目、顺序、体例编排而成的，书名的不同是编纂角度、取材来源不同所决定的。《广雅》意在增广《尔雅》，《毛诗传义类》是按《尔雅》的体例重新编次《毛传》训义，《说雅》是按《尔雅》的体例贯穿《说文》的说解，《选雅》是按《尔雅》的体例编次《文选》李善注，《郑雅》是按《尔雅》的体例编次郑玄群籍注释。

对两种特点略有变通的书，如《小尔雅》，旧题汉孔鲋撰，为增广《尔雅》而作，因此篇目以"广"字开头，共十三篇，为广诂、广言、广训、广义、广名、广服、广器、广物、广鸟、广兽、广度、广量、广衡。前三篇与《尔雅》对称，释词方法也相同。后十篇有较大变通，与《尔雅》后十六篇所释事类多不同，篇题也参差不齐。再如清代刘灿《支雅》取"《尔雅》之支派"的意思，分为十篇，即释词、释人、释官、释学、释礼、释兵、释舟、释车、释岁、释物。以《释词》为《尔雅》前三篇的支派，以《释人》以下九篇为《尔雅》之《释亲》以下十六篇的支派，用以增补《尔雅》训义。其他如清洪亮吉《比雅》、夏味堂《拾雅》、周春《佛尔雅》、章太炎《新方言》等，各有变通，均属此类。还有明朱谋玮《骈雅》，除了在这两个特点上有所变通外，所收全是谜语，与《尔雅》在收词上也有不同，是我国第一部联绵词典。

2. 只具有第一个特点而又有所变通的书

东汉刘熙《释名》共二十七篇，篇目为释天、释地、释山、释水、释丘、释道、释州国、释形体、释姿容、释长幼、释亲属、释言语、释饮食、释采帛、释首饰、释衣服、释宫室、释床帐、释书契、释典艺、释用器、释乐器、释兵、释车、释船、释疾病、释丧制。基本上按照《尔雅》后等篇的体例，以事类分篇，但所释事类与《尔雅》多有出入，"释州国"至"释乐器"等篇用三字为目，而且全书使用声训法训释词义，探求事物命名的由来。其他如吴时陆玑《毛诗草木鸟兽虫鱼疏》，宋代陆佃《埤雅》、罗愿《尔雅翼》、蔡卞《毛诗名物解》，明冯应京《六家诗名物疏》，清顾栋高《毛诗类释》等，各有变通，均属此类。

3. 只具有第二个特点而又有所变通的书

此类如汉代扬雄《方言》十三卷，没有标目分类，只有卷次。所采用的基本的释词方式和训式有五种：

---

① 载《郑学丛著》。

(1)先多词并释,再用“A 地谓之 B”式或“A 地曰 B”式分解,如卷一、卷二各条。

(2)两词并释,再用“A 地谓之 B”之类训式为解,如卷六、卷十部分词条。

(3)两词并释,再不分释,如卷十二、卷十三大部分词条。

(4)径用“A 地 B 谓之 C”式为训,如卷三、卷十一部分词条。

(5)径用“A,B 地谓之 C”式为训,如卷四、卷八、卷九部分词条。

很明显,《方言》的释词方式基本上是《尔雅》前三篇和后十六篇所用基本方式的配合使用或单用。不过这种配合不是机械的套用,而是有机的结合。《方言》正是通过配合使用这些基本训式不仅说明了一组同义词所含各词在地域分布上的不同,而且有时对各个词义的细微差别也有辨析,这正是跟《尔雅》不同的地方。如卷二云:“娃、嫷、窕、艳,美也。吴、楚、衡、淮之间曰娃,南楚之外曰嫷,宋、卫、晋、郑之间曰艳,陈、楚、周南之间曰窕。自关而西,秦、晋之间,凡美色或谓之好,或谓之窕。故吴有馆娃之宫,秦有榛娥之台。秦、晋之间,美貌谓之娥,美状为窕,美色为艳,美心为窈。”清杭世骏《续方言》、程先甲《广续方言》等均属此类。由此可知,《方言》系训诂工具书,实际上也属于《尔雅》的流裔之作。

二、音序体

音序体,即按字音的顺序依次排列文字,进行训释。大致可分为韵序体、声序体、互序体、音节体四类。

(一)韵序体

韵序体,即按韵类顺序排列文字,进行训释。又可分为音义兼释体和释义体两类。

1. 音义兼释体

此体既释音,又释义。如宋代陈彭年、邱雍等所编《广韵》,取意于增广隋代陆法言的《切韵》[①],将二百零六韵按四声依次分为上平声、下平声、上声、去声、入声五卷,起自“东”韵,终于“乏”韵,以此为序,分系各韵所属文字,共收二万六千一百九十四个字,每韵所属字又按不同音切分为若干小类,每小类就是一组同音字,先训释领头字的意义,再标明反切,又注明该类所括字数,

---

① 《切韵》原书久已散佚,现仅存一些残卷。

其他所属字一般只释义，不另加反切，如果某字有异读，便在该字释义之后注明“又音 B”或“又 BC 切”。现标点，并加序码，移录《上平声》卷第一《一东》所属“充”字类的训释以示例[①]：

①充，②美也，塞也，行也，满也。③昌终切。④七。⑤珫，珫耳，玉名。《诗传》云：充耳谓之瑱。字俗从玉。⑥茺，茺蔚，草也。⑦忼，心动。⑧㳘，㳘，禅衣也。⑨䖝，黄色。⑩又音统。⑪浺，水声。

①为本小类领头字，②为该字训义，③为反切。④标明本小类共七个字，音同。⑤⑥⑦⑧⑨⑪为本小类领头字下所属六个字。其中⑨有异读，故⑩加以注明。

其他如宋代丁度等《集韵》、吴棫《韵补》、娄机《班马字类》，明乐韶凤等《洪武正韵》，清张玉书等《佩文韵府》、朱骏声《说文通训定声》，近人朱起凤《辞通》等均属此类，但各自体例又互有不同。

2. 释义体

释义体，即按韵排列，只释义，不释音。如清代阮元《经籍籑诂》按平水韵编排列字，每韵一卷，共一百零六卷，分别汇辑唐代以前群籍训义。每字下分列不同义项，分别举证，注明书名篇名。“展一韵而众字毕备，检一字而诸训皆存，寻一训而原书可识。”[②]是一部很有用的训诂工具书。清代刘淇《助字辨略》是我国第一部有系统编例的研究虚词的专著，具有工具书的性质，可以当作虚词词典使用，也属于此类。全书按平水韵次序分为上平、下平、上、去、入五卷，每卷依韵目次序直接排列每韵所属虚词，分别义项，解释举证，但目录和正文中都不明标韵目。

（二）声序体

声序体，即按声类顺序依次排列所属文字，进行训释。如清王引之《经传释词》是《助字辨略》之后又一部解释虚词的重要专著，也具有虚词词典的性质。但它与刘书不同，按中古声母（即守温三十六字母）的喉、牙、舌、齿、唇的次序排列，即卷一至卷四收属于影、喻、晓、匣的喉音字，相当于现在的零声字母。卷五收属于见、溪、群、疑的牙音字，相当于现在的以 g、k、h、j、q、x 为声母的字。卷六收属于端、透、定、泥、知、彻、澄、娘的舌音字，相当于现在的以 d、t、n 为声母的字。卷七收属于日、来的半舌、半齿音字，相当于现在的以 r、l 为

① 据《宋本广韵》，中国书店 1982 年版。
② 见王引之《经籍籑诂序》。

声母的字。卷八至卷九收属于精、清、从、心、邪、照、穿、床、审、禅的齿音字，相当于现在的以 z、c、s、zh、ch、sh 为声母的字。卷十收属于帮、滂、并、明、非、敷、奉、微的唇音字，相当于现在的以 b、p、m、f 为声母的字。目录和正文中都按以上次序直接分别收字排列，进行解释，只释义，不释音，但不明标表示声类的字母。今人裴学海《古书虚字集释》也属于此类。

（三）互序体

互序体是以声、韵、调交互为序而列字的工具书体式，可分为声韵互序与调韵互序两类。

1. 声韵互序体

声韵互序体以韵类和声类交互为序，排列所属文字，进行训释。如金时韩道昭《五音集韵》省并《广韵》二百零六韵为一百六十韵，以此为序，每韵之下又依次分隶三十六字母，各分四等，然后排列所属文字，进行训释。现标点，加序码，移录卷一《钟韵》一节以示例：

> ①钟②见③三④恭⑤九容切。恭，敬也。《说文》本作恭，肃也。又姓。晋太子申生号恭君，其后氏焉。出《国语》。陆以恭、蜙、纵等入冬韵，非。⑥十九。

①韵类，②三十六字目，③等，④该韵、该声、该等下所属第一字，⑤释音释义，⑥该小类（同音切）所属字数。以下便分别列出“恭”“龚”“供”等十八字，如⑤，进行训释，但不加切语。与《广韵》同。待“见”母字尽，再依次列“溪”母字，余可类推。元代熊忠《古今韵会举要》也属此类。但该书每韵下直接依三十六字母顺序列字，不标字母名。

2. 调韵互序体

调韵互序体以声调和韵类交互为序，列字训释，显标调类，暗循韵序。此体可看作韵序体的变体。如唐颜元孙《干禄字书》即按平、上、去、入四声列字，显标四声，暗循二百零六韵排列字的先后，分别注明文字的通用体、正体和俗体。宋代张有《复古编》也属于此类。

（四）音节体

音节体是按文字音节的先后顺序列字训释的工具书体式。此体晚近才出现，检字方便。如近人杨树达《词诠》是继《经传释词》之后一部有影响的虚词词典，即以注音字母依次拼写成ㄅㄛ、ㄅㄟ、ㄅㄠ、ㄅㄣ等二百二十五个音节，分别列字，进行训释。其他如《国语辞典》《新华词典》等也属于此类，但编例日见精密。各种外文和汉字的对释词典,如郑易里《英华词典》、陈昌浩《俄华词典》等,也属于此类。

三、部首体

部首体创始于东汉许慎的《说文解字》,以后各代循着趋繁与趋简两条基本途径发展演变,所产生的工具书很多,情形复杂,但大致可以分为文字学部首体和检字法部首体两类。

(一)文字学部首体

《说文》的部首即是根据六书理论建立起来的文字学原则的部首,共五百四十部。它的基本特点是,部首排列不按笔画多少,而是"据形系联",始一终亥,大抵以形体相近为次序,如一、丄、示、三、王、玉、珏等部相比次;也有以义相次的,如齿、牙两部相次。各部之内列字,也不是以笔画多少为序,而是以义相连,意义相近的字列在一起,如言部,诗、谶、讽、诵、读相联,讪、讥、诬、诽、谤相联。义有褒贬,则褒义在前,贬义在后。如女部姝、好、娱、娶、嫂、嬛均为好义,在前;嫡、媿、姣、奸均为恶义,在后。五百四十个部首犹如纲领,分为十四篇,逐次统摄一万零五百一十六个字(包括重文),这是我国字典编纂史上的首创。以后晋代吕忱《字林》,陈时顾野王《玉篇》,宋代王洙、司马光等《类篇》等,均属此类,但体例和内部又各有所不同。这类体式检索不方便。

(二)检字法部首体

检字法部首是在《说文》部首基础上按照检字法原则合并调整而成的部首体系,它的基本特点是,部首排列和内部归字都按笔画多少为序。如明梅膺祚《字汇》将《说文》五百四十部首简化为二百十四部,按十二地支分为十二集,部首和内部归字都按笔画多少为序,在字典编写史上开创了按笔画多少检字的新体式。这种体式检字甚为方便,因此一直沿用至今。明末张自烈《正字通》,清张玉书等《康熙字典》,晚近所编《辞源》《辞海》等均属此类,又各有特点。

四、号码体

号码体按文字的几角号码所成几位数数字的大小顺序列字训释,此体晚出,如《四角号码字典》。晚近出版的许多其他体式的工具书也附有四角号码检索体系,以方便读者。

五、杂序体

杂序体是指杂用以上各种体式为序而列字训释的工具书体式,如辽僧行均《龙龛手鉴》将《说文》部首简化为二百四十二部,先按四声将部首分为平、上、去、入四类,一类一卷,每类每部所属各字复按四声排列,进行解释,是杂用四声和部首为序。又如今人陆澹安《小说词语汇释》所收词以首字笔画多少为序,同笔画字中又按字典部首为序,排列词语,进行训释,是杂用首字笔画和部首为序。

六、杂陈体

杂陈体在排列词语方面没有顺序,杂乱陈列,但在每个词条的训释方面都有一定体例,乱中有整,而且全书有统一的检索体系,这使它区别于杂考体。总之,此体介于工具书与杂考体之间。近人张相《诗词曲语辞汇释》即属于此类。

第七节　有关训诂体式的一些问题

以上各节对中国历代所使用的主要的训诂体式作了简略介绍,本节对与训诂体式有关的一些问题再作一些说明。

一、训诂体式辨证

一般而言,不同的训诂体式有不同的名称,不同名称的体式有不同的特点。但是由于时代不同、地域相隔、注家众多等,训诂体式的名与实之间又存在种种复杂的关系。约而言之,可以分为异名同实与同名异实两类。异名同实,又有两种情况:一为同一种体式使用不同的名称。如本章第一节介绍的翼体,第二节介绍的训诂体,第三节介绍的考辨体、通释体、集解体、纂集体等均属于这种情况。一为用不同体式名指称同一体式。如“注”与“疏”对言,是指两种不同的体式。但是在“疏”的名称出现之前,疏解旧注的体式也叫作“注”。如郭璞《尔雅注》实际上是疏证体,与王念孙《广雅疏证》同体,只不过前粗后精而已,但称作“注”,不称作“疏”或“疏证”,异名而同实。再如传、记、解、训、注本来是不同的体式,但后来往往互相通称。如东汉高诱注《淮南子》,总题为“注”,篇题后却逐一加“训”字,是注与训异名而同实。晋代孔晁注《逸周书》,总题为“注”,篇题后却逐一称“解”,是注与解异名而同实。宋代苏轼《诗集传》、朱熹《论语集注》、吕祖谦《吕氏家塾读诗记》,实际上都是集解体,但称名有异,是传、注、记、解异名而同实。

同名异实的情况也多种多样。除以上各节介绍的传体、疏体、集解体等之外,再如同称“补注”,梁时刘昭《后汉书志注补》(“注补”就是“补注”①)是补充《后汉书志》原文的阙略,与裴松之《三国志注》、刘孝标《世说新语注》相同;宋代洪兴祖《楚辞补注》是补充王逸旧注的不足,元代萧士赟《分类补注李太白诗》却先行删削宋代杨齐贤的集注,改编体例,再加以补充注释,实为删补体或集注体。又如同称“通义”,东汉班固《白虎通义》属于群经总论体,清代朱鹤龄《诗经通义》属于单经注论结合体,而今人李镜池《周易通义》则属于一般随文注释体。

要之,训诂体式名实关系复杂,不可一概而论。核定一部训诂著作的体式,不能只看书名,必须根据它的内容来确定。

二、他注与自注

以上诸节论述训诂体式时所举各类训诂著作,其注文都属于他人所作,而不是原书著者所作,可以统称为“他注”。此外,也有原书著者自己所作的注,称为“自注”。章学诚《文史通义·史注》认为《史记·太史公自序》是自注体的开端。其实,先秦诸子书中的训诂性文句,有一些当是著者的自注,简牍相错,后人抄录整理时,便当作正文相连在一起了。至于《墨子》的《经说》上、下,《韩非子》的《内储说》《外储说》等,显然是著者自注之体。《管子》的《牧民解》《形势解》《立政九败解》等,也有可能是自著自解。两汉以来,自注之作更多。如《史记·三代世表》,班固《汉书》的《地理志》《艺文志》《古今人表》,司马彪《后汉书·郡国志》等,均属于史书自注。再如裴松之《三国志注》、郦道元《水经注》、姚宏《战国策注》、李塨《周易传注》、惠栋《易汉学》等,均属于训诂著作自注,也就是注中加注。

自注又名子注②。他人注解已有自注的书,则称其自注为“原注”或“本注”。

① 唐刘知几《史通·补注》正称刘昭“补注”。

② 参见周大璞主编:《训诂学初稿》,武汉大学出版社1987年版,第47页。

三、注文与原文的分附问题

现在我们日常看到的注释书大都是注文附于原文之下,但是在古代,特别是在西汉以上,通常所说的儒家经典的注文大都独立成卷,不与原文相附。如《春秋三传》《毛诗故训传》等,原先都各自成卷,不与经文相连。那么注文和原文相附起于何时呢?学界对此向来有不同的说法,有的认为起于东汉郑玄①,有的认为始于马融②,有的认为始于西汉费直③。我们认为,学界向来所论,主要是限于所谓儒家经传的分附问题,如果把训诂的范围放大,注文和原文相附的时间还应该往上推。先秦诸子中多注释性篇章,编者将它们跟所解原文编为一书,如《墨子》的《经说》上、下,《管子》的《牧民解》《形势解》之类,《韩非子》的《内储说》《外储说》等,都是以注文附原文的例子。从现在所见资料看,注文与原文相附的现象至迟在《墨子》成书时就已经出现了。只不过对传世的一些重要典籍的注解,以经传各自别行为常见,但是也有经传相附而行的情况,只是相比之下,为数不多而已。比如费直治《易》,只以《彖》《象》《系辞》等解说上下经,即是经传相连的明证。刘歆治《左传》也是引传文解《春秋》。东汉马融注《周礼》,郑玄笺《诗》,为省两读,都是就经作注。于是注文与原文相连的训诂体式逐渐盛行起来。从此以后,有分有附,并行不悖。如郦道元注《水经》,裴松之注《三国志》,李善注《文选》,朱熹解《四书》之类,都是就原文作注。而唐人所撰《五经正义》及《周礼疏》《仪礼疏》《公羊传疏》《穀梁传疏》,宋初所撰《论语疏》《孝经疏》《尔雅疏》,原来都各自成书,不和经、注相连。南宋初年,才有经、注、疏相附合刻之本,与单疏本并行。再如《经典释文》和阮元《十三经注疏校勘记》之类,与原文或附或分,各从其宜。

四、注文附于原文的格式

注文单行,格式比较简单。一般是先标书名、篇名,再依次排列注文。但注文与原文相附,情形就比较复杂,格式多种多样。可从注文的位置和排列方式两方面来观察。

---

① 见《三国志·魏书·高贵乡公髦纪》。

② 见《诗·周南·关雎·诂训传第一》下孔颖达疏。

③ 见宋代吴仁杰《古周易自序》。

从注文的位置看，有的将注文整个附载于原文之后，作为两部分对待。这种形式可能出现得最早，但古今都有。如《墨子》的《经说》上、下，《管子》的《牧民解》《形势解》，《十三经注疏》中的《周易音义》，1981 年成都古籍书店印行《说文解字段注》附《段注说文解字斠误》等。有的将注文附于各篇各章之后。如《韩非子》的《内储说》《外储说》，唐代史徵《周易口诀义》[1]，宋代林岊《毛诗讲义》等[2]。有的将注文附于各句之后，这一类最通行。如通行本《十三经注疏》、《史记》三家注、《汉书》颜注、宋代朱申《周易句解》、元朱祖义《尚书句解》等。有的将音切放在句中所解字词下，如李善《文选注》、朱熹《诗集传》、元朱公迁《诗经疏义会通》、明胡广等《尚书大全》等。还有的逐字逐词进行训释，如宋胡士行《尚书详解》。不过这类体例不多见。

现代注释书中注文的位置也是多种多样的，但最通行的是句后注，标序码，注文与原文分段另列。

从注文的排列方式看，主要有三类：一是原文与注文相连，原文用大字，单行；注文用小字，双行。各种体式的注文统排时，前面分别加圆圈和标识字（如“笺”“疏”“正义”“按”之类）以相区别，如通行本《十三经注疏》。也有原文用大字，注文用小字，均单行排。如中华书局 1983 年出版的朱熹《四书章句集注》、杨伯峻《春秋左传注》等。一是原文与注文不相连，原文顶格排，旧注提行，低一二格，新注也提行，再低一二格。或者新注接旧注，双行小字。《四库全书》中多此类格式。一是原文用大字，正行排，注文用小字列在旁边。如明代朱升《周易旁注》《尚书旁注》等，但这类形式现已不多见。

---

① 据《四库全书》本。

② 据《四库全书》本。

第四章　句读与标点

第一节　概　说

对一部没有标点的古书原文作注解，应该做的第一件事情就是标点断句。只有句子断开了，才能做其他的注解工作。古人谓“说经必先审句读”①，就是讲的这个意思。当然不限于注解经书，注解其他所有的古籍都需要这样做。因此，学习训诂的方法和理论，就需要首先了解和掌握有关句读与标点的知识。

读书必须断句，不断句就无法读书。由此可以想见，断句的事情所起甚早，大概自从先民们开始读书受教育起，就出现了这类问题，只是不同的历史阶段有不同的情况与不同的称名而已。《礼记·学记》道：“一年视离经辨志。”东汉郑玄注云：“离经，断句绝也。”唐代孔颖达疏云：“谓学者初入学一年，乡遂大夫于年终之时考视其业。离经，谓离析经理，使章句断绝也。”说明周代称读书分章断句为“离经”。西汉有“章句之学”，即分章断句，解释儒家经典。东汉时期，去古渐远，口头语言与书面语言的距离越来越大，所以当时的学者很讲究“句读”。如马融《长笛赋》云：“观法于节奏，察变于句投。”“句投”，即句读。何休《公羊传解诂序》云：“援引他经，失其句读。”高诱《淮南子叙》也谓：“自诱之少，从故侍中同县卢君，受其句读。”从此以降，历代相承，无论读书还是训诂，都以明句读为先务。唐人又称为“句度”或“句逗”②，意思是相同的。当初“句读”一语统指读书断句，后来对句子结构分析逐渐加密，对“句”与“读”就有了不同的解释。如唐代僧人湛然《法华文句记》卷一云：“凡经文语绝处谓之‘句’，语末绝而点之以便诵咏谓之‘读’。”明代袁子让

---

① 见清代江藩《经解入门》卷四。

② 分别见《唐韵正》和《一切经音义》。

《字学元元》卷五云："句读，读音豆。语绝曰句，语未绝点字之中曰读。"要之，句表示大的停顿，读表示小的停顿。

读书断句见于书面形式便是点句之法，后世称为圈点和标点。清代章学诚《丙辰札记》谓"点句之法，汉以前已有之"，说明此法所起甚早。1965年山西侯马晋国遗址出土的"侯马盟书"系春秋晚期文献，盟辞中所用的点句符号很多，呈"~"形。① 1975年湖北云梦县睡虎地秦墓出土的秦简中所使用的点句符号为"L"，数量也不少。② 褚补《史记·滑稽列传》载，武帝读东方朔奏牍，"止，辄乙其处，二月乃尽"。段玉裁《说文解字注》认为"此非甲乙字，乃正L字"。L，居月切，表钩识。1959年甘肃武威出土的西汉《仪礼》简策点句频繁，所用符号有圆点"·"、圆圈"○"、三角号"▲"、点号"、"及钩识号"L"等。③ 这些例证表明，春秋时代，点句法已在应用，到了西汉，已颇为流行。此后，历代继有发展。如梁时刘义庆《世说新语·文学》载，郭象见向秀所注《庄子》不传于世，"遂窃以为己注，乃自注《秋水》《至乐》二篇，又易《马蹄》一篇，其余众篇，或定点文句而已"。所谓"定点文句"，当是校定和圈点文句。宋代毛晃《增韵》称："今秘书校书式，凡句绝则点于字之旁，读分则微点于字之中间。"《宋史·何基传》云："凡所读无不加标点，义显意明，有不待论说而自见者。"可见"标点"的提法，至迟在宋代就有了。《王柏传》云："于《论语》《大学》《中庸》《孟子》《通鉴纲目》标注点校，尤为精密。"又宋代岳珂《九经三传沿革例》云："监、蜀诸本皆无句读，惟建本始仿馆阁校书式从旁加圈点，开卷了然，于学者为便，然亦但句读经文而已。惟蜀中字本、兴国本并点注文，益为周尽。"说明宋人校书、读书、刻书，盛行标点断句法。元、明以降，这类记载不少，不断有发展。但直到20世纪初新式标点符号制定之前，历来所用的标点符号种类少，用法也不很一致，而且总的说来，使用范围不广，流传下来的书籍绝大部分都没有标点。1919年国语统一筹备会制定了新式标点符号，种类齐全，功用完善，对于白话文的写作非常有利，给古籍注释工作也提供了极大的便利。

总之，句读和标点有很长的发展历史，两者在称名上原本各有侧重，"句读"的提法出现于汉代，周人叫"离经"，汉人称"句读"。原主于读书断句，兼

① 见《侯马盟书》，文物出版社1976年版。

② 见《文物》1976年第5期。

③ 见《武威汉简》，文物出版社1964年版。

括书面断句。宋代以下行用“标点”的提法，明确主于书面断句，但句读的提法仍然不废，而且在用法上人们习惯于以句读包举标点。也就是说，讲到句读时，仍然既指读书断句，又指书面断句，两者兼而有之。

第二节　古书句读方式

中国历代训诂著作中古书的句读方式主要有以下六种。

一、以注文明句读法

这种句读形式不使用任何标点符号，仅仅通过在所解原文有关各句之后作注释，借以表明原文的句读。在传世的训诂著作中，这种句读形式最为常见。如《十三经注疏》、《史记》三家注、《汉书》颜注、《文选》李注等，都属于这种类型。历代所出现的章句体训诂著作，特别是元明以下所出现的句解体训诂著作①，逐句作解，可以看作体现这类句读方式的典型。如清代吴廷华《仪礼章句》解释《士冠礼》篇的一段文字，其式为：

> 筮人执筴，筮人，中士，公有司也。筴，策，即蓍也。抽上韇，音独。韇，藏蓍器，以韦为之，一上承，一下冒。抽上韇见蓍，示有事也。兼执之，两韇，进，取筮在西，以主人在东，故由西而进。②

再如元代朱祖义《尚书句解》解释《康诰》篇的一段文字，其式为：

> 我西土惟时怙冒，终则馨西土皆怙恃依赖其覆冒之恩。闻于上帝，由是其德升闻于天。帝休，天于是嘉美之。天乃大命文王殪戎殷，天乃大命文王殪灭戎殷。诞受厥命，大受其天命。③

都在每句之后作注，借以表明原文句读。

二、分别标明句读法

这种句读形式即在所解原文当句处字旁标“句”字，当读处字旁标“读”字。但不是逐句标注，仅是在疑难处标明。这种句读形式多见于宋元以来的

① 参见第三章第一节“解体”和“章句体”。
② 《景印文渊阁四库全书》第109册，第291页。
③ 《景印文渊阁四库全书》第62册，第948页。

训诂著作。如元代陈澔《礼记集说》标注《曲礼下》两句记文,其式为①:

是故圣人作[句]为礼以教人

注者怕学人误将“作为”二字连读,故作了这样的标注,表示“是故圣人作”为一句,作,即起的意思。再如清代张次仲《周易玩辞困学记》标注《坤》卦卦辞,其式为②:

坤元亨利牝马之贞君子有攸往先迷[句]后得主[读]利[句]西南得朋东北丧朋安贞吉

注者认为本卦辞中以上三处句读难辨,故分别作了标注,别处句读容易,故不加标注。

三、留空格明句读法

这种句读形式即在所解原文当断句处不连写,留一空格,表明句读。这种形式出现颇早,沈约《宋书·乐志》对于其他乐歌均连书,唯《铎舞歌诗·圣人制礼乐篇》声辞杂写,不复可辨,恐迷失句读,每句空一字书写。后世训诂著作沿用此法,表明句读。如清代吴廷华《仪礼章句》于每句之后若无注释,便仅留空格,以明句读。如句读《乡射礼》一段文字的格式为:

主人阼阶东疑立　宾坐　左执爵　右祭脯醢　奠爵于荐西

即表明空格处需加句读。

四、加注揭示句读法

这种句读形式即在注文中对疑难语句的句读着意加以揭示,这是一种间接的句读方式,但在上自秦汉、下至今日的各类训诂著作中广泛使用。有些用例比较隐晦,必须细心体会,方能抓住要领。如:

《诗·王风·丘中有麻》:“彼留子国,将其来食。”《毛传》:“子国复来,我乃得食。”

《传》文示意,当在“来”字下逗。再如:

《诗·豳风·东山》:“亲结其缡,九、十其仪。”唐孔颖达《正义》:“九种十种,其威仪多也。”

---

① 《景印文渊阁四库全书》第121册,第683页。

② 《景印文渊阁四库全书》第36册,第430页。

即通过在数词“九”与“十”之后加“种”字，分隔“九、十”二字，示意“九十”中间当逗开，不是“九十种威仪”。不过这方面大部分的注释一般一看就能明白，如：

《尔雅·释丘》：“望厓洒而高，岸。”晋代郭璞注：“厓，水边；洒，谓深也。视厓峻而水深者曰岸。”

说明原文是“A 曰 B”训式的扩展省略式，省略了“曰”字，当在“高”后逗，不能“高岸”连读。下同：

《尔雅·释山》：“山三袭，陟。”宋代邢昺《疏》：“山之形若三山重累者名陟。”

说明原文当在“袭”后逗，不能“袭陟”连读。有些注释则直接说明句读。如：

《史记·高祖本纪》：“孔将军、费将军纵，楚兵不利。”唐张守节《正义》：“二人韩信将也。纵兵击项羽也。以‘纵’字为绝句。”

即说明于“纵”字下断句。再如：

《周礼·天官·太宰之职》：“正月之吉，始和布治于邦国都鄙。”元代毛应龙《周官集传》：“‘始和’读连下句。正月者，以是月为十二月之长。和，如‘四方民大和会’‘百工播民和’，周书常用此‘和’字。”

即说明在“吉”字下断句。

五、标点断句法

这种句读形式即使用标点符号断句。如上文所述，标点断句所起甚早，历代相沿，继有发展，但流传下来的这类书籍不多。自 20 世纪 20 年代以来，推行新式标点，使古书注释面貌一新，大大提高了断句效果。大致可以分为两类：一为古书原文点校本，即不作别的解释，只标点校勘，出版发行①；一为今人新注本，原文与注释全用新式标点②。

六、句读与标点辨正法

这种句读形式即对前人句读与标点的错误加以辨正。唐宋以来，这类论著不断出现，数量很多，大致可以分为两类：一为考证体著作中附带辨正，如唐李匡乂《资暇集》，宋代洪迈《容斋随笔》，元胡三省《通鉴释文辨误》，明代

① 参见第三章第二节之“点校体”。

② 参见第二章第八节。

杨慎《丹铅总录》,清顾炎武《日知录》、王念孙《读书杂志》等;一为专书专文辨正,如清代武亿《句读叙述》及各种刊物所载辨正句读的专文等。《资暇集》卷上云:

"'伤人乎?'不问马。"今亦为韩文公读"不"为"否",言仁者圣之亚,圣人岂仁于人不仁于马,故贵人,所以前问,贱畜,所以后问。然而"乎"字下岂更有助词?斯亦曲矣。况又非韩公所训。按陆氏《释文》已云,一读至"不"字句绝。则知以"不"为"否",其来尚矣。诚以"不"为"否"则宜至"乎"字句绝,"不"字自为一句。何者?夫子问:"伤人乎?"乃对曰"否"。既不伤人,然后问马,又别为一读,岂不愈于陆云乎?

意谓《论语》中的这两句话,应该在"乎"字后断句,"不问马"自为一句。退一步讲,如果以"不"字为"否"的通用字,则应以"否"为答语,自为一句,不能与"乎"字连读。再如中华书局1959年版《史记》的《点校后记》载:

《秦本纪》

丹犁臣蜀相壮杀蜀侯来降,

张守节《正义》读"丹犁臣蜀"为句。方苞说:"言丹、犁二国臣属于秦也。与下'蜀相壮杀蜀侯来降','韩、魏、齐、楚、越皆宾从',立文正相类。据《正义》'丹犁臣蜀'为句,则下文'相壮'不知何国之相,且二国臣蜀,亦无为载于秦史。"我们认为方苞说的对,标点作

丹、犁臣。蜀相壮杀蜀侯来降。

无疑,这样标点是正确的。又如王迈《古书标点失误举例》写道:

赵道人海滨,一团村人也。素以耕渔为业,未尝学,莫知其名字,然性狷介,不苟取,敦孝友……(阅世编·释道)

按:赵道人失名,"海滨"当与"一团村"连属。"海滨"下逗,则误地名为人名。①

所论甚是。若此之类,对于提高古书的标点质量很有帮助。

第三节 标点古书应该注意的问题

标点古书的确是一件相当烦琐的工作,绝不是轻而易举的事情。无论什

① 见《中国语文》1983年第5期。

么人，不管学问有多大，从事这项工作必须认真对待，否则，谁也免不了出差错。而差错一经出现，就会造成文意混乱，往往还会由此衍生出各种误会误说，上诬古人，下误来者。因此，凡从事训诂工作的学者，在标点古书时，务必全力以赴，尽量做到不出差错或少出差错，对古人负责，对读者负责，对中华民族的文化事业负责，切不可应付差事，赶急图快，粗制滥造。标点古书应该注意的问题很多，概括起来讲，主要有以下九个方面。

一、仔细阅读全文，联系上下文意定句读

点句时，遇到难通的地方，应该仔细阅读全文，考查难通处所用词语是否在上下文中出现过，各表示什么意思，与其他词语有什么搭配关系，前后有什么变化，然后综合作解，详细寻绎，就会发现故障出在什么地方，问题迎刃而解。如清代武亿《句读叙述》下卷云：

> 《汉书·王皇后传》"迎皇后于安汉公第宫"注，师古曰："本自莽第，以皇后在是，因呼曰宫。"盖颜氏以"第宫"绝句。亿谓此由师古误以"第宫"断句，宜连"宫"字属下读之，作"宫、丰、歆授皇后玺绂"，其文自通。况传文前云"遣大司徒宫"，明"宫"为人名。又下亦惟云"安汉公第"，明不以"宫"字相连。颜氏妄为此说，斯谬解耳。此说闻之方川师云。

此所辨正为《汉书·孝平王皇后传》句读，颜师古以"第宫"连文断句，误。故辨者通读全文，发现上文为"遣大司徒宫、大司空丰"与"光禄大夫歆"等"奉乘舆法驾"，下文为"宫、丰、歆授皇后玺绂"，证明此处"宫"字为人名，非"宫室"；又据下文但云"安汉公第"，不作"第宫"，断定颜氏句读误，当以"宫"字属下读，所论甚是。再如吕叔湘《〈通鉴〉标点琐议》道：

> 桓宣佐祖逖拒祖约，守襄阳，皆有功。(3242页胡注)
>
> 拒祖约的也是桓宣，不是祖逖，祖氏兄弟没有对垒过。"祖逖"后应有逗，有无一逗，差别甚大。佐祖逖事见2847页，拒祖约事见2947页。[①]

也是仔细查阅了有关全文，搞清了文中的人事关系，才论定原书标点有误，当在"祖逖"后逗开。

二、参阅旧注，会通众说定句读

古书旧注尽管不可能完全正确，但大多数基本上都是正确的。因此标点

① 见《中国语文》1979年第1期。

古书遇到疑难之处，通过参阅旧注，特别是参阅历来为世所重的旧注，会通众说，一般问题都会得到解决。如《周礼·天官·膳夫》云：

王日一举鼎十有二物皆有俎

林尹《周礼今注今译》标点为：

王日一举．鼎十有二物．皆有俎．①

如果不是印刷错误，林氏在“物”下断句，误。“物”字应当属下读。对此，我们可以参阅《十三经注疏》中的《周礼注疏》，东汉郑玄注云：

杀牲盛馔曰举。王日一举，以朝食也。后与王同庖。鼎十有二，牢鼎九，陪鼎三。物，谓牢鼎之实，亦九俎。

又唐代贾公彦疏云：

云“鼎十有二”者，案《礼记·郊特牲》：鼎俎奇而笾豆耦者，谓正鼎九，陪鼎三，即是奇数，总而言之，即十二。云“物皆有俎”者，俎据正鼎而鼎各一俎。

可知郑氏、贾氏都读“鼎十有二”断句，“物”字属下读。再者，“鼎十有二”，是说明鼎数，一鼎之中盛一种牲肉或羹，共十二鼎，与周制合。若云“鼎十有二物”，是谓一鼎之中盛有十二种牲肉，与周制不合。这也说明“物”字不能连上读，必须属下读。再如《礼记·大学》云：

小人闲居为不善无所不至见君子而后厌然揜其不善而著其善

中华书局影印世界书局两巨册本《十三经注疏》标点为：

小人闲居为不善。无所不至。见君子而后厌然。揜其不善而著其善。

在“厌然”后断句，在“不善”后不断句，都是不妥当的。“厌然”后不应该断句，“不善”后应该断句。因为“见君子而后”在语气上统领下文，做了两件事：一为“揜其不善”，一为“著其善”。如何“揜其不善”呢？“厌然揜其不善。”可知“厌然”为动词“揜”的方式状语，状语和动词不应该分开，故其间不应该逗开。“著其善”与“揜其不善”在意义上是相反的，连词“而”表示逆转而不表示顺承，因此也以逗开为妥。回过头来我们参阅旧注，郑玄注云：

厌，读为“黡”。黡，闭藏貌也。

凡古汉语中的“A 然”结构，是形容词性质的结构，若置于动作之前，作副词

① 林尹：《周礼今注今译》，书目文献出版社 1985 年版，第 34 页。

用,均充当状语。郑玄解“厌”为“闭藏貌”,正是揭明它的形容词性质和充当状语的作用。再看孔颖达疏:

“见君子而后厌然揜其不善而著其善”者,谓小人独居无所不为,见君子而后乃厌然闭藏其不善之事,宣著所行善事也。

这也表明“厌然”后不能断句,“而”字以下停顿较大,“而”字前逗开为宜。因此用新式标点符号,上段文字应当标点为:

小人闲居为不善,无所不至,见君子而后厌然揜其不善,而著其善。

三、参考有关记载,斟酌比对定句读

有些文句的句读比较复杂,倘通过审读全文,参阅旧注,仍难以解决,便应当放宽视野,扩大范围,参考与此有关的各种文献资料,反复研究,斟酌对比,最后还是可以找到解决问题的办法的。如清代王引之《经义述闻》卷三云:

“父顽,母嚚,象傲,克谐,以孝烝烝,乂不格奸。”《传》曰:“谐,和;烝,进也。言能以至孝谐和顽、嚚、昏傲,使进进以善自治,不至于奸恶。”引之谨案:训“烝”为“进”,虽本《尔雅》,然以“烝烝乂”为“进进治”,则不辞甚矣。三复经文,当读“克谐”为句,“以孝烝烝”为句,“乂不格奸”为句。《列女传》曰:舜父顽,母嚚。父号瞽叟,弟曰象,敖游于嫚,舜能谐柔之,承事瞽叟以孝。蔡邕《九疑山碑》曰:逮于虞舜,圣德克明,克谐顽傲,以孝蒸蒸(“蒸”与“烝”通。陶潜《天子孝传赞》:虞舜父顽,母嚚,事之于畎亩之间,以孝烝烝)。是读“克谐”为句,“以孝烝烝”为句也。《列女传》又曰:母憎舜而爱象,舜犹内治,靡有奸意。是读“乂不格奸”为句也。经言“以孝烝烝”,“烝烝”即是孝德之形容。故汉魏人多以烝烝为孝者。陆贾《新语·道基》篇曰:虞舜烝烝于父母,光耀于天地。《论衡·恢国》篇曰:雨露之施,内则注于骨肉,外则布于他族。唐之晏晏,舜之烝烝,岂能逾此?《后汉纪·灵帝纪》曰:崇有虞之孝,昭烝烝之仁。《后汉书·章帝纪》曰:陛下至孝烝烝,奉顺圣德。……①曹植《鼙舞歌》曰:古时有虞舜,父母顽且嚚,尽孝于田陇,烝烝不违仁。《家语·六本》篇曰:瞽叟不犯不父之罪,而舜不失烝烝之孝。《广雅》曰:烝烝,孝也。则知两汉经师皆训

① 文长,略去十四个同类例证。

"烝烝"为孝,故转相承用,卒无异说也。谓之"烝烝"者,言孝德之厚美也。《大雅·文王有声》篇"文王烝哉",《韩诗》曰:烝,美也。《鲁颂·泮水》篇"烝烝皇皇",《传》曰:烝烝,厚也。皇皇,美也。王肃曰:言其人德厚美也。

今本《尚书·尧典》上段文字中的后三句,某氏《传》的句读为:"克谐以孝,烝烝乂,不格奸。"王引之认为这样句读不像话,参考其他各种有关资料,证明应该句读为"克谐,以孝烝烝,乂不格奸",并指出,"烝烝"是孝德厚美的意思,同时举出大量文献事例,说明汉魏时人多以"烝烝"一语指称孝德,也表明汉魏经师读《尧典》,多如此句读。显然,王氏的句读比历来其他的句读正确。再如中华书局1959年版《史记》在《点校后记》中说:

又如《礼书》

庄蹻起楚分而为四参是岂无坚革利兵哉,

《索隐》注说"参者,验也。言验是,楚岂无坚甲利兵哉"。"参是"连读。《正义》"参"字音七含反。其实"参"即"三"字。"分而为四参"犹言"四分五裂"。这段文字出于《荀子·议兵篇》,《议兵篇》正作"楚分而为三四"。因此我们标点作

庄蹻起,楚分而为四参,是岂无坚革利兵哉?

这也是参阅其他同类记载定句读的例子。

四、详审文体文例定句读

不同的文体和文例各有一定的句式,弄清所解原文的文体和文例,对确定句读很有帮助。如吕叔湘《〈通鉴〉标点琐议》道:

臣闻天不言语,以灾异谴告王者,至尊出入有常,警跸而行,静室而止……(1722页)

"王者至尊,出入有常,警跸而行,静室而止",皆四字为句。《后汉书》卷五四《杨秉传》"谴告"与"王者"之间有二十二字,为《通鉴》节去。

此即谓原文为四字句体式,只能以四字为句断之,否则无法理顺文意。再如《辞源》修订本第四册3182页"铏"字条引书证云:

《仪礼·公食大夫礼》:"宰夫设铏,四于豆西东上。"

编者不明白《仪礼》叙述陈设礼器的文例,故作了这样的错误标点,使文意混乱莫理。《仪礼》中凡讲到鼎的数量时,总是鼎在前,数在后,铏也一样,"铏

四”即“四铏”，也就是四个铏的意思。因此“铏四”应该连文，中间不能逗开。经文讲的是陈设铏鼎的位置及其上首方向，这类句式也是固定的，先讲设某器于某器的哪一面，再讲上首方向。“豆”也是一种食器，“设铏四于豆西”，是说将四个铏鼎陈设于豆类食器的西边，因此“西”字应该逗开。“东上”，即以东为上，也就是讲四个铏鼎以东方为上首。明白了这种文例，句读就容易了。因此这段书证应该标点如下：

宰夫设铏四于豆西，东上。

五、必须弄清楚典章制度

我国历史悠久，历代典章制度繁杂，反映到文献古籍中，后世学者往往仓促之间难以理解。凡遇到这种情形，应该查阅有关资料，先弄清楚文中所述典章制度，然后进行标点，就比较容易。否则，难免要出差错。如中华书局1984年版《湘山野录》第31页：

宝元己卯岁，予游泗州昭信县，时大龙胡公中复初筮尉此邑，因获谒之。

据宋代方勺《泊宅编》卷上载：“旧制，直龙图阁谓之‘假龙’，龙图阁待制谓之‘小龙’，龙图直学士谓之‘大龙’，龙图阁学士谓之‘老龙’。”由此可知当时胡中复正为龙图阁直学士，“大龙”为其官名之代称，可不标专名号，如标，当连标。标点者疏于宋代官制，“龙”字标专名号，“大”字却不标，则不知所指。[①]再如吕叔湘《〈通鉴〉标点琐议》道：

人年及课则受田，老免；及身没则还田。（4268页）

照原标点，既曰“老免”，又要等到身没才还田，则“免”字作何讲法？应去分号。年老则免耕作而还田，未老而身没亦还田。

标点者忽略了当时的土地制度，致使标点失误，故加以辨正。

六、分清郡望、姓名、封爵、论著等，勿使相混

古书中郡望、姓名、封爵、论著等常常相连并见，标点时如果不注意区分，往往容易混淆致误。如吕叔湘《〈通鉴〉标点琐议》道：

癸丑，以光禄勋陈国、袁滂为司徒。（1844页）

① 见王迈：《古文标点例析》，语文出版社1992年版，第16页。

袁滂是陈国人。《后汉书·郡国志二》,豫州领郡二、国四,陈国其一。标点本《后汉书·灵帝纪》无此顿号。

标点者在郡望与姓名之间误加顿号,使一人讹为二人,故加以辨正。再如中华书局1965年版《后汉书》对《献帝纪》"以光禄勋赵谦为太尉"一句下的李贤等注作了如下标点:

谢承书曰:"谦字彦信,太尉赵戒之孙,蜀郡成都人也。"

所谓"谢承书"是指吴时武陵太守谢承所撰《后汉书》,著者姓名下当加专名号,不宜标为书名。其他类似情况,如"袁宏纪""华峤书"等,都应该这样处理。

七、注意地理沿革

历代地理沿革,情况复杂。标点时遇到历史地名,必须仔细辨别,认真考稽,否则也容易出差错。如顾炎武《日知录》卷三十一云:

《汉书》济南郡之县十四,一曰东平陵,二曰邹平,三曰台,四曰梁邹。《功臣表》则有台定侯戴野、梁邹孝侯武虎,是二县并为侯国。《续汉志》济南郡十城,其一曰东平陵,其四曰台,其七曰梁邹,其八曰邹平,而《安帝纪》云:延光三年二月"戊子,济南上言,凤皇集台县丞霍收舍树上"。章怀太子注云:"台县属济南郡,故城在今齐州平陵县北。"《晏子春秋》:景公为晏子封邑,使田无宇致台与无盐。《水经注》亦云:"济水又东北过台县北。"寻其上下文句,本自了然。后人读《汉书》,误从"邹"字绝句,因以邹为一县,平台为一县。《齐乘》遂谓汉济南郡有邹县,后汉改为邹平,又以台、平台为二县,此不得其句读而妄为之说也。

后人读《汉书·地理志》,不得其句读,误邹平、台二县为邹、平台二县,《齐乘》又妄为之说。因此顾氏给予辨正。

八、分清直接引文与间接引文

直接引文是所照引的原文,间接引文是引者对原文的转述,两者情形不同。古书没有标点,往往难以辨别,但又不得不加以辨别。因此标点时在这种地方需要多加注意。否则,就会将间接引文误为直接引文,或者造成引文溢衍、不足。如中华书局1983年版朱熹《四书章句集注》对《孟子集注》卷一开头一节注文作了如下标点:

《史记》:“惠王三十五年,卑礼厚币以招贤者,而孟轲至梁。”

《史记·魏世家》原文为:“三十五年,与齐宣王会平阿南。惠王数被于军旅,卑礼厚币以招贤者,邹衍、淳于髡、孟轲皆至梁。”可见朱注属于间接引文,不应该加引号,标点者失于核对,按直接引文对待,故误。再如上海古籍出版社1980年版《戴震集》对《河间献王传经考》一文中一节文字作了如下标点:

赵岐《孟子题辞》曰:“文帝欲广文学之路,《论语》《孝经》《孟子》《尔雅》皆置博士。”

其中“文帝欲广文学之路”一句属于转述语言,上引号应该移到《论语》前,此属于引文上溢。在近些年来各级出版部门所出版的各种古书的点校本中,这类错误相当多,大都是标点者未能仔细核对原文造成的。

另外,古人记一人之言,有时开头只记一部分,再标“某人曰”,然后记完所说的话。标点中,人们往往不了解这种情况,将“某人曰”之前的部分误当叙述语言对待。如《论语·先进》云:

“柴也愚,参也鲁,师也辟,由也喭”,子曰,“回也其庶乎,屡空;赐不受命,而货殖焉,亿则屡中”。

显然,这些话都是孔子逐个评论弟子时所说的,前后都应该加上引号,现在新版《论语》一般都将“子曰”之前的四句话当叙述语言对待,是不妥当的。①

九、注意特殊文句的句读

古人有时如实记述人物言行情状,以致书籍中有些文句比较特殊,若按一般文句标点,意思隐晦,不易理解。因此,凡遇到这种情况,应该细加辨别,使用适当符号标明。如《史记·高祖本纪》记群臣共请尊汉王刘邦为帝,汉王三让,不得已,乃曰:

诸君必以为便便国家

中华书局1959年版《史记》标点作:

诸君必以为便,便国家。

张友鸾等《史记选注》作:

诸君必以为便便国家。

这两种标点都使文意隐晦,难以理解。杨树达据钱玄同说云:“上文重言‘便

① 详见章秋农:《古书记言标点易误举例》,《中国语文》1979年第3期。

便’;‘便国家’之下,亦本当有允诺之词,而高祖蹇涩未言,史公亦即据情述之。”其说甚是,据此可以加两个省略号,标点如下:

诸君必以为便……便国家……

这样,就把刘邦当时故作推辞,由于激动而口吃,来不及说允诺之词或其他客套话的情状如实地表达出来了,句意也就完全清楚了。

有些古书行文特别,句式异常,特定用字形式上不能叠写,通读时却必须重复,否则文意不显。如俞樾《古书疑义举例》卷一云:

《孟子·告子上》篇:“异于白马之白也。”按:上“白”字当重读。盖先折之曰“异于白”,乃曰“白马之白也,无以异于白人之白也”。则又申说其异之故也。如此则文义自明,亦不必疑其有阙文矣。

再如钱大昕在《十驾斋养新录》中表明,《说文》的某些训解,阅读时要把解说的话同被解的篆文连起来读,训义才显得完整。如:

“昧爽旦明也”应读成“昧爽,旦明也”。

“曑商星也”应读成“参商,星也”。

“離黄仓庚也”应读成“离黄,仓庚也”。

此类均须承上篆连读。

按照一般程序,注解古书,标点断句之后,接着就应该分段。段,古称章,所指是一样的。划分段落,能使所解原文层次清楚,一目了然,便于读者掌握其中的内容。分段的事情相对来说比较简单,限于篇幅,这里不作专门论述。分段的时候往往还要概括段落大意,这一点将在第十一章第二节中专门介绍。

第五章 校 勘

第一节 概 说

书籍在长期流传的过程中,经过各个时代不同文化层次的人们无数次的传抄、翻刻、排印,所造成的错误是多方面的,也是十分严重的。有传本的不同,如早在西汉时代,《诗经》就有《齐》《鲁》《韩》《毛》四种传本,《春秋》有《左氏》《公羊》《穀梁》三种传本,《论语》有《鲁论》《齐论》《古论》三种传本,而且越到后来,各种古书的不同传本就越多,不同的传本篇数、篇次,章数、章次,句数、句次等均有所不同。也有文字的异同及讹、脱、衍、倒,如王念孙给《广雅》作疏证,不算衍、倒,仅讹字校出五百八十个,脱字校出四百九十个。又如近人章钰校勘胡刻《通鉴》正文,校出文字讹误一万多个,其中脱文达五千二百余字。除传本不同和文字讹误外,还有句读错误、音读错误及标题款式错误等等。

由于存在以上诸方面的错误,如果不进行校勘,许多古书往往难以识读,还会产生各种各样的误解和误说,因此历代文献学家和训诂学家都很重视校勘工作。据现今所见历史资料而言,至迟从春秋时代正考父校商之名《颂》十二篇于周太师起,校勘工作就已经开始了。此后,孔子识"公子阳生"①,子夏辨三家己亥②,也透露了有关校勘的消息。西汉末年,刘向父子领校秘书,至东汉,杜子春、郑众、郑玄等注解群籍,校勘事业大为发展。陈、隋间陆德明撰《经典释文》,始集前代校勘之大成。南宋郑樵撰《校雠略》,标志着校勘已开

① 《公·昭·十二年》:"伯于阳者何,公子阳生也。子曰:'我乃知之矣。'"何休《解诂》:"知'公'误为'伯','子'误为'于','阳'在,'生'刊灭,阙。"

② 《吕览·察传》载,子夏去晋国,过卫,有人读史记道:"晋师三豕涉河。"子夏云:"非也,是己亥也。夫'己'与'三'相近,'豕'与'亥'相似。"到晋国一问,果然是己亥过河。

始成为专门的学问。下至清代，校书成风，何焯、卢文弨、顾千里、王念孙、王引之、阮元、俞樾、孙诒让等，都以校勘名家，卓然有成。辛亥革命以来，校勘在训诂工作中也发挥着越来越大的作用，点校体训诂著作的大量出现，就是最明显的标志。今天我们注解古书，在标点断句的同时，也要认真地进行校勘工作。只有将原书中所存在的种种错误逐一校勘清楚，加以订正，尽量恢复古书原貌，才能有一个可靠的基础，然后依次进行其他的训解工作，就不会有"皮之不存，毛将焉附"的顾虑，就不会出大的差错，而且有可能达到较高的注释水平。反之，如果校勘不审，错误百出，就像在沙滩上搞建筑一样，其他的训解难得可靠。如北齐颜之推《颜氏家训·勉学》云：

> 元氏之世，在洛京时，有一才学重臣，新得《史记音》，而颇纰缪，误反"颛顼"字，顼当为许録反，错作许缘反，遂谓朝士言："从来谬音'专旭'，当音'专翾'耳。"此人先有高名，翕然信行；期年之后，更有硕儒，苦相究讨，方知误焉。

所得《史记音》误音"顼"为"许缘"反，未加校正，轻率信从，遂误己误人。再如顾炎武《日知录》卷十八"勘书"条下云：

> 凡勘书必用能读书之人。偶见焦氏《易林》旧刻有曰"环绪倚锄"，乃"环堵"之误。注云："绪，疑当作珮。""井堙水刊"，乃"木刊"之误。注云："刊，疑当作利。"失之远矣。幸其出于前人，虽不读书，而犹遵守本文，不敢辄改。苟如近世之人，据臆改之，则文益晦，义益舛，而传之后日，虽有善读者，亦茫然无可寻求矣。

注者不明原文之误，未仔细校勘，仅凭主观想象，乱作解释，故失之更远。又如俞樾《古书疑义举例》卷五云：

> 《尚书·多方》篇："我有周惟其大介赉尔。"按：枚氏因"大介"连文，而以"大大赐汝"释之，不词甚矣。《说文·大部》："乔，大也。从大，介声，读若盖。"凡经传训大之介，皆其叚字也。此经疑用本字，其文曰："我周惟其乔赉尔。"乔赉，即大赉也。后人罕见"乔"字，遂误分为"大介"二字。

《多方》误"乔"字为"大介"二字，注者未加细校，按"大介"二字为释，故误。

以上所举三个例证表明，校勘是训诂中的基本环节。注解一书，必先审慎地做好校勘工作，在此基础上，才能做好别的注释工作。

第二节　校勘内容(上)·校文字[Ⅰ]

训诂学上所说的校勘内容,是针对作为训诂对象的所有书籍中存在的各种错误而言的,主要有校文字,校篇、章、句,校标题款式三个方面。现分别论述如下。

文字校勘主要有校异文、校讹文、校脱文、校衍文、校倒文五种情况,本节论述前三种情况。

1. 校异文

书籍在流传过程中,出于种种原因,同一语境的同一部位上往往使用不同的文字,这种不同的文字叫作“异文”。校异文一般仅是校而记异,给读者提供对照理解的线索。至于各本异文的类型和是非,校者大都不作论断,让读者自行酌定。现将古书中出现异文的主要原因及校异文时所使用的基本校语分别条列举证如下,供读者参考。

1)出现异文的主要原因

(1)音近而异

这类情况最多。如:

《礼记·檀弓下》:“杜蕢自外来。”郑注:“杜蕢,或作‘屠蒯’。”

《史记·五帝本纪》:“与蚩尤战于涿鹿之野。”唐司马贞《索隐》:“或作‘浊鹿’,古今字异耳。”

“杜蕢”与“屠蒯”、“涿”与“浊”,均由音近而致异。

(2)形近而异

这类情况也不少。如:

《礼记·曲礼下》:“倾则奸。”郑玄注:“倾,或为侧。”

《后汉书·荀悦传》:“人不乐生,不可劝以善。”中华书局点校本《校勘记》:“按:《申鉴》‘劝’作‘观’。”

“倾”与“侧”、“劝”与“观”,均由形近而致异。

(3)因古今字而异

《仪礼·士冠礼》:“爵弁服,纁裳。”郑玄注:“今文‘纁’皆作‘熏’。”

《礼记·王制》:“赐圭瓒,然后为鬯。”陆氏《释文》:“圭,字又作‘珪’。”

“熏”与“纁”、“圭”与“珪”,均因古今字而致异。

(4)因正俗字而异

《周礼·地官·大司徒职》:“其动物宜鳞物。”陆氏《释文》:“鳞,刘本作‘䲐’,音鳞。”

《周礼·天官·外饔》:“凡宾客之飧饔飨食之事亦如之。”清代阮元《校勘记》:“唐石经、嘉靖本,‘飧’作‘飱’。”

“鳞”“飧”为正字,“䲐”“飱”为俗字。

(5)因抄写致异

《礼记·月令》:“命渔师伐蛟。”郑玄注:“今《月令》‘渔师’为‘榜人’。”

《史记·五帝本纪》:“载时以象天。”《索隐》:“《大戴礼》作‘履时以象天’。”

“渔师”与“榜人”、“载”与“履”,均因抄写而致异。

(6)多种原因致异

《周易·姤·九二》:“包有鱼。”清代胡煦《周易函书约注》:“包,古作‘庖’,荀作‘胞’,虞作‘苞’。”

古作“庖”,为正字;荀爽作“胞”,为借字;虞翻作“苞”,理解不同。下同:

《老子》上篇:“虚而不屈。”清代魏源《老子正义》:“王弼作‘掘’,傅奕作‘詘’,顾欢作‘裾’,此从河上本。”

2)校异文所用基本校语

历代训诂家所使用的校异文的校语很多,往往因时而异,因人而异,因训诂体式而异。概括说来,基本有以下几类。

(1)谓“今文A为B”或“古文A作B”

东汉郑玄注《仪礼》,今古文经兼采。遇有异文,采用今文A字,便注云“古文A作B”;采用古文A字,便注云“今文A为B”,称“为”、称“作”是一样的,没有区别。如:

《仪礼·少牢馈食礼》:“尸取韭菹,辩擩于三豆,祭于豆间。”郑玄注:“今文‘辩’为‘徧’。”

《仪礼·特牲馈食礼》:“席于门中,阑西,阈外。”郑玄注:“古文‘阑’作‘槷’,‘阈’作‘蹙’。”

(2)谓“故书A作B”

郑玄注《周礼》,使用隶古定后的本子,同时校以隶古定之前的古本,即所

谓“故书”。遇有异文,便出这条校语。如:

《周礼·天官·大宰职》:“二曰嫔贡。”郑玄注:“嫔,故书作‘宾’。”

《周礼·天官·凌人》:“掌冰,正岁十有二月,令斩冰。”郑玄注:“故书‘正’为‘政’。”

清人常用的“A,原本作B”“A,旧本作B”“A,初刻作B”等校语,与此相似,均记载原先版本所存在的不同于今本的异文。

(3)谓“A,某本作B”或“A,本一作B”

此类校语表示校者所罗致的各种副本中存在的与底本不同的异文,均为校者目验。有影响的本子标明姓号,称“某本”,一般本子泛称“本”而已。陆氏《释文》中多此类校语,尔后一直沿用至今。如:

《老子》上篇:“天下莫能臣也。”陆氏《释文》:“河上本作‘天下不敢’。”

《周礼·春官·大宗伯职》:“以槱燎祀司中、司命。”陆氏《释文》:“槱,本一作‘楢’,音同。”

《颜氏家训·兄弟》:“良久方答。”今人王利器《集解》:“宋本‘答’作‘应’。”

类似的校语还有“一本A作B”“别本A作B”“A,本又作B”“A,一作B”之类。

(4)谓“A,依某人作B”或“某人作A,某人作B”

此类校语具体记述底本与某人用字上的歧异,也是校者亲见。如:

《周易·坎·九五》:“坎不盈祇。”明代熊过《周易象旨决录》:“祇,依郑作‘坻’。”

《周易·泰·上六》:“城复于隍。”清代胡煦《周易函书约注》:“子夏作‘堭’,姚信作‘湟’。”

(5)谓“A,本或作B”或“A,或为B”

此类校语表明校者据所识,知道A字某本或作B,但当时未亲睹,故加“或”字以记异。为历代校勘家所常用,如:

《史记·五帝本纪》:“于是轩辕乃习用干戈,以征不享。”《索隐》:“(享)本或作‘亭’。”

《文选·古诗十九首》其九:“此物何足贡,但感别经时。”唐代李善注:“贡,或作‘贵’。”

类似的校语还有“A,字或作B”或“A,字又作B”等。

(6)谓“A,《释》旧作B”或“A,本今作B”

这是宋代以下的人校陆氏《释文》时所出的校语,非陆书原文所有①。如:

《穀·隐·四年》:“卫祝吁弑其君完。”陆氏《释文》:“(弑)《释》旧作‘杀’。”

意谓《释文》旧本作“杀”。再如:

《孝经·诸侯章》:“《诗》云:‘战战兢兢,如临深渊,如履薄冰。’”注:“临深恐队。”陆氏《释文》:“本今作‘坠’。”

意谓今本有作“坠”者。

(7)谓“A,某书作B”

这是他校法所用校语。底本与某书不是同一种书,仅据某书所载同一语句校底本,故称某书。如:

《四书·大学》:“《诗》云:‘……瑟兮僩兮,赫兮喧兮。有斐君子,终不可谊兮。’”朱熹《大学章句》:“喧,《诗》作‘咺’。谊,《诗》作‘谖’。”

《史记·儒林列传》:“而鲁徐生善为容。”《索隐》:“(容)《汉书》作‘颂’,亦音容。”

(8)谓“定本作A,俗本作B,非也”或“某人本作A,定本作B”

这类校语比较特别,见于唐人《五经正义》。前者表明《正义》本与颜氏定本同,与俗本异;后者表明《正义》本与它本同,与定本异。而且,前者不但记述异文,而且断定是非。如:

《诗·王风·中谷有蓷》:“啜其泣矣。”《郑笺》:“此其有馀厚于君子也。”孔颖达《正义》:“定本作‘馀’,俗本作‘殊’,非也。”

此即谓定本作“馀”,是;俗本作“殊”,非。由于定本是,俗本非,故知《正义》本从定本作“馀”。再如:

《诗·唐风·采苓》:“人之为言,苟亦无信。”孔颖达《正义》:“王肃诸本皆作‘为言’,定本作‘伪言’。”

此即谓此诗“为”字是“伪”的借字,《正义》本作“为”,与王肃诸本同,与定本异。《正义》正文中作“伪”,乃属于由句译中用正字以明借字之例,非其经文同定本。清代阮元不明这类校语,在他所撰唐人《五经正义》的《校勘记》中多有误判②。

① 说见黄焯:《经典释文前言》,中华书局1983年版。

② 参阅拙作《阮元〈毛诗注疏校勘记〉一类校例辨正》,《古籍整理与研究》1990年总第5期。

2. 校讹文

讹文是书中所存在的用错了的文字，包括错字和别字。实际上异文也是一种讹文，只是为了有所区分起见，各本相异的字，一时不能判定其是非的称"异文"，能判定其是非的称"讹文"。

1) 出现讹文的主要原因

以上所述出现异文的六种原因都可以导致讹文，此外，根据王念孙《读书杂志·淮南内篇第二十二》（省称《杂志》）及俞樾《古书疑义举例》（省称《举例》），参合其他资料，还可以概括出一些出现讹文的原因①。

(1) 因字体致误

有因古字而误者。如王氏《杂志》云：

> 《时则》篇："孟秋之月，其兵戉。"戉，古钺字也。而各本乃误为"戈"矣。

有因隶书而误者。如《杂志》云：

> 《汜论》篇："刚强猛毅，志厉青云，非夸矜也。"隶书"夸"字或作"夸"，而各本遂误为"本"矣。

有因草书而误者。如《杂志》云：

> 《齐俗》篇："柱不可以摘齿，筳不可以持屋。"高注："筳，小簪也。"案：筳，读若廷。言小簪可以摘齿，而不可以持屋也。"筳"与"筐"草书相似，而各本遂误为"筐"矣。

有因俗书而误者。如《杂志》云：

> 《原道》篇："欲宍之心亡于中，则饥虎可尾。"宍，俗"肉"字也。藏本宍误作"寅"，而各本又误作"害"矣。

(2) 因妄改致误

有不审文意而妄改者。如《杂志》云：

> 《原道》篇："乘雷车，六云蜺。"谓以云蜺为六马也，后人不晓"六"字之义，遂改"六云蜺"为"入云蜺"矣。

有因字不习见而妄改者。如《杂志》云；

> 《说山》篇："视日者眩，听雷者聋。"聋，女江反，耳中声也，后人不识聋字，而改聋为"聋"，其失甚矣。

---

① 以下关于脱、衍、倒原因的概括同此。

(3)因不慎而误分一字为二字

俞氏《举例》云：

古书有一字误为二字者。《礼记·祭义》篇："见间以侠瓶。"郑注曰："'见间'当为'覸'。"《史记·蔡泽传》："吾持粱刺齿肥。"《索隐》曰："'刺齿肥'当为'齧肥'。"《孟子·公孙丑》篇："必有事焉而勿正心。"《日知录》载倪文节之语，谓当作"必有事焉而勿忘"。

本章第一节所引俞氏论《尚书·多方》一例也属于此类。

(4)因不慎而误合二字为一字

《举例》云：

古书亦有二字误合为一字者。襄九年《左传》："闰月。"杜注曰："'闰月'当为'门五日'，'五'字上与'门'合为'闰'，则后学者自然转'日'为'月'。"按：古钟鼎文往往有两字合书者，如《石鼓文》"小鱼"作"鲝"，散氏《铜盘铭》"小子"作"孛"是也。古人作字，但取疏密相间，经典传写，则遂并为一字矣。

(5)自然致讹

我国的书籍，从古到今，在以简牍、缣帛、纸张等作为载体的过程中，久经风化、水湿、虫蛀及其他天灾人祸，造成载体损坏、错乱，自然出现篇次、句序及文字的各种讹乱现象。文字的讹坏即是其中的一种。如西汉刘向《战国策书录》云：

本字多误脱为半字，以"赵"为"肖"，以"齐"为"立"，如此字者多。

2)校讹文所用基本校语

(1)谓"A，当为 B"或"A，当作 B"

这是校讹文最常见的两个校语，含义相同。东汉郑玄遍注群籍，广为使用，后世至今，沿用不已。如：

《礼记·礼器》："周坐尸，诏侑武方。"郑玄注："武，当为'无'，声之误也。方，犹常也。"

《诗·鄘风·干旄》："素丝祝之。"《郑笺》："祝，当作属。属，著也。"

《管子·牧民》："野芜旷则民乃菅。"唐房玄龄注："菅，当为奸。"

《后汉书·郡国志一》"有大解城"刘昭注："《左传》昭二十三年晋师次于解。"中华书局点校本《校勘记》："按：依《左传》'三'当作'二'，'晋'当作'王'。"

南北朝以下,此类校语还有"A,应作 B"。

(2)谓"A,本或作 B,非"或"A 当 B 字误"

这类校语以"误""讹""非"等字明确定其讹误,唐宋以来使用日广。如:

《尚书·舜典》:"乃言厎可绩。"陆氏《释文》:"厎,本或作'痓',非。"

《周礼·天官·小宰职》:"小事则专达。"贾公彦疏:"天官甚众。"清代阮元《校勘记》:"浦镗云:'天'当'六'字误。"

此类校语甚多,还有"某本 A 作 B,误也""某本 A 作 B,讹""某人云:作 A,是;作 B,非""A 为 B 之误""A 误 B"等。

(3)谓"A 实 B 字"

此类校语表明 A 字误,当作 B。如:

《周礼·地官·泉府》:"各从其抵。"郑玄注:"'抵'实'柢'字。柢,本也;本,谓所属吏主有司是也。"

(4)谓"A,某、某本都作 B"

此类校语表明从众本定是非。如:

《汉书·哀帝纪》:"晏削户四分之一。"颜注:"师古曰:晏,(何)〔傅〕晏。"中华书局点校本《校勘记》:"景祐、殿、局本都作'傅'。"

(5)谓"A 音 B"

用"A 音 B"训式表明讹字,是陆氏《释文》中这一训式的众多用法之一。对此,黄焯在《经典释文前言》(中华书局 1983 年版)中已揭明。这个校语比较特殊,每个校例一般都有旧注为依据。如:

《礼记·学记》:"党有庠,术有序,国有学。"《释文》:"术,音'遂',出注。"

此即谓根据郑注,此"术"字误,当作"遂",非谓"术"字有"遂"音。郑玄注:"术,当为'遂',声之误也。"故《释文》有此解。下同:

《周礼·冬官考工记·轮人》:"参分其股围,去一,以为蚤围。"《释文》:"蚤,音'爪'。"

3. 校脱文

脱文是指书籍中不明显的阙脱的文字,又称为"夺文"。明显的阙脱用方围"□"表示,称"阙文"。古书中的脱文从一字到几十字不等,由于脱文是不明显的,所以读者理解文意时有障碍。

1)出现脱文的主要原因

(1)自然脱落

如《汉书·艺文志》云:

刘向以中古文校欧阳、大小夏侯三家经文,《酒诰》脱简一,《召诰》脱简二。率简二十五字者,脱亦二十五字;简二十二字者,脱亦二十二字。文字异者七百有馀,脱字数十。

(2)因不慎而脱落

我国传世的古书大都经过无数次的传抄、翻刻、排印,在这个过程中,写、刻、排印人员由于疏忽,造成大量的脱文。这种情况往往是难免的,至今亦然,不烦举例。

(3)因妄删而脱落

有不审文意而妄删者。如王氏《杂志》云:

《人间》篇:"城中力已尽,粮食匮,武大夫病。"武大夫,士大夫也。《淮南》书谓士为武。后人不达,遂删去"武"字矣。

有因脱而妄删者。如《杂志》云:

《天文》篇:"天地之偏气,怒者为风;天地之合气,和者为雨。"藏本上句脱"地"字,刘本又删去下句"天"字,则是以风属天,雨属地,其失甚矣。

有随刻书而妄删者。如宋元明时代,盛行刻书之风,坊间刻本为了牟利,粗制滥印,任意删改,明代尤甚。如清人叶德辉《书林清话》卷七道:

明人刻书,有一种恶习。往往刻一书而改头换面,节删易名。

清黄廷鉴《第六弦溪文钞》卷一讲到明人妄改之习时说:

凡《汉魏丛书》以及《稗海》《说海》《秘笈》中诸书,皆割裂分并,句删字易,无一完善,古书面目全失,此载籍之一大厄也。

2)校脱文所用基本校语

(1)谓"某书AB无A字"或"一本无A字"

此类校语主以"无"字校记别本脱文。如:

《周礼·天官·酒正》:"酒正奉之。"郑玄注:"故书'酒正'无'酒'字。"

《史记·项羽本纪》:"项王使都尉陈平召沛公。"裴骃《集解》:"徐广曰:一本无'都'字。"

(2)谓“不书A,阙文”或“A字原阙,今据某本增入”

此类校语主以“阙”字校补脱文。如:

《春秋·桓·十四年》:“夏五。”杜预《集解》:“不书‘月’,阙文。”

意谓当书“夏五月”。再如:

《鹖冠子·博选》:“乐嗟苦咄。”宋代陆佃解:“案:‘乐嗟苦’三字原阙,今据他本增入。”

(3)谓“A字上(下)脱B字”或“脱AB……几字”

此类校语主以“脱”字校补脱文。如:

《周易·谦》:“亨,君子有终。”明代熊过《周易象旨决录》:“依《说苑》《韩诗外传》彖辞,‘终’下脱‘吉’字。”

《诗·郑风·缁衣》:“缁衣之宜兮。”《毛传》:“缁,黑色。”孔颖达《正义》:“又再染以黑乃成缁。”阮元《校勘记》:“按:‘乃’上,浦镗云脱‘则为緅,又复再染以黑’九字,考《周礼注》是也。此以黑复出而脱去。”

同类校语还有“A字上(下)当脱B字”“当言AB,脱去A字”“某本作A,此脱”等。

(4)谓“某本有AB……几字”或“A字上(下)有B字”

此类校语主以“有”字校补脱文。如清代何焯《义门读书记·左氏春秋下》于定公五年传“子西问高厚焉”下云:

石经,“高厚”下有“大小”二字。

王氏《杂志·汉书第十四》“钬嘉以矛”条下云:

“大后怒,钬嘉以矛,王止大后。”宋祁曰:“‘钬’字上别本有‘欲’字。”念孙案:别本是也。若无“欲”字,则与下文不合。景祐本及《史记》皆有“欲”字。

同类校语还有“A上(下)当有B字”“A上(下)疑有B字”等。

(5)谓“A字下增B字”

此类校语主以“增”字校记脱文。如《义门读书记·元丰类稿·文》于“所以养其聪也”下云:

“聪”字下增“明”字。

(6)谓“某本重A字,是”

此类校语主以“重”字校记脱文。如:

《诗·小雅·六月》:“元戎十乘,以先启行。”《毛传》:“夏后氏曰钩车。”《笺》:“钩鞶。”阮元《校勘记》:“小字本、相台本重‘钩’字,考文古本同。案:重者是也。《正义》标起止云:‘《笺》:钩,钩鞶。’可证。”

(7)谓“某本A上(下)剜添B字,是也”

由于有脱文,故剜而添之。如:

《毛诗谱·小大雅谱》:“又《大雅·生民》及《卷阿》。”阮元《校勘记》:“毛本‘及’上剜添‘下’字。案:所补是也。”

第三节　校勘内容(中)·校文字[Ⅱ]

本节续前介绍校文字的后两种情况,即校衍文、校倒文。

4. 校衍文

衍文是指书籍中多出的不应有的文字,又称为羡文。

1)出现衍文的主要原因

(1)两字义同而误衍

俞樾《举例》云:“盖古书未有笺注,学者守其师说,口相传受,遂以训诂之字误入正文。”并举例说:

《墨子·备城门》篇:“令吏民皆智知之。”按:智、知义同。《释名·释言语》曰:“智,知也。”《墨子》原文本作“令吏民皆智之”,传其学者谓此“智”字乃知识之“知”,因相承而衍“知”字矣。

(2)涉上下文而衍

俞氏《举例》云:

《周书·大匡》篇:“乐不墙合。”按:“墙合”二字无义,涉下句“墙屋有补无作”之文,误衍“墙”字也。卢氏文弨以官县释之,则曲说矣。

(3)涉注文而衍

《举例》云:

《商子·垦令》篇:“奸民无主,则为奸不勉;为奸不勉,则奸民无朴;奸民无朴,则农民不败。”郑宷本于“奸民无朴”下有“朴,根株也”四字,乃旧解之误入正文者。

(4)因妄加而衍

王念孙《杂志》云:

《览冥》篇:"夫燧取火于日,方诸取露于月。"夫燧,阳燧也。故高注曰:"夫,读大夫之夫。"后人乃误以"夫"为语词,而于"燧"上加"阳"字矣。

2)校衍文所用基本校语

(1)谓"A,衍字也"

此类校语直指某字为衍字。如:

《礼记·内则》:"栉縰笄总角拂髦。"郑玄注:"角,衍字也。"

同类校语还有"言A者,衍字耳""A字,衍""AB二字衍""A字涉上(下)文而衍"等。

(2)谓"某本无A字,有者,衍"

此类校语称"有""无",定衍文。如:

《毛诗·周南·葛覃·序》:"后妃在母家……化天下以妇道也。"孔颖达《正义》:"定本'后妃在母家',无'之'字;'化天下以妇道',无'成'字;有者,衍也。"

同类校语还有"某本有AB,今本皆无""A下有B字,衍""A字上有B字"等。

(3)谓"衍A字"或"羡A字"

此类校语以"衍A""羡A"的动宾式结构论衍字。如:

《周易·夬·九五·象》:"中行无咎,中未光也。"明代熊过《周易象旨决录》:"据宋咸本,'未光'上衍'中'一字。"

《周易·鼎》:"元吉亨。"宋代《伊川易传》:"止当云'元亨',文羡'吉'字。卦才可以致元亨,未便有元吉也。《彖》复止云'元亨',其羡明矣。"

(4)谓"A上(下)有B,非也"

此类校语以"非""误"等字下断语,定衍字。如:

《文选·(宋玉)风赋》:"其所托者然,则风气殊焉。"唐代李善注:"'者'下或有'因'字,非也。"

同类校语还有"某本无A字,有者,误也"。

(5)谓"A下B字误衍"或"此几字复衍""A字疑衍"

此类校语以"误衍""复衍""疑衍"等谜语下断语,定衍字,都是在"衍"字

上加限定词以表意,“误衍”说明衍之误,“复衍”说明多字重复,“疑衍”表明衍否尚未肯定。如:

《论语·先进》“子路、曾皙”何晏注:“孔曰:皙,曾参父,名点。”宋代邢昺疏:“注‘孔子曰:皙,曾参父,名点’。”阮元《校勘记》:“‘孔’下‘子’字误衍。”

《诗·小雅·小弁》:“我独于罹。”孔颖达《正义》:“太子言曰:我忧之也。太子言曰:我忧之也。”阮元《校勘记》:“闽本、明监本、毛本不重‘太子言曰:我忧之也’。案所删是也,此八字复衍。”

《周礼·地官·遂人》:“以土地之图经田野。”贾公彦疏:“上地有莱有莱。”阮元《校勘记》:“卢文弨曰:下‘有莱’疑衍。”

(6)谓“A字误重”或“此误补”

此类校语以“误重”“误补”之类连语定衍字,着眼于“重”与“补”。如:

《周礼·天官·宰夫职》:“万民之逆。”贾公彦疏:“在下受而受而行之。”阮元《校勘记》:“案:‘受而’二字误重。”

《诗·周颂·清庙·正义》:“皆是执文德之人也。”阮元《校勘记》:“毛本‘也’上有‘谓是能执行文王之德之人’十一字,闽本、明监本无。案:此误补也。”

(7)谓“某本A字剜挤,当衍”

此类校语据剜挤不当而定衍字。如:

《公·僖·八年》:“讥以妾为妻也。”唐代徐彦疏:“而《春秋》亦书其即位之义也。”阮元《校勘记》:“此本‘其’字剜挤,闽、监、毛本遂排入,当衍。”

5. 校倒文

1)出现倒文的主要原因

(1)因两字平列而误倒

俞氏《举例》云:

平列之字,本无顺倒,虽有错误,文义无伤;然亦有不可不正者。《礼记·月令》篇:“制有小大,度有长短。”按:“长短”当依《吕氏春秋·仲秋纪》作“短长”,今作“长短”,则与韵不协矣。

意谓“长短”二字因意思平列而误倒,当作“短长”,“长”与上下文“裳”“恒”“量”“常”为韵。

(2)因不识假借字而误倒

王氏《杂志》云：

《人间》篇："国危不而安，患结不而解，何谓贵智?"而，读曰"能"。言危不能安，患不能解，则无为贵智也。后人不知"而"与"能"同，遂改为"国危而不安，患结而不解"矣。

(3)因写、刻、排印不慎而误倒

如早年中华书局上海编辑所聚珍仿宋版印分册本《十三经注疏》中的《周礼注疏》，于《天官》"兽人掌罟田兽，辨其名物"下疏云：

释田兽者曰云掌罟

"田兽者"三字误排，当移于"罟"字后，作"释曰：云'掌罟田兽者'"，文意方通。

2)校倒文所用基本校语

(1)谓"某本AB倒"或"BA为AB之误倒"

此类校语直接指明所校各字相倒。如：

《周礼·天官冢宰》："史十有二人。"阮元《校勘记》："毛本'十有'倒。"

此即谓毛本作"史有十二人"，此本不倒。又如：

《元史·世祖纪》："(西安)〔安西〕王薨，罢其王相府。"①中华书局点校本《校勘记》："'西安'为'安西'之误倒，今改正。"

此类校语还有"BA字误倒""BA，某本作AB，此误倒"等。

(2)谓"BA当倒"或"BA二字当乙"

乙，乙改。当乙，即当倒。此类校语指明所校二字应当调换次序。如：

《诗·郑风·野有蔓草·正义》："有蔓延之草。"阮元《校勘记》："案：'蔓延'当倒，下文可证。"

《诗·小雅·湛露·正义》："以此变言在其实。"阮元《校勘记》："案：'言在'二字，卢文弨云当乙，是也。"

(3)谓"BA，当为AB"或"BA，当作AB"

此类校语以校讹文常用的校语"当为"与"当作"校记倒文。如：

《周礼·春官·内宗》："荐加豆笾。"郑玄注："故书为'笾豆'，杜子

① 中华书局点校本的体例是底本的倒文用圆括号括在上头，再把改正的字用六角括号括在底下。

春云:当为‘豆笾’。”

《汉书·黄琼传》:“其制度赉赏,以宜比周公。”中华书局点校本《校勘记》:“《刊误》谓‘以宜’当作‘宜以’。”

(4)谓“AB,本或以A字在下者,误”

此类校语主以“误”字判定某本倒文。如:

《毛诗·郑风·子衿·序》:“乱世,则学校不修焉。”陆氏《释文》:“‘世乱’,本或以‘世’字在下者,误。”

《释文》本作“世乱”,今本作“乱世”,依其校语,今本误。

(5)谓“某本BA作AB,是也”

此类校语主以“是”字判定某本作“AB”不倒而别本作“BA”倒。如:

《诗·小雅·常棣》:“宜尔家室。”阮元《校勘记》:“唐石经‘家室’作‘室家’,闽本、明监本、毛本同。案:作‘室家’者是也。”

此即谓今本作“家室”误倒,唐石经作“室家”,是。今人所用校语“BA,某本作AB,某人说作AB是”也属此类。

(6)谓“BA,某、某诸本都作AB”

此类校语以众本作AB为不倒,以底本作BA为倒,从众本,舍底本,但不明判是非。如:

《汉书·宣帝纪》:“亦以(自是)〔是自〕怪。”中华书局点校本《校勘记》:“景祐、殿、局本都作‘是自’。”

(7)谓“A字原在B上,据某本乙正”

此类校语表明底本误倒,据别本改正。如:

《世说新语·德行》:“乃行,未尝不送至车后。”徐震堮《校笺》:“‘未’原在上句‘行’字上,据影宋本及沈校本乙正。”

第四节　校勘内容(下)

本节介绍篇、章、句及标题款式与正文格式的校勘情况。

一、校篇、章、句

注解古书的时候,对于书中篇、章、句方面存在的各种错误和问题也应该一并校正清楚，以求方便读者。

（一）校篇

1. 考校佚篇

一部古书一般包括若干篇，有些篇章只存在篇题或后人所作的序，篇辞早已亡佚。注释古书，遇到这种情况，应该加以考校和注明。如《毛诗·小雅》的《南陔》《白华》《华黍》《由庚》《崇丘》《由仪》六篇只存在篇题和篇序，而没有篇辞。《毛传》《郑笺》对此都有考校。如前三篇《序》及《传》后《笺》云：

此三篇者，《乡饮酒》《燕礼》用焉。曰"笙入，立于县中，奏《南陔》《白华》《华黍》"是也。孔子论诗，《雅》《颂》各得其所时，俱在耳。篇第当在于此。遭战国及秦之世而亡之，其义则与众篇之义合编，故存。至毛公为《诂训传》，乃分众篇之义，各置于其篇端云。又阙其亡者，以见在为数，故推改什首，遂通耳，而下非孔子之旧。

此即考校了《南陔》等三诗的亡佚时间、《诗序》的分合及什首的推改，有助于读者了解这些篇目的情况。《周礼·冬官考工记》贾公彦疏所引郑玄《目录》考论《冬官》篇的佚亡情况，也属于此类。

2. 考校篇次

一部书内所括各篇的前后次序，在不同的版本中往往有不同的排列法。注解古书，遇到这种情况，应该加以考校说明。如《易传》的《说卦》在魏时王弼的注本中排为第九卷，但在以前各家传本中排为第十卷，次序不同，故《周易·说卦第九》下孔颖达《正义》云：

先儒以孔子《十翼》之次《乾》《坤》《文言》在二《系》之后，《说卦》之前，以《彖》《象》附上下二经为六卷，则上《系》第七，下《系》第八，《文言》第九，《说卦》第十。辅嗣之《文言》分附《乾》《坤》二卦，故《说卦》为第九。

《仪礼》十七篇，西汉大戴、小戴、刘向三家传本篇次不一，故郑玄《目录》逐篇作了考校说明，也属于此类。

3. 考校篇目分合

同一种古书，由于学派不同，传本不同，篇目有分有合，不甚一致，这种情况需要考校。如：

《尚书·益稷》宋代蔡沈《集传》："今文、古文皆有，但今文合于《皋陶谟》。‘帝曰:“来,禹,汝亦昌言。”’正与上篇末文势接续。古者,简册以竹为之,而所编之简不可以多。故厘而二之,非有意于其间也。”

此即谓今文《尚书》中有《皋陶谟》篇,《益稷》合于其中。由于简策繁重,故古文《尚书》分而为二。

4. 考校篇辞

有些古书的某些篇章经过后人的改窜,各种传本文辞前后位置不同,而且互有出入,这种情况也需要加以说明。如:

《史记·秦始皇本纪》:“秦并海内,兼诸侯,南面称帝。”《集解》:“徐广曰:一本有此篇,无前者‘秦孝公’已下,而又以‘秦并兼诸侯山东三十余郡’继此末也。”《索隐》:“按:贾谊《过秦论》以‘孝公’已下为上篇,‘秦兼并诸侯山东三十余郡’为下篇。邹诞生云:‘太史公贾谊《过秦》篇著此论,富其义而省其辞。褚先生增续既已混殽,而世俗小智不唯删省之旨,合写本论于此,故不同也。今颇亦不可分别。’”

(二)校章

1. 校订章句数

注解古书,如果发现旧注对一篇诗文的分章确系未当,则应加以考校订正。如《诗·鲁颂·闷宫》后朱熹《集传》云:

《闷宫》九章:五章,章十七句;二章,章八句;二章,章十句。

“章十七句”下《集传》云:“内第四章脱一句。”又“章十句”下《集传》云:“旧说八章:二章,章十七句;一章,十二句;一章,三十八句;二章,章八句;二章,章十句。多寡不均,杂乱无次。盖不知第四章有脱句而然。今正其误。”再如《老子》一书的分章向来说法不一,诸家注本对每章的分合一般都有考校说明,这也属于此类。

2. 校正章节次第

有的训诂家如果认为某书的某些章节次第前后失序,也会对其加以调整校正。如朱熹《大学章句》于“《康诰》曰:‘克明德。’《大甲》曰:‘顾諟天之明命。’《帝典》曰:‘克明峻德。’皆自明也”一章下云:

右传之首章,释明明德。

并在“德”字下接着自注云:

此通下三章至“止于信”,旧本误在“没世不忘”之下。

不过这类校正须十分谨慎,否则容易出差错,以不误为误,落入妄改一途。

(三)校句

1. 校衍句

《礼记·曲礼下》:“黍曰芗合,粱曰芗萁,稷曰明粢。”陆氏《释文》:“‘稷曰明粢’,音‘咨’,一本作‘明粱’。古本无此句。”

意谓据古本,此句当衍。

2. 校脱句

《资治通鉴·晋纪十八·成帝咸康五年》:“石生猛将,关中精兵,征西之战殆不能胜也。”近人章钰校:“十二行本‘也’下有‘金墉险固,刘曜十万众不能拔,征西之守殆不能胜也’二十一字;乙十一行本同,退斋校同,张校同,云无注本亦脱。”

此即谓据十二行本此处脱二十一字、三句。

3. 校残句

《礼记·玉藻》“有忧者”郑玄注:“此下绝亡,非其句也。”

此即谓“者”下有脱文,句子残缺不全。

4. 校移句次

若句次误倒,证据确凿,也需要加以移改。如:

《墨子·尚同中》:“‘举事成,入守固,出诛胜者,何故之以也?’曰:‘唯以尚同为政者也。’故古者圣王之为政若此。今天下之人曰:‘方今之时。’”孙诒让《间诂》:“王云:自‘出诛胜’以下至此,凡三十八字,旧本误入上文‘上者天鬼’之上,今移置于此。案:王校是也。苏说同,今从乙正。”

(四)校记篇章句字数

在训诂中,有时需要对所解书籍的篇数、章数、句数乃至字数分别加以校定记载。如《毛传》在《诗·召南·行露》后云:

《行露》,三章:一章三句;二章,章六句。

意谓这篇诗共三章,第一章含三句,后两章各六句。再如于《邶风》之后云:

《邶风》,十九篇,七十一章,三百六十三句。

意谓《邶风》共包括十九篇、七十一章、三百六十三句。又如,于《小雅·鹿鸣之什》之后云:

《鹿鸣之什》,十篇,五十五章,三百一十五句。

《毛传》注记篇章句数的作用主要有两点:第一,可防止章间、篇间、《风》

间、《什》间相掺乱，使诗篇纲目清楚。古书多写在竹简木牍上，以皮绳串在一起，年久坏损，容易散乱，注明篇章句数，万一错乱，可备查对复原。第二，可以防止窜改增损，保持书籍的原貌。从文献工作的角度看，这两个作用是很重要的，因此后世训诂家常常沿用此法。如东汉赵岐《孟子章句》分《孟子》七篇为十四卷，每卷标题下注明凡若干章，又于《题辞》中注明《孟子》"七篇，二百六十一章，三万四千六百八十五字"。再如宋代朱熹《大学章句》，元代吴澄《易纂言》，清代刘宝楠《论语正义》、焦循《孟子正义》等，均有此类校记。

二、校标题款式与正文格式

古书的标题款式与正文格式各有常例，所解书籍在这方面若有违失，也需要考校说明。

1. 校标题款式

《十三经注疏》中的《春秋公羊传注疏》开卷第二行顶格题云：

《春秋公羊经传解诂·隐公第一》

唐代徐彦疏云：

> 案：旧题云"《春秋隐公经传解诂第一》，《公羊》何氏"。则云《春秋》者，一部之总名；"隐公"者，鲁侯之谥号；"经传"者，杂缛之称；"解诂"者，何所自目；"第一"者，无先之辞；《公羊》者，传之别名；"何氏"者，邵公之姓也。今定本则升"公羊"字在"经传"上，退"隐公"字在"解诂"之下，未知自谁始也。

这说明徐彦作疏时，据定本作题，如今式，但与旧题不同，故加以考校说明。阮元《校勘记》云：

> 臧琳《经义杂记》曰："《诗正义》云：郑注《三礼》《周易》《中候》《尚书》，皆大名在下，孔安国、马季长、卢植、王肃之徒，其所注者，莫不尽然。则《公羊传》亦本'隐公'小题在上，'公羊'大题在下。定本误改，故唐人多从之。"

此即谓徐彦所称旧题合乎古人题书款式，定本随俗而改，唐人从之。

2. 校正文格式

阮元所见《周礼注疏》本《地官·委人》与上《稍人》疏文连排，不提行，故所出《校勘记》云：

> 《委人职》当提行，此本误连上《稍人职》，闽、监、毛本承之。今订正。

除以上所谈各种校勘内容之外，对于所解书籍旧注中存在的其他各种错误，如句读错误、音读错误等，也应该逐一加以校正。如阮元《十三经注疏校勘记》中这方面的例子就很多，这里不再一一细述。

第五节　校勘方法

今人陈垣所撰《元典章校补释例》第四十三条为《校法四例》，其中所讲的他校《元典章》时所用的四种校勘方法，实际上是对前人校勘方法所作的全面的、系统的、高度的概括，已被学界公认为校勘的基本方法。其文云：

一为对校法。即以同书之祖本或别本对读，遇不同之处，则注于其旁。刘向《别录》所谓"一人持本，一人读书，若怨家相对"者，即此法也。此法最简便，最稳当，纯属机械法。其主旨在校异同，不校是非。故其短处在不负责任，虽祖本或别本有讹，亦照式录之。而其长处则在不参己见，得此校本，可知祖本或别本之本来面目。故凡校一书，必须先用对校法，然后再用其他校法。

二为本校法。本校法者，以本书前后互证，而抉摘其异同，则知其中之谬误。吴缜之《新唐书纠缪》、汪辉祖之《元史本证》，即用此法。此法于未得祖本或别本以前，最宜用之。予于《元典章》，曾以纲目校目录，以目录校书，以书校表，以正集校新集，得其节目讹误者若干条。至于字句之间，则循览上下文义，近而数叶，远而数卷，属词比事，抵牾自见，不必尽据异本也。

三为他校法。他校法者，以他书校本书，凡其书有采自前人者，可以前人之书校之；有为后人所引用者，可以后人之书校之；其史料有为同时之书所并载者，可以同时之书校之。此等校法，范围较广，用力较劳，而有时非此不能证明其讹误。丁国钧之《晋书校文》、岑刻之《旧唐书校勘记》，皆此法也。

四为理校法。段玉裁曰："校书之难，非照本改字，不讹不漏之难，定其是非之难。"所谓理校法也。遇无古本可据，或数本互异，而无所适从之时，则须用此法。此法须通识为之，否则卤莽灭裂，以不误为误，而纠纷愈甚矣。故最高妙者此法，最危险者亦此法。

陈氏所举四法，是校勘学上所讲的基本的校书方法。训诂中进行校勘时，这些方法原则上都是适用的，不过可以根据不同的情况随时加以变通，不必拘泥。此外，还有处理校勘结果的具体方法，也应该引起重视。现引用历代训诂中进行校勘的实例，对这些基本方法给予分条论述举证，以供读者参考。

一、对校法

训诂学上所讲的对校法与校勘学上（包括版本校勘）所讲的对校法有所不同，既要校异同，又要校是非，而且以校是非为主要目的。具体讲，当你决定注解一部古书，底本与所用同书副本都已选好，校勘时，就用副本跟底本逐一对校，发现异文，如果义得两通，又无法判定某本是，某本非，便仍从底本用字，并在注释稿中随文注明异文。注记校语见本章第二节“校异文”一目下，那里所举例证大都属于这种情况。

如果有充分证据，能够判明底本用字是，副本用字非，便从底本用字，但要在校语中说明副本之非。如：

> 《周礼·夏官·职方氏》：“其利：金、锡、竹箭。”郑玄注：“故书‘箭’为‘晋’。杜子春云：‘晋’，当为‘箭’。书亦或为‘箭’。”

底本作“箭”，故书即副本作“晋”，属于声近而误，杜子春认为当作“箭”，别本也作“箭”，而且作“箭”文意通，故判定副本作“晋”为非。

如果有充分证据，能够判明底本用字非，副本用字是，便应当改从副本用字，但仍须注存底本，不没其实。如：

> 《墨子·号令》：“令出辄人随，省其可行不行。”清孙诒让《间诂》：“‘人’，旧本讹‘入’，今据道藏本、吴钞本、茅本正。”

旧本误，注释本改从别本，也注明旧本作“入”。再如：

> 《汉书·公孙弘传》：“夫厚（当）〔赏〕重刑未足以劝善而禁非。”中华书局点校本《校勘记》：“景祐、汲古、殿、局本都作‘赏’，此误。”

底本作“当”，误，用圆括号括住，表示不没其实；改从众本，作“赏”，用六角括号括住，并出校语加以说明。

如果副本显误，不属于异文，在注释稿中就不必提及，否则，反成累赘。因为训诂之体不同于版本校勘，无须照录别本讹误。

二、本校法

训诂学上所讲的本校法跟校勘学上所讲的本校法没有什么不同，以下两法也一样。常用的本校法主要有以本书自身推校互证和以本书注文参校互证两类。

1. 以本书自身推校互证

以本书自身推校互证又包括若干小类,如:

1)据同一语境中用字推校互证

古书上下文用字往往互相联系,如有讹误,可以推校互证。如:

《广雅·释水》:"伊,因也。洛,绎也。瀍,理也。涧,间也。"王念孙《疏证》:"伊,各本皆作'津',合下文洛、瀍、涧推之,则'津'字当是'伊'字之讹,今订正。"

《尚书·禹贡》:"荆河惟豫州,伊、洛、瀍、涧既入于河。"四水为一系,洛为干河,伊、瀍、涧为支流,均入于洛,在今河南省。《广雅》依《禹贡》释四水之名,各本误"伊"为"津",故王氏据下文三字推校互证,判定各本误,予以订正。

2)据本书词例推校互证

古书用词往往有其成例,校勘时如遇差异,可以推校互证。如:

《荀子·不苟》:"与时屈伸。"王先谦《集解》:"郝懿行曰'屈伸',当作'诎信',荀书皆然,俗妄改之。"

即谓"屈伸"一词在《荀子》中均作"诎信",此篇独作"屈伸",系后人从俗妄改,当订正。

3)据本书句法推校互证

古书表达相同的意思,往往采用相同的句法。遇有歧异,可以据之推校互证。如:

《墨子·尚同中》:"上有过,规谏之,尚同义其上。"孙诒让《间诂》:"义,当作'乎'。下文云'尚同乎乡长''尚同乎国君',可证。"

此云"尚同义",不可通;下云"尚同乎",义通,故知"义"为"乎"之误。

4)据本书韵例推校互证

古书用韵各有定例,如讹误失韵,可以推校互证。如:

《淮南子·俶真》:"驰于外方,休乎内宇。"王氏《杂志》:"'宇'与野、圄、雨、父、女为韵,各本作'宇内',则失其韵矣。"

5)据本书行文之例推校互证

古书,特别是训诂工具书,在行文方面往往有例可循。如违例失误,可以推校互证。段玉裁注《说文》,强调以《说文》校《说文》,可看作应用此法的典型。如依许书通例,合文当居各部之末,如"祘""轰""聂""瓜"四字为合文,分别在"示""车""耳""瓜"四部之末。但土部的"圭"字及其古文"珪",大徐本列在"圯""垂""堀"三篆之前,段氏移到部末,注云:"'圭''珪'移于部末者,许例当如此也。"再如《说文》不徒部首据形系联,不相杂厕,而且每部之内列字也以义相属,同义字排列在一起。段氏据此,对今本《说文》列字失次的问题多有校正。如于玉部"璬"字训义下注云:

"璬""珩""玦"三字,铉本在"玥"下"瑞"上,锴本则"珩""玦"又缀于部末,皆非旧次。凡一书内旧次可考者订正之。此自"璬"至"瑵"九篆,皆饰之类。

"璬""珩""玦""珥""瑱""琫""珌""璏""瑵"九篆都是佩饰之类,"瑞"训为"以玉为信也",铉本杂厕其间,未妥;锴本将"珩""玦"两篆缀于部末,也未当。故段氏加以订正,将"瑞"字移于"璬"字之上,将九篆排在一起,列于"瑞"字之后、"瑑"字之前,是有道理的。

2. 以本书注文参校互证

所校原书的各种讹误,往往能够通过本书的各种注文,参校互证,得到订正。如《诗·郑风·大叔于田》:"大叔于田,乘乘马。"阮元《校勘记》:

唐石经、小字本、相台本,同。案:此《正义》本也。《释文》云:"'叔于田',本或作'大叔于田'者,误。"《正义》标起止云:"大叔"至"伤女",下文云:"毛以为大叔往田猎之时",又上篇《正义》云:"此言'叔于田',下言'大叔于田',作者意殊。"是与或作本同。此诗三章,共十言"叔",不应一句独言"大叔"。或名篇自异,诗文则同。如《唐风》,《杕杜》《有杕之杜》二篇之比,其首句有"大"字者,援序入经耳,当以《释文》本为长。

此据原书注文即《释文》校正原书衍文。再如:

《逸周书·大戒》:"无□其信,虽危不动。"晋代孔晁注:"转,移。"

原书不见"转"字,有阙文,注文解释"转"字,可见所阙即"转"字。此属于据原书注文补原书阙文。再如:

《文选·(王文考)鲁灵光殿赋》:"中坐垂景,俯视流星。"唐代李善注:"言台之高,自中坐而乘日景也。"

原文作"垂",注文作"乘","乘景"乃诗文常语,可证原文当作"乘"。此属于据注文校正原文讹字。

三、他校法

他校法主要有以下三种。

1. 以本书有所采用的原书校本书

我国的古书很多，但是后出的书往往是依据前人的书而写成的。因此校勘一书，可以用该书有所采摘和依据的原书相校。如可以据《老子》校《韩非子》的《解老》《喻老》，以五经及《左传》《国语》《世本》《战国策》《楚汉春秋》等校《史记》，以《史记》校《汉书》，以《旧唐书》校《新唐书》，以唐以上史书校《资治通鉴》等。比如：

> 《史记·夏本纪》："予欲闻六律五声八音，来始滑，以出入五言，女听。"《索隐》："《古文尚书》作'在治忽'，文作'采政忽'，先儒各随字解之。今此云'来始滑'，于义无所通。盖'来''采'字相近，'滑''忽'声相乱，'始'又与'治'相似，因误为'来始滑'，今从今文音'采政忽'三字。刘伯庄云'听诸侯能为政及怠忽者'，是也。"

《史记》这段文字依据《尚书·益稷》篇写成，故司马贞据《尚书》今古文校正，意谓《史记》文作"来始滑"属于讹误，应依今文经作"采政忽"。再如：

> 《新唐书·儒学上》："贞观六年，诏罢周公祠，更以孔子为先圣。"中华书局点校本《校勘记》："《旧书》卷一八九上《儒学传》、《唐会要》卷三五作'贞观二年'。"

《新唐书》多据《旧唐书》撰作，故以《旧唐书》相校。

2. 以引用本书的流裔之书校本书

这与前一种校法的情况正好相反，宾主关系互调：那里的"本书"就是这里所说的"流裔之书"，那里的"原书"就是这里所说的"本书"。举例来说：在上一校法中，用《尚书》校《史记》，在这一校法中，则变成用《史记》校《尚书》，余可类推。质而言之，上一校法是以源校流，这一校法则是以流校源。一部重要古书的流裔之作很多，都可以用来参校本书，其中引用它的各种类书则往往成为首选参校资料。以《汉书》为例，根据清代刘毓崧《通义堂文集》所载《校刻汉书凡例》，可以作为参校《汉书》的流裔类书籍有：

(1)荀悦《汉纪》。

(2)类书：唐虞世南《北堂书钞》、欧阳询《艺文类聚》、徐坚《初学记》，宋李昉等《太平御览》、王钦若等《册府元龟》。

(3)宋代林钺《汉隽》、娄机《班马字类》、徐天麟《西汉会要》。

(4)《资治通鉴》。

(5)《文选》。

当然,《汉书》的流裔类书籍远不止这些,比如唐代魏徵《群书治要》、杜佑《通典》,元马端临《文献通考》等都是,明清以下的纂作更没有计入,但是作为可供参校的一个部类已经不少。《汉书》如此,其他重要古书莫不如此。流裔之作之所以可供参校本书,是因为本书在长期的流传过程中会造成种种讹误,如果缺少副本,有些讹误便难以校正,而该书的流裔之作中所引用的部分资料或许保持了该书原貌,这些资料正好可以用来校正本书中那些据其他资料难以校正的讹误。这虽是一种类似于礼失而求诸野的办法,但往往可以解决大问题。如:

> 《汉书·董仲舒传》:"故举贤良方正之士,论(谊)〔议〕考问,将欲兴仁谊之休德。"中华书局点校本《校勘记》:"王先谦说此'谊'字不可通,盖涉下'谊'字而误,《治要》引作'论议考问',当从之。"

"论谊"之"谊"义不可通,王先谦有说,但别本无征,《治要》正好引作"论议",可证本书有误,当作"论议"。再如:

> 《史记·周本纪》:"立厘王弟颓为王,乐及遍舞。"王念孙《杂志》:"《太平御览·皇王部》引此,'乐及遍舞'上有'遂享诸大夫'五字,是也。今本脱此五字,则叙事不明。庄二十五年《左传》曰:'王子颓享五大夫,乐及遍舞。'《周语》曰:'王子颓饮三大夫酒,子国为客,乐及遍儛。'皆其证。"

即引《御览》校证《史记》脱文,并引《左传》《国语》为佐证。

3. 以同时并载其事的书籍校本书

各种古书,特别是史书和子书,都有同时并载其事的书籍,而且越到后来,这类书籍越多。比如校正范晔《后汉书》,除了当时出现的十几家《后汉书》和《三国志》等可以用来参考外,凡汉、魏、晋、宋之际出现的其他各种涉及东汉史料的书籍,必要时,都可以用来参校。《后汉书》如此,其他书籍莫不如此。如:

> 《后汉书·陈球传》:"(复)〔征〕拜廷尉。"中华书局点校本《校勘记》:"《刊误》谓案球初未尝为廷尉,何得言'复',当作'征'字。《集解》引汪文台说,谓《书钞》引谢承书,云'桥玄表球明法律,征拜廷尉正'。今据改。"

此即据当时所出谢承《后汉书》校正范书。再如：

> 《通鉴·汉纪三十六·光武帝建武二十五年》："谒者南阳宗均监援军。"元胡三省注："'宗均'，列传作'宋均'。赵明诚《金石录》有《汉司空宗俱碑》。按《后汉·宋均传》：均族子意，意孙俱，灵帝时为司空。余尝得宗资墓前碑龟膊上刻字，因以《后汉帝纪》及《姓苑》《姓纂》诸书参考，以谓自均以下，其姓皆作'宗'，而列传转写为'宋'，误也。后得此碑，益知前言之不缪。"

此即间接据同时碑刻校正《后汉书·宋均传》之误。宗均乃东汉名人，范书以下，历来误其姓为"宋"。胡氏此注加以校正，实宗氏之功臣，范史之诤友。

四、理校法

古书中所存在的疑误，倘用前面三法都难以校正，最后只好求助于理校，即通过精密推理，发现问题，解决问题。理校法初无定例，因事而施，虽然在剖析问题的角度方面往往各有所侧重，但实际上都是对以上诸法的综合应用。如：

> 《广雅·释诂》："①抐、搵、搙，(擩)也。"[①]王念孙《疏证》："擩，曹宪音而主反。各本皆作②'抐、搵、搙、揗，拄也'。《集韵》《类篇》'搵、搙、揗'三字注并引《广雅》：'拄也。'则宋时《广雅》本已然。今案：③'抐、搵、搙、揗'四字诸书无训为'拄'者。④'拄'是掌拄之义，与'抐、搵、搙'三字之义各不相涉。《玉篇》：'揗，拏也'，义与'拄'亦不相涉。⑤此因正文脱去'擩'字，其音内'而、主'二字又误入正文。校书者不得其解，遂改'而'为'揗'，改'主'为'拄'耳。⑥《释言》云：'搵、抐，擩也。'是'搵、抐'本训为'擩'。⑦又《说文》《玉篇》《广韵》'擩'字并音'而主'反，今据以订正。"

《广雅》原训如②式，王氏订正如①式。《疏证》谓原训有讹，分五步推理校正：③谓四个被训字无训为"拄"者，表明训词"拄"字有讹。④谓"拄"字之义既与"抐"等三字歧，又与"揗"字歧，表明前三字为原训被训词，"揗"与它们不合，也有讹。⑤谓曹宪音"擩"为"而主"反，"揗、拄"二字从"而、主"二字，故悟出原训正文脱去"擩"字，音内"而、主"二字误入正文，校书者从而误改。

---

① 训词"抐"系王氏所校补，非底本旧式，故加括号别之。引文中的序码系引者加，以资分析。

⑥由本校法证明“揾、抐”二字固以“擩”为释词,“搙”义亦同,故可证原训训词为“擩”无疑。⑦由他校法说明《说文》等书“擩”字并“而主”反,可作为旁证。根据以上分析推理,故对原训作了订正。再如:

《荀子·劝学》:“安特将学杂识志,顺《诗》《书》而已耳。”王氏《杂志》:“引之曰:此文本作‘安特将学杂志,顺《诗》《书》而已耳’,‘志’即古‘识’字也。今本并出‘识志’二字者,校书者旁记‘识’字,而写者因误入正文耳。‘学杂志,顺《诗》《书》’,皆三字为句,多一‘识’字,则重复而累于词矣。杨注本作‘杂志,谓杂记之书,百家之说’,今本作‘杂识志,谓杂志记之书,百家之说’,皆后人据已误之正文加之。下注云:‘直学杂说,顺《诗》《书》而已’,文义甚明,足正后人窜改之谬。”

因“学杂识志”之说累于词而碍于意,故联系注文后部,悟出此处因旁记“识”字误入正文而致讹,遂加以推论订正。

以上所谈到的各种校勘方法,都是分类使用的。这样介绍,是为了显示它们的区别,便于读者识别掌握。其实在校勘实践中,大多数情况下,都是各种方法掺杂应用,或者说综合应用。这方面的例子,在高邮王氏父子所撰的《读书杂志》《广雅疏证》《经义述闻》《经传释词》等书中最为常见,限于篇幅,这里不再另行举例。

五、处理校勘结果的具体方法

处理校勘结果的具体方法即反映、表达校勘结果的具体方法。对此,近代学者朱希祖在《郦亭藏书题跋记》中已作过简要论述,其文云:

夫校雠之法有二:一则罗列各本,择善而从,其不善者,弃而不言;然必择一本为主,若他本他书有善者,据以校改此本,必注云原本作某,今据某本或某书改。否则必犯无征不信之讥,且蹈无知妄改之戒,原本不误而校改反误者,皆由于此。一则择一本为主,而又罗列各本之异同,心知其善者,固当记注于上,即心知其误者,亦当记注于上,以存各本之真面,使后世读此书者,得参校其异同,斟酌其是非,择善而存,抑亦校雠之善法也。然主前法者,或讥后法为芜颣,而无所发明;主后法者,或讥前法为专擅,而妄改古书。其实各得其法,不偭其矩,皆有益于学者。

朱氏是从版本校勘的角度来论述这个问题的,我们可以把他所讲的校书方法概括为校而不改和校而径正两类。以下根据中国历代训诂中进行校勘的实践,分别给予论述举证,供读者参考。

1. 校而不改

校而不改,只注记校勘结果,不改原文。又可分为随文注明和写为校勘记两类。

1)随文注明

随文注明,即注解一书,注释到什么地方,遇到问题,加以校勘,随文注明,成为注文的一部分。如:

《礼记·文王世子》:"始立学者,既兴器,用币。"郑玄注:"兴,当为'釁',字之误也。"

再如杜诗《夜听许十损诵诗爱而有作》一题,钱谦益在"损"字下双行注道:

一本作"许十一",一本作"许十"。无"损"字。

这都是随文注明校勘结果,不改原文。此法应用很广,其他如郑玄《周礼注》、裴骃《史记集解》、颜师古《汉书注》、洪兴祖《楚辞补注》、何焯《义门读书记》、洪亮吉《春秋左传诂》等均属于此类。

2)写为校勘记

写为校勘记,即不随文注明,写成校勘记。有的专门成书。如陆德明撰《周易音义》《古文尚书音义》《毛诗音义》《周礼音义》《仪礼音义》等,总称《经典释文》,专门成书,不与原文相连,不改动原文,将校记杂入音义中。宋毛居正《六经正误》、清胡克家《文选考异》、近人章钰《胡刻通鉴正文校宋记》等均属于此类。有的以校勘记附于每卷之末。如清代戴望《管子校正》、今人孔凡礼点校《苏轼诗集》等,即属于此类。

2. 校而径正

校而径正,即根据校勘,凡原书显误之处,直接加以改正,注明原书某处误,据某书或某人说改正。倘有疑问,证据不足,则校而不改,随加注明。也分为随文改正和写为校勘记两类。

1)随文改正

随文改正,即注解一书,发现错误,随文改正,并加以注明。如二徐本《说文》木部"栅"字解云:

编树木也。

段玉裁注改"树"为"竖",解云:

编竖木也。

并注道："'竖'，各本作'树'，今依《篇》《韵》正。臤部曰：'竖，坚立也。'《通俗文》曰：'木垣曰栅。'"再如：

> 《左·桓·十七年》："日官居卿以底日，礼也。"杨伯峻注："'厎'，本作'底'，今从《校勘记》订正。"

即据阮元《校勘记》订正。其他如王念孙《广雅疏证》、孙诒让《墨子间诂》、王利器《颜氏家训集解》等均属于此类。

2）写为校勘记

写为校勘记，即不随文注明，写成校勘记。有的专门成书，如阮元《十三经注疏校勘记》；有的标码分附各卷之后，如中华书局二十四史点校本。

第六节　进行校勘应该注意的问题

训诂中进行校勘应该注意的问题很多，要而言之，有以下五方面。

一、注意选好底本

底本，就是注者据以进行注释工作的基础本，也叫工作本。底本选得好，注释工作就有了可靠的基础，少走弯路，不出差错或少出差错；反之，底本选不好，事倍功半，差错百出。因此，选择底本的工作是非常重要的，不能马虎从事，应该注意以下各点。

首先，要了解和熟悉学术流变及其动态，弄清楚自己所要注解的那部书历来有几种传本，哪种传本最可靠；有几种注释本，哪种注释本最合用。在此基础上，选择最可靠的传本或最合用的注释本作为自己的底本。一般而言，最合用的注释本，同时就是最可靠的传本，因为前人作注的时候，已经选择了最好的传本作底本。在这种情况下，两者是一致的。如果自己所要注释的书没有前人的注本，那就要着眼于一般传本的选择。

其次，底本的选择也与注者的学力、工作目的及读者对象有关。倘自己学力尚浅，注释某书是初次练习或为了给社会上提供一种普及读本，在这种情况下，若所注解的书有注本，尽量选择较好的注本作底本；若没有注本，那就只好选择一般传本作底本，就需要创注，创注的工作做得好，固然有学术价值，但难度却要大得多。倘学力不够，最好先从做译释或补注工作开始。但是,如果注者学殖深厚,识力非常,注释某书是为了给该书创注或解决旧注中存在的疑难问题,而现有的注本所据传本又非最善,在这种情况下,当然应该从其他传本中选择底本。因为非此不足以荷重负,成大业。这样的底本,一般属于著者的稿本、初刻本、最早而有名的排印本、抄本、影抄本及其他善本等。任何书籍,每翻印一次,难免会发生讹误,因此一般说来,最接近稿本的版本讹误较少。向来校书家之所以重视宋元版本,就是这个道理。

还有,如果注者属于初学,读书未广,经验不足,而又被迫承担了注释某书的任务,为了慎重起见,应该就选择底本的问题向有关专家请教,这是一条解决问题的捷径。

二、选好副本及其他校勘资料

副本是据以校勘底本的同一种书的各种版本。有些书的副本很多,刊印早晚和质量各不相同,没必要逐一拿了去作校对,应该从中选取一种仅次于底本的副本作对校本,再选取几种较好的版本作参校本。其余的副本除非必要,可以不提。选择副本应注意的事项与底本大致相同,此外,还应该注意两点。第一,对校本或参校本必须是可靠的副本,这样才能保证底本的校勘质量。如果副本不可靠,属于伪本,据以校正底本,那就会出现以假乱真、以不误为误的严重局面。如宋代《崇文总目》著录唐代郭京《周易举正》一书,自序称曾得王辅嗣、韩康伯手写真本,以校今世流传各本,举正其谬。声称改正一百三十五处、二百七十三字。时人引以校改传世旧本,连疑古大家欧阳修、朱熹也都信从其说。但是经过宋代晁公武、赵汝楳、王应麟及清代惠栋等人相继纠举考察,最后证明该书出于依托伪造,对旧本的校改当然大都不可靠。中国历代常有伪书出现,因此校勘中选择副本,务必慎加甄别,绝不能用伪书做副本。第二,要重视对古本的利用。古本不一定尽善尽美,但在校勘上古本所能发挥的作用往往是别的本子无法取代的。比如《后汉书·郑玄传》所载郑玄写的《戒子书》中有云:

> 吾家旧贫,不为父母兄弟所容。去厮役之吏,游学周秦之都,往来幽、并、兖、豫之域。

其中的“不”字关系重大,人们怀疑,像郑玄这样才德盖世的大学者,为什么平居在家,反为父母兄弟所不容呢?常见的版本都这样写,学者们疑惑莫解,苦于找不到别的证据。清代乾隆年间,阮元任山东学政,在郑玄故里高密县(今山东高密市)发现金时承安年间重刻唐万岁通天史承节所撰碑文,引本传上述文句,无“不”字,但只是一个孤证,还不能判定《后汉书》的是非。后来阮氏门生陈鳣从黄丕烈处看到元代刊本《后汉书》,才发现本传上述文句无“不”字,其他传本误衍。若不得元刊本,一字之衍,将使郑玄永蒙不白之冤。古本在校勘上的重要性,于此可见一斑。

校勘中除了选择副本之外,为了多方求证,还应该注意选用其他各种有价值的文献资料,特别是龟甲文字、金石刻辞、秦汉竹简帛书、六朝隋唐写卷及其他考古新发现。这类资料出于群书刻本之前,据以校勘,可靠性更大。

三、校书态度既要积极,又要谨慎

正因为古书有错误,所以需要校勘,从事校勘不积极设法解决问题,那就达不到校勘的目的。但在充分发挥积极性的同时,又必须强调谨慎,不可轻易下断语,轻易删改,否则造成的损失比不校勘要大得多。因此,段玉裁在《经韵楼集》卷八《重刊明道二年国语序》中指出:

> 校定之学,识不到,则或指瑜为瑕,而疵类更甚,转不若多存其未校定之本,使学者随其学之浅深以定其瑜瑕,而瑜瑕之真固在。……古书之坏于不校者固多,坏于校者尤多。坏于不校者以校治之,坏于校者久且不可治。

这些话是经验之谈,说得很中肯,凡从事古籍整理事业者,应该认真记取。因为古书讹误的情况很复杂,往往出乎后代学者之想象。如宋代彭叔夏在《文苑英华辨证叙》中说:

> 叔夏年十二三时,手钞《太祖皇帝实录》。其间云“兴衰治□之源”,阙一字,意谓必是“治乱”。后得善本,乃作“治忽”。三折肱为良医,信知书不可以意轻改。

“治乱”连文是常语,轻率的人遇到这类情况,就会挥笔添上一个“乱”字,但彭氏没有这样做,他校书的谨慎态度实堪称赞。这个事例还表明,对于古书中所存在的各种讹误现象,要多方面考虑,一时实在找不到证据,宁缺而不校,也不可臆改。为了谨慎从事,还应该注意两个问题:第一,在利用校勘资料时,特别是利用类书、古注引文校勘原书时,必须明白古人引书不一定完全符合原文,往往有意无意地进行节略、增减、改动。对这种状况,宋代孙奕《示儿编》卷十三、明代杨慎《丹铅杂录》卷九、清代顾炎武《日知录》卷二十中都早已指明了。朱一新《无邪堂答问》卷三也说：

> 国朝人于校勘之学最精，而亦往往喜援他书以改本文。不知古人同述一事，同引一书，字句多有异同。非如今之校勘家，一字不敢窜易也。今人动以此律彼，专辄改订，使古书皆失真面目，此甚陋习，不可从。凡本义可通者，即有他书显证，亦不得轻改。古书词义简奥，又不当以今人文法求之。

因此，不可轻易援引他书以改本书。

第二，在校勘方法的应用方面，也要谨慎从事，不可自己认定一法，以为放之四海而皆准，拿了它到处衡量古书，合者从之，不合者改之。欲知古书成书时代不同，作者不同，写作时的情况也不同，不可能如后人所想千篇一律。后人校书是校其流传中所出现的讹误，而不是替古人批改文章。因此，倘欲以后人之简法律求古人之繁书，难免要出新的差错。姚永概《慎宜轩文集》卷一《书〈经义述闻〉〈读书杂志〉后》即谈到了这个问题：

> 古人属辞，意偶而辞不必偶，往往有一字而偶二三字者。王氏每以句法参差不齐为疑，据类书以改古本。不知类书多唐以后人作，其时排偶之文务尚工整，故其援引，随手更乙，使之比和。况古人引书，但取大义。文句之多寡，字体之同异，绝不计焉。从王氏之说，是反以今律古，失之远矣。

姚氏所言不为无见，高邮王氏虽然训诂成就卓著，实在脱不了这方面的干系。

四、继承前人的校勘成果要分析鉴别

前人的校勘成果有大有小，但受时代的局限和学术发展水平的制约，其中的错误总是难免的。因此，今天从事校勘工作，对前人所写的校注和校记，既要认真总结、利用，不必百事从零开始，也要细心鉴别，分析批判，不能盲从。比如：

> 《毛诗·大雅·常武·序》："因以为戒然。"孔颖达《正义》："《定本》《集注》皆有然字。"阮元《校勘记》："唐石经、小字本、相台本，同。案：《正义》云：'《定本》《集注》皆有然字。'是《正义》本无。标起止云：'至为戒然。'当是后添也。"

《校勘记》是说，现行本《毛诗正义》的《大雅·常武·序》"因以为戒然"这句话末尾有"然"字，说明这里用的经注本是颜师古的《定本》，而不是孔颖达的

《正义》本。其根据是《正义》中已标明"《定本》《集注》皆有然字",证明《正义》本无"然"字,只作"因以为戒"。又谓《正义》行文中作"至为戒然",有"然"字,是后人误据《定本》补添,非《正义》本之旧。

其实不然,阮氏的这段校语错了。导致这个错误的原因,在于阮氏对《毛诗正义》的校勘条例有不了然之处。原来唐初孔颖达等奉敕撰《毛诗正义》,遵用的底本与它本不能划一,故广罗它本,作为副本,相为校勘。据其称名,它本之中《定本》与《集注》本为一类,俗本与别本为一类。其底本与它本文字相异或有出入者,或与《定本》(有时括《集注》本)同,或与俗本(有时括别本)同。其校语大致有两类:一是标注与《定本》同,与俗本异;一是标注与《定本》异,与俗本同。同者表明取证,明《正义》本与之相同;异者表示记异,明《正义》本与之相异。然其校语或备或略。备者同异并标,如谓"《定本》作 A;俗本作 B,非也""某人本作 A,《定本》作 B"之类,是其例。略者或只标同,或只标异,而且主要校语往往相同,如谓"《定本》有 A 字""《定本》A 作 B"之类,是其例。但在正文的论述中,标同与记异,行文各别。凡《正义》主要校语与正文中所述皆相同者,属于标同取证;凡其主要校语与正文中所述皆相异者,属于记异。比如上文所引《常武·序》中有"然"字,《正义》主要校语中有"然"字,标起止中也有"然"字,正文中也云"戒之,使常然",都有"然"字,说明此例属于标同取证,即表明《正义》本用字与《定本》《集注》本同,都有"然"字。又如《召南·草虫》"言采其薇",《毛传》曰:"薇,菜也。"《正义》主要校语曰:"《定本》云:'薇,草也。'"与《正义》本《毛传》异。《正义》标起止作"《传》薇菜",正文中亦然,都与主要校语所记相异,证明此例只属于记异,明《定本》与《正义》本异。

阮氏《校勘记》对于《正义》校语同异兼标,即详备者,都能明了,一般不出差错;但对于《正义》校语或只标同,或只标异,即略者,往往不甚了然。对其中的标同者,多误判为记异。因此,凡遇《正义》中主要校语仅标明"某本有 A 字""某本 A 作 B"之类者,不区分标同与记异,一概判为与《正义》本有异,后人所改,故不免失误。上文所引《常武·序·正义·校勘记》即属于这类情况。彼《序》,《定本》《集注》皆有"然"字,别本或无,《正义》本从《定本》《集注》用字,标同取证,非谓与此两本有异。故标起止及正文中皆有"然"字,表明属于标同取证之例,唐石经、小字本、相台本,均同。阮氏不明其例,判为记异,故误。阮氏《毛诗注疏校勘记》中这类误判不少,如果因其为校勘名家,据之逐一校改旧本,那就大错特错了。因此,对前人的校勘成果必须加以分析考察,不能一概盲目信从。

五、博学通识,方能搞好校勘工作

北齐颜之推《颜氏家训·勉学》谈到校勘时早就说过:

观天下书未遍,不得妄下雌黄。

这是强调从事校勘工作的学者一定要努力使自己博学通识,对常见的古书务求精熟,对与训诂及校勘关系密切的其他学问,如文字学、音韵学、版本学、目录学等,应该尽量有全面的掌握,对于考古上的新发现,更应该尽快了解。只有这样,工作起来才会得心应手,容易发现问题,解决问题。这个道理谁都不难明白,这里就不多说了。

第六章　作　序[1]

训诂著作的序文类型比较多，概括起来讲，可分为两大类、四小类。两大类为训释原文的序与介绍注文的序。前者包括两个小类，即统序与分篇序；后者也包括两个小类，即注者自序与他人序，共四小类。从程序上说，训释原文的序出现在训释工作的开头，也就是标点校勘之后，即须撰作统序和分篇序，而介绍注文的序则出现于训释工作完成之后。但由于两者互相牵连，而且第二大类序文一般均载于书首，因此放到一起来介绍。

第一节　统　序

统序分为统序全书与统序一类诗文两类。

一、统序全书

我们注解古书，标点、校勘之后，如果所定体例需要，这时就应该考虑撰写统辖原书全文的序文，介绍原书作者、成书背景、全书结构、主要内容及历代学者的研究、评论情况等，以便从各方面帮助读者加深对原书的了解。

在中国训诂学发展史上，各种书籍的训解中这类序文出现得不少，就现在所见可靠资料而言，其中以《毛诗故训传》所载《毛诗序》的大序为最早。现标码移录全文如下以示例：

①诗者，志之所之也。在心为志，发言为诗。②情动于中而形于言，言之不足，故嗟叹之；嗟叹之不足，故永歌之；永歌之不足，不知手之，舞

---

① 序与"叙"通用。

之，足之，蹈之也。③情发于声，声成文谓之音。④治世之音安以乐，其政和；乱世之音怨以怒，其政乖；亡国之音哀以思，其民困。⑤故正得失，动天地，感鬼神，莫近于诗。⑥先王以是经夫妇，成孝敬，厚人伦，美教化，移风俗。

⑦故诗有六义焉：一曰《风》，二曰赋，三曰比，四曰兴，五曰《雅》，六曰《颂》。⑧上以风化下，下以风刺上，主文而谲谏，言之者无罪，闻之者足以戒，故曰《风》。⑨至于王道衰，礼义废，政教失，国异政，家殊俗，而《变风》《变雅》作矣。⑩国史明乎得失之迹，伤人伦之废，哀刑政之苛，吟咏情性以风其上，达于事变而怀其旧俗者也。⑪故《变风》发乎情，止乎礼义。发乎情，民之性也；止乎礼义，先王之泽也。⑫是以一国之事系一人之本，谓之《风》；言天下之事，形四方之风，谓之《雅》。⑬《雅》者，正也，言王政之所由废兴也。⑭政有小大，故有《小雅》焉，有《大雅》焉。⑮《颂》者，美盛德之形容，以其成功告于神明者也。⑯是谓四始，诗之至也。

⑰然则《关雎》《麟趾》之化，王者之《风》，故系之周公。"南"，言化自北而南也。《鹊巢》《驺虞》之德，诸侯之《风》也，先王之所以教，故系之召公。⑱《周南》《召南》，正始之道，王化之基。

《序》文共分三部分：

（一）论述诗的性质①、诗的产生及其与歌舞的关系②、声与音的关系③及声音（诗乐）与政治的关系④、诗乐的功能⑤及其用处⑥。

（二）论述诗的六义：

1. 六义的名目⑦；

2. 关于《风》诗：论《风》诗的功用及取名⑧，产生《变风》《变雅》的社会背景⑨、变诗的写作⑩，《变风》的发止⑪及《风》《雅》之别⑫；

3. 关于《雅》诗：论《雅》诗的名义⑬及《小雅》《大雅》之分⑭；

4. 关于《颂》诗：论《颂》诗的名义⑮；

5. 谓《风》《小雅》《大雅》《颂》为四始，诗理尽于此⑯。

（三）论两《南》诗的关系⑰及其要义⑱。

《序》文概括论述了有关诗理的各项内容，覆盖面广，言简意赅，深得要领，是对以前诗解中所产生的有关理论问题的高度概括和总结。这些精微的论述，奠定了我国诗学诗理方面的理论基础，实际上成了经典性的命题，对后世《诗经》的训诂和研究产生了巨大而深远的影响。

宋代朱熹集注《论语》时所作的《论语序说》也属于此类，现标码移录如下：

①《史记·世家》曰：孔子名丘，字仲尼。其先宋人。父叔梁纥，母颜氏。以鲁襄公二十二年庚戌之岁十一月庚子，生孔子于鲁昌平乡陬邑。为儿嬉戏，常陈俎豆，设礼容。及长，为委吏，料量平[1]。为司职吏，畜蕃息。适周，问礼于老子。既反，而弟子益进。昭公二十五年甲申，孔子年三十五，而昭公奔齐，鲁乱。于是适齐，为高昭子家臣，以通乎景公。公欲封以尼溪之田，晏婴不可，公惑之。孔子遂行，反乎鲁。定公元年壬辰，孔子年四十三，而季氏强僭，其臣阳虎作乱专政。故孔子不仕，而退修《诗》《书》《礼》《乐》，弟子弥众。九年庚子，孔子年五十一。公山不狃以费畔季氏，召，孔子欲往，而卒不行。定公以孔子为中都宰，一年，四方则之，遂为司空，又为大司寇。十年辛丑，相定公会齐侯于夹谷，齐人归鲁侵地。十二年癸卯，使仲由为季氏宰，堕三都，收其甲兵。孟氏不肯堕城，围之不克。十四年乙巳，孔子年五十六，摄行相事，诛少正卯，与闻国政。三月，鲁国大治。齐人归女乐以沮之，季桓子受之。郊又不致膰俎于大夫，孔子行。适卫，主于子路妻兄颜浊邹家。适陈，过匡，匡人以为阳虎而拘之。既解，还卫，主蘧伯玉家，见南子。去，适宋，司马桓魋欲杀之。又去，适陈，主司城贞子家。居三岁而反于卫，灵公不能用。晋赵氏家臣佛肸以中牟畔，召孔子，孔子欲往，亦不果。将西见赵简子，至河而反，又主蘧伯玉家。灵公问陈，不对而行，复如陈。季桓子卒，遗言谓康子必召孔子，其臣止之，康子乃召冉求。孔子如蔡及叶。楚昭王将以书社地封孔子，令尹子西不可，乃止。又反乎卫，时灵公已卒，卫君辄欲得孔子为政，而冉求为季氏将，与齐战有功，康子乃召孔子。而孔子归鲁，实哀公之十一年丁巳，而孔子年六十八矣。然鲁终不能用孔子，孔子亦不求仕，乃叙《书传》《礼记》，删《诗》正《乐》，序《易》《彖》、《系》、《象》、《说卦》、《文言》。弟子盖三千焉，身通六艺者七十二人。十四年庚申，鲁西狩获麟，孔子作《春秋》。明年辛酉，子路死于卫。十六年壬戌，四月己丑，孔子卒，年七十三，葬鲁城北泗上。弟子皆服心丧三年而去，惟子贡庐于冢上，凡六

① 原序从这里开始，对所节引《史记·孔子世家》文多有自注。为节省篇幅计，对其自注姑且一概从略。

年。孔子生鲤,字伯鱼,先卒。伯鱼生伋,字子思,作《中庸》。

②何氏曰:《鲁论语》二十篇。《齐论语》别有《问王》《知道》,凡二十二篇,其二十篇中,章句颇多于《鲁论》。《古论》出孔氏壁中,分《尧曰》下章子张问以为一篇,有两《子张》,凡二十一篇,篇次不与《齐》《鲁论》同。

③程子曰:《论语》之书,成于有子、曾子之门人,故其书独二子以"子"称。

④程子曰:读《论语》,有读了全然无事者;有读了后,其中得一两句喜者;有读了后,知好之者;有读了后,直有不知手之,舞之,足之,蹈之者。

⑤程子曰:今人不会读书。如读《论语》,未读时是此等人,读了后又只是此等人,便是不曾读。

⑥程子曰:颐自十七八读《论语》,当时已晓文义。读之愈久,但觉意味深长。

序文①节引《史记·孔子世家》正文与注文,详细述明孔子的身世和毕生经历;②引何氏说,说明《论语》的不同传本;③引程子说,说明《论语》一书成于有子、曾子之门人;④⑤引程子说,说明应该如何读《论语》;⑥引程子说,谓《论语》意味深长,当反复研读。

这篇序文行文很别致,全用集语形式写成,意在揭举前贤所论,表明非一己私言,以此引起读者对《论语》一书的重视。

二、统序一类诗文

如果所解书中的诗文分为不同类型,作注者在撰写了统辖原书全文的序文之后,还应该考虑分别撰写统辖每一类诗文的分类序,介绍各类诗文借以产生的社会背景、主要内容、风格特点等,以便帮助读者更好地理解所解原文。如《毛诗序》有统辖全诗的大序和统辖每篇诗的小序,但缺乏统辖各个《国风》和《雅》《颂》的分类序。郑玄《诗谱》之作,正填补了这方面的空缺,共包括十六个分谱,即《周南召南谱》《邶鄘卫谱》《王城谱》《郑谱》《齐谱》《魏谱》《唐谱》《秦谱》《陈谱》《桧谱》《曹谱》《豳谱》《大小雅谱》《周颂谱》《鲁颂谱》和《商颂谱》。各谱内容丰富,观点新颖,学术价值高,对后世诗解及整个文献训诂工作产生了巨大的影响。再如东汉王逸注解《楚辞》时对《九歌》所括《东皇太一》《云中君》《湘君》《湘夫人》《大司命》等十一篇乐歌所作的分类序云:

《九歌》者,屈原之所作也。昔楚国南郢之邑,沅、湘之间,其俗信鬼而好祠。其祠,必作歌乐鼓舞以乐诸神。屈原放逐,窜伏其域,怀忧苦毒,愁思沸郁。出见俗人祭祀之礼,歌舞之乐,其词鄙陋。因为作《九歌》之曲,上陈事神之敬,下见己之冤结,托之以风谏。故其文意不同,章句杂错,而广异义焉。

又如清人王聘珍撰写《大戴礼记解诂》时为《千乘》《四代》《虞戴德》《诰志》《小辨》《用兵》《少闲》七篇记文所作的统序云:

此于《三朝记》为第一。《汉书·艺文志·论语》类,孔子《三朝记》七篇。《蜀志·秦宓传》云:"昔孔子三见哀公,言成七卷。"裴注云:"刘向《七略》曰:'孔子三见哀公,作《三朝记》七篇,今在《大戴礼》。'臣松之案:《中经部》有《孔子三朝》八卷,一卷目录,馀者所谓七篇。"王伯厚云:"《孔子三朝志》七篇,今考《大戴礼》,《千乘》《四代》《虞戴德》《诰志》《小辨》《用兵》《小闲》是也。"聘珍谓:此七篇亦七十子后学者所记,原在古文记二百四篇之中,故大戴采而录之。自刘氏《七略》乃别出于《论语》类中,亦如《曾子记》别出于儒家类也。①

无疑,这类序文对于读者理解所属同类诗文都很有帮助。

第二节 分篇序

分篇序是统辖每一篇诗文的序言,又称为"目录""解题""作意"等。就理解每篇诗文的需要程度而言,分篇序最为切要。因为无论何人,面对一篇生疏的诗文,不要说古文,就是现代白话文,若不知道它的写作背景、时间及作者等情况,也很难准确地理解它的意义。相反,如果有了可靠的序文,即使面对一篇古奥的文言文,理解起来也会容易得多。甚至一看序文,不待作别的解释,文意也就基本上清楚了。因此,自古以来,文献训诂家们都很重视分篇序的撰写。如相传为孔子所作的《尚书》百篇序及相传为子夏所作的《诗序》的小序,还有郑玄三礼《目录》等,历来被人们视为理解这几部重要典籍的管钥。受其影响,后世所出现的很多随文注释体训诂著作都有分篇序。综观

① 见该节《大戴礼记解诂目录》之《千乘第六十八》下。

这些训诂著作，可以发现分篇序的主要内容有以下几方面。

一、解题

有些诗文的篇题含义显明，一望即知，当然用不着再作解释。可是有些诗文的篇题蕴意隐晦，必须给予解释，读者才容易明白。因此，历代训诂著作对于这后一类篇题大都作了解释。如：

> 《礼记·郊特牲》郑玄《目录》云："名'郊特牲'者，以其记郊天用骍犊之义。"①

郊，是祭天的名称；特牲，谓一头牛，这里指一头红色的牛犊。也就是说，由于本篇记述祭天用红色的牛犊，故题为"郊特牲"。再如：

> 《淮南子·俶真》东汉高诱注："俶，始也；真，实也。道之实始于无有，化育于有，故曰'俶真'，因以名篇。"

> 《荀子·非相》唐代杨倞注："相，视也。视其骨状，以知吉凶贵贱也。妄诞者多以此惑世。时人或矜其状貌而忽于务实，故荀卿作此篇非之。《汉书》形法家有《相人》二十四卷。"

这类解释都有助于读者理解篇题。有些篇题用词并不古怪，但有歧义，因此需要加以解释。如：

> 《礼记·礼器》郑玄《目录》云："名为'礼器'者，以其记礼使人成器之义也。故孔子谓子贡：'汝，器也。'曰：'何器也？'曰：'瑚琏也。'"

> 《文选·（贾谊）过秦论》唐代李善注："《汉书》应劭曰：贾谊书第一篇名也，言秦之过。"

> 《韩非子·说难》元代何犿注："夫说者有逆顺之机，顺以招福，逆而制祸，失之毫厘，差之千里，以此说之，所以难也。"

"礼器"，可误解为行礼的器具；"过秦论"，可误解为经过秦地时所发的议论；"说难"，可误解为论说难题。如此之类，对阅读均有妨碍，因此训诂中必须加以辨明。有些乐府诗旧题及词曲牌名一时不易理解，也需要说明其来由。如元代萧士赟《分类补注李太白诗》于《古乐府·公无渡河》下云：

> 琴操九引有《箜篌引》，亦曰《公无渡河》，亦曰《箜篌谣》，乃朝鲜津卒霍里子高妻丽玉所作。子高晨起刺船，见一白首狂夫披发携壶，乱流

① 据孔颖达《礼记正义》所引。

而渡。其妻随呼止之,不及,遂溺死。妻乃援箜篌而鼓之,歌曰:"公无渡河,公终渡河,公堕而死,当奈公何?"声音凄怆,曲终亦投河而死。子高还,以其声语丽玉,丽玉伤之,乃引箜篌,写其声,闻者莫不堕泪。太白此诗亦祖此意耳。

如果没有这个解释,对于乐府旧题《公无渡河》,一般读者就难以理解。

二、说明背景

文章的写作背景是理解文意的根据和基础,至为重要。因此,历代训诂家对说明所解文章的写作背景都很重视。如:

《尚书·西伯戡黎·序》:"殷始咎周,周人乘黎。祖伊恐,奔告于受,作《西伯戡黎》。"

此即谓殷纣王受开始畏恶周国西伯的时候,周人战胜了黎国。祖伊感到恐惧,将此事奔告于纣王,于是写了《西伯戡黎》这篇文章。《书序》绝大部分都是说明背景的,其他如《甘誓·序》《汤誓·序》《盘庚·序》《说命·序》《泰誓·序》《牧誓·序》《多士·序》等都是这方面的典型例子。《毛诗序》分为单部序和双部序两大类:单部序只用一句话说明诗的意义,以"也"字煞句;双部序除了用一句话说明诗意外,又用若干句话补充说明其他的意思,其中有不少是补充说明写作背景的,例子见后文"综合介绍"一目下。再如宋代蔡梦弼《杜工部草堂诗笺》于《述怀》诗下云:

天宝十五载,安禄山僭号于东京,哥舒翰以兵守潼关,为贼所破,京师震恐,玄宗遂西幸。甫是时挈家居三川,有《三川观水涨》诗。三川属鄜州。自后转陷贼中。肃宗以天宝十五年七月即位灵武,改元,号为至德元年。至德二年,甫自贼中窜归凤翔,上谒肃宗。肃宗授以左拾遗,有诏许至三川迎家眷。此诗乃窜归后序述其由也。

即详细说明了《述怀》诗的写作背景。

三、概括全篇意义

有的概括全篇大意。如:

《毛诗·大雅·卷阿·序》:"《卷阿》,召康公戒成王也。言求贤用吉士也。"

《论语·述而》朱熹《集注》:"此篇多记圣人谦己诲人之辞及其容貌

行事之实。”

《韩非子·孤愤》清王先慎《集解》:“言法术之士既无党与,孤独而已,故其材用,终不见明。卞生既以抱玉而长号,韩公由之寝谋而内愤。”

有的揭示文章要点。如:

《法言·修身》晋代李轨注:“求己以返本,守母以存子,此其大要。”

《潜夫论·释难》今人彭铎校正:“此篇所明者大要有四:尧、舜俱贤,非矛盾之说,一也;周公尊王,故诛管、蔡,二也;耕者食之本,学又耕之本,三也;贤人忧国爱民,亦为身作,四也。盖时人有疑者,故设为客难而答之。”①

有的揭明全篇大义,即思想内容。如:

《毛诗·大雅·棫朴·序》:“《棫朴》,文王能官人也。”

换成现代的说法,便是:

《棫朴》一诗表明周文王能用人。

又如近人喻守真《唐诗三百首详析》在《西施咏》一诗下揭明作意云:

这首诗虽是咏的西施,其实是借西施比喻一个人,只要有才干,能够自立,当然可以在世界上立足,决不会长久微贱的。

凡此之类,均能使读者秉要执本,以简驭繁,正确理解全文的意思。

四、说明作者

说明作者,往往可以使读者根据作者的情况加深对所释原文的理解。因此,历代训诂家都很重视对文章作者的说明和介绍。如:

《尚书·无逸·序》:“周公作《无逸》。”

《毛诗·小雅·节南山·序》:“家父刺幽王也。”

以上两例属于直指作者。《毛诗序》中还有大量的泛指作者的情况,即出于种种原因不能够或不必要具体说明作者为何人,仅仅笼统地举出作者的官爵、伦辈、身份等名目而已。如:

《小雅·頍弁·序》:“《頍弁》,诸公刺幽王也。”

《小雅·角弓·序》:“《角弓》,父兄刺幽王也。”

《王风·葛藟·序》:“《葛藟》,王族刺平王也。”

---

① (汉)王符著,(清)汪继培笺,彭铎校正:《潜夫论笺校正》,中华书局1985年版,第324页。

“诸公”“父兄”“王族”之类，都是不确定的说法，但却表明了作者属于哪一类人。

倘所解原文不署作者姓名，注释者自然应该设法说明作者；倘所解原文已署明作者，注释者也应该对作者酌情加以介绍。如《文选·（何平叔）景福殿赋》下已署名何平叔，李善注又作了介绍，其文云：

> 《典略》曰：何晏，字平叔，南阳人也。尚金乡公主，有奇才，颇有材能，美容貌。魏明帝将东巡，恐夏热，故许昌作殿，名曰景福。既成，命人赋之，平叔遂有此作。平叔为散骑常侍，迁尚书主选。后曹爽反，为司马宣王斩于东市。

五、说明学术动态

或说明所解原文的记载和流传情况。如王聘珍《大戴礼记解诂·目录》在《夏小正》下云：

> 《礼运》曰：“孔子曰：‘我欲观夏道，是故之杞，而不足征也，吾得夏时焉。’”郑注云：“得夏四时之书也。其书存者有《小正》。”《史记》云：“孔子正夏时，学者多传《夏小正》。”案：《古文记》皆七十子后学者所为，而《夏小正》亦二百四篇中之一。太史公所云“学者”，即班氏所云七十子后学者也。太史公所云“传《夏小正》”，即是就《小正》元书而为之传者也。篇中原自有经有传。知者，郑注《月令》引《夏小正》者九，如“正月启蛰，鱼陟负冰”“农率均田”“丁亥，万舞入学”“妾子始蚕”“九月，丹鸟羞白鸟”“十一月，王狩”，皆是经文首句，故直称为“《夏小正》曰”。独于“丹鸟羞白鸟”之下，引“丹鸟也者，谓丹良也”云云，则以“说曰”二字别之。“说曰”者，即传者之说也。是郑所见本，原自有经有传，此其明证也。又郭注《尔雅》，有引“《夏小正》曰”者，有引“《夏小正传》曰”者，则《小正》之有经有传，至晋时犹未讹也。《隋书·经籍志》，《大戴礼记》十三卷外，有“《夏小正》一卷，戴德撰”。后人遂相承以《夏小正》乃大戴自为，无分经传。不知大戴只就《古文记》删取成书，未尝自作。《隋志》所云“戴德撰”者，谓其书从《大戴礼记》中出，并非谓其自作也。宋有傅崧卿仿杜氏《春秋左传集解》之例，厘析经传，亦非大戴之旧云。

或说明原文内容的学术流变。如彭铎校正《潜夫论笺》于《志氏姓》下所加按语云：

吹律定姓，肇自轩辕，胙土命氏，传之唐世，由来尚矣。中叶以降，谱牒湮沉，溷冒因仍，昧其初祖；重以古今递嬗，南北迁移，声有转讹，字多增省，重性贻谬，治丝而棼。盖在昔已病奇觚，后来几成绝学。考姓氏之书，《世本》最古。继是有作，则节信此文及应劭《氏姓篇》、贾执《英贤传》之类，卓尔见称。次则林宝《元和姓纂》、邓名世《古今姓氏书辨证》、王应麟《姓氏急就篇》、郑樵《通志·氏族略》诸书，并伤龃龉。明季以还，又不下十余部，群相蹈袭，自郐无讥。凌氏《统谱》，更为妄作。清嘉庆中，武威学者张澍，寻潜夫之坠绪，慕仲远之博闻，为《姓氏五书》，刊行者有《寻源》《辨误》二种，虽不无瑕纇，实洞见本原。李慈铭所谓凉士之杰出者也。今校正此卷，则有取其说焉。

这类序文一般较长，但甚有益于后学。

六、标明写作年月

标明写作年月，可以帮助学者据此进一步探明写作背景，加深对原文的理解，因此历代训诂著作中多有此例。如宋代黄希、黄鹤《补注杜诗》于《通泉县署屋壁后薛少保画鹤》一目下注云：

宝应元年作。[补注]鹤曰：题云"通泉县署"，当是宝应元年十一月自梓州之通泉时作。

又如清代钱谦益《钱注杜诗》于《自京赴奉先县咏怀五百字》一目下云：

天宝十四载十一月初作。

七、综合介绍

以上所论六类分篇序，都是专门说明某一方面的情况的。但在历代训诂著作中，最常见的还是综合介绍各种情况的分篇序。如：

《尚书·伊训·序》："成汤既没，太甲元年，伊尹作《伊训》《肆命》《徂后》。"

《毛诗·小雅·白华·序》："《白华》，周人刺幽后也。幽王取申女以为后，又得褒姒而黜申后。故下国化之，以妾为妻，以孽代宗，而王弗能治。周人为之作是诗也。"

《楚辞·天问》王逸《章句》："《天问》者，屈原之所作也。何不言问天？天尊不可问，故曰天问也。屈原放逐，忧心愁悴。彷徨山泽，经历陵陆。嗟号昊旻，仰天叹息。见楚有先王之庙及公卿祠堂，图画天地山川神灵，琦玮僪佹，及古圣贤怪物行事。周流罢倦，休息其下，仰见图画，因书其壁，何而问之，以渫愤懑，舒泻愁思。楚人哀惜屈原，因共论述，故其文义不次序云尔。"

《礼记·王制》清康熙间敕编《日讲礼记解义》："王制者，记先王班爵、授禄、祭祀、养老之法制。汉文帝令博士诸生作其书，采集秦以前古书所载而又杂取传记之说，故与《周官》《孟子》不尽合。程子曰：孟子时载籍未经秦火，然班爵禄之制已不详，今礼书掇拾于煨烬之馀，多出于汉儒一时之附会，奈何欲尽信而句为之解乎？故凡郑氏解有难通而指以为夏殷制者，当分别观之。"

《唐诗三百首·长恨歌》喻守真《详析》："这是一首很长的记事诗，是咏叹唐玄宗宠幸杨贵妃始末的情事。主旨在开首'重色思倾国'五字，是用以警戒帝王的不可妄思妄动。因为重色就得倾国，倾国就得遗恨。其中叙述禄山反叛，明皇幸蜀等，又可作诗史读。"

若此之类，综合介绍，内容较多，对读者更为有益。

第三节 介绍注文的序

一、注者自序

注者自序是注者注释完毕一部书之后所撰写的统辖全书的序文，一般称为"自序"、"序"、某书"注（疏）序"、"导言"、"前言"、"弁言"等。自序的内容、格式、篇幅等均无定准，因人而异。不过，从内容方面讲，大致可分为原文与注文兼论、单论注文两大类。

原文与注文兼论的自序，其主要内容包括两部分：第一部分即序文前部介绍原书的作者、书中要义、特色及其学术价值等；第二部分介绍前人研究、注解该书的情况及自己作注的动机、宗旨、方法等。其中，第一部分与本章第一节所论统辖原书全文的序文内容大致相同，因此如果有了统辖原书全文的序，一般就不再撰写自序；同样，如果准备全书注毕之后撰写自序，一般也就不再事先撰写统辖原书全文的序。要之，两者可以互相代替。唯有第二部分内容是统辖原书全文的序文所没有的。传世的《尚书》大序、赵岐《孟子题辞》、吴人韦昭《国语解叙》、晋代杜预《春秋经传集解序》、郭璞《尔雅序》、孔颖达《毛诗正义序》、张守节《史记正义序》、宋代蔡沈《书集传序》、元胡三省《新注资治通鉴序》、清王念孙《广雅疏证序》等，都是这方面的代表作。现标点移录郭氏《尔雅序》以示例：

夫《尔雅》者，所以通诂训之指归，叙诗人之兴咏，总绝代之离词，辩同实而殊号者也。诚九流之津涉，六艺之钤键，学览者之潭奥，摛翰者之华苑也。若乃可以博物不惑，多识于鸟兽草木之名者，莫近于《尔雅》。

《尔雅》者，盖兴于中古，隆于汉氏。豹鼠既辩，其业亦显。英儒赡闻之士，洪笔丽藻之客，靡不钦玩耽味，为之义训。璞不揆梼昧，少而习焉，沉研钻极，二九载矣。虽注者十馀，然犹未详备，并多纷谬，有所漏略。是以复缀集异闻，会粹旧说；考方国之语，采谣俗之志；错综樊、孙，博关群言；剟其瑕砾，搴其萧稂。事有隐滞，援据征之；其所易了，阙而不论。别为音、图，用祛未寤。辄复拥篲清道，企望尘躅者，以将来君子为亦有涉乎此也。

全文分为两部分：第一部分论《尔雅》原文，第二部分论《尔雅》的流传、注释并介绍自己作注的情况。

单论注文的自序一般只介绍前人研究、注解该书的状况及自己作注的动机、宗旨、方法等，跟原文与注文兼论的自序的第二部分内容相当。如魏时何晏《论语集解叙》、唐贾公彦《仪礼疏序》、宋彭叔夏《文苑英华辨证序》、清王念孙《管子杂志序》、王先慎《韩非子集解弁言》等，都是这类序文的代表作。现标点移录后一序以示例：

《韩非子》旧有尹知章注，见《唐书·艺文志》，不载卷数，盖其亡久矣。元何犿称旧有李瓒注，李瓒无考。宋乾道本不题姓名，未知孰是。《太平御览》《事类赋》《初学记》注所引注文与乾道注本合，则其人当在宋前。顾其注不全备，且有舛误，近儒多所匡益。因旁采诸说，间附己见，为《韩非子集解》一书。其文以宋乾道本为主，间有讹脱，据它本订正焉。光绪二十一年孟冬月长沙王先慎。

二、他人序

训诂著作的他人序也不拘一格、多种多样，从大的方面讲，可以分为被动为序和自愿为序两类。被动为序多出于请托，注释者为了让自己的注本为人所知，广泛传布，遂拜托当时学界名流或有影响的人士作序。有些被请托的人熟悉所解原书，但无暇细读所序注文，盛情难却，只好应付，往往自发议论，将注文放在一边，末了轻轻几笔带过。这样的序文，与其说序注文，不如说序原文，对读者理解原文或有所启发，但对了解注文却没有什么帮助。如清代潘祖荫为戴望《管子校正》所作的序及王先谦为郭庆藩《庄子集释》所作的序①，均难免此累。有些被请托的人不但无暇或无心阅读注文，甚至连所解原文也未必有研究，因此全以空言塞责，多敷衍虚美套语，不关正题，这类序文无益有害，更不应该提倡。

自愿为序出于作序者对所序注本的深刻认识和浓厚兴趣，而且往往有一种向世人推荐佳作或辨明学术的责任感在促使他。在这种情况下所作的序，大都能够客观地恰当地评介注本的要义、特色、得失及其在学术上的造诣和贡献，有些还能够连类引申，针砭时弊，有助于读者，有益于学术，因此这类序应该大力提倡。如明王世贞《本草纲目原序》、焦竑《毛诗古音考序》，清黄宗羲《尚书古文疏证序》、王念孙《说文解字注序》等均属此类。现移录后一序以示例：

> 《说文》之为书，以文字而兼声音训诂者也。凡许氏形声、读若，皆与古音相准，或为古之正音，或为古之合音。方以类聚，物以群分，循而考之，各有条理。不得其远近分合之故，则或执今音以疑古音，或执古之正音以疑古之合音，而声音之学晦矣。《说文》之训，首列制字之本意，而亦不废假借。凡言"一曰"及所引经类多有之。盖以广异闻，备多识，而不限于一隅也。不明乎假借之指，则或据《说文》本字以改书传假借之字，或据《说文》引经假借之字以改经之本字，而训诂之学晦矣。
>
> 吾友段氏若膺，于古音之条理，察之精，剖之密，尝为《六书音均表》，立十七部以综核之，因是为《说文注》，形声、读若，一以十七部之远近分合求之，而声音之道大明。于许氏之说，正义借义，知其典要，观其会通，而引经与今本异者，不以本字废借字，不以借字易本字，揆诸经义，例以本书，若合符节，而训诂之道大明。训诂声音明而小学明，小学明而经学明，盖千七百年来无此作矣。若夫辨点画之正俗，察篆隶之繁省，沾沾自谓得之，而于转注假借之通例，茫乎未之有闻，是知有文字而不知有声音

① 两序均见于《诸子集成》，文长，不录。

训诂也。其视若膺之学,浅深相去为何如邪?余交若膺久,知若膺深,而又皆从事于小学,故敢举其荦荦大者,以告缀学之士云。

嘉庆戊辰五月,高邮王念孙序。

序文分两部分:第一部分论《说文》原文,并论及其研究中存在的两种弊病——“声音之学晦矣”“训诂之学晦矣”;第二部分论段注的特色及贡献,也归结为两点,指出由此“声音之道大明”,“训诂之道大明”。序文前呼后应,浑然一体,卓有见地,不落俗套。

另外,介绍注文的写作不论注者自为,还是他人所为,都还有跋文的形式,旧时称为“跋”或“跋尾”,现在多称作“后记”。跋文的主要内容往往与序相似,表达上或有所不同,但不难辨析、掌握。限于篇幅,这里不再专门论述。

第四节　作序应该注意的问题

为了写好训诂著作的各种序文,除作序者必须具备相当的学术根底之外,至少还应该注意以下几方面的问题。

一、该有的序文不可没有,不该有的序文无须强加

训诂著作各类序文的有无,主要视训诂体式而定,不能千篇一律。但是需要作序的地方,应该有序,最好不要省掉。比如1982年百花文艺出版社出了一本《李贺诗歌选注》,这是一种普及本,选注了李贺的九十多首诗歌。该书的注释体例是只释词,既不解句,又无篇序。比如其中《示弟》一诗写道:

别弟三年后,还家一日余。
醁醽今夕酒,缃帙去时书。
病骨犹能在,人间底事无?
何须问牛马,抛掷任枭卢。

注者只简单地解释了“醁醽”“缃帙”“底事”“枭卢”四个词,再无任何说解。显然,仅依靠这四个词语的解释,一般读者无法理解这首诗的写作背景和主题思想,句与句之间的意思也连贯不起来。全书的注解都是这样,从为广大读者服务的角度来讲,这样的注释体例是不够妥当的。像这种普及性的古诗选注本,每篇诗前边应该撰写小序,简要说明写作背景及全篇大意等,然后释

词，对疑难语句也应该略作分析解释；否则，只释词，再不作别的解释，注本的用处就不大，教育效果也很有限。古代虽然也有与此类似的训诂著作，但情况有所不同。首先，古代所出现的类似训诂著作大部分属于创注，学界注意它的学术价值而不关心它的普及性，因此照样传于后世。如高诱《吕氏春秋注》、孔晁《逸周书注》、刘孝标《世说新语注》等即如此。而李贺的诗歌自清代以来注本不少，解放后出版的叶葱奇的《李贺诗集》疏注更为详尽。百花文艺出版社 1982 年《李贺诗歌选注》晚出，不属于创注，不是开释疑难问题，没有学术价值，只有普及作用，因此无篇序，只释词，是不妥当的。其次，古代所出现的某些类似训诂著作之所以不作篇序，是因为原书有篇序，殿于书末。如《逸周书》末尾有《周书序》一篇，分序各篇作意，故孔晁不再另作篇序。而李贺诗歌没有类似篇序，因此应该撰写分篇序。还有，古代注书主要是给封建知识阶层看的，而且整个封建社会的文化事业以文言文为工具，因此注文简约，妨碍不大。但是现代出版的类似训诂著作，主要是给广大人民群众看的，自五四运动以来，破除了文言文，以白话文为全社会的交际工具，因此注文过简，必然影响识读效果。

总的说来，类似上述所说《李贺诗歌选注》这样的训诂著作，每篇诗前面应该有小序。反过来，不应该有的序文也不可强加。如本章第三节所论被动为序的序文就不应该有，有了反觉得画蛇添足，很别扭。

二、序文必须言之有据，准确可靠

训诂著作的序文，特别是分篇序，是读者理解所解原文的主要依据和基础。序文准确可靠，就会引导读者正确理解原书文意，正确使用文献资料，而且会形成朴实、科学的学风；反之，如果序文不准确、不可靠，谬误百出，就会把读者引向邪路，使其误解原文，误用文献资料，还会形成臆造空疏的不良学风。比如《诗·王风·丘中有麻》云：

丘中有麻，彼留子嗟。彼留子嗟，将其来施施。

丘中有麦，彼留子国。彼留子国，将其来食。

丘中有李，彼留之子。彼留之子，贻我佩玖。

《毛诗序》云："《丘中有麻》，思贤也。庄王不明，贤人放逐，国人思之，而作是诗也。"对诗意、写作背景及作者，都作了说明。诗的内容是讲有留氏大夫父子两代人，名叫子国和子嗟，教民农耕，在瘠薄的土地上种植麻麦果树，民众赖其利。周庄王不贤明，错加之罪，放逐子嗟。人民思念他们父子的功劳，对此反应强烈。当时有一位不著姓名的统治阶级人士，作了这首诗来反映这件事情。体会诗句，《序》文所言本来可通可信，但宋代朱熹不用传世的《序》意，凭空另创新解。其文曰：

妇人望其所与私者而不来，故疑丘中有麻之处复有与之私而留之者。

意谓一个男人和两个女人搞三角乱爱，此纯系无根据的乱猜，将一篇严肃的政情诗硬说成是不良男女三角私会的淫奔诗。据朱说，诗描述的人物主要是一个女人，还有一个情敌也是女人，男人只有一个，即其所谓"妇人望其所与私者"，但诗中明明写了两个男人，即子嗟与子国。因此不论别的，只此一点，足以证明朱说乖舛不通。当然，朱熹在整个文献训诂上的成就和贡献是巨大的，这一点早成定论。但这种逞臆说诗的风气却影响了数百年，至今不已。得失自在，有识者共知。因此，今天我们注释古书，作序时必须言之有据，准确可靠，切忌无根据地乱猜乱说，谨防否定历史，导致民族虚无主义。当然，创新是可以的，对旧解的错误也必须加以纠正，但一定要有充分的根据，有可靠的论证；否则，宁肯阙疑，以俟来哲，不必强作解人。

三、行文宜简明扼要，忌烦琐枝蔓

训诂著作训释原文的序是为原文服务的，介绍注文的序是为注文服务的，两者都应该简明扼要，讲清问题就行。这样，读者不需要花多少时间就能看完序文，得其要领，很快就会移目于所介绍的注文和所训释的原文上，序意与注旨、文意马上就能连接贯通，发挥应有的效果。如果序文烦琐枝蔓，篇幅冗长，艰涩难懂，读者读完这样的序文时，筋疲力尽，或者日已过午，昼夜相易，待到重新振作起来或再次拿起来看注文和原文时，序意在读者的脑子里早已淡化去一半，与注旨、文意就难以接通，发挥不了预期的效果。正出于这种原因，从古至今，凡真正的训诂大师所作的序文都简明扼要，即使介绍性的序文，其篇幅一般也不会超过全书的五十分之一。到了宋代，总论与分篇注解结合的训诂体式逐渐流行起来①，但是一般而言，其总论部分所占篇幅不超过全书的十五分之一，注者所作的介绍性序文同样很简练。但近些年来，出现了一种以总论代序文的训诂体式，或称为"引论"，所占篇幅被无限制地拉

① 参见第三章第四节中"总论体"所属"附载总论体"一目下。

长，以至超过了全书的七分之一，甚至超过了五分之一，喧宾夺主，注者不愿意割爱，出版者不好意思删削，只能让其出笼，成为“四不像”。有些训诂著作的这类序文，大32开印页占一百多页，其实完全可以脱离注解部分，独立成书，分则两美，合则两伤。

序文的文体也是值得注意的。古代用文言文写作，训诂著作的各类序文均用文言文撰写，理出当然，无话可说。现代社会使用白话文，如果为了保存历史文献资料，翻印某些古书，有所发明校正，撰写序、跋时仍使用浅近文言文，虽然背时，也勉强说得过去。但是，如果给现时人用白话文写成的训诂著作撰写介绍性序文，使用文言文，就显得很不得体、很不合时。因为训诂新注大部分都带有普及性，是写给具有中等以上文化程度的人们看的，你作的序是向这些读者介绍注文的，如果用文言文写成，甚至还用了不少难懂的典故，那么大多数读者根本无法识读，除了感到一种酸溜溜的意味，不会产生任何好作用，说不定还会由于开卷有这样的文章，吓退读者，失掉买主呢。如果作序者年资高深，不习用语体文，完全可以省掉这种里外不讨好的差事，无须勉强。顾炎武曾经十分感慨地说过：“人之患在好为人序。”①这话至今都有针对性，正好可引以为戒。

四、态度宜谦谨，语气须严肃

江山代有才人出，学问高低无止境。不论何时，不论何人，也不论名气多大，处在注释者的位置，都应该谦虚谨慎，切忌妄自尊大、咄咄逼人。同样，处在推奖者的位置，也应该谦虚谨慎，切忌倚老卖老、耍戏待人。因为书籍一经出版，就不再是作者的私有物，也不再仅仅出现于注者和推奖者之间，远则可以行天下，久则能够传万世，以天下之大、万世之久，相比之下，任何个人都是十分渺小的。明白了这个道理，就懂得如何自我对待，行文严肃认真；反之，行文难免失当，开卷读之，就会给人留下坏印象，注者只能自讨麻烦。比如明代来知德《周易集注》专取《系辞》中“错综其数”之意以论《易》象，参互旁通，自成一说，在明代《周易》训诂著作中属于佼佼者，当时推为绝学，但由于他所作的自序出言不当而遭到后人的非议。如《四库全书总目提要》云：“其自序乃高自位置，至谓孔子没后而《易》亡，二千年有如长夜。岂非伏处村塾，不尽

① 见《日知录》卷十九。

睹遗文秘籍之传，不尽闻老师宿儒之论，师心自悟，偶有所得，遽夜郎自大哉！故百余年来，信其说者颇多，攻其说者亦不少。”再如清代后期有的朴学大师，替人作序过多，时或聊以塞责，所出不似名家言，论者颇有微词。因此，作序者应该谦谨，行文必须严肃。

五、实事求是，不虚美，不掩善

给人作序的人一般多系学界名流，受到全社会的尊重，这些人的意见不但对注者个人有着直接的利害关系，往往一言可以定人之终身，而且对一时学术的好恶兴废也能产生巨大的影响和制约作用。因此，凡处在这种特殊地位上的学者，务须以天下万世学术为己任，出于公心，为原著负责，为注文负责，为读者负责，为中华民族的文化事业负责，乐于发扬伯乐精神，积极发现人才，荐拔佳作，作序题跋，切实做到实事求是，不虚美，不掩善，这样才能不负众望，流芳百代。轻率地加以夸美、赞扬，或者走向反面，终生不肯说人一个好字，这样的做法都是要不得的。

六、序文的标题也须留意

训诂著作的四类序中，分篇序在古代于当篇一般不标题，论述称引，有“小序”“篇序”“目录”等名号；晚近以来，或不标称，或称“作意”“解题”等，都不与其他三类序名相混。其他三类序的标题名称则往往相混。今日科学进步，称名有别，不可不辨。统辖所解原书全文的总序标题时，应以书名加“序”类用语为正格，如郑玄《毛诗谱》，王逸《离骚经序》，晋代郭象《庄子序》，朱熹《论语序说》《孟子序说》等。介绍注文的序、注者自序，标题时应以所解书名加体式名再加“序”类用语为正格，如裴骃《史记集解序》、孔颖达《周易正义序》、朱熹《诗集传序》等。如果没有他人序，只题以“序”字；有他人序，只题以“自序”，也都可用。他人所作的序，标题正格与注者自序相同，两者常以不同的正文与末尾的署名来区别。他人序有时也只题以“序”字，倘有多人赐序，往往“序”字前加姓以区别。如近人梁启雄《荀子简释》有高亨的序和杨树达的序，分别标题为《高序》《杨序》，都是可以的。

但是，如果以统序的正格即所解书名加“序”字来标题介绍注文的序，那就值得研究，大概有两种情况：第一，后人省题。如宋代邢昺《论语正义》书首载有魏时何晏《论语集解》的《序》，《经典释文》和唐石经并作《论语序》，清代刘宝楠《论语正义》谓题《论语序》，必是何晏等原式。但宋时皇侃《论语集解义疏》却作《论语集解序》，“序”字之前又增加“集解”二字。考该序为何晏等撰，文中特曰：“今集诸家之善，记其姓名，有不安者，颇为改易，名曰《论语集解》。”可知“序”为“集解”而作，不只为《论语》而作。又《释文》以下注本皆有省文。皇疏本为《集解》的最可靠疏本，所题当不误，并与注者自序的正格相符。可知何晏等原式为《论语集解序》，唐代省为《论语序》。再如孔颖达《春秋左传正义》卷首载有晋代杜预《春秋经传集解》的《序》，题为《春秋序》，陆氏《释文》称或本题为《春秋左传序》，《正义》曰：“此序题目文多不同，或云《春秋序》，或云《左氏传序》，或云《春秋经传集解序》。”可知此书序题唐时纷杂，时人不能定。其实，题为《春秋经传集解序》为注者自序的正格，是对的，别的题法均属省题和误题。

第二，有些训诂著作的这一类标题可能出于注者自为，当时学术尚疏，注者未暇细辨，随笔题之。如今本《尚书正义》开头的《尚书序》、郭璞所注《尔雅》开头的《尔雅序》，均属于这类情况，大概都是注者自撰的介绍注文的序，而不是统辖所注原书全文的训释序。后世有些学者对于序文标题缺乏研究，仿古袭谬，仍用训释性的统序正格形式标题介绍性序文。如清代俞樾为孙诒让《墨子间诂》作序，却称《墨子序》，就是典型一例，其实应称为《墨子间诂序》。

总之，为训诂著作序文加标题时，对于后两种情况需要注意。学术日进，该区别的一定要区别，含混不清的现象必须加以克服。

第七章 标 音

第一节 概 说

读书必先识字,识字必先知音。因此,注解一书,凡遇到不常见的字,就应该标音。可见,标音是训诂工作的重要环节,而且是在解释词义之前就应该做的事情。

从传世训诂资料来看,东汉以前训诂著作中标音的情况很少见。这主要是因为西汉以上注重口头训诂,师徒讲习,代代口耳相传,都是有声语言,书面标音的问题显得不重要。尤其是西汉时代,今文经学盛行,各家各派都只世守一经,研治终身,识读内容有限,口耳相传,文字读音就更不成问题,因此当时所出现的训诂著作中自然而然地不重视标音。到了东汉后期,今古文经学之间的藩篱开始消失,以郑学为代表的通学的影响力逐渐扩大,当时的经学大师马融、贾逵、许慎、郑玄、高诱、服虔等,都是诸经兼治,并及群籍,书面训诂终于成了训诂的主要形式。学者有师承,但同时需要博览,口耳相传的比量逐渐减少,自治自学的机会逐渐增多。这样,训诂著作中便增加了标音方面的内容。正如《颜氏家训·音辞》云:

> 夫九州之人,言语不同,生民已来,固常然矣。自《春秋》标齐言之传,《离骚》目楚词之经,此盖其较明之初也。后有扬雄著《方言》,其言大备。然皆考名物之同异,不显声读之是非也。逮郑玄注《六经》,高诱解《吕览》《淮南》,许慎造《说文》,刘熹制《释名》[1],始有譬况假借,以证音字耳。而古语与今殊别,其间轻重清浊,犹未可晓;加以内言外言、急言徐言、读若之类,益使人疑。孙叔言创《尔雅音义》[2],是汉末人独知反语。

① 刘熹,后世常写作"刘熙"。

② 孙叔言,后世写作"孙叔然",即孙炎。

至于魏世,此事大行。

颜氏的这些说法,虽然晚近学术界对其小有争论,但基本上是可靠的。这段话简要地说明了中国训诂著作中标音方法的发生及演变过程,可以归结为以下三层意思:

(1)郑玄以前,书面训诂基本上不标音;

(2)从郑玄、高诱、许慎、刘熙等人开始,训诂著作中出现譬况发音的内容;

(3)东汉末年,孙炎《尔雅音义》始用反切标音,曹魏时代,此法大行于世。

譬况发音真实地表现了标音工作开始阶段的古拙、粗疏的特点。反切的出现,则是标音方法走向科学化的开端。次后,随着声韵学研究的发展,又出现了直音、别四声等方法。整个魏晋南北朝时期,训诂家们对标音工作的重视和实践,盛况空前,音义体训诂著作层出不穷,主要的标音方法和方式都被人们熟练地使用了。陈、隋间陆德明撰《经典释文》,乃集其大成。唐宋以下直至清代,所用标音方法基本上都没有突破《释文》的范围,而且主要使用反切、直音、别四声三大类。宋代以下,叶音法也颇为流行,这是一种错误的标音法,但一直到晚近,还有少数人沿谬不舍。

辛亥革命以后,用国语注音字母标音,是反切法出现之后汉语标音方法向科学化迈出的又一步。1958年,国家颁行采用拉丁字母的汉语拼音方案,终于实现了汉字标音方法的科学化,也使训诂中的标音方法臻至完善。

在历代训诂实践中,以上提到的每一种标音方法又各包括许多小类,各类标音方法又多结合使用,具体方式往往因时、因地、因人、因情况而异。所以历代训诂著作中的标音方法和方式是复杂多样的,以下分为基本标音法、组合标音法和其他标音法三类,依次给予介绍,供读者参考。

第二节 基本标音法

基本标音法是指训诂中经常单独使用的标音方法,主要包括譬况发音、比拟标音、反切、直音、标如字、标四声、叶音、用拼音字母标音八大类。

一、譬况发音法

这是比譬形容发音情况的标音方法,也是中国训诂著作中最早使用的一种标音法,主要有以下五类。

1. 以口势譬况

以口势譬况的主要用语有“闭口”“笼口”“横口”“蹴口”,用现代音韵学术语讲,这类用语是指韵的开合和韵尾的开闭①。如:

《淮南子·俶真》:“夫牛蹄之涔,无尺之鲤。”高诱注:“涔,读延祜曷问,急气闭口言也。”

《淮南子·地形》:“黑色主肾,其人惷愚。”高诱注:“惷,读人谓惷然无知之惷也,笼口言乃得。”

《释名·释天》:“风,兖、豫、司、冀横口合唇言之;风,泛也,其气博泛而动物也。青、徐言风,蹴口开唇推气言之;风,放也,气放散也。”

2. 以舌位譬况

以舌位譬况的主要用语有“舌腹”“舌头”,分别相当于现代音韵学所说的舌面音和舌尖音。如:

《释名·释天》:“天,豫、司、兖、冀以舌腹言之;天,显也,在上高显也。青、徐以舌头言之;天,坦也,坦然高而远也。”

3. 以送气急缓譬况

以送气急缓譬况的主要用语有“急气”“缓气”,用现代音韵学术语讲,这类用语是就韵母的洪细而言。细音字有 i 介音,送气急促,故谓“急气”;洪音字无 i 介音,送气徐缓,故谓“缓气”。如:

《淮南子·地形》:“其地宜黍,多旄犀。”高诱注:“旄,读近绸缪之缪,急气言乃得之。”

《吕览·慎行》:“崔杼之子相与私閧。”高诱注:“閧,读近鸿,缓气言之。”

4. 以口腔中发音部位起作用的前后譬况

以口腔中发音部位起作用的前后譬况的主要用语有“内言”“外言”,用现代音韵学术语讲,这类用语也是就韵的洪细而言。发洪音时口腔共鸣器大,主要在后部起作用,故谓“内言”;发细音时口腔共鸣器小,主要在前边起作用,故谓“外言”。如:

《公·宣·八年》:“曷为或言‘而’,或言‘乃’?”东汉何休注:“言

① 参见王利器:《颜氏家训集解》,上海古籍出版社 1980 年版,第 476 页注[11]。

‘乃’者内而深，言‘而’者外而浅。”

《汉书·王子侯表上》“猇节侯起”，颜师古注：“晋灼曰：‘猇，音内言鸮。’”

5. 以声调长短譬况

以声调长短譬况的主要用语有“长言”“短言”。如：

《公·庄·二十八年》“《春秋》伐者为客”，何休注：“伐人者为客，读‘伐’，长言之，齐人语也。”又“伐者为主”注：“见伐者为主，读‘伐’，短言之，齐人语也。”

即谓据当时齐人语，“伐人者为客”的“伐”字声调读得长，故谓“长言”；“见伐者为主”的“伐”声调读得短，故谓“短言”。前者表主动，后者表被动，故声调有别。

譬况发音根据的仅是音理譬况所解文字的发音特点，所言难得明白，不懂音理的读者更是无法捉摸。因此，这种释音方法应用时间不长，范围不广，主要见于东汉末年部分文献训诂家的训诂著作，魏晋时代也有少数人间或使用。

二、比拟标音法

比拟标音法是用“A，读若B”之类的训式比拟所解文字读音的一种标音方法。这是东汉后期以杜子春、郑众、郑玄、高诱等为首的部分训诂家常用的标音方法，下至唐宋，也有人偶尔用到。显然，这种标音方法比前一种方法有进步，以“B”所代表的字音比拟“A”所代表的字音，读者有比对，容易理解，能知其仿佛。但局限在于，释音不准确，仅仅是比拟而已。主要有以下七类。

1. 以“A，读若B”式拟音

“B”在大多数情况下代表一个音近或音同的字，即以B字之音比况A字之音；有时候也代表某种事物，而且在B字之前加上较长的修饰语，拟音见义。这类方法在《说文》中用得特别多。或用一个字拟音。如艸部：

蓍，读若“威”。

或用俗语拟音。如走部：

趩，读若小儿咳。

或用方言拟音。如旡部：

㱓，读若楚人名多夥。

“名多夥”，即“名多曰夥”，谓读若名多曰夥之“夥”。或用寻常事物拟音。如口部：

哽，读若井汲绠。

此即谓读若井汲绠之“绠”。或以人名拟音。如走部：

趑，读若王子跻。

或以地名拟音。如虍部：

虘，读若鄘县。

或引经传拟音。如目部：

瞀，读若《易》曰：“勿卹之卹。”

或引训诂拟音。如目部：

睒，读若白盖谓之苫，相似。

2. 以“A，读如 B”式拟音①

“B”代表一个音近音同字。如：

《周礼·冬官考工记·轮人》：“桯围倍之，六寸。”郑玄注：“郑司农云：桯，盖杠也，读如‘丹桓公楹’之‘楹’。”

《吕览·恃君览》：“爽人野人。”高诱注：“爽，读如匍匐之匐。”

3. 以“A，读曰 B”式拟音

《淮南子·原道》：“混混滑滑，浊而徐清。”高诱注：“滑，读曰骨。”

《后汉书·西域传》：“焉耆、龟兹攻没都护陈睦。”唐李贤等注：“龟兹，读曰丘慈。”

4. 以“A，读 BC 之 B”式拟音

此式当是以上“读若”“读如”“读曰”三式用作标音时的省变式。如：

《淮南子·地形》：“东南方曰具区，曰元泽。”高诱注：“元，读常山人谓伯为穴之穴也。”

《淮南子·说山》：“人不爱倕之手，而爱己之指。”高诱注：“倕，读《诗》‘惴惴其栗’之‘惴’也。”

---

① “读如”也用以揭明正借字，以下“读曰”“读为”同此。参见本书第九章第七节。这些术语不是出于一时一人，也没有完全约定成例。段玉裁《周礼汉读考序》与《说文》示部“禜”字下注严加区别，认为汉人传注凡言“读如”者，“皆拟其音也”；凡言“读为”“读曰”者，“皆易其字也”。旧注中遇有不符合这个说法的，便认为有讹误，自行改正。段氏的认识和做法失之偏颇和武断。今人洪诚对此有中肯的批判。见洪氏《训诂学》，江苏古籍出版社 1984 年版，第 183—186 页。

5. 以"A,声如B"式拟音

《诗·大雅·崧高》:"往近王舅。"《郑笺》:"近,辞也。声如'彼记之子'之'记'。"

或作"音如",义同。如:

《诗·大雅·凫鹥》:"凫鹥在潨。"孔颖达《正义》:"潨,音如丛。"

6. 以"A,如B"式拟音

以"如"字描述事物B,比拟A字的读音。如:

《周礼·夏官·职方氏》:"八蛮七闽。"郑玄注:"《国语》曰:闽,芈蛮矣。"陆氏《释文》:"芈蛮,刘音如羊鸣,近'米'。"

谓"芈"字,刘昌宗所作的音如此。

7. 以"A,读为B"式拟音

《周礼·春官·肆师》:"凡四时之大甸猎,祭表貉。"郑玄注:"貉,师祭也。貉,读为十百之百。"

意谓"貉"为师祭之名,音如"百",谐取十得百,十倍之义,以增气势。再如:

《周礼·夏官·廋人》:"散马耳。"郑玄注:"郑司农云:'散,读为中散大夫之散,谓聒马耳,毋令善惊也。'"

贾公彦《疏》云:"先郑'散,读为中散大夫之散',取音同。"

三、反切法

反切法是汉魏之际出现的一种先进的标音方法,其式为"A,BC反"。"反"字或作"切",或作"翻",意思相同。此法的要点在于,以"BC"所代表的两个字拼读"A"所代表的被训字的读音,"BC反"称为反语,"B"代表反语上字,"C"代表反语下字,一般取上字的声母,取下字的韵母与声调,拼读以成"A"字之音。也就是上字定声,下字定韵与调。反切法比较科学,因此行用很久。从产生之日起,直到20世纪初注音字母出现之前,中间一千八百多年,一直作为主要的标音方法之一得以使用。熟习音韵学的人很容易掌握它,不大了解音韵学原理的学人,通过拼读练习,也可以掌握它。俗间流行的拼读练习方法之一是复念切语拼字,具体念法如下式:

B、C→B、C→CCB→A

将"东,德红反"这个反语代进公式,便是:

德、红→德、红→红红德→东

注意拼念时吐字要正确,先慢后快,最后冲出“A”所代表的字音。

历代训诂著作中所用的反切方式主要有“A,BC 反”“A,BC 切”“A,BC 翻”“A,BC 纽”“A,BC”五种。

1. A,BC 反

南北朝以上行用此式,后世也常用。如:

《尔雅·释言》:“逮,遝也。”陆氏《释文》:“遝,孙、郭徒答反。”

孙,孙炎;郭,郭璞。再如:

《论语·学而》:“吾日三省吾身。”朱熹《集注》:“省,悉井反。”

或者“BC 反”前加个“音”字,成“A,音 BC 反”式,意思不变。如:

《史记·五帝本纪》:“蓺五种。”张守节《正义》:“蓺,音鱼曳反。”

2. A,BC 切

唐代曾经怕造反,忌说“反”字,便改“反”字为“切”。以后历代或忌或不忌,故或变或不变。如:

《文选·(杨子云)甘泉赋》:“雷郁律于岩窔兮,电倏忽于墙藩。”李善注:“窔,一吊切。”

《礼记·学记》:“三年视敬业乐群。”元代陈澔《礼记集说》:“乐,五教切。”

3. A,BC 翻

变“反”为“翻”,也是为了避讳“造反”的“反”字,意思一样。如:

《通鉴·晋纪三十·孝武帝太元十七年》:“骠骑将军农自西津济。”元胡三省注:“骠,匹妙翻。骑,奇寄翻。”

《诗·大雅·公刘》:“干戈戚扬,爰方启行。”明代何楷《诗经世本古义》:“(行,)户郎翻。”

4. A,BC 纽

变“反”为“纽”,也是忌“造反”的“反”字,意同。如唐玄度《九经字样》于“乏”字下云:

平表纽。

即等于“平表反”。

5. A,BC

有些训诂著作随字双行细写标音时,即采取这种省略方式表反切。李善《文选注》中这类用例很多。如《西都赋注》:

其阴则冠古乱以九嵕子红，陪以甘泉。

此即等于“冠，古乱切”，“嵕，子红切”。

四、直音法

直音法利用同音字给所解字标音，是主要的标音方法之一，从南北朝一直到现在行用不已。历代所用的直音方式主要有“A，音 B”“A，声 B”“A，B 音”“A，B”“A，音 CD 之 B”五种。

1. A，音 B

这是本式，应用最广。如：

《史记·秦始皇本纪》：“王翦攻阏与、橑杨，皆并为一军。”裴骃《集解》：“徐广曰：‘橑，音老，在并州。’”

《尚书·尧典》：“分命羲仲宅嵎夷，曰旸谷。”陆氏《释文》：“嵎，音隅。旸，音阳。”

《左·桓·十三年》：“莫敖狃于蒲骚之役，将自用也。”今人杨伯峻《春秋左传注》：“狃，音纽，习也。”

值得注意的是，这种“A，音 B”训式在古代的训诂著作中有时还表示其他的含义：或用来表示文字的正借关系①；或用来表明误字，即表明 A 为误字，当作 B，非谓 A 读 B 音②；或用来表明避讳字，即表明 A 为避讳字，原字当为 B，非谓 A 有 B 音③。

2. A，声 B

此为变式，即变前式的“音”为“声”，意同。如：

《周易·说卦》：“阳卦奇。”宋代冯椅《厚斋易学》：“奇，声葦。”

3. A，B 音

这也是变式，即将第一式的“音 B”倒为“B 音”，意同。如：

《山海经·东山经》：“《东山经》之首，曰樕蛛之山。”袁珂《校注》：“郭璞云：‘速株二音。’”

此即等于“樕蛛，音速株”。

---

① 参见第九章第七节。

② 这一用法主要见于陆氏《释文》，参见第五章第二节中“校讹文所用基本校语”之（5）。

③ 如《公·桓·六年》：“子同生者孰谓？谓严公也。”《释文》：“严公，音庄，本亦作‘庄’。”此即谓“严公”之“严”为避讳汉明帝刘庄的“庄”字而改，原字当作“庄”，非谓“严”字有“庄”音。

4. A,B

这是省变式,省去第一式中的“音”字,即成此式。古代有些训诂著作随字作音,不复举被音字 A,只在 A 下旁加 B 字,表示直音。如《文选·江赋》李善注云:

璅蛣[诘]腹蟹,水母目虾[遐]。

此即等于“蛣,音诘”,“虾,音遐”。再如《风赋》注云:

堀[窟]堁[课],扬尘。

这也等于“堀,音窟。堁,音课”。宋代史崧《灵枢经音义》中也有这类训法。

5. A,音 CD 之 B

此为本式的扩展式,即给“B”加上修饰语“CD”,确定“B”的意义,从而以“CD 之 B”确定“A”的音义。当“B”所代表的字多音多义时,原式“A,音 B”便不能确切地释音,因此使用扩展式标音。如:

《周易·大过》王弼注:“音相过之过。”

“过”字有超过、过失之义,《广韵》古卧切,去声;又有过分之义,并用作国名及姓,《广韵》古禾切,平声。王注谓卦名《大过》之“过”是相过、超过之“过”,义定则音定,故有此释。下同:

《汉书·高帝纪》:“高祖为人,隆准而龙颜。”颜注:“文颖曰:音准的之准。”

五、标如字法

标如字法,其式为“A,如字”,表明所释字“A”应当按照常用义的音去读。释音中不是随意标如字,否则就失去了标音的意义。只有当所释字多音多义,需要确定在特定的上下文中应该是哪一义、哪一音时,或同字互见,上下异义时,才标注“如字”。自陆氏《释文》以下,直到晚近,此法历代沿用不已。主要有“A 如字”“A 音如字”“A,依字读”三种训式。

1. A 如字

此为本式。如:

《毛诗·郑风·将仲子》:“岂敢爱之,畏我父母。”郑玄《笺》:“段将为害,我岂敢爱之而不诛与?”陆氏《释文》:“‘段将’,此一‘将’字如字。”

意谓《笺》文“将”字要按常用义“将要”之“将”的音来读,就是《广韵》即良切的读法,音"浆"。陆氏之所以在这里标如字,因为本诗篇题《将仲子》的"将"字,《毛传》训为"请也",《释文》标注"七羊切",音"锵"。此即属于同字异义,上下文互见,故有此训。下同:

《史记·项羽本纪》:"以恶食食项王使者。"张守节《正义》:"上食如字,下音寺。"

《荀子·不苟》:"君子行不贵苟难。"唐代杨倞注:"行,如字。"

"行"字多音多义,故此处虽只有一个行字,也标注如字,谓属于"行为"之"行"。

2. A 音如字

此为变式,前式加"音"字,即成此式,意同。如:

《史记·五帝本纪》:"披山通道。"《索隐》:"'披'音如字,谓披山林草木而行以通道也。"

《史记·周本纪》:"召公、周公二相行政,号曰'共和'。"《索隐》:"'共'音如字。"

3. A,依字读

此与本式的表达法不同,但意思一样,即按照该字的常用义读。当语境变而词义异或当别人对所解字的释音有误时,为了强调如字读的意思,便改称"依字读"。如:

《毛诗·齐风·南山·序·传》:"襄公使公子彭生乘而搤杀之。"陆氏《释文》:"乘,绳证反。一本作'彭生乘公',乘则依字读。"

意谓两种本子"乘"字所在的语境不同,作"彭生乘"时,"乘"下无宾语,表示驾车载物的意思,读绳证反,音"剩";作"彭生乘公"时,"乘"下有宾语,表示趁机制裁的意思,当依照常义读,读食陵切,音"承"。再如:

《史记·殷本纪》:"以西伯昌、九侯、鄂侯为三公。"《索隐》:"九,亦依字读,邹诞生音仇也。"

意谓邹氏音读未妥,当如字读八九十之"九"。

六、标四声法

自从南齐永明年间沈约、谢朓等人倡明四声学说之后,训诂家们便借助四声别义的功能进行标音,唐宋以下,直到今天,沿用不已。如:

《史记·五帝本纪》:"置左右大监,监于万国。"张守节《正义》:"监,上监去声，下监平声。”

意谓上“监”字为官署名，读去声；下“监”字表动作，读平声。再如：

《周礼·天官·内饔》：“割亨煎和之事。”明代王应电《周礼传》：“和，去声。”

有些训诂著作以四声释音，不说“声”字，换说“读”字。如：

《周易·履·六三·象》：“位不当也。”明代熊过《周易象旨决录》：“据俞氏，‘当’，平读。”

此即不说“当，平声”，而说“当，平读”。

七、叶音法

叶音的“叶”字读 xié，同“协”。叶音的意思是说，古代《诗经》的语音跟后代的语音是一样的，押韵不和谐的地方，应临时改读韵字之音，以求和谐。这种认识和标音方法是错误的。对此，明代陈第在《毛诗古音考》中已作了批判。他指出：“时有古今，地有南北，字有更改，音有转移，亦势所必至。”即谓古今字音不同，今天相同的字音，古代可能不相同；今天不相同的字音，古代又可能相同。因此，用后世读音改读古韵字，以求和谐，是不对的。后来，顾炎武《诗本音》又进一步推明了这个看法，否定了叶音。不过，晚近有人批判叶音说，以宋代朱熹为罪魁祸首，失于详考。其实，叶音说在南北朝及隋唐时代就有了，只是那时不称“叶音”，而称“协韵”“协句”。到了宋代，吴棫、朱熹加以推广，影响扩大，下至明清，行用了七百多年，余波及于晚近。因此，叶音虽然是一种错误的标音法，但由于在历史上曾经应用较广，也需要有所了解。如：

《诗·邶风·燕燕》：“燕燕于飞，下上其音；之子于归，远送于南。瞻望弗及，实劳我心。”陆氏《释文》：“南，如字。沈云：‘协句宜乃林反。’”

此即谓沈重为了使“南”字跟“音”“心”协韵，认为宜按时音改读为乃林反。其实，这三个字在《诗经》时代都属于侵部，是协韵的，用不着按后世的语音改读。再如：

《诗·召南·行露》：“谁谓鼠无牙？何以穿我墉？谁谓女无家？何以速我讼？虽速我讼，亦不女从。”朱熹《诗集传》（于“家”字下）：“叶各空反。”

意谓此处的“家”字当改读“公”字的音，以便与上下的墉、讼、从三字叶韵。其实,这章诗属于交韵,“家”与“牙”隔句交韵,同属鱼部;墉、讼、从为韵,同属东部。家字用不着改读取叶。又如明代张次仲《待轩诗记》卷一于《葛覃》诗末二句标注叶音为:

害浣害否$\substack{\text{叶}\\\text{痞}}$,归宁父母$\substack{\text{叶}\\\text{米}}$。

即为了使“否”“母”两字与上文“归”“衣”两字叶韵,分别改读为“痞”“米”。其实,此章六句,前四句为交句韵,“归”“衣”同属微部;后两句为句句韵,“否”“母”同属之部,用不着改读取叶。

八、用拼音字母标音法

1. 用注音字母标音

注音字母四十文,公布于1918年11月。用它来拼注字音,使汉字标音法在反切的基础上进一步科学化。此后出现的训诂著作逐渐采用注音字母标音。如《儒林外史》第八回:“遇着宁王百十只艨艟战船。”作家出版社1954年版对其中的“艨艟”二字标音为:

艨(ㄇㄥˊ)艟(ㄊㄨㄥˊ)

不过大部分的训诂著作使用注音字母标音时多采用组合标音法,例子见下节。

2. 用汉语拼音字母注音

此为目前最科学的汉字标音方法。如:

《西游记》第五回:“酕醄醉了。”黄肃秋注:“酕(máo)醄(táo)。”

再如:

《三国演义》第三十六回:“可念劬劳之恩。”人民文学出版社1973年版注:“劬(qú)劳。”

第三节 组合标音法及其他标音法

一、组合标音法

组合标音法是指采用两个以上的基本标音法来标注所解字的多种读音或一种读音的标音方法,故可分为两类。

1. 标注多种读音的组合法

这种组合标音法的用处是存异读,广异闻,备考校。其组合形式多种多样，没有定例，随字而设。或用两个以上的反切标音。如：

《尚书·尧典》："鸟兽氄毛。"陆氏《释文》："氄，如勇反，徐又而充反，又如充反。"

《经典释文》凡一字连标数音，第一个音是作者认可的正读，其余均为异读，以广闻见。如该书《序录》谈到采录前人文字音训的编例时说："若典籍常用，会理合时，即便遵承，标之于首。其音堪互用，义可并行，或字有多音，众家别读，苟有所取，靡不毕书，各题氏姓，以相甄识。义乖于经，亦不悉记。其'或音''一音'者，盖出于浅近，示传闻见。"此例"徐又而充反""又如充反"，即是所谓"各题氏姓"，指徐邈音切。再如：

《周礼·天官·大宰职》："以九赋敛财贿。"明王应电《周礼传》："贿，月鬼、兴鬼二切。"

或用直音加反切标音。如：

《史记·周本纪》："惧太子钊之不任。"张守节《正义》："钊，音招，又古尧反。"

或用直音加直音标音。如：

《老子》上篇："不贵难得之货，使民不为盗。"何晏注："贵货过用，贪者竟趣，穿窬探箧，没命而盗。"陆氏《释文》："窬，音俞，又音豆。"

《史记·孝景本纪》："置南陵及内史祋祤为县。"《索隐》："祤，音羽，又音诩。"

或用如字加反切标音。如：

《庄子·逍遥游》："蜩与学鸠笑之曰……"陆氏《释文》："学鸠，如字，一音于角反，本又作鸴。"

《周易·大有·九四》："匪其彭。"元代吴澄《易纂言》："彭，陆氏步郎切，又如字。"

或用如字加直音标音。如：

《史记·秦本纪》："天子致伯。"《正义》："伯，音霸，又如字。"

《大学》朱熹《章句》："大，旧音泰，今读如字。"

或用如字加叶音标音。如：

《诗·召南·采蘋》："于以奠之，宗室牖下。"陆氏《释文》："下，如字，协韵则音户。"

或用叶音加直音标音。如：

《诗·鄘风·君子偕老》:"副笄六珈。"朱熹《诗集传》:"音加,叶居河反。"

2. 标注一种读音的组合法

此法起于晚近。国语注音字母和汉语拼音方案相继颁布以来,训诂家先后用这两种字母为所解字标音,唯恐对不识字母的读者有妨碍,便同时加注直音,有时还加注四声。如喻守真《唐诗三百首详析》于张九龄《感遇》诗"兰叶春葳蕤"句下注道:

葳,ㄨㄟ,平,音威;蕤,ㄖㄨㄟ,平。

即用标注音字母,标四声,标直音三种方法组合标注"葳"字的音,由于后一字找不到常见易识的同音字,故没标直音。再如郭化若《孙子今译》于《虚实》篇"以吾度之"句下注道:

度(duó 夺),推测,判断。

由于用了四声符号,不另标四声,拼音后边的"夺"字即表直音。又如:

《孟子·万章上》:"为不若是恝。"杨伯峻《译注》:"恝,音介(jiè),又音戛(jiá)。"

先标直音,又注汉语拼音,表明此字两读。又如冯浩菲、徐传武《李贺诗选译》于《马诗》十二"批竹初攒耳"下注道:

攒(cuán 窜$_{阳平}$)耳:谓双耳聚拢向上。

因为"攒"字无常见易识的同音字标直音,故用"窜"字的阳平声权相代替。这样标音冗长了一点,但对不习拼音字母的读者来说仍有帮助。

二、其他标音法

其他标音法是指采用基本标音法或组合标音法标音时,出于不同考虑而使用的有关行文方法和方式。主要有以下五类。

1. 义通换读法

此法由今人沈兼士发明并立为音释一法。沈氏在《吴著经籍旧音辨证发墨》[①]一文中云:

汉魏人作音之例,殆有非段玉裁《周礼汉读考》读如、读为、当为三例所能赅括者。盖古注中注音之字,往往示义,而释义之文,亦往往示音,

① 《沈兼士学术论文集》,中华书局1986年版。

不如后世字书中音义分界之严，故其注音不仅言通用，且以明同用，不如后世韵书反切之但识读音而已。通用者义异而音通，即假借之一种，人习知之。同用者，辞异而义同，音虽各别，亦可换读，此例自来学者均未注意及之。缘初期注音，往往随文义之便而设，多含有不固定性，后世韵书概目为一成不变之读法，古意寖失矣。

意谓汉魏人训诂注音，方式多，灵活性大，所作音释往往不固定，特标举以注音方式明正借和以注音方式表示两字义通换读两法为说，前者早已大明于世，故略而不论，后者学界未知，故特加表明。沈氏又在《汉字义读法之一例》一文中进一步阐发了他的这个观点。要而言之，根据沈氏的看法，汉魏人注音，如遇所释原字较为罕见，便用与它义可相通的通行字改换它的读音，标以通行字的读音。这种注音方法，便称为义通换读法。如：

《诗·曹风·候人》："维鹈在梁，不濡其咮。"《毛传》："咮，喙也。"陆氏《释文》："喙，虚秽反，又尺税反，又陟角反，鸟口也。"

"虚秽""尺税"二反，当是"喙"字的音切，"陟角反"则是"啄"字的音切。由于"喙"是"啄"的体件，"啄"是"喙"的利用，二字义可互通。"喙"字本无"啄"字之音，但由于较为罕见，音释家便临时改换成通行的"啄"字之音。再如：

《周礼·天官·大宰之职》："二曰教典，以安邦国，以教官府，以扰万民。"陆氏《释文》："扰，而小反，郑而昭反，徐、李寻伦反。"

"而小""而昭"二反是"扰"字的音切，"寻伦反"则是"驯"字的音切。"扰"字本无"驯"字之音，但由于此处用为"驯顺"之义，较为罕见，故徐、李二家便依义作音，换成通行而跟它义通的"驯"字之音。

义通换读法虽然是错误的、不可取的，但它的确是古代音释家曾经使用过的一种类似于叶音法的权宜之法，作为一种音释方法历史地存在着，有必要加以了解。沈氏揭明此法，在文献学和训诂学上来说，无疑是一个重要贡献，至少它可以帮助学者正确理解与此有关的音释材料，澄清向来在这类问题研究中出现的各种错误认识。

2. 摘字标音法与连引标音法

陆氏《经典释文序录》云："旧音皆录经文全句，徒烦翰墨。今则各标篇章于上，摘字为音。虑有相乱，方复其录。唯《孝经》童蒙始学，《老子》众本多乖，是以二书特纪全句。"这里讲的正是摘字标音与连引标音的方法，换言之，摘字标音，是指标音时只写所解字，不连写别的文字。相反，连引标音，是指标音时要把与所解字相连的一些字也写出来,但只标所解字的音,不标别的字的音。大凡所解字词性单纯,义项易明,而在该注所包括的上下文中又只有一见时,便可采用摘字标音的办法,因为这样比较简便、省事,又不会发生误解;反之,大凡所解字词性多变,义项难明,或在该注所包括的上下文中不止一见时,便应采取连引标音的方法,因为倘不连引,词义不明,或不清楚究竟该给哪个字标音。至于连引上文还是下文,连引多少字,视具体情况而定,以尽量简明为原则。摘字标音最为常见,上文所举大都属于这方面的例子,不烦赘述。连引标音的例子上文中也有,但比较少,以下再举几例,略加说明。如陆氏《释文·周礼音义》于《典命》下云:

适子,丁历反。

这条音释是给《典命》下的"凡诸侯之適子誓于天子"句中的"適"字标音。由于《释文》属于释音专著,不录《周礼》原文,而"適(适)"字又有动词(表示往、去之义)和形容词(为"嫡"的通用字)两种常见用法,如果只出"適"字,音释就比较隐晦,读书不多的人一下子不易明白。连引"子"字作音,音释就很清楚,因此连引标音。但如果是随文注释,一看原文很明白,那就用不着连引。再如:

《尚书·旅獒》:"人不易物,惟德其物。德盛不狎侮。"某氏《传》:"盛德必自敬,何狎易侮慢之有?"

陆氏《释文》给经与《传》中的两个"易"字分别标音,为了有所区别,便连引"不"字与"狎"字,其文如下:

不易,羊质反。狎易,以豉反。

又如:

《孟子·万章上》:"益之相禹也,历年少,施恩泽于民未久。舜、禹相去久远。"朱熹《集注》:"'之相'之'相',去声。'相去'之'相',如字。"

原文中两个"相"字用法及意义不同,故连引标音。朱氏嫌前人连引而不说明,易致误会,故加以说明。陆氏的"不易,羊质反",若按朱氏说,则为"'不易'之'易',羊质反",显然更清楚。前修未密,后出转精。

3. 依注标音法

所谓"依注标音法",就是根据旧注义训,给所解字标音。南北朝时期的音义体训诂著作及陆氏《释文》就是这样做的。如陆氏《毛诗音义》于《大雅·

民劳》下云：

“能迩”，徐云：毛如字，郑奴代反，伽也。“伽”，检字书未见所出。《广雅》云“如，若也，均也”，义音相似而字则异，旧音如庶反，义亦难见。

此即引徐邈音释如此。“伽”字以下，系陆氏自说。我们知道，《毛传》不作音，郑玄时代反切未行。徐氏所云“毛如字，郑奴代反”，是他根据《毛传》《郑笺》所作的音释，非毛、郑自有音释。请看下文：

《大雅·民劳》：“柔远能迩，以定我王。”《毛传》：“柔，安也。”《郑笺》：“能，犹伽也。迩，近也。安远方之国，顺伽其近者，当以此定我国家，为王之功。言‘我’者，同姓亲也。”

对这两句诗，《毛传》只有一训，即“柔，安也”，可知毛亨认为“能”字按照常用义读，故徐氏据以作音，谓“毛如字”。《郑笺》注释详细，训“能”为“伽”，译为“顺伽”之义，故徐氏据当时所见资料作音，谓“郑奴代反”。到陆氏撰《释文》时，徐氏所见资料已亡佚，故陆氏“伽”下注云：“检字书未见所出。”再如：

《毛诗·豳风·狼跋》：“公孙硕肤，赤舄几几。”《毛传》：“公孙，成王也，豳公之孙也。硕，大；肤，美也。”《郑笺》：“公，周公也。孙，读当如‘公孙于齐’之‘孙’，孙之言孙遁也。”

“公孙”之“孙”，《毛传》训为子孙之“孙”，为常义；《郑笺》改读为“逊遁”之“逊”。故陆氏《释文》云：

“公孙”，毛如字，公孙，成王也。郑音逊。公，周公也。孙，遁也。

由此可知，凡陆氏《释文》及其前后所出现的其他音义体训诂著作中所谓的“毛如字”“郑 AB 反”，或“毛 AB 反”“郑音 B”之类的标音方法，均属于陆氏等人依照毛、郑旧注所作音释，非毛、郑时代能有此类标音方法。

4. 辨正字音法

历代训诂家在给所解字标音时，如果遇到音释错误、字音递变及同字异义异读等方面的问题，往往加以辨正说明，方便读者。可分为随文注释中辨正字音和专门辨正字音两类。

1）随文注释中辨正字音

有的辨正旧注音释错误。如：

《史记·孝文本纪》：“其少女缇萦自伤泣。”司马贞《索隐》：“缇，音啼。邹氏音体，非。”

《汉书·文帝纪》：“母曰薄姬。”颜氏注：“如淳曰：‘姬，音怡，众妾之总称。《汉官仪》曰姬妾数百,《外戚传》亦曰幸姬戚夫人。'臣瓒曰:'《汉秩禄令》及《茂陵书》姬并内官也。秩比二千石,位次婕妤下,在八子上。'师古曰:姬者,本周之姓,贵于众国之女,所以妇人美号皆称姬焉。故《左氏传》曰:'虽有姬、姜,无弃蕉萃。'姜亦大国女也。后因总谓众妾为姬。《史记》云'高祖居山东时好美姬',是也。若姬是官号,不应云幸姬戚夫人,且《外戚传》备列后妃诸官,无姬职也。如云众妾总称,则近之。不当音'怡',宜依字读耳。瓒说谬也。"

有的说明字音嬗变。如:

《史记·五帝本纪》:"汤汤洪水滔天。"《正义》:"汤,音商,今读如字。荡荡,广平之貌。言水奔突有所涤除,地上之物为水漂流荡荡然。"

即谓此"汤"与"荡"字通用,旧音"商",今应读作"荡"音。有的说明同字异义故异读。如:

《孟子·梁惠王上》:"然而不王者,未之有也。"朱熹《集注》:"王,去声。凡有天下者人称之曰'王',则平声;据其身临天下而言曰'王',则去声。"

2)专门辨正字音

在历代考证体训诂著作中,对前人的音释错误,多有专门辨正。如唐代李匡义《资暇集》卷中"急急如律令"条云:

符祝之类,末句"急急如律令"者,人皆以为如饮酒之律令,速去不得滞也。一说汉朝每行下文书,皆云"如律令",言非律非令之文书行下,当亦如律令,故符祝之类末句有"如律令"之言。并非之也。案:"律令"之"令"字,宜平声读为零。(自注:音若《毛诗》"卢重令"之"令",若人姓"令狐氏"之"令"也)律令是雷边捷鬼,学者岂不知之?此鬼善走,与雷相疾速,故云如此鬼之疾走也。

再如王引之《经义述闻》卷十九"迋,求枉反"条下云:

二十一年《传》:"子无我迋,不幸而后亡。"杜注曰:"迋,恐也。"《释文》:"迋,求枉反,恐也。"引之谨案:求,本作"邱",浅人改之也。"迋"之本训,为往来之往。(自注:迋,于放切。《说文》:"迋,往也。从辵,王声。"引《春秋传》曰:"子无我迋。"盖谓《左传》借用"迋"字,非谓其训为往也。训往,则义不可通)借以为恇惧之恇。恇有邱往反之音。(自注:"邱往"与"邱枉"同)《礼器》:"众不匡惧。"郑注曰:"匡,犹恐也。"《释文》:匡作恇,音匡,又邱往反。是也。迋训为恐,则与恇同,故亦音邱枉反。若音求枉反,则当训为诳欺,不得训为恐矣。《郑风·扬之水》篇:“人实迋女。”《释文》:“迋,求枉反,诳也。”《定·十年传》:“是我迋吾兄也。”《释文》:“迋,求枉反,欺也。”与音邱往反而训为恐者不同。浅人习见迋字有求往反之音,辄改邱为求,而不知字虽同而音义则异也。段氏《说文注》谓“人实迋女”之迋为诳之假借,是也;而谓“子无我迋”之迋亦同,则非也。“子无我迋”,乃恇之假借,言子毋以是言恐惧我,今日之事,不幸而后死亡,幸犹不亡也。岂诳之假借乎?

5. 原文与注文兼音法

陆氏《经典释文序录》云:“先儒旧音,多不音注,然注既释经,经由注显,若读注不晓,则经义难明。混而音之,寻讨未易。今以墨书经本,朱字辩注,用相分别,使较然可求。”这说明他既给原文标音,又给旧注标音,而且他的稿本原来还是用朱、墨两色写成,即用墨笔给原文标音,用红笔给注文标音。原文与注文兼音,方便读者,是可取的。《释文》主要给《易》《书》《诗》等十四种经籍标音,因此给原文标音的例子无须多论,其中给注文标音的用例也很多。如上节“标如字法”中的“A,如字”一式下所引《诗·将仲子·笺·释文》及“A,依字读”一式下所引《诗·南山·序·传·释文》就是这方面的例子。现在我们给古籍作注释,也应该继承这种原文与注文兼音的方法,特别是普及读物,更应该如此。

第八章　释词(上)

解释词义是训诂的主要方面和主要任务之一,因此研究释词方法和理论也就成了训诂学的主要内容之一。

历代训诂著作体现出来的释词方法多种多样、千差万别,但提纲挈领,类聚参合,可以分为义训法、声训法、形训法、考辨法四类。前三类是基本的分类,前人看法大致相同;考辨法是前三类的综合应用,不仅用于释词,还用于解句、标点、校勘等其他训诂方面,故在第十四章综合性训解中一并予以介绍。以下分章分节,逐一介绍前三类释词法。

第一节　义训法(一)·专门训法

义训法是直接从词义角度出发确定被训词的含义的释词方法,可以分为专门训法与通用训法两大类。所谓"专门训法",是指专门用于有关词类的训释方法;所谓"通用训法",是指原则上可以通用于各类词的训解的训释方法。本节主要介绍专门训法。

历代训诂所使用的专门训法主要有名词训法、动词训法、形容词训法、数量词训法、代词训法、助词训法、叹词训法、象声词训法八类。

一、专释名词的训法

名词的训释,旧称名物训诂,是专门训法中的大类。比如《尔雅》十九篇,除前三篇之外,后十六篇基本上都是关于各类名物的训释。其他各种训诂工具书和所有其他训诂著作大都如此,其中名词的训释所占比例最大。因此,了解名词的训释方法,对于掌握整个专门训法乃至整个释词法来说都是非常重要的。今将名词训法分为人名训法和物名训法两类来介绍。

(一)专释人名的训法

注解一部书,对于其中出现的比较生疏的人名应该酌情给予解释,以便读者更好地理解文意。这方面的训法主要有以下七类。

1. 释以姓氏、名、字、号等

古人有姓,有名,有字,有号,有谥,有排行等,如果是贵妇人,开头还要冠以娘家国名。有些古书中,同一个人一处称名,一处称字,一处称号,一处称谥,一处称排行,一处称地望,容易引起理解上的混乱。因此,注解中遇到这类成分同人共见时,应该分别指明哪是国名,哪是姓,哪是名,哪是字等;如果互见,则应互释,如见名释以字,见字释以名,余可类推。如:

> 《春秋·桓·四年》:"夏,天王使宰渠伯纠来聘。"杜预《集解》:"宰,官;渠,氏;伯纠,名也。"

此即分别指明人名的各种成分。再如:

> 《穀·成·元年》:"萧同姪子处台上而笑之。"范宁《集解》:"萧,国也;同,姓也;姪子,字也。"

或以号释名。如:

> 《孟子·告子下》:"慎子勃然不悦,曰:'此则滑釐所不识也。'"赵岐《章句》:"滑釐,慎子名。"

或以名释官爵。如:

> 《左·僖·十九年》:"宋人执滕宣公。"明代王道焜等《左传杜林合注》:"林,即经书婴齐。"

《春秋·僖·十九年》:"宋人执滕子婴齐。"可知林氏以名释君号,意谓"滕宣公"就是婴齐。或以名释字。如:

> 《孟子·公孙丑上》:"宰我、子贡善为说辞。"杨伯峻注:"宰我,孔子弟子宰予。子贡,孔子弟子端木赐。"

或以名释谥。如:

> 《世说新语·规谏》:"文靖之德,更不保五亩之宅。"徐震堮《校笺》:"文靖,谢安谥曰文靖。"

或以本名释讳名。如:

> 《汉书·王贡两龚鲍传》:"依老子、严周之指,著书十余万言。"颜师古注:"严周,即庄周。"

此因避汉明帝刘庄讳而改。或释复姓。如：

《汉书·沟洫志》："宜遣焉及将作大匠许商、谏大夫乘马延年杂作。"颜师古注："孟康曰：'乘马，姓也。'"

或释省名。如：

《后汉书·张衡传》："松、乔高跱孰能离？"颜师古注："松，赤松子也；乔，王子乔也。"

或明行辈。如：

《唐诗三百首·（刘长卿）饯别王十一南游》喻守真《详析》："十一，行辈之称，非名字。"

2. 释为何处人

《吕览·有始览·听言》："解在乎白圭之非惠子也。"高诱注："白圭，周人也。"

《淮南子·人间》："田子方见老马于道。"高诱注："田子方，魏人。"

3. 释为何种人姓名

《尚书·舜典》："帝曰：'畴若予工？'佥曰：'垂哉。'"宋代苏轼《书传》："垂，臣名。"又："垂拜稽首，让于殳斨暨伯与。"《书传》："二臣名。"

《史记·秦本纪》："齐使章子，魏使公孙喜，韩使暴鸢，共攻楚方城。"司马贞《索隐》（于"暴鸢"下）："韩将姓名。"

大凡时代久远，书阙有间，注者难知其他详细情况，便根据上下文推知文中人名为何人姓名。如舜为帝，与臣下言，大家推举"垂"，故知垂为舜之臣名。再如韩国使暴鸢攻楚，故知暴鸢为韩将姓名。

4. 释以亲属关系

亲属关系明，文意自明，故注释家遇到人名，往往说明其亲属关系。如：

《论语·泰伯》："子曰：'泰伯，其可谓至德也已矣。'"何晏《集解》："王曰：'泰伯，周太王之长子，次弟仲雍，少弟季历。'"

知道泰伯为周太王的长子，就联想起让国的事迹，"至德"的含义也就明白了。又如：

《左·文·十四年》："齐公子元不顺懿公之为政也。"明代王道焜等《左传杜林合注》："林：公子元，懿公之兄。"

5. 释以官爵、身份

说明官爵、身份，文意往往也就明白了。如：

《论语·颜渊》:"季康子问政于孔子。"何晏《集解》:"郑曰:康子,鲁上卿,诸臣之帅也。"

《淮南子·人间》:"秦牛缺径于山中而遇盗,夺之车马。"高诱注:"牛缺,隐士。"

6. 释以专长所好

《吕览·开春论》:"子华子见昭釐侯。"高诱注:"子华子,体道人也。"

《孟子·告子上》:"至于味,天下期于易牙。"朱熹《集注》:"易牙,古之知味者。"

7. 详解

此即综合诸法,详加解释。如:

《穀·文·元年》:"天王使毛伯来锡公命。"范宁《集解》:"毛,采邑;伯,字。天子上大夫也。"

《列子·天瑞》"粥熊曰",晋代张湛注:"周文王师,封于楚,著子书二十二篇。"

《后汉书·西羌传》:"秦穆公得戎人由余,遂霸西戎,开地千里。"唐代李贤等注:"由余,其先晋人也,亡入戎。戎王闻穆公贤,使由余观秦,秦穆公以客礼待之。秦遗戎王以女乐,由余谏,不听,由余乃降秦,为谋伐戎。"

《史记·货殖列传》:"昔者越王勾践困于会稽之上,乃用范蠡、计然。"司马贞《索隐》:"计然,韦昭云范蠡师也。蔡谟云蠡所著书名《计然》,盖非也。徐广亦以为范蠡之师,名研,所谓'研、桑心计'也。《范子》曰:'计然者,葵丘濮上人,姓辛氏,字文,其先晋之公子。南游越,范蠡事之。'《吴越春秋》谓之'计倪'。《汉书·古今人表》计然列在第四,则'倪'之与'研'是一人,声相近而相乱耳。"

后一例带有考辨性质,因人名训释旧有疑误,故加以考辨。

(二)专释物名的训法

甲　单训法

单训法,即一个被训词只有一个训语,训释任务一次完成。主要有以下十类。

1. 释以异名

由于古今方俗的差异,同一种事物往往有不同的名称。以古今异名相

释,往往会变难为易,广闻博识。如:

《诗·鄘风·蝃蝀》:“蝃蝀在东。”《毛传》:“蝃蝀,虹也。”

《汉书·司马相如传》:“外发夫容陵华,内隐巨石白沙。”颜师古注:“应劭曰:夫容,莲华也。陵,芰也。”

2. 释以类属

1)释以类名

(1)仅以类名为释

《周礼·冬官考工记》:“鸜鹆不逾济。”郑玄注:“鸜鹆,鸟也。”

《后汉书·马融传》:“厉云汉,横天潢。”李贤等注:“天潢,星也。”

鸟、星,都是类名,用以释所属具体物名“鸜鹆”“天潢”。

(2)以类名加“名”字为释

其训式为“A,B 名”。如:

《尚书·禹贡》:“彭蠡既猪。”某氏《传》:“彭蠡,泽名。”

《逸周书·克殷》:“武王乃手太白以麾诸侯。”晋代孔晁注:“太白,旗名。”

2)释以某属、某类

某属,即某类所属之物;某类,即直指其类。训式分别为“A,B 属”“A,B 类”。如:

《文选·(曹子建)白马篇》:“仰手接飞猱,俯身散马蹄。”李善注:“猱,猨属也。”

《庄子·秋水》:“南方有鸟,其名为鹓鸰。”王先谦《集解》:“李云:鸾凤之属。”

《尔雅·释虫》:“螫,蟆。”晋代郭璞注:“蛙类。”

以上1)至2)类,都是以大名(如“星”)释小名(如“天潢”),训义比较粗略。

3)释以某别

某别,类中见别,即某类之别种。训式为“A,B 别”。如:

《说文》禾部:“稗,禾别也。”

段玉裁注:“谓禾类而别于禾也。”又于《禾部》“秔,稻属”下注:“凡言‘属’者,以属见别也。言‘别’者,以别见属也。重其同则言属。‘秔’为‘稻属’是也。重其异则言别。‘稗’为‘禾别’,是也。”又如:

《后汉书·盖勋传》:“句就种羌滇吾素为勋所厚。”李贤等注:“句就,羌别种也。”

4)同类相释

以同类事物相释,目的在于以此明彼,非训彼为此。如:

《诗·秦风·小戎》:“厹矛鋈錞。”《毛传》:“錞,鐏也。”

古代矛戟有柄,柄下端束以铁器,有尖有平,尖的叫鐏,平的叫錞。可知鐏、錞同类而非同物,故以鐏释錞,意在取类相明而已。又如:

《汉书·五行志》:“刻桷丹楹。”颜师古注:“臣瓒曰:‘桷,榱也。’”

5)以小明大

以小明大,即举用具体事物的小名,来说明所属的大类。如:

《周礼·地官·大司徒职》:“丘陵,其动物宜羽物,其植物宜核物。”郑玄注:“羽物,翟、雉之属。核物,李、梅之属。”

《周礼·地官·大司徒职》:“一曰山林,其动物宜毛物。”宋代朱申《周礼句解》:“毛物,狐、貉之属。”又:“其植物宜皂物。”《句解》:“皂物,柏、栗之属。”

此类与2)所述不同,当注意区别。

3.释以特征

事物以特征相区别,指出所释名物的特征,训义自然就比较精确。如:

《诗·卫风·竹竿》:“桧楫松舟。”《毛传》:“桧,柏叶松身。”

《汉书·地理志》:“鸟夷卉服。”颜师古注:“鸟夷,东南之夷善捕鸟者也。”

4.类属和特征兼释

此类主要有四种训法。

1)以“A,B之C者”式为释

“B”代表大类,“C”代表特征。如:

《仪礼·士昏礼》:“宾降,出。主人降,授老雁。”郑玄注:“老,群吏之尊者。”

《吕览·恃君览》:“制禽兽,服狡虫。”高诱注:“狡虫,虫之狡害者。”

2)以“A,B次C者”式为释

“B”代表类名,“次C”表示特征。如:

《诗·王风·丘中有麻》:“贻我佩玖。”《毛传》:“玖,石次玉者。”

《尚书·禹贡》:“瑶琨筿簜。”孔颖达《正义》:“瑶、琨,美石次玉者也。”

3)以“A,BC之D”式为释

“BC”表示特征,“D”代表类名。如:

《礼记·月令》:“鹖旦不鸣。”郑玄注:“鹖旦,求旦之鸟。”

《左·哀·六年》:“战于庄,败。”杜预《集解》:“庄,六轨之道。”

4)一般训法

《汉书·司马相如传》:“黄甘橙榛。”颜师古注:“郭璞曰:‘黄甘,橘属而味精。’”

《通鉴·齐纪一·武帝永明元年》:“豫章王嶷自东府乘飞鷰东迎太子。”胡三省注:“飞鷰,名马也。”

5. 释以用处

常用的主要训式为“A,所以BC也”。如:

《诗·邶风·柏舟》:“我心匪鉴。”《毛传》:“鉴,所以察形也。”

《周礼·夏官·大司马职》:“左执律,右秉钺。”郑玄注:“律,所以听军声;钺,所以为将威也。”

《孟子·滕文公上》:“负耒耜而自宋至滕。”朱熹《集注》:“耜,所以起土。”

此外,释事物的用处还有各种各样的训法。如:

《尔雅·释木》:“杨,蒲柳。”郭璞注:“可以为箭。”

《汉书·卜式传》:“仓府空。”颜师古注:“仓,粟所积也。府,钱所聚也。”

6. 用处和类属兼释

《尚书·禹贡》:“砺砥砮丹。”某氏《传》:“砮,石中矢镞。”

“石”,类属。“中矢镞”,可用作箭头。

《淮南子·说山》:“玉待礛诸而成器。”高诱注:“礛诸,攻玉之石。”

7. 释以规制

《诗·秦风·无衣》:“修我戈矛。”《毛传》:“戈,长六尺六寸。矛,长二丈。”

《孙子·谋攻》:“全军为上,破军次之;全旅为上,破旅次之;全卒为上,破卒次之;全伍为上,破伍次之。”今人郭化若《简注》:“军,古时以一万二千五百人为军。旅,古时以士卒五百人为旅。卒,古时以士卒一百人为卒。伍,古时以士卒五人为伍。”

8.释所在

此为专释地名的训法。基本训式为“AB,在CD”。或释在何处。如:

《周礼·夏官·职方氏》:“东北曰幽州,其山镇曰医无闾。”郑玄注:“医无闾,在辽东。”

《汉书·高帝纪》:“南渡平阴津。”颜师古注:“苏林曰:在河阴。”

或释故城在何处。如:

《史记·白起王翦列传》:“王龁攻皮牢,拔之。”张守节《正义》:“故城在绛州龙门县西一里。”

或释今之何处。如:

《后汉书·光武帝纪》:“有五凤皇见于颍川之郏县。”李贤等注:“郏,今汝州郏城县也。”

9.释为何种人之称呼

这是专释称谓的训法。基本训式为“A,BC之称”。如:

《仪礼·士冠礼》:“愿吾子之教之也。”郑玄注:“子,男子之美称。”

《周易·归妹》王弼注:“妹者,少女之称也。”

10.释以职务

这是专释官名的训法。基本训式为“AB,(做)CD者”。如:

《诗·曹风·候人》:“彼候人兮。”《毛传》:“候人,道路送迎宾客者。”

《周礼·秋官》序官《方士》,郑玄注:“方士,主四方都家之狱者。”

乙　连训法

连训法,即一个被训词有两个训语,训释任务两次完成。连训法的训义比单训法详密。各种单训法互相组合,便成连训法。比如,或释以又名及其用处:

《仪礼·乡射礼》:“乏参侯道,居侯党之一,西五步。”郑玄注:“容谓之乏,所以为获者御矢也。”

乏,又称作“容”,用革制成,可以容身。

《尔雅·释草》:“茹藘,茅蒐。”郭璞注:“今之蒨也,可以染绛。”

或释以类属及其特征。如:

《楚辞·离骚》:“贯薜荔之落蕊。”东汉王逸注:“薜荔,香草也,缘木而生。”

《尔雅·释鸟》:“鹏鸰,雍渠。”郭璞注:“雀属也,飞则鸣,行则摇。”

或释以类属及其用处。如:

《史记·货殖列传》:“夫山西饶材、竹、榖、纑、旄、玉石。”司马贞《索隐》:“榖,木名,皮可为纸。纑,山中纻,可以为布。”

《汉书·地理志》:“惟箘簬、楛,三国底贡厥名。”颜师古注:“箘簬,竹名;楛,木名也,皆可为矢。”

或释以用处及其规制。如:

《周礼·地官·遂人》:“凡治野,夫间有遂,遂上有径。十夫有沟,沟上有畛。百夫有洫,洫上有涂。千夫有浍,浍上有道。万夫有川,川上有路,以达于畿。”郑玄注:“遂、沟、洫、浍,皆所以通水于川也;遂广深各二尺,沟倍之,洫倍沟,浍广二寻,深二仞。径、畛、涂、道、路,皆所以通车徒于国都也;径容车马,畛容大车,涂容乘车一轨,道容二轨,路容三轨。”

《公·庄·十三年》:“庄公升坛。”何休《解诂》:“土基三尺,土阶三等,曰坛。会必有坛者,为升降揖让,称先君以相接,所以长其敬。”

或释以类属及所在。如:

《三国志·魏书·司马芝传》:“特进曹洪乳母当,与临汾公主侍者共事无涧神系狱。”裴松之注:“无涧,山名,在洛阳东北。”

《孟子·离娄下》:“曾子居武城,有越寇。”杨伯峻注:“地名,故城在今山东费县西南九十里。”

或释以所在及要事。如:

《史记·秦本纪》:“四年,取蒲阪。”张守节《正义》:“蒲阪,故城在蒲州河东县南二里,即尧舜所都也。”

《左·成·二年》:“三周华不注。”顾炎武《左传杜解补正》:“华不注,在今山东济南历城县东北,下有华泉。”

《左传》下文云:“丑父使公下如华泉取饮。”故此注“下有华泉”一语暗述当年齐晋大战,齐师败,齐侯得免的事情。或释以何官及职务。如:

《诗·小雅·祈父》“祈父”,《毛传》:“祈父,司马也,职掌封圻之兵甲。”

《后汉书·百官志》:“中兴,省驿官、别火二令、丞。”李贤等注:“如淳曰:‘《汉仪注》:别火,狱令官,主治改火事。’”

丙　详解法

单训法和连训法的训语单纯、划一，一般都有固定训式；详解法的训语比较复杂，没有固定格式，自由灵活，训义丰富。大致又可别为具体义项详解、释一物数名、释以得名由来、释名称演变四类。

1. 具体义项详解

此即对每个事物名词在特定语境中所具有的义项从各方面加以详细解释。如：

《礼记·内则》："鱼去乙。"郑玄注："乙，鱼体中害人者名也。今东海鰫鱼有骨名乙，在目旁，状如篆乙，食之鲠人，不可出。"

《汉书·武帝纪》："南越献驯象、能言鸟。"颜师古注："即鹦鹉也，今陇西及南海并有之。万震《南州异物志》云有三种，一种白，一种青，一种五色。交州以南诸国尽有之。白及五色者，其性尤慧解，盖谓此也。隋开皇十八年，林邑国献白鹦鹉，时以为异，是岁贡士咸试赋之。"

《孟子·离娄下》："得志行乎中国，若合符节。"朱熹《集注》："符节，以玉为之，篆刻文字而中分之，彼此各藏其半，有故则左右相合以为信也。"

《水经·济水二》："济水又东北，泺水入焉。"郦道元注："（泺）水出历城县故城西南，泉源上奋，水涌若轮。《春秋》桓公十八年，公会齐侯于泺，是也。俗谓之为娥姜水也，以泉源有舜妃娥英庙故也。城南对山，山上有舜祠，山下有大穴，谓之舜井，抑亦茅山禹井之比矣。《书》舜耕历山，亦云在此，所未详也。其水北为大明湖，西即大明寺，寺东北两面侧湖，此水便成净池也。池上有客亭，左右楸桐，负日俯仰，目对鱼鸟，极水木明瑟，可谓濠梁之性，物我无违矣。湖水引渎东入西郭东，至历城西，而侧城北注湖，水上承东城，历祀下，泉、源竞发。其水北流，径历城东，又北引水为流，杯池州僚宾燕，公私多萃其上。分为二水，右水北出，左水西径历城北，西北为陂，谓之历水。与泺水会，自水枝津合，水首受历水于历城东，东北径东城西，而北出郭，又北注泺水，又北听水出焉。泺水又北流，注于济，谓之泺口也。"

2. 释一物数名

凡物之名，往往因时因地而异，反映在文献资料中，便有一物数名即同物异名的现象，有时会给读者理解文意带来困难。因此，训诂家详解物名，都注意对一物数名的揭示。如吴人陆玑《毛诗草木鸟兽虫鱼疏》卷上于《周南·葛覃》诗“黄鸟于飞”句下云：

黄鸟，黄鹂鹠也。或谓之黄栗留，幽州人谓之黄鸎，或谓之黄鸟，一名仓庚，一名商庚，一名鵹黄，一名楚雀。齐人谓之搏黍，关西谓之黄鸟。当葚熟时，来在桑间，故里语曰：“黄栗留，看我麦黄葚熟。”亦是应节趋时之鸟。或谓之黄袍。

再如：

《史记·封禅书》：“薄山者，衰山也。”张守节《正义》：“《括地志》云：‘薄山亦名衰山，一名寸棘山，一名渠山，一名雷首山，一名独头山，一名首阳山，一名吴山，一名条山，在陕州芮县城北十里。’此山西起雷山，东至吴阪，凡十名，以州县分之，多在蒲州。”

3. 释以得名由来

凡物得名，均有所由起。揭明得名之由，名义自显。因此，训诂家详解物名，大都注意揭示得名由来。如：

《尔雅·释鸟》：“鵅，泽虞。”郭璞注：“今婟泽鸟，似水鸮，苍黑色，常在泽中，见人辄鸣，唤不去，有象主守之官，因名云。俗呼为护田鸟。”

《后汉书·安帝纪》：“辛卯，幸太山，柴告岱宗。”李贤等注：“太山，王者告代之处，为五岳之宗，故曰岱宗。”

《文选·江赋》：“虎牙嵥竖以屹崒，荆门阙竦而磐礴。”李善注：“盛弘之《荆州记》曰：‘郡西溯江六十里，南岸有山，名曰荆门；北岸有山，名曰虎牙。二山相对。楚之西塞也。虎牙，石壁红色，间有白文，如牙齿状；荆门，上合下开，开达山南，有门形，故因以为名。’”

再如蔡邕《独断》云：

陛下者，陛，阶也，所由升堂也。天子必有近臣，执兵陈于陛侧，以戒不虞。谓之陛下者，群臣与天子言，不敢指斥天子，故呼在陛下者而告之，因卑达尊之意也。上书亦如之，及群臣士庶相与言，曰殿下、阁下、执事之属，皆此类也。

4. 释名称演变

同一事物，往往历代异名。说明其前后演变之迹，对读者很有好处。故历来训诂家详解物名，都重视这方面的训释。如：

《尔雅·释天》：“载，岁也。夏曰岁，商曰祀，周曰年，唐虞曰载。”

《后汉书·西羌传》:“厉王无道,戎狄寇掠,乃入犬丘,杀秦仲之族。”李贤等注:“犬丘,县名,秦曰废丘,汉曰槐里也。”

《文选·表上》李善注:“表者,明也,标也,如物之标表,言标著事序,使之明白,以晓主上,得尽其忠曰表。三王已前,谓之敷奏,故《尚书》云‘敷奏以言’,是也。至秦并天下,改为表,总有四品:一曰章,谢恩曰章。二曰表,陈事曰表。三曰奏,劾验政事曰奏。四曰驳,推覆平论,有异事进之曰驳。六国及秦汉兼谓之‘上书’,行此五事。至汉魏已来,都曰表。进之天子称表,进诸侯称上疏。魏已前,天子亦得上疏。”

《孟子·梁惠王上》:“邹人与楚人战,则王以为孰胜?”杨伯峻注:“邹,国名,就是邾国,《公羊》又作邾娄,国土极小。今山东邹县东南有邾城,当是古邾国之地。”

二、专释动词的训法

专释动词的训法主要用来区别特定语境中部分活用动词(如名词用为动词或形容词用为动词)的词性。由于需要区别词性的这类活用动词不是很多,大部分训诂家又不用专门训法去训释,因此,古代训诂中这类训法并非很多,主要有三种。

1. 用“A,B之”式为解

此式有三种含义:第一,A为借字,不能直接训为B,故加“之”字,以“B之”表示正字的动词之义。第二,A是活用动词,B也是活用动词,但动词性质不明显,故加“之”字确定动词性质。第三,B为动词,但仅以B释A,义有不足,故加“之”字助成其释。我国古代没有“动词”和“活用动词”这类语法术语,对这类词的各种用法只能采用“A,B之”这个统一的训式为释,因此又可分为三类。

1)加“之”字明正借为释

《诗·周南·葛覃》:“是刈是濩。”《毛传》:“濩,煮之也。”

“濩”,《说文》训为“雨流霤下”,不能训为“煮”,但诗中用为动词,表示用“濩”煮的意思。《尔雅·释训》作“镬”,表明“濩”是“镬”的借字。以“煮之”为释,表明正字当作“镬”,是锅类器物,诗中以名词用为动词。

2)加“之”字确定动词性质为释

《周礼·地官·载师》:“以物地事。”郑玄注:“物,物色之。”

“物”本为名词,但文中活用为动词,倘仅以“物色”二字相释,动词用法不显,故加“之”字为“物色”的宾语,确定“物色”用为动词,进而表明“物”也用为动词。再如:

《四书·大学》:“大学之道,在明明德。”朱熹《章句》:“明,明之也。”

这是给第一个“明”字作释。“明”本为形容词,文中活用为动词,若以“明”释“明”,动词性质不显,故加“之”字使其带宾语成“明之”,确定训词“明”为动词,进而表明被训词“明”也用为动词。

3)加“之”字助成其释

《周礼·地官·小司徒职》:“令群吏宪禁令。”郑玄注:“宪,表县之。”

“宪”本为名词,文中活用为动词,若仅以“表县”为释,义有不足,故加“之”字助成其释。表县,即“表悬”。又如:

《后汉书·崔骃传》:“帝顾谓亲幸者曰:‘悔不小靳,可至千万。’”李贤等注:“靳,固惜之也。”

2. 以“A,为A”式为释

A本为名词,可以活用为动词,释以“为A”,表明文中用为动词,不作名词。如:

《周礼·冬官考工记·匠人》:“凡沟防,必一日先深之,以为式。”郑玄注:“沟防,为沟为防也。”

此即表明此处“沟防”二字活用为动词。此类用例不多见。

3. 以“A,(做)BC之名”式为释

A为动词,不以同义动词为释,而释为做某种事情之名。如:

《尔雅·释器》:“金谓之镂,木谓之刻,骨谓之切,象谓之磋,玉谓之琢,石谓之磨。”郭璞注:“六者皆治器之名。”

即谓镂、刻、切等都表示制作器具的名目。这种动词,相当于英语的动名词(gerund)。再如:

《左·隐·五年》:“公曰:‘吾将略地焉。’”杜预《集解》:“略,总摄巡行之名。”

三、专释形容词的训法

专释形容词的训法主要有五类。

1. 以"A,B 貌"式为释

此即在训语中加"貌"字,表示状貌之意。此类训法应用广泛。如:

《诗·邶风·泉水》:"娈彼诸姬。"《毛传》:"娈,好貌。"

《荀子·修身》:"见善修然,必以自存也。见不善愀然,必以自省也。"唐代杨倞注:"修然,整饰貌。愀然,忧惧貌。"

《庄子·胠箧》:"舍夫种种之民,而悦夫役役之佞。"王先谦《集解》:"李云:种种,谨悫貌。役役,鬼黠貌。"

2. 以"A,BC 之状"式为释

此即在训语中加"状"字,表示形状之意。如:

《庄子·在宥》:"天下将不安其性命之情,之八者乃始脔卷獊囊而乱天下也。"王先谦《集解》:"司马云:脔卷,不申舒之状。"

《杜诗·乐游园歌》:"阊阖晴开詄荡荡,曲江翠幕排银牓。"钱谦益注:"如淳曰:詄荡荡,天体坚青之状也。"

3. 以"AB,CD 的样子"式为释

此式起于晚近,是以上两式的口语化训式。如:

《唐诗三百首·(韩愈)山石》:"山石荦确行径微,黄昏到寺蝙蝠飞。"喻守真《详析》:"荦确,山石不平的样子。"

《孟子·梁惠王上》:"麀鹿濯濯,白鸟鹤鹤。"杨伯峻《译注》:"濯濯,肥胖而有光泽的样子。鹤鹤,《诗经》写作'翯翯',古书中两字相通,羽毛洁白的样子。"

或者在"CD"之前加"形容"二字,成"AB,形容 CD 的样子"一式。如:

《西游记》第三十七回:"那行者跳将出来,婑呀婑的,两边乱走。"黄肃秋注:"婑呀婑的,形容身材短小的人走路的样子。"

4. 以"A,B 意也"式为释

此即在训语中加"意"字。如:

《诗·周南·汝坟》:"惄如调饥。"《毛传》:"惄,饥意也。"

《汉书·张陈王周传》:"闻张良之智勇,以为其貌魁梧奇伟。"应劭曰:"魁梧,丘虚壮大之意也。"

5. 以"A,形容之辞(字)"式为释

这等于指明被训词为形容词,此法起于清代。如:

《诗·小雅·宾之初筵》:"有壬有林。"《毛传》:"壬,大;林,君也。"

清代戴震《毛郑诗考正》:"《传》本《尔雅》,然《诗》中有'有蕡有莺'之类,并形容之辞。此以形容百礼既至,礼无不备,而行之既尽其善,壬壬然盛大,林林然多而不乱。《白虎通德论》释'林钟'之义云:'林者,众也。万物成熟,种类众多。'"

此用对文相证的办法,证明"有壬有林"的"壬""林"是形容词。再如清代阮元《揅经室集》云:

《尚书·虞书》:"思曰赞赞襄哉。"赞赞为叠字,凡叠字皆形容之字。以"赞赞"形容"襄"字,犹"浩浩滔天",以"浩浩"形容"滔"字;"荡荡怀山襄陵",以"荡荡"形容"怀"字、"襄"字也。①

四、专释数量词的训法

专释数量词的训法主要有四类。

1. 数量词词组训法

此类又可别为三类。

1)一般数量词词组训法

一般数量词词组所表示的数量是直接的、明白的,训释中只说明该数量词词组所包括的具体数量。如:

《周礼·夏官·职方氏》:"其畜宜六扰,其谷宜五种。"郑玄注:"六扰,马、牛、羊、豕、犬、鸡。五种,黍、稷、菽、麦、稻。"

《史记·项羽本纪》:"关中阻山河四塞。"裴骃《集解》:"东函谷,南武关,西散关,北萧关。"

《后汉书·荀彧传》:"欲共进操爵国公,九锡备物。"李贤等注:"《礼含文嘉》曰:'九锡:一曰车马,二曰衣服,三曰乐器,四曰朱户,五曰纳陛,六曰虎贲百人,七曰斧钺,八曰弓矢,九曰秬鬯,谓之九锡。'"

2)准数量词词组训法

古汉语中有些词组虽然不是常用数量词所构成的,但具有数量词词组的含义与作用。这类词组可称为准数量词词组,训释中也要说明它所包括的特定数量。如:

《仪礼·士冠礼》:"主人酬宾,束帛俪皮。"郑玄注:"束帛,十端也。

---

① 转引自郑奠等:《古汉语语法学资料汇编》,中华书局1964年版,第151页。

俪皮,两鹿皮也。"

《后汉书·桓帝懿献梁皇后纪》:"纳采雁璧乘马束帛,一如旧典。"李贤等注:"乘马,四匹马也。"

3)缩略数量词词组训法

缩略数量词词组是指以缩略形式出现的数量词词组,训释中须联系省略掉的部分作解,而不直接按字面作解。如:

《尚书·舜典》:"宾于四门,四门穆穆。"某氏《传》:"四门,四方之门。"

此即表明此处的"四门"不是四个门,而是四方之门。再如:

《汉书·司马相如传》:"五三《六经》载籍之传,维见可观也。"颜师古注:"五,五帝也。三,三王也。"

《文选·(宋玉)登徒子好色赋》:"臣少曾远游,周览九土,足历五都。"李善注:"九土,九州之土。五都,五方之都。"

还有一种缩略数量词词组,只表现为个位数数词,训释中也要按常识加以解释。如:

《左·隐·五年》:"公问羽数于众仲,对曰:'天子用八,诸侯用六。'"杜预《集解》:"八八六十四人,六六三十六人。"

"八",即"八佾";"六",即"六佾"。故杜氏如此作解。再如:

韩愈《原道》:"古之为民者四,今之为民者六。"宋代魏仲举《五百家注昌黎文集》:"孙曰:四,谓士、农、工、贾。加佛、老为六。"

"四",即"四民";"六",即"六民"。故孙氏如此作解。

2. 分数训法

古代汉语中分数的表达比较复杂,训诂中也有专门解释。如:

《左·隐·元年》:"先王之制,大都不过参国之一。"杜预《集解》:"三分国城之一。"

也就是不能超过国都的三分之一。再如:

《史记·律书》:"生钟分:子一分,丑三分二。"司马贞《索隐》:"案:子律黄钟长九寸,林钟丑冲长六寸,以九比六,三分少一,故云丑三分二。即是黄钟三分去一,下生林钟之数也。"

3. 倍数训法

《孟子·滕文公上》:"夫物之不齐,物之情也。或相倍蓰,或相什百,或相千万。”赵岐注：“蓰，五倍也。什，十倍也。至于千万相倍。”这等于说是或相差一倍五倍，或相差十倍百倍，或相差千倍万倍。

4. 不定数训法

《史记·项羽本纪》：“籍所击杀数十百人。”司马贞《索隐》：“此不定数也。自百已下或至八十，九十，故云数十百。”

《汉书·食货志上》：“收泰半之赋。”颜师古注：“泰半，三分取其二。”

五、专释代词的训法[①]

1. 自称代词的训法

1）以“A，身也”式为释

《孟子·尽心上》：“万物皆备于我矣。”赵岐注：“我，身也。”

《左·僖·九年》：“余敢贪天子之命无下拜。”杜预《集解》：“余，身也。”

2）以“A，自称之词”式为释

《诗·邶风·谷风》：“毋逝我梁，毋发我笱。”孔颖达《正义》：“我，己所自专之辞。”

《说文》：“吾，我自称也。”

王夫之《说文广义》：“台，古以为自称之词。”

2. 对称代词训法

《广韵》：“你，齐人呼傍人之称。”

段玉裁《古文尚书撰异》：“女者，对己之词。”

3. 指称代词训法

清代刘淇《助字辨略》云：

此，又指物之辞。

之，又指事物之辞。

其，指物辞也。

某，无所指名之辞。

清代课虚斋主人《虚字注释》云：

① 此一目下所举例证，多转引自郑奠等《古汉语语法学资料汇编》。

夫，有所指实之词。

彼，此之对，别有所指之词。

六、专释助词的训法

1. 以"A，辞也"式为释

《诗·周南·芣苢》："采采芣苢，薄言采之。"《毛传》："薄，辞也。"

《论语·雍也》："子曰：'女得人焉耳乎？'"何晏《集解》："孔曰：焉耳乎，皆辞。"

2. 以"A，语辞"式为释

《汉书·郊祀志》："作鄜畤后九年，文公获若石云，于陈仓北阪城祠之。"颜师古注："云，语辞也。"

《诗·郑风·出其东门》："缟衣綦巾，聊乐我员。"朱熹《诗集传》："员与云同，语辞也。"

3. 以"A，助句辞"式为释

《周礼·冬官考工记·轮人》："望而视其轮，欲其幎尔而下迆也。"贾公彦疏："尔，助句辞。"

此亦称作"助语辞"。如元代卢以纬《助语辞》云：

其，凡在句中，为助语辞，如"谁其尸之"。

4. 以"A，助辞也"式为释

如宋代陈骙《文则》云：

焉、耳、矣、也、与、哉、乎、之、其、乃、而、忌、兮、止、且，助辞。

再如：

《诗·商颂·殷武》："曰商是常。"马瑞辰《毛诗传笺通释》："曰，犹聿，助词也。"

5. 以"A，语助"式为释

《礼记·檀弓上》："檀弓曰：'何居？我未之前闻也。'"郑注："居，读为姬姓之姬，齐鲁之间语助也。"

《楚辞·离骚》："览民德焉错辅。"洪兴祖《补注》："焉，语助。"

或以"语助辞"为释。如：

《论语·微子》："已而，已而，今之从政者殆而！"朱熹《集注》："而，语助辞。"

6. 以"A,发声也"式为释

《诗·邶风·式微》:"式微式微,胡不归?"郑玄《笺》:"式,发声也。"

《史记·孝文本纪》:"而曰豫建太子,是重吾不德也。谓天下何?其安之。"司马贞《索隐》:"其,发声也。"

或以"发语声也"为释。如:

《汉书·货殖传》:"辟犹戎翟之与于越,不相入矣。"颜师古注:"于,发语声也。戎蛮之语则然。于越,犹句吴耳。"

或称"发语辞"为释。如:

《尚书·大诰》:"猷大诰尔多邦。"宋代蔡沈《集传》:"猷,发语辞也。"

若此之类,清代陈奂《诗毛氏传疏》称作"句首之词",杨树达《词诠》称作"语首助词"。

7. 以"A,语已词也"为释

《说文》:"矣,语已词也。"

或称"语终辞"为释。如:

《汉书·宣帝纪》:"其德弗可及已。"颜师古注:"已,语终辞。"

王引之《经传释词》称作"句末语助",《词诠》称作"语末助词"。

8. 以"A,句中语助也"式为释

如王氏《经传释词》卷七云:

来,句中语助也。《庄子·大宗师》:"子桑户死,孟子反,子琴张相和而歌曰:'嗟来桑户乎!嗟来桑户乎!'嗟来,犹'嗟乎'也。"

《词诠》称作"句中助词"。

七、专释叹词的训法

1. 以"A,叹辞"式为释

《诗·周南·麟之趾》:"于嗟麟兮!"《毛传》:"于嗟,叹辞。"

《汉书·沟洫志》:"噫呼,何以御水!"颜师古注:"噫呼,叹辞。"

2. 以"A,嗟叹辞也"式为释

《周易·萃·上六》:"赍咨,涕洟无咎。"王弼注:"赍咨,嗟叹之辞也。"

或称为"惊叹辞"。如:

《孟子·尽心下》:“恶!是何言哉?”朱熹《集注》:“恶,惊叹辞也。”

或称为“疑怪之辞”。如:

《尚书·尧典》:“吁!嚚讼可乎!”某氏《传》:“吁,疑怪之辞。”

3. 以“A,BC之声”式为释

《论语·尧曰》:“咨!尔尧!”朱熹《集解》:“咨,嗟叹声。”

《论语·子张》:“子夏闻之曰:‘噫!’”何晏《集解》:“孔曰:‘噫,心不平之声。’”

八、专释象声词的训法

1. 以“AA,声也”式为释

《诗·召南·草虫》:“喓喓草虫。”《毛传》:“喓喓,声也。”

由于象声词“喓喓”跟发声者“草虫”相接,故不烦解何声,只以“声也”为释,表明即是草虫之声。又如:

《广雅·释诂》:“砿,声也。”

2. 以“AA,BC声也”式为释

此式详解被释词表示何声。如:

《汉书·司马相如传》:“翕呷萃蔡。”颜师古注:“张揖曰:‘萃蔡,衣声也。’”

《楚辞·大司命》:“乘龙兮辚辚。”王逸注:“辚辚,车声。”

或称“B音”。如:

《文选·(司马长卿)上林赋》:“铿锵闛鞈,洞心骇耳。”李善注:“铿锵,钟声也。闛鞈,鼓音也。”

第二节 义训法(二)·一般性通用训法[Ⅰ]·直接定义法

通用训法可分为一般性通用训法和通释性通用训法两大类。一般性通用训法,主要是指在一次训释中只训解一个被训词的一个特定义项的通用训诂方法;通释性通用训法,主要是指在一次训释中或训释两个以上的被训词,或扩充义项，或通释有关词义的通用训诂方法。

一般性通用训法包括定义法和疏证法两类。

定义法是指对被训词能产生确定义项的释词方法，又可别为直接定义法和间接定义法两类。

直接定义法，是指通过一定的训式，直接确定被训词的义项的训诂方法。过去有人称为“义界”。训诂中常见的直接定义法主要有二十二类。

1. 正面定义法

正面定义法，就是给被训词正面下定义的训诂方法。如：

《说文》：“泉，水原也。”

《周礼·秋官·大行人》：“冕服九章。”郑玄注：“冕服，着冕所服之衣也。”

《孟子·滕文公上》：“洪水横流。”朱熹《集注》：“横流，不由其道而散溢妄行也。”

正面定义法所确定的训义一般都有规范性。不过，这种训法太正规，而且对绝大部分的词义训释来说不一定都适用，因此，除训诂工具书外，在其他的训诂著作中使用率不是很高。

2. 确释具体义项法

词有多义，容易混淆，故加以确释，指明具体义项。此法主要用于随文注释体训诂著作。如：

《左·隐·五年》：“九月，考仲子之宫，将万焉。”杜预《集解》：“万，舞也。”

非千万之万，故有此训。再如：

《孟子·万章下》：“盖自是台无馈也。”赵岐《章句》：“台，贱官主使令者。”

非亭台之台，故有此训。又如：

《汉书·文翁传》：“又修起学官于成都市中。”颜师古注：“学官，学之官舍也。”

谓非官职之学官。

另外，《雅》体著作的同义词条统训若干个被训词，其训语表示大义项。疏解者在确定各个被训词的小义项时，也往往频繁地使用这种训法，且有时采用固定的训式，如“A者，B之C也”之类。如：

《尔雅·释诂》:"祖,始也。"宋代邢昺疏:"祖者,宗庙之始也。"

《广雅·释诂》:"颇,少也。"王念孙《疏证》:"颇者,略之少也。"

3. 以今释古法

训诂著作大都是解释古书,以供时人习览,因此,以今释古便成为历代训诂的基本宗旨,贯穿于各种训诂方法之中。这里所说的以今释古法,专指在训语中显明"今""今语"之类词语的训诂方法,也就是狭义的以今释古法,可分为四类。

1)直接以今语释古语

《礼记·王制》:"三为充君之庖。"郑玄注:"庖,今之厨也。"

《文选·(谢灵运)石壁精舍还湖中作一首》李善注:"精舍,今读书斋是也。"

2)直接以时事作比

《周礼·地官》序官《司门》,郑玄注:"司门,若今城门校尉,主王城十二门。"

汉代的"城门校尉"与古代的"司门"不完全一样,故加"若"字作比。再如:

《史记·秦始皇本纪》:"秦王觉,固止,以为秦国尉。"张守节《正义》:"若汉太尉、大将军之比也。"

3)先释其义,再以时事作比

《周礼·春官·司尊彝》:"裸用鸡彝、鸟彝,皆有舟。"郑玄注:"郑司农云:'舟,尊下台,若今时承盘。'"

《后汉书·鲍永传》:"诏昱诣尚书,使封胡降檄。"李贤等注:"檄,军书也,若今之露布也。"

4)称"太古AB之象也"为释

《诗·小雅·采菽》:"赤芾在股。"郑玄《笺》:"芾,太古蔽膝之象也。"

等于说,太古的芾,就是今日的蔽膝。

4. 以通语释方言法

书籍中出现的方言词语一般都比较难懂,因此训诂家都用当时的通语即普通话给予解释。主要训法有二类。

1)直接以通语释方言

《诗·大雅·板》:"民之方殿屎。"《毛传》:"殿屎,呻吟也。"

《庄子·德充符》:"其脰肩肩。"陆氏《释文》:"脰,颈也。"

2)先释以通语,继明为何处人语

《公·哀·六年》:"陈乞使人迎阳生,于诸其家。"何休《解诂》:"于诸,置也,齐人语也。"

《楚辞·惜诵》:"又众兆之所咍。"王逸《章句》:"咍,笑也。楚人谓相啁笑曰咍。"

3)以"某处人呼A为B"式为释

"A"代表通语,"B"代表方言。如:

《方言》卷九:"方舟谓之潢。"郭璞注:"扬州人呼渡津舫为杭,荆州人呼潢。"

《汉书·陈馀传》:"吾王,孱王也。"颜师古注:"孟康曰:'冀州人谓懦弱为孱。'"

5.比况训法

比况训法可别为明比况训法和暗比况训法两类。

1)明比况训法

用"犹""如"等字表示比况,其比况意义明显,故称为"明比况训法"。此为直接定义法中的主要训法之一,可别为三类。

(1)以"A,犹B也"式比况

A代表被训词,B代表训词,用B况A以成释。在明比况训法中,此类训法使用率最高,从先秦到现在,沿用不已。其所表现的比况意义,主要有三类:

①直接比况词义

《孟子·离娄上》:"《诗》曰:'天之方蹶,无然泄泄。'泄泄,犹沓沓也。"

《诗·小雅·皇皇者华》:"皇皇者华。"《毛传》:"皇皇,犹煌煌也。"

《列子·天瑞》:"万物无全用。"晋代张湛注:"全,犹备也。"

在南北朝以上,这种比况词义的训法一般仅仅以"B"所代表的训词比况以"A"所代表的被训词,少则一字,多则两字,训式中很少附带其他成分。也就是说,训式很简练。到了唐代,扩展式的应用逐渐增多。如:

《诗·大雅·公刘》:"笃公刘。"孔颖达《正义》:"此篇言'笃',犹《生民》之言'诞'。"

意谓《公刘》的"笃"字与《生民》的"诞"字含义及用法相似,如果省作"笃,犹诞也",也未尝不可。这种扩展式的特点是,在比况过程中标明借以比况的词语的出处。训式增长,训义加确,也就扩大了比况训法的应用范围。唐宋以下,不断发展,尤其为疏证家广为使用[1]。

②揭明修辞意义

此即仅仅表明被训词与训词的修辞意义相同,而不论词汇意义。这种用法比较特别。如:

《诗·小雅·黄鸟》:“言旋言归,复我诸父。”《毛传》:“诸父,犹诸兄也。”

因前章有“复我诸兄”之文,故相比况,意谓本章用“诸父”,如同前章用“诸兄”一样,是修辞上的需要,异章变文而已,并非训“诸父”为“诸兄”,因为父与兄是两辈人,不能从词汇意义上相况。如果不明白此法,照直接比况词义法中的训例一样理解,认为训“诸父”为“诸兄”,那就错了。再如:

《周礼·秋官·士师职》:“以五戒先后刑罚,毋使罪丽于民。”郑玄注:“先后,犹左右也。”

因上文云“掌国之五禁之法,以左右刑罚”,故此注用以比况,非训“先后”为“左右”。

③表明词序相倒

《文选·(司马子长)报任少卿书》:“谁为为之,孰令听之。”李善注:“谁为,犹为谁也。”

《庄子·人间世》:“凤兮凤兮,何如德之衰也。”清王先谦《集解》:“成云:‘何如,犹如何。’”

(2)以“A,犹言B也”式比况

此为前式的变式,变“犹”为“犹言”,词气舒缓,训义密接。如:

《礼记·檀弓上》:“曾子指子游而示人曰:‘夫夫也,为习于礼者,如之何其裼裘而吊也?’”郑玄注:“夫夫,犹言此丈夫也。”

《孟子·离娄下》:“君子之泽五世而斩。”朱熹《集注》:“泽,犹言流风余韵也。”

(3)以“A,如B也”式比况

此即变“犹”言“如”,比况意义更明显。如:

《周礼·春官》序官《镈师》,郑玄注:“镈,如钟而大。”

《汉书·元帝纪》:“赐单于待诏掖庭王樯为阏氏。”颜师古注:“苏林曰:‘阏氏,音焉支,如汉皇后也。’”

---

① 参见本章第四节中“比况为疏”一目下。

2)暗比况训法

用"亦"字表比况,其比况意义较隐,故称为"暗比况训法"。训式为"A,亦B也"。如:

《尚书·尧典》:"百姓昭明。"某氏《传》:"昭,亦明也。"

《周易·震·六三》:"震苏苏,震行无眚。"宋代张载《横渠易说》:"苏苏,亦索索之义。"

暗比况训法的比况意义进一步淡化,便出现了"A,即B也"这个训式,多表示确解。如:

《尔雅·释诂》:"慴,惧也。"郭璞注:"慴,即慑也。"

杜甫《潼关吏》:"连云列战格,飞鸟不能逾。"清仇兆鳌《杜诗详注》:"战格,即战栅,所以捍敌者。"

6.点明词义法

这是直接定义法中古今最为常用的训诂方法,主要有五类。

1)以"言"字开头的点明法

此又可别为四类。

(1)点明特殊含义

有些被训词含义特殊,别于他处,故加以点明。如:

《诗·小雅·楚茨》:"君妇莫莫,为豆孔庶。"《毛传》:"莫莫,言清静而敬至也。"

《周南·葛覃》:"维叶莫莫。"《毛传》:"莫莫,成就之貌。"此篇含义与彼异,故加"言"字点明。再如:

《汉书·河间献王德传》:"修礼乐,被服儒术,造次必于儒者。"颜师古注:"被服,言常居处其中也。"

"被服"常义,或指衾带衣服,或指穿着打扮,此处用作比喻,含义不同,故加"言"字点明。

(2)点明隐义

有些被训词的意义比较隐晦含蓄,故加以点明。如:

《汉书·李广利传》:"自此而西,平行至宛城,兵到者三万。"颜师古注:"平行,言无寇难。"

"平行"表示无寇难,此义较隐,故加"言"字点明。又如:

《文选·(司马子长)报任少卿书》:"仆少负不羁之行,长无乡曲之誉。”李善注:“不羁,言材质高远,不可羁系也。”

(3)点明修辞意义

《周礼·地官·舂人》:“掌共米物。”郑玄注:“米物,言非一米。”

共,即“供”字。由于“米物”一语含义明显,故不正面解释什么叫“米物”,只点明此处“米物”一语的修辞意义,即表明舂人所供的不是一种米,而是各种米。再如:

《孙子·形》篇:“善守者藏于九地之下,善攻者动于九天之上,故能自保而全胜也。”《十家注》:“梅尧臣曰:‘九地,言深不可知。九天,言高不可测。’”

此不解何谓“九地”“九天”,只点明其修辞意义。

(4)申明训义

有些被训词头一释之后,仍觉得含义不甚明白,往往又用“言”字开头的点明训法加以申释。如:

《周易·系辞上》:“是故刚柔相摩。”王弼注:“相切摩也,言阴阳之交感也。”又:“八卦相荡。”注:“相推荡也,言运化之推移。”

两训头一释都说明词汇意义,没有揭明特殊含义,训义不足,故又分别以“言”字开头加以点明。再如:

《红楼梦》第十七回:“可谓管窥蠡测矣。”启功注:“用管窥天,用蠡测海,言其见识狭小、浅薄。蠡,瓠瓢。”

2)以“谓”字开头的点明法

此法的分类与以“言”字开头的点明法基本相同,而且晚近以来,此法更为流行。如:

《逸周书·殷祝》:“昔大帝作道,明教士民。”晋代孔晁注:“大帝,谓禹。”

《管子·内业》:“敬慎无忒,日新其德,遍知天下,穷于四极,敬发其充。”唐代房玄龄注:“充,谓道也。”

这是点明特殊含义。再如:

《通鉴·梁纪三·武帝天监十年》:“请取武官八品将军已下干用贞济者。”元代胡三省注:“贞济,谓坚贞而济事也。”

《黄帝内经·素问·针解》:“病有浮沉,刺有浅深,各至其理,无过其道。”唐代王冰注:“道,谓气所行之道也。”

这是点明隐义。又如：

《吕览·季冬纪》："以供皇天上帝社稷之享。"高诱注："社，后土之神，谓句龙也；稷，田官之神，谓列山氏子柱与周弃也。"

《周礼·地官·乡师之职》："以旗物辨乡邑，而治其政令刑禁，巡其前后之屯。"林尹《周礼今注今译》："屯，聚也，谓兵众车辆驻扎之处。"

此即是申明训义。

3）以"指"字开头的点明法

此法主要点明隐义、修辞义等。如：

《周礼·天官·宰夫之职》："以正王及三公六卿大夫群吏之位。"林尹《周礼今注今译》："群吏，指命士以下之小吏。"

上部已言"三公六卿大夫"，似乎吏职已尽，下部又出"群吏"之文，含义较隐，故以"指"字开头给予点明。再如：

《儒林外史》第四十五回："认得是县里吃荤饭的朋友唐三痰。"作家出版社1954年版注："吃荤饭，指专门包揽词讼，从中诈取不正当利益的一种人。"

此即点明修辞上的比喻义。

这种以"指"字开头的点明法虽然晚近才出现，但它的上源颇早，当是秦汉之际训诂著作所用到的以"斥"字开头的点明法。如：

《诗·大雅·瞻卬》："瞻卬昊天。"《毛传》："昊天，斥王也。"

"斥王也"，即是指王也，只是这种以"斥"字开头的点明法后世很少用。

4）训释性点明法

所谓训释性点明法，是指不用"言""谓"之类引头字，而用"也"字煞句的一般词义训释方式点明词义的释词方法，其所点明的含义与一般训义不同，多不是词汇意义，而是从不同角度所点明的词在特定语境中具有的其他含义。可大别为五类。

（1）点明特殊含义

《周礼·夏官·训方氏》："掌道四方之政事与其上下之志。"郑玄注："四方，诸侯也。上下，君臣也。"

"四方"在别处不指诸侯，但这里文连"政事"，意义特别，实指诸侯，故点明指"诸侯"。同样，"上下"在别处也不一定指君臣，但这里与指诸侯的"四方"及"志"等共相为文，含义特殊，借指君臣，故有是训。再如：

《孟子·滕文公下》："居天下之广居，立天下之正位，行天下之大道。"朱熹《集注》："广居，仁也。正位，礼也。大道，义也。"

"广居"的常义不是"仁"，"正位"的常义不是"礼"，"大道"的常义不是"义"，但在这里含义特殊，朱氏认为正是指这三个意义，故以训释性方式加以点明。

（2）点明隐义

《逸周书·皇门》："下邑小国，克有耇老。"孔晁注："耇老，贤人也。"

"耇老"一般指年事高迈的人，见于文献中，又多指贤人，文意有不确定性，故加以点明。再如：

《汉书·武帝纪》："《易》曰：'先甲三日，后甲三日。'"颜师古注："应劭曰：'先甲三日，辛也。后甲三日，丁也。'"

这也是点明隐义。

（3）点明修辞意义

《尚书·皋陶谟》："元首明哉，股肱良哉。"汉初伏胜《大传》："元首，君也。股肱，臣也。"

"元首""股肱"都用比喻义，故加以点明。又如：

《诗·小雅·大东》："周道如砥，其直如矢。"《毛传》："如砥，贡赋平均也。如矢，赏罚不偏也。"

（4）点明行事用意

《仪礼·少牢馈食礼》："佐食，上利升牢，心舌载于肵俎。心皆安下切上，午割，勿没。"郑玄注："勿没，为其分散也。"

原文谓佐食的人把羊和猪的心与舌升放到肵俎上，心的炮制方法，都是下面切平，上面纵横切，但不完全切断，让一些肉丝连着，以防散乱，不见其形。郑《注》不训何谓"勿没"，只点明此处"勿没"二字的用意，即防止猪心羊心的分散。"勿没"的字面意思是不要完全切断。由于字面意思较明显，用意较隐，故仅以训释性点明法点明其用意。再如：

《仪礼·乡射礼》："主人西南面，三拜众宾。众宾皆答，壹拜。"郑《注》："三拜，示遍也。壹拜，不备礼也。"

三拜，即拜三拜；壹拜，众宾一起答一拜。字面意思明显，故不释，只点明其用意。众宾甚多，主人不一一行礼，只面对众宾拜三拜，表示遍礼众宾之意，故谓"示遍也"。众宾既不必分别答拜主人，也不必答三拜，大家一起答一拜就行了，故谓“不备礼也”。

(5)的指有关词义

古书中所反映的许多人物事件，在写作该书的时候，都是清楚的，但到了后世，由于时移地变，一般人越来越不得其解。训诂家依据典训师说，通过点明训法，一一给予确解，使学者方有可能根据有关注文，知道这些词语所反映的具体含义。这类训法主要包括的指人物、的指人称身份、的指地域三种。

①的指人物

《诗·郑风·山有扶苏》：“不见子充，乃见狡童。”《毛传》：“狡童，昭公也。”

“狡童”是代号，《毛传》加以的指，谓称郑昭公。再如：

《文选·(司马长卿)长门赋》：“言我朝往而暮来兮，饮食乐而忘人。”李善注：“我，武帝也。人，后自谓也。”

②的指人称身份

《诗·陈风·株林》：“驾我乘马，说于株野。”郑玄《笺》：“我，国人我君也。”

意谓国人假托国君，用第一人称“我”的口气作诗，因此这里的“我”托称他们的国君陈灵公。再如：

《仪礼·士昏礼》：“主人筵于户西。”郑玄注：“主人，女父也。”又：“主人爵弁，纁裳，缁袘。”注：“主人，婿也。”

同篇上下文两个“主人”所指人称身份不同，故分别加以的指，以免混同。

③的指地域

《诗·小雅·车攻》：“四牡庞庞，驾言徂东。”《毛传》：“东，洛邑也。”

5)直接点明法

这类训法既不用“言”“谓”之类引头字，也不用以“也”字煞句的一般释词方法，而是直接以训语点明被训词的有关含义。这种含义一般并非词的本义。这类训法在分类上跟训释性点明法大致相似。如：

《孟子·告子上》：“孟子曰：‘从其大体为大人，从其小体为小人。’”赵岐《章句》：“大体，心思礼义。小体，纵恣情欲。”

这是点明特殊含义。再如：

《诗·小雅·十月之交》：“彼月而微，此日而微。”《毛传》：“月，臣道。日，君道。”

这是点明修辞上的比喻意义,非训月为臣道,日为君道。又如:

> 《仪礼·士冠礼》:"阑西,阈外,西面。"清吴廷华《仪礼章句》:"阑,门橛。阈,门限,即阃也。西面,乡所尊。"

前两训确释词义,属于一般的词义训释法;后一训属于直接点明法,点明行事用意。乡,同"向"。

7. 字义与文义区别训法

作为一个词的汉字大都具有许多义项,但用在具体语境中时,它却只能表示一个特定的义项。这个特定义项与上下文的意思有机地联系在一起,故称作文义;其他义项均与上下文之意无关,故称作字义。随文注释体训诂著作一般都是解文义而不解字义,但也有两义交互作解的情况。这类训法可分为五类。

1)解字义即是解文义

当所解的义项既是该字的常用义又与上下文之意相符合时,这样的训法便是解字义即是解文义。如:

> 《周易·系辞下》:"几者,动之微,吉之先见者也。"晋代韩康伯注:"几者,去无入有,理而无形,不可以名寻,不可以形睹者也。"

"几"字的本义和常用义就是"微",《系辞》中所用的即是这个意思。韩氏的解释虽然带有玄学的气味,但大旨也是阐发"微"的意思。因此,这个训释属于解字义即是解文义一类。训诂中这类用例比比皆是,不烦多举。

2)解文义而非解字义

当所解义项与上下文之意符合但不是该字的常用义时,这样的训法便是解文义而非解字义。如:

> 《春秋·隐·元年》:"三月,公及邾仪父盟于蔑。"《穀梁传》:"及者何?内为志焉尔。"

《传》谓《春秋》此处言"及",表明鲁邾结盟出于鲁隐公的想法,故曰"内为志焉尔"。内,谓鲁国,实指隐公。很明显,这个训释所表明的仅是"及"字在这里的行文之意,也就是《穀梁传》所阐发的文义,而不是"及"字的常用义。"及"字的常用义是"与",《公羊传》正解为"与也"。因此,《穀梁传》的这个用例属于解文义而非解字义。再如:

> 《周礼·秋官·司仪》:"王燕,则诸侯毛。"清代方苞《周官集注》:"毛,谓不问爵之尊卑,取以年齿为先后也。朝事尊尊,尚爵;燕则亲亲,

尚齿。”

“取以年齿为先后也”是“毛”字在本文中的文义,而不是它的常用义,常用义是丝状物及行动慌乱等。

3)解字义而非解文义

当所解义项是该字的一义而与上下文之意不符合时,这样的训法便是解字义而非解文义。如:

《仪礼·士昏礼》:“今吾子辱,请吾子之就宫,某将走见。”郑玄注:“以白造缁曰辱。”

注文意谓把白色的东西放进黑色容器中染污,就叫作辱。这是辱字的字义,而不是在这里的文义。文义由字义引申而来,表示屈辱的意思。“今吾子辱”,意为今屈辱您光临寒舍。由于文义易明,郑氏欲让学者了解屈辱之义的来源及引申,便舍其文义而解其字义。若不明此例,直以注文训义释经文,理解为今吾子以白造缁,那就错了。再如:

《论语·学而》:“子曰:‘学而时习之,不亦说乎?’”清刘宝楠《正义》:“曰者,皇《疏》引《说文》云:‘开口吐舌谓之为曰。’”

4)先解字义,再解文义

此即字义与文义两释。如:

《论语·学而》:“学而时习之。”朱熹《集注》:“习,鸟数飞也。学之不已,如鸟之数飞也。”

“鸟数飞也”,是“习”字的本义,即字义;“学之不已”,即文义。又如:

《儒林外史》第十六回:“女人戴的锡簪子,掝着了这一件,掉了那一件。”作家出版社1954年版注:“掝,本是打击的意思,在本书中多用以代替‘抓’字。”

当所解字的本义或常用义与文义距离较大或两歧时,使用先解字义再解文义的训法,效果良好,有益于读者。另外,复音词的使用也存在原义与文义不一致的现象,训诂家们也常常先解原义,再解文义。如:

《三国演义》第二十二回:“幕府董统鹰扬,扫除凶逆。”人民文学出版社1973年版注:“幕府,本指将帅办公的地方,这里是袁绍自称的代用词。”

5)先解文义,再解字义

此即文义与字义两解。解字义是补充和加深对文义的解释。当所解字的文义与本义或常用义距离较大或两歧时,如果不采用先解字义再解文义的方法,便采用先解文义再解字义的方法进行训释,两种训法次序相倒,但效果基本相同。如:

《汉书·高帝纪》:"吾非敢自爱,恐能薄。"颜师古注:"能,谓材也。能,本兽名,形似熊,足似鹿,为物坚中而强力,故人之有贤材者,皆谓之能。"

"能,谓材也",是解文义,以下解字义。再如:

《三国演义》第二回:"今我等宜深居九重。"人民文学出版社 1973 年版注:"九重,帝王所居的宫廷。本来是指有九重(层)门,比拟宫禁的深严。"

8.举要训法

举要训法是体现汉代毛、郑训诂简约风格的重要训法之一,后世也有改造继承,可分为仅举被训词的要义为训与连文两字释其一两类。

1)仅举被训词的要义为训

此即不求被训词与训语在意义上的严整相训,仅释其要义而已。如:

《诗·豳风·七月》:"取彼斧斨,以伐远扬。"《毛传》:"斨,方銎也。"

陆氏《释文》引《说文》:"銎,斧空也。"空,即孔也。《豳风·破斧·传》:"隋銎曰斧。"与此传为互文。知"斨"字之训本当为"方銎斧也",《说文》"斨"字正训为"方銎斧也"。方銎斧,即方孔斧。《毛传》省去"斧"字,只云"方銎也",是仅释其要义,明其特征,非训斨为方銎。倘不明此法,照一般训法理解,拿了"方銎"之训去对译诗句,那就错了。唐人《正义》不明此法,谓"斨,方銎也",相传为然,无正文,是误以"方銎"为"斨"之足训。《毛传》中这类用例不少。《小雅·大东》"有救棘匕",《传》"棘,赤心也"与《邶风·简兮》"硕人俣俣",《传》"硕人,大德也",都属于这类训法。再如:

《周礼·天官·小宰职》:"徇以木铎。"郑玄注:"木铎,木舌也。"

铎是古代的一种铃,有金铎、木铎之分。武事用金铎,文事用木铎。金铎以金属为舌,木铎以木头为舌。此《注》意谓木铎是以木头为舌的铎,举其要义,仅释以"木舌也",非谓木铎即是木舌。故元代毛应龙《周官集传》注释道:"木铎,金口木舌,国有文事,则振之以警众也。"下同:

《汉书·郊祀志》:"古者封禅为蒲车,恶伤山之土石草木。"颜师古注:"蒲车,以蒲裹轮。"

2)连文两字释其一

连文两字组成一个词或一个短语，哪个当释，哪个不释，有一个选择过程。选择哪个，说明训释要务所在。因此，连文两字释一字也属于举要训法。只是前法之要在要义，此法之要在要务。可细别如下。

(1)连文两字全举而仅释其一

①训语全释连文中一字

A.训语全释上字

其训式为"AB，CD 也"。如：

《诗·秦风·小戎》："文茵畅毂。"《毛传》："文茵，虎皮也。"

被训词"文茵"连文，却仅以训语"虎皮也"释"文"字，而不释"茵"字。"文茵"为偏正结构，以"文"字修饰"茵"字。"茵"为车上的垫褥，表明以虎皮做成。由于"文茵"二字连文，故《毛传》全举以为被训词；由于毛公认为"茵"字义明，"文"字当释，故仅释"文"字而已，非谓"文茵"为"虎皮也"。按照现代的训法，两字全举全释，当为"文茵，虎皮垫褥"。下同：

《后汉书·张衡传》："执雕虎而试象兮，阽焦原而跟止。"李贤等注："雕虎，有文也。"

"有文也"，即是全释"雕"字，而不释"虎"字。

B.训语全释下字

其训式为"AB，CD 也"。如：

《诗·小雅·采菽》："玄衮及黼。"《毛传》："玄衮，卷龙也。"

此即释"衮"字，不释"玄"字。卷龙，指古时天子、上公礼服上所绣的龙饰。

②训语半释连文中一字

A.训语半释上字

其训式为"AB，CD 也"。如：

《周礼·夏官·司士》："掌国中之士治。"郑玄注："国中，城中也。"

此即释"国"字，而不释"中"字。下同：

《淮南子·诠言》："临货分财，必探筹而定分。"高诱注："探筹，捉筹也。"

B.训语半释下字

其训式为"AB，CD 也"。如：

《周礼·天官·笾人》"干藤",郑玄注:"干藤,干梅也。"

《史记·律书》:"岂与世儒暗于大较,不权轻重。"司马贞《索隐》:"大较,大法也。"

(2)连文两字仅举释其一

《礼记·曲礼下》:"天子以牺牛,诸侯以肥牛,大夫以索牛。"郑玄注:"牺,纯毛也。肥,养于涤也。索,求得而用之。"

《记》文"牺牛""肥牛""索牛",皆两字连文成词,由于"牛"字义明,故仅举释"牺""肥""索"三字。再如:

《尚书·禹贡》:"五百里绥服。"宋代蔡沈《集传》:"绥,安也。谓之绥者,渐远王畿而取抚安之义。"

"绥服"连文,"服"字见于前文,训为"事",故此处只举释"绥"而不释"服"。

(3)连文两字先举释其一,再合释

《汉书·张良传》:"此所谓金城千里,天府之国。"颜师古注:"财物所聚谓之府。言关中之地物产饶多,可备赡给,故称天府也。"

"天府"连文,先举释"府"字,再合释。如果所解词属于多音复词,先举释一部分,再释全词,也属于此类。如:

《红楼梦》第十六回:"全亏一个胡老名公,号山子野,一一筹画起造。"启功注:"山子野:'山子',指花园中的假山。这里'山子野'是一个擅长设计堆制假山的人的绰号。"

(4)连文两字先合解,再举释其一

《左·襄·二十九年》:"晋国不恤周宗之阙而夏肄是屏。"杜预《集解》:"夏肄,杞也。肄,馀也。"

先合解"夏肄"为"杞也","杞也",即指杞国。又觉得"肄"字义隐,故又加以举释。如果所解词系多音复词或短语,先合解,再举释义隐的部分,也属于此类。如:

《儒林外史》第三十回:"杜慎卿道:'小弟无济胜之具,就登山临水,也是勉强。'"作家出版社 1954 年版注:"济胜之具,意指可以登山涉水的健康身体。济胜,就是达到胜游目的。"

9. 省略训法

这也是体现汉代毛、郑训诂简约风格的重要训法之一,后世也有改造承用。可分为一般省略训法和特殊省略训法两类。

1）一般省略训法

此即为了注文简约，或省举被训词，或省简训语，或省举训义，故又可别为三类。

（1）省举被训词为释

①不举被训词直接为释

古代训诂著作中直接加注于原文之下的训释，大都属于此类。如：

> 《周礼·春官·世妇》："相内外宗之礼事。"郑玄注："同姓异姓之女有爵佐后者。"

《春官》序官云："内宗，凡内女之有爵者。"又云："外宗，凡外女之有爵者。"此注据序官之文并释"内宗"与"外宗"，但省其文而不举，径为训释。同姓，指内女；异姓，指外女。此官所述外内宗并有佐助王后的事情，故另加"佐后"二字。又如：

> 《管子·内业》："乃能戴大圆。"唐代房玄龄注："天也。"又："而履大方。"注："地也。"又："鉴于大清。"注："道也。"又："视于大明。"注："日月也。"

被训词分别为"大圆""大方""大清""大明"，均省而不举，直注其下。

②半举半释其一，再全释

> 《公·昭·二十五年》："朱干，玉戚。"何休《解诂》："干，楯也；以朱饰楯。戚，斧也；以玉饰斧。"

"朱干"连文成词，先半举半释"干"字，再全释被训词"朱干"，但省而不举，直接训为"以朱饰楯"。这个训式写全，当为"干，楯也。朱干，以朱饰楯"。"玉戚"的训法同此。再如：

> 《汉书·高后纪》："少帝自知非皇后子，出怨言，皇太后幽之永巷。"颜师古注："永，长也。本谓宫中之长巷也。"

"本谓"前省举被训词"永巷"。

（2）省略训语为释

> 《周礼·天官·大宰职》："二曰四郊之赋，三曰邦甸之赋，四曰家削之赋，五曰邦县之赋，六曰邦都之赋。"郑玄注："四郊，去国百里。邦甸，二百里。家削，三百里。邦县，四百里。邦都，五百里。"

"去国"，即离开国都的意思，指同国都之间的距离。"四郊，去国百里"，即四郊距离国都一百里远。"邦甸，二百里"，训语中承前省略"去国"二字，也是说

邦甸距离国都二百里远,非谓其广袤二百里。以下三训同此,均承前省略"去国"二字。再如:

《仪礼·士冠礼》:"再加曰:'吉月令辰,乃申尔服。'"郑玄注:"辰,子丑也。"

令辰,即令日。古代用十干和十二支相配纪日,如甲子、乙丑、丙寅、丁卯之类。此注仅以"子丑也"释"辰",既省十干,又省十二支,只取"子丑"两支,系省文取便。"子丑也",即"甲子、乙丑之类也"的省称。下同:

《左·昭·七年》:"日月之会是谓辰,故以配日。"杜预《集解》:"谓以子丑配甲乙。"

"子丑""甲乙"都是省文,谓十二支和十干。

(3)偏举训义为释

《周礼·春官·大司乐》:"以乐语教国子,兴、道、讽、诵、言、语。"郑玄注:"兴者,以善物喻善事。"

起兴之法,随物喻事,物种本繁,事亦多类,绝不限于以善物喻善事一个方面。故贾公彦疏云:"亦以恶物喻恶事,不言者,郑举一边可知。"也属于省略训法之一类。故今人林尹《周礼今注今译》云:"兴,谓以物譬事。"义括善恶。

2)特殊省略训法

特殊省略训法,是指在一个训式中,有时本该连训,却无前训训语和其他连接成分,造成训式间隔而仍然成训;有时本当递训而只出后训,空缺前训,造成训式空缺而仍然成训。这类训法,也可以统称为"间空训法"。学者读到这种注文,须细心领悟,在理解中补出训式中的间隔部分和空缺部分,方能会通文意。故可分为间隔训法和空缺训法两类。

(1)间隔训法

《诗·小雅·采菽》:"采菽采菽。"《毛传》:"菽,所以芼大牢而待君子也。羊则苦,豕则薇。"

古人把放菜入肉汁煮为羹这件事称作"芼"。据《仪礼·公食大夫礼》载,芼牛、羊、豕三牲所用的菜不同,牛用藿,羊用苦,豕用薇。藿即菽叶,菽即豆。故知此《传》本当云:"菽,牛藿,所以芼大牢而待君子也。……"略去前训"牛藿",仅有后训,形成训式间隔,仍然成训。言"大牢",总三牲,故前边以"菽"见牛,后边补出"羊苦"与"豕薇"。再如:

《仪礼·特牲馈食礼》:"祭铏,尝之,告旨。"郑玄注:"铏,肉味之有菜和者。”

铏是一种盛羹的器具,照理本不该直接训以“肉味之有菜和者”,当训为“铏,铏羹,肉味之有菜和者”,训义才通顺。古注简约,没有前边的训语“铏羹”造成训式间隔,非谓“铏”即是“肉味之有菜和者”。原文“祭铏”,乃是“祭铏羹”之省。菜和,即《公食大夫礼》所称牛藿、羊苦、豕薇之类。

(2)空缺训法

《诗·鄘风·君子偕老》:“其之翟兮。”《毛传》:“褕翟、阙翟,羽饰衣也。”

翟,即野鸡,诗中指褕翟、阙翟。故《传》文前部当有“翟,褕翟、阙翟”一训,但略而不具,空缺前训,只具后训以成释。褕翟、阙翟,是王后及侯伯夫人的礼服。下同:

《礼记·曲礼上》:“御食于君,君赐馀,器之溉者不写,其馀皆写。”郑玄注:“溉,谓陶梓之器。”

记文言劝助君上进食,君上食毕,以所剩食物赏赐劝助者。盛于能洗涤的器具中的食物,不必转盛于别的食器中,可就原器食用。其余盛在不能洗涤的器具中的食物,都该转盛到别的食器中食用,以免染污君上的食器。器之溉者,指陶器和漆器;不溉者,指竹器和萑苇之器。可知此《注》本该曰:“溉,涤也。涤者,谓陶梓之器。”郑氏简约为文,故不出前训训语“涤也”及后训被训语“涤者”,造成训式空缺,但仍然成训,非谓训“溉”为“谓陶梓之器”。

第三节 义训法(三)·一般性通用训法[Ⅱ]·直接定义法续

本节续前介绍直接定义法所包括的训诂方法。

10. 推训词义法

这是根据语境推求训释所解词的含义的训法。当所解词既无成训又欠他证时,训诂家便采用此法确定训义。主要包括句内为义法、探下为义法、对文相证为义法三类。

1)句内为义法

此即根据本句有关词语推定被训词含义。如:

《诗·小雅·伐木》:“伐木丁丁,鸟鸣嘤嘤。”《毛传》:“丁丁,伐木声也。嘤嘤,惊惧也。”

“丁丁”承“伐木”之下,故知是“伐木声也”。由于伐木之声叮叮响,使鸟儿惊惧,故训“嘤嘤”为“惊惧也”。再如:

《诗·周颂·执竞》:“奄有四方,斤斤其明。”《毛传》:“斤斤,明察也。”

“斤斤其明”,等于说“其明斤斤”,表明“斤斤”形容“其明”的情况,故训“斤斤”为“明察也”。下同:

《楚辞·离骚》:“路曼曼其修远矣,吾将上下而求索。”洪兴祖《补注》:“五臣云:‘漫漫,远貌。’”

五臣本“曼”作“漫”,义同。“漫漫”前有“路”,后有“修远”,故训为“远貌”。

2)探下为义法

此即参照下文有关语句,推训所解词的含义。如:

《诗·周南·葛覃》首章“葛之覃兮”,《毛传》:“葛,所以为絺绤,女功之事烦辱者。”

本诗第二章有“是刈是濩,为絺为绤,服之无斁”三句,故首章释“葛”,下探此三句为义。下同:

《仪礼·士冠礼》:“宾右手执项,左手执前,进容,乃祝,坐如初。乃冠,兴,复位。赞者卒。”郑玄注:“卒,谓设缺项结缨也。”

《礼》文大意是说,请来加冠的礼宾按照程序给受冠者加了缁布冠,回到原位,协助加冠的人(即“赞者”)完成了剩下的工作(即“卒”)。郑玄训“卒”为“谓设缺项结缨也”,即谓“赞者”完成的工作是“设缺项结缨”。“缺项”是用来固定头发的饰物,“结缨”就是系住丝带。此处《礼》文只说“赞者卒”,没有说“卒”何事。下节《礼》文说“赞者卒纮”,故郑氏探下节“卒纮”之文,知此节所谓“卒”,即是“设缺项结缨”。

3)对文相证为义法

此即根据对偶文句中有关的字词推求确定所解词的含义。如:

《尚书·尧典》:“日中星鸟,以殷仲春。”某氏《传》:“殷,正也。”

由于《尧典》下文两节分别有同样的句式:“日永星火,以正仲夏”与“日短星昴,以正仲冬”,此节“殷”字与下两节的“正”字语境一样,相对为文,含义相同,故训为“殷,正也”。全句谓春分黄昏时,南方朱鸟七星见于天中,可以据此调正仲春的气节。下同：

《周易·系辞上》："辩吉凶者存乎辞。"韩康伯注："辞，爻辞也。"

《周易》的"辞"有卦辞与爻辞之分，注文之所以训此处的"辞"为"爻辞"，不为"卦辞"，是因为上文言"齐小大者存乎卦"，文正相对，上既云"卦"，自是卦辞，则此必为"爻辞"，故有此训。

11. 辨义为释法

倘所解词有歧义，训诂家便往往采用辨别义项的方法进行训释。如：

《史记·陈涉世家》："陈涉太息曰：'嗟乎，燕雀安知鸿鹄之志哉！'"司马贞《索隐》："鸿鹄是一鸟，若凤皇然，非谓鸿雁与黄鹄也。"

嫌有人将"鸿鹄"理解为两种鸟的合称，故有此训。再如：

《汉书·司马相如传》："少时好读书，学击剑。"颜师古注："击剑者，以剑遥击而中之，非斩刺也。"

嫌训"击剑"为斩刺，故有此训。遥击而中，即飞剑击之，有似于投飞镖。又如：

《孟子·梁惠王上》："兵刃既接。"杨伯峻《译注》："兵，兵器，不是战士的意思。"

嫌训"兵"为战士，故有此训。在训释地名时，若有多地同名的现象，也用此法作解。如：

《通鉴·周纪一·安王十二年》："秦、晋战于武城。"胡三省注："此非鲁之武城。《左传》：'晋阴饴甥会秦伯，盟于王城。'杜预曰：冯翊临晋县东有王城，今名武乡。《括地志》：故武城，一名武平城，在华州郑县东北十三里。"

此即辨析说明原文中的武城，不是鲁国武城，而是郑县附近的武城。

12. 递训法

释完一个词，又以它的训词递为被训词而释之，这种释词方法称为"递训法"。层层递训，加深认识程度，加强训释效果。基本训式为"A，B 也；B，C 也"。先秦文献正文中有这种训诂性语句。如《庄子·齐物论》云：

庸也者，用也；用也者，通也；通也者，得也。

《尔雅》中也有这类训法。如《释诂》云：

矢，弛也。弛，易也。

《释言》云：

流,覃也。覃,延也。

随文注释体训诂著作中用例更多。如:

《诗·周南·芣苢》:“采采芣苢。”《毛传》:“芣苢,马舄;马舄,车前也。”

《周礼·秋官》序官《司圜》,郑玄注:“郑司农云:‘圜,谓圜土也。圜土,谓狱城也。’”

《穀·隐·五年》:“穀梁子曰:‘舞夏,天子八佾,诸公六佾,诸侯四佾。’”范宁《集解》:“夏,大也;大,谓大雉;大雉,翟雉。”

13. 反言为解法

反言为解法是指以相反语气解释词义的方法,主要有三类:

1)揭明语气的反言为解

这是指对古书中带“不”“无”两字的否定语,以反言为解,即以肯定语气相释,基本训式为“不A,A也”,仅仅表明原文应当读为反诘语气而已,不是从词义上训“不A”为“A也”。《毛传》中这类用例很多①,如:

《诗·小雅·车攻》:“徒御不惊?大庖不盈?”《毛传》:“不惊,惊也。不盈,盈也。”

《传》意谓此诗当读为反诘语气,“不惊”实际上是说惊,“不盈”实际上是说盈,而不是从词汇意义上训“不惊”为“惊”,训“不盈”为“盈”。故郑玄《笺》申述道:“不惊,惊也;不盈,盈也。反其言美之也。”所谓“反其言美之也”,就是说用反诘语气赞美。再如:

《诗·大雅·文王》:“有周不显?帝命不时?”《毛传》:“不显,显也。显,光也。不时,时也。时,是也。”

《传》文也以反诘语气作解。《笺》申述道:“周之德不光明乎?光明矣。天命之不是乎?又是矣。”谨按:以上这种“不”字,晚近人训诂多谓通作“丕”字。“不”“丕”二字古音相近,古代也有通用的例子,但《诗》中这种“不”字,恐不一定通作“丕”。一则按旧注的解释,诗意可通,不烦改字;二则即使有些地方勉强可用通假字为说,但有些地方却说不通。比如此处所举《文王》诗的“不显”,许多人认为应该读为“丕显”;但《大雅·抑》“无曰不显,莫予云觏”中的“不显”,却绝对不能通作“丕显”,只能按旧注解作否定语气。两诗都作“不

① 俞樾《古书疑义举例》中立有“助语用不字例”一条,从王引之说,谓《诗》中此类“不”字均为语气词,无义。恐未妥。

显”,若谓一为通假,一为正字,不免舛驳,自乱其例。因此我们认为,《诗》中这类“不”字,还是承用毛、郑旧说为宜。又如:

《诗·大雅·文王》:“王之荩臣,无念尔祖?”《毛传》:“无念,念也。”

意谓这两句诗当读反诘语气。孔颖达《正义》疏解道:“王之进用臣法,可无念汝祖文王乎?言当念汝祖文王之法。”

2)揭明行文之意的反言为解

有些古书,特别像《春秋》,言简意赅,寓有褒贬,往往正面行文,反面取义。训诂家们便采用此法,给予解释,其基本训式为“A者,不A者也”。仅仅揭明其行文之意而已,不是从词义上训“A者”为“不A者也”。《公羊传》《穀梁传》中这类用例很多。如:

《春秋·庄·二十四年》:“戊寅,大夫宗妇觌,用币。”《公羊传》:“宗妇者何?大夫之妻也。觌者何?见也。用者何?用者,不宜用也。”

《春秋》记载鲁庄公夫人姜氏新嫁到鲁国,大夫的妻子们带着缯帛(即“币”)作为礼物去拜见她,但这是不合礼制的。因为按照当时的规定,妇人不能用缯帛作为见面礼送人。《春秋》便用“用币”二字记载此事,表示讥刺。因此《公羊传》揭示此处的行文之意,解释说:“用者,不宜用也。”意谓《春秋》书“用币”字,表示“不宜用币”的意思,而不是从词汇意义上训释“用”字为“不宜用也”。下同:

《春秋·成·九年》:“夏,季孙行父如宋致女。”《穀梁传》:“致者,不致者也。”

致,送意。按照当时的礼制,女儿既已出嫁,父亲不能送女儿去她的婆家,否则就是失礼。季孙行父不顾礼制,这样做了,《春秋》便书以“致女”,表示讥刺。《穀梁传》揭明行文之意,故解释说:“致者,不致者也。”“不致者也”,即“不宜致者也”,也就是不应该送的意思。后世偶尔也用此类训法。如:

《文选·(陆士衡)叹逝赋》:“嗟人生之短期,孰长年之能执?”李善注:“能执,言不能执持得长年也。”

3)否定反义为解

这是从词义上释词的一种反言为解的训法。基本训式为“A,不(非)B也”。被训词A与训词B是反义词,再在B前加“不”字或“非”字否定B义以成释。双重否定等于肯定,因此,“不B也”就是“A”的训义,只是采用反言为解的方法作了训释。当有些被训词一时不便于正面定义时,训诂家们便往往采用这种训法为解。《说文》中这类训例颇多。如：

少，不多也。

䢅，不行也。

贵，物不贱也。

粹，不杂也。

假，非真也。

再如：

《汉书·成帝纪》："二月，诏三辅内郡举贤良方正各一人。"颜师古注："内郡，谓非边郡。"

14. 缩词为解法

所解词语较长或联绵词分用者，古代训诂家们往往缩略其词作解。如：

《周礼·地官·司关》："掌国货之节，以联门市。"郑玄注："货节，谓商本所发司市之玺节也。"

原文为"国货之节"，注文缩为"货节"进行训释。"商本所发司市之玺节"，即该商人自来之处的市管部门所发的有关证明文书。再如：

《国语·周语中》："若是而知晋国之政，楚越必朝。"韦昭注："知政，谓为政也。"

即从"知晋国之政"一语中缩略出"知政"一语，然后给予解释。下同：

《文选·(杨子云)甘泉赋》："鱼颉而鸟䀮。"李善注："颉䀮，犹颉颃也。"

15. 引旧解为解法

注解一书，凡前人旧解训义的当者，不烦自作，可以引用成说，但需要标明主名、书名或二者兼标，标书名时最好还应该标明篇名，以便查对。郑玄注《周礼》，常称郑司农云、杜子春云；朱熹解群籍，常谓某氏云、某子云。汉代以下，各种训诂著作中经常引用《尔雅》《广雅》《说文》等书的训义进行释词，都是这方面的例子。此外，历代训诂家还广引他书训义以成释。如：

《世说新语·言语》："登北固望海云。"刘孝标注："《南徐州记》曰：城西有别岭入江，三面临水，高数十丈，号曰北固。"

《文选·(张平子)四愁诗》："我所思之在汉阳，欲往从之陇阪长。"李善注："《汉书》曰：天水郡，明帝改曰汉阳。应劭曰：天水有大坂，名曰陇阪。"

《温飞卿诗集·遐水谣》:“狼烟堡上霜漫漫。”明代曾益《笺注》:“段成式《酉阳杂俎》:狼粪烟直上,烽火用之。”

《李太白全集·横江词》:“人道横江好,侬道横江恶。”清代王琦注:“胡三省《通鉴注》:‘吴人率自称曰侬。’”

训诂家们还往往集引众说,从不同的角度训释所解词之义。如:

《后汉书·延笃传》:“时皇子有疾,下郡县出珍药,而大将军梁冀遣客赍书诣京兆,并货牛黄。”李贤等注:“吴普《本草》曰:牛黄味苦,无毒,牛出入呻者有之。夜有光走角中,牛死,入胆中,如鸡子黄。《神农本草》曰:疗惊痫,除邪逐鬼。”

此即引吴普《本草》说明牛黄药性及在牛体内的情况,又引《神农本草》说明它的治病功用。下同:

《通鉴·周纪二·显王十九年》:“秦商鞅筑冀阙宫庭于咸阳。”胡三省注:“《三辅黄图》曰:山南为阳,水北为阳。山水皆在阳,故曰咸阳。汉高祖更名新城,武帝更名渭城,属右扶风。《括地志》:咸阳故城,在雍州咸阳县东十五里,在长安城北四十五里。宋白曰:咸阳县本周王季所都,秦又都之。《三秦记》:秦都在九嵕山南,渭水北,山水俱阳,故名咸阳。”

此即引用群书众说,从各个方面对地名“咸阳”作详细解释。

16. 总分为释法

总分为释法可别为三类。

1)先总释,后分释

《周礼·天官·大宰之职》:“六曰商贾阜通货贿。”宋代王昭禹《周礼详解》:“阜通者,阜之而后通也。聚之使盈之谓阜,迁此以就彼之谓通。”

此即释“阜通”:“阜之而后通也”,为总释;下两句分释“阜”与“通”。下同:

《西游记》第六十八回:“望闻问切四般事,缺一之时不备全。”今人黄肃秋注:“望闻问切,中医诊断病人的四种方法。望色,闻声,问状,切脉,也叫四诊。”

2)先分释,后总释

《周礼·天官》序官《甸师》,郑玄注:“郊外曰甸。师,犹长也。甸师,主共野物官之长。”

此即释“甸师”:先分释“甸”与“师”,再总释。共,“供”的古字。下同:

《三国演义》第三回:“恨无涓埃之功,以为进见之礼。”人民文学出版社 1973 年版注:“涓埃:涓,细流;埃,轻尘;涓埃,比喻微末的意思。”

3)合释中分释

《诗·大雅·卷阿》:“伴奂尔游矣。”《毛传》:“伴奂,广大而有文章也。”

合释“伴奂”,训语中以“广大”释“伴”,以“有文章”释“奂”,加“而”字以别二义,形似合释,实际上分释。下同:

《后汉书·何进传》:“使武猛都尉丁原烧孟津。”李贤等注:“武猛,谓有武艺而勇猛者。取其嘉名,因以名官也。”

再如:

《周礼·秋官·禁暴氏》:“凡奚奴聚而出入者。”郑玄注:“奚奴,女奴男奴也。”

此即以“女奴”释“奚”,以“男奴”释“奴”,无“而”字,但区别显然。

总分为释法主要用于双音复词和词组的训释中,也有训释复音单词(包括联绵词)的用例,如上文所引“伴奂”之训即是。但是,复音单词一般不宜分释,特别不宜分举分释。对于这一点,很早就有人指出来了。如:

《尔雅·释诂》:“覭髳,茀离也。”郭璞注:“谓草木之丛茸翳荟也。茀离,即弥离。弥离,犹蒙茏耳。孙叔然字别为义,失矣。”

“字别为义”,就是分举分释。郭璞认为对这一类词不应该分举分释。他的意见是对的,因为联绵词主音义,不主形,同一个词往往有很多不同的写法,如果依字形分举分释,就会望文生义而导致词义混乱。如:

《汉书·薛广德传》:“广德为人温雅有酝藉。”颜师古注:“服虔曰:‘宽博有馀也。’师古曰:酝,言如酝酿也。藉,有所荐藉也。”

王念孙《读书杂志》卷七批评说:“温藉者,含蓄有馀之意。或作‘酝藉’,又作‘蕴藉’,不必分‘酝’为酝酿,‘藉’为荐藉也。”并在列举了对这类词的分类分释的许多例证之后指出:“凡若此者,皆取同义之字,而强为区别,求之愈深,失之愈远,所谓大道以多歧亡羊者也。”

17. 先概括为释,再详解法

概括为释是定义性的,能提供一个总认识,但一般比较简略,因此又加以详解。如:

《周礼·夏官·大司马职》:“遂以苗田。”郑玄注:“夏田曰苗。择取不孕者,若治苗去不秀实者。”

古代称打猎为田。田,亦作畋。“夏田曰苗”,是概括解释“苗”的含义,即夏天打猎称作苗。概释之后,犹觉读者未必能明了何以将夏天打猎称作苗,故又加以详解,意谓夏天打猎只应该猎取那些没有孕育子雏的禽兽,就像农夫锄田时只应该除去那些不结果实的禾苗一样,故将夏天打猎称作苗。再如:

《汉书·食货志》:“货,谓布帛可衣,及金刀龟贝,所以分财布利通有无者也。”颜师古注:“金,谓五色之金也。黄者曰金,白者曰银,赤者曰铜,青者曰铅,黑者曰铁。”

“谓五色之金也”,是概括为释,其余为详解。下同:

《孙子·势》篇:“三军之众,可使必受敌而无败者,奇正是也。”今人郭化若《简注》:“奇正,古代军事术语,指奇兵、正兵的战术运用。奇正,一般包含以下意思:(一)在军队部署上担任守备部队的为正,集中机动的为奇;担任钳制的为正,担任突击的为奇。(二)在作战方式上正面攻击为正,迂回侧击为奇;明攻为正,暗袭为奇。(三)按一般原则作战为正,根据具体情况采取特殊的作战方法为奇。”

18.先释义,后举证法

这是一种义与证结合为用的释词方法,自训自证,牢不可破。如:

《后汉书·王常传》:“七年,使使者持玺书即拜常为横野大将军,位次与诸将绝席。”李贤等注:“绝席,谓尊显之也。《汉官仪》曰:御史大夫、尚书令、司隶校尉,皆专席,号三独坐。”

先点明“绝席”的用意是“尊显之”,后引《汉官仪》的“三独坐”,证明前者和后者一样,就是为了起尊显的作用。下同:

《通鉴·周纪五·赧王五十六年》:“新垣固请子顺曰。”胡三省注:“新垣,姓也。《陈留风俗传》:周毕公之后居于梁,为新垣氏。梁有新垣衍、汉有新垣平是也。”

19.先举训语为释法

一般释词方法都是先举被训词,再举训语为释,此类训法相反,先举训语,再举被训词。可分为相对为释法、推导为训法、复举为释法三类。

1)相对为释法

相对为释法,即用“A曰B”“A为B”“A谓之B”之类训式的两叠或多叠形式为释,形成比较对照,用以揭示事物的区别性特征。在此类训式中,

"A"都代表训词,先举;"B"都代表被训词,后举。"A""B"所代,往往不止一个字。这是中国古代释词法中产生最早、应用最广的一种训释法。主要包括三类。

(1)以"A曰B"式为释

就现有文献资料考察,此类训式出现得最早,在甲骨卜辞和《尚书》等远古文献中早就有了[①]。又可别为同解叠用为释、单解单用为释两类。

①同解叠用为释

同时训释两个以上的被训词时,便使用此法。如:

> 《诗·召南·采蘋》:"于以盛之?维筐及筥。"《毛传》:"方曰筐,圆曰筥。"

"方"与"圆"为训词,与"曰"字相连,组成训语,先举;"筐"与"筥"为被训词,后举。同时训释两个词,揭明它们的特征在于一方一圆。再如:

> 《周礼·地官·大司徒职》:"辨其山林川泽丘陵坟衍原隰之名物。"郑玄注:"积石曰山,竹木曰林;注渎曰川,水钟曰泽;土高曰丘,大阜曰陵;水崖曰坟,下平曰衍;高平曰原,下湿曰隰。"

用两叠式连用法分别对释了十个被训词,训语由两个字组成。又如:

> 《诗·大雅·绵》:"予曰有疏附,予曰有先后,予曰有奔奏,予曰有御侮。"《毛传》:"率下亲上曰疏附,相道前后曰先后,喻德宣誉曰奔奏,武臣折冲曰御侮。"

此即用四叠式对释了四个双音词,训语主体由四个字组成,或为句子,或为词组。下同:

> 《左·襄·十四年》:"工商皂隶牧圉皆有亲昵。"明代王道焜等《左传杜林合注》:"林:执技艺曰工,通货贿曰商,造成事曰皂,属于吏曰隶,养牛曰牧,养马曰圉。"

此即用六叠式对释了六个被训词。

②单解单用为释

单解单用为释,即一次只释一个被训词。如:

> 《穀·文·十四年》:"捷菑,晋出也。"晋代范宁《集解》:"姊妹之子曰出。"

---

① 参阅第二章第一节。

姊妹之子,现在称作外甥。下同:

《周礼·天官·膳夫》:"王日一举。"明代王应电《周礼传》:"杀牲盛馔曰举。"

历代训诂中往往有这样的情况:单看一处的注释,许多注文都是"A 曰 B"之类训式的单用,但若将他处注释合起来看,许多的单用式又与他处注文暗相叠用。如:

《诗·郑风·叔于田》:"叔于狩。"《毛传》:"冬猎曰狩。"

这是单用式。再看:

《诗·小雅·车攻》:"之子于苗。"《毛传》:"夏猎曰苗。"

这也是单用式。但将两《传》合观,"冬猎曰狩,夏猎曰苗",显然是异《传》叠用,相对为释。因此,这类训式的主要特点和用法是相对为释。其他"A 为 B""A 谓之 B"等式,情况与此相同。

(2)以"A 为 B"式为释

此类训法也分为同解叠用和单解单用两类。如:

《中庸》:"忠恕违道不远,施诸己而不愿,亦勿施于人。"朱熹《章句》:"尽己之心为忠,推己及人为恕。"

此为单解两叠式。再如:

《尔雅·释丘》:"丘一成为敦丘,再成为陶丘,再成锐上为融丘,三成为昆仑丘。"

此为同解四叠式。又如:

《淮南子·原道》:"逍遥于广泽之中,而仿洋于山峡之旁。"高诱注:"两山之间为峡。"

此为单解单用式。

(3)以"A 谓之 B"式为解

此式中的"之"字不能缺,如果去掉"之"字,就成"A,谓 B"式,那是点明训法,"A"代表被训词,不代表训词,有了"之"字,才成相对为释法。其他情况与前两式相同。如:

《尔雅·释宫》:"一达谓之道路,二达谓之歧旁,三达谓之剧旁,四达谓之衢,五达谓之康,六达谓之庄,七达谓之剧骖,八达谓之崇期,九达谓之逵。"

此为同解九叠式训法,同时训释了有关道路的九个被训词。现在常语"康庄

大道”,即是其中五达“康”与六达“庄”的合称。再如:

> 《后汉书·周举传》:“朕以不德,仰承三统。”李贤等注:“天统、地统、人统谓之三统。”

此为单解单用式训法。

另外,还有一种“A之谓B”的训式,当是“A谓之B”式的变式,训法相同。如:

> 《周礼·天官·大宰之职》:“三曰礼典,以和邦国,以统百官,以谐万民。”宋代王昭禹《周礼详解》:“不乖之谓和,合而和之之谓谐。”

“不乖之谓和”,即“不乖谓之和”的变式,变“谓之”为“之谓”而已。

关于相对为释诸训式,有两点需要说明:第一,这些训式所表达的训义,在多数情况下都程度不同地以缩略形式出现,即训语部分多以举要训法的形式出现,有省文。理解这类训义的时候,往往不能把现成的训词直接当作被训词的义项,必须补出省去的有关成分,训义方通。如“方曰筐”,不是训“筐”为“方”,仅是举其要义而已。完整的训义应是“方形竹器曰筐”,因此,理解时应补出“形竹器”之类的成分,训义方能通顺。再如“九达谓之逵”,并非训“逵”为“九达”,也是举其要义而已,完整的训义当是“九达之道谓之逵”,省去了“之道”二字。

第二,《尔雅》中这类训式往往有省略形式,即省去“曰”“为”等字,不说“A曰B”“A为B”,只说“AB”,句读时容易将相对为释法的训式误读为相连的词语。如《释山》云:

> 峦山堕重甗隒

当读为:

> 峦山,堕;重甗,隒。

实际上等于:

> 峦山曰堕,重甗曰隒。

省去了“曰”字。再如:

> 山夹水涧陵夹水澞

当读为:

> 山夹水,涧;陵夹水,澞。

实际上等于:

> 山夹水为涧;陵夹水为澞。

省掉了“为”字。倘不明此法，读为“山夹水涧，陵夹水澞”，那就错了。

因此，阅读带有相对为释法诸训式的注文，必须注意以上两点。

2）推导为训法

此法先明事理，作为训语，再出“故云”“故曰”“故谓之”等词语表示推导之义，最后举出被训词。大约被训词含义较多，需要详解时，往往用此法为释。如：

《史记·刺客列传》：“政乃市井之人。”张守节《正义》：“古者相聚汲水，有物便卖，因成市，故云市井。”

“市井”一语含义较多，故先说明情况，作为训语，再以“故云”连接推导，最后举出被训词“市井”。下同：

《黄帝内经·素问·风论》：“饮酒中风，则为漏风。”唐代王冰注：“热郁腠疏，中风汗出，多如液漏，故曰漏风。”

《通鉴·梁纪三·武帝天监十年》：“以本官俸恤领里尉之任。”胡三省注：“魏官既给俸，又给恤亲之禄，故谓之俸恤。”

3）复举为释法

训语长，先出，又以“此”“是”等字加以复举，再用“之谓”“为”等连接，后出被训词。如：

《尚书·康诰》：“惟乃丕显考文王，克明德，慎罚。”伏胜《大传》：“子夏曰：‘昔者，三王悫然欲错刑遂罚，平心而应之，和，然后行之。然且曰：吾意者以不平虑之乎？吾意者以不和平之乎？如此者三，然后行之。’此之谓慎罚。”

先举子夏的一段话，作为慎罚的例子，也就是训语，再以“此”字复举，后出被训语“慎罚”。下同：

《黄帝内经·素问·生气通天论》：“故风者，百病之始也。清静则肉腠闭拒，虽有大风苛毒，弗之能害。”王冰注：“夫嗜欲不能劳其目，淫邪不能惑其心，不妄作劳，是为清静。”

20. 顺释“中A”词组法

古书中，尤其《诗经》中有一种“中A”式词组，其中的“中”字为方位词，“A”代表一个地域名词。这种形式的词组在当时乃是常语，后世词序相倒，变成“A中”式，故训诂家往往以“A中”为训语加以顺释。如：

《诗·周南·葛覃》：“施于中谷。”《毛传》：“中谷，谷中也。”

《诗·小雅·信南山》:"中田有庐。"郑玄《笺》:"中田,田中也。"

《穀·昭·三十年》:"中国不存公。"范宁《集解》:"中国,犹国中也。"

"国中",指鲁国。

21. 明典故法

古书中的典故比较多,它们跟一般的词语不同,都代表着一段特定的故事,在文章中发挥着特殊的效用。典故不明,文意无法贯通,因此,训诂中凡遇到典故,必须要注明。注法可分为详、略两类。

1)简略注明法

《淮南子·齐俗》:"待西施、毛嫱而为配,则终身不家矣。"高诱注:"西施、毛嫱,古好女也。"

西施、毛嫱,古时著名的美女,文章中经常用作美人的代称,人所共知,故略加注释。下同:

《文选·(司马子长)报任少卿书》:"虽才怀随、和,行若由、夷,终不可以为荣。"李善注:"随,随侯珠也。和,和氏璧也。由,许由也。夷,伯夷也。"

这四个典故同样极为常用,也略加注明。

2)详细注明法

《后汉书·吕布传》:"今与袁术结姻必受不义之名,将有累卵之危矣。"李贤等注:"《说苑》曰:晋灵公造九层台,费用千亿,谓左右曰:'敢有谏者,斩!'孙息求见。灵公张弩持矢见之,谓之曰:'子欲谏邪?'孙息曰:'臣不敢谏也。臣能累十二博棋,加九鸡子于其上。'公曰:'吾未尝见也,子为寡人作之。'孙息即正颜色,定志意,以棋子置下,加鸡子其上。左右慑息。灵公曰:'危哉!'孙息曰:'复有危于此者。'公曰:'愿复见之。'息曰:'九层之台,三年不成,男不得耕,女不得织,国用空虚,户口减少,吏人叛亡,邻国谋议将兴兵。'公乃坏台。"

"累卵"这个典故不大常用,故依据《说苑》,详加注明。下同:

《三国演义》第十六回:"胤到徐州见布,称说:'主公仰慕将军,欲求令爱为儿妇,永结秦晋之好。'"人民文学出版社 1973 年版注:"秦晋之好,春秋时,秦晋两国国君常互通婚姻,后来就把联姻叫做秦晋之好。"

22. 明避讳法

中国古代实行避讳制,特别汉代以下,由于避历代帝王的讳字,各种文献古籍中出现了严重的改字问题。比如,避汉高祖刘邦的“邦”字,改“友邦”为“友国”;避文帝刘恒的“恒”字,改恒山为“常山”;避宣帝刘询的“询”字,改荀卿为“孙卿”;避唐太宗李世民的“世”字,改《世本》为《系本》;避康熙帝玄烨的“玄”字,改《太玄》为《太元》,改郑玄为“郑元”。若此之类,在文献中造成了一定的混乱。因此,以往训诂中凡遇到这类情况,大都会作注释说明。或称“讳 A”为释。如:

《史记·白起王翦列传》:“秦使翦子王贲击荆,荆兵败。”裴骃《集解》:“徐广曰:‘秦讳楚,故云荆也。’”

说明史文作“荆”,是秦避讳“楚”字的缘故,因为秦始皇的父亲庄襄王名子楚。或称“避某人讳改 B”为释。如:

《汉书·高后纪》:“不疑为恒山王。”颜师古注:“今常山也。因避文帝讳改曰常。”

今本作“恒山”,系后人回改。或称“避某人讳改焉”为释。如:

《后汉书·冯屏传》:“位大将,爵通侯。”李贤等注:“通侯,即彻侯,避武帝讳改焉。”

或称“与某人同讳”为释。如:

《文选·(司马子长)报任少卿书》:“同子参乘,袁丝变色。”李善注:“苏林曰:‘赵谈也。’与迁父同讳,故曰同子。”

此即谓司马迁父名谈,故讳称赵谈为“同子”。或称“为某人讳”为释。如:

《左·昭·八年》:“秋,大蒐于红,自根牟至于商、卫。”清洪亮吉《春秋左传诂》:“‘宋、卫’云‘商、卫’,盖为定公讳。”

因鲁定公名宋。

第四节 义训法(四)·一般性通用训法[Ⅲ]·间接定义法和疏证法

一、间接定义法

一般性通用训法中的间接定义法,是指通过一定的训式,间接确定被训词的义项的一种释词法。主要有八类。

1. 被训词加“然”字再训法

此即不是直接训释被训词,而是在它后面加个“然”字,再行训释。基本训式为“A然,B也”。由于在这种训式中原来的被训词“A”不是直接被训为“B也”,而是被加了“然”字之后才被训为“B也”,而训语“B也”所表示的义项是针对包括“然”字在内的被训语而确定的,因此,这类训法属于间接定义法。当有些被训词属于含义比较抽象、空虚的形容词或副词时,往往采用此法进行训释。如:

《诗·小雅·隰桑》:“隰桑有阿,其叶有难。”《毛传》:“阿然,美貌。难然,盛貌。”

被训词原来只是“阿”与“难”,分别加了“然”字之后,才被训为“美貌”和“盛貌”。下同:

《文选·(宋玉)高唐赋》:“滂洋洋而四施兮,蓊湛湛而弗止。”李善注:“蓊然,聚貌。”

《汉书·扬雄传》:“览樛流于高光兮,溶方皇于西清。”颜师古注:“溶然,闲暇貌也。”

2. 叠单字再训法

被训词是一个字,不宜直接进行训释,先叠为双音词,然后再加以训释,训义也根据改变而成的叠音词而定,因此,这类训法属于间接定义法。在单字重叠、单音节变为双音节的过程中,有一种宣发意蕴的效果,便于领悟,便于训释。可分为两类。

1)仅叠单字再训

《礼记·乐记》中早就记载了这类训法。如:

《诗》云:“肃雍和鸣,先祖是听。”夫肃肃,敬也。雍雍,和也。夫敬以和,何事不行?

引诗见《周颂·有瞽》。诗“肃雍”连文,分别为单字,其义不显,解时分别叠为双音词,成“肃肃”“雍雍”,其含义即有引而待发之势,极易理解,随即加以训释。毛公解《诗》,继承了这个训法。如:

《诗·陈风·宛丘》:“坎其击鼓。”《毛传》:“坎坎,击鼓声。”

据“击鼓”之文,知“坎”是击鼓声,但一个“坎”字难见鼓声,叠为“坎坎”再训,声义自见。下同:

《汉书·礼乐志》:“掩回辕,鬗长驰。”颜师古注:“如淳曰:‘鬗鬗,长貌也。’”

2)叠单字加“然”字再训

这等于“仅叠单字再训”和“被训词加‘然’字再训”两法的结合应

用。如：

《诗·郑风·野有蔓草》："零露漙兮。"《毛传》："漙漙然，盛多也。"

被训词只是"漙"字，重叠成"漙漙"，加"然"字，再训。下同：

《诗·小雅·蓼萧》："蓼彼萧斯，零露湑兮。"《毛传》："湑湑然，萧上露貌。"

3. 举例为解法

此即不直接训释被训词的含义，只是举用有关事例加以说明，让读者根据所举事例自行理解被训词的含义。如：

《周礼·秋官·士师职》："以五戒先后刑罚，毋使罪丽于民：一曰誓，用之于军旅。二曰诰，用之于会同。三曰禁，用诸田役。四曰纠，用诸国中。五曰宪，用诸都鄙。"郑玄注："誓、诰于《书》，则《甘誓》《汤誓》《大诰》《康诰》之属。禁则《军礼》曰'无干车''无自后射'，此其类也。"

此即不直接训释"誓""诰"之类的含义，仅仅举出书例而已。读者通过体会所举例证，就能知道被训词的含义。如"誓""诰"是指两种分别用于军事和政治的文告的体裁名。下同：

《后汉书·南蛮西南夷传》："若乃藏山隐海之灵物，沉沙栖陆之玮宝。"李贤等注："珠玉、金碧、珊瑚、虎魄之类。"

4. 举译词而释法

此即不直接训释被训词，而径举被训词的译词为释。也就是说，被训词的训义是通过对它的译词的训释间接得来的。如：

《史记·齐太公世家》："田乞请诸大夫曰：'常之母有鱼菽之祭，幸来会饮。'"裴骃《集解》："言鱼豆者，示薄陋无所有也。"

被训语本为"鱼菽"，不直接举释，而译为"鱼豆"，再加以举释。训语"示薄陋无所有也"，对译词"鱼豆"来说是直接的，对被训词"鱼菽"却是间接的。再如：

《汉书·韦贤传》："孝宣皇帝为孝昭皇帝后，于义壹体。"颜师古注："一体，谓俱为昭也。《礼》：孙与祖俱为昭。宣帝之于昭帝为从孙，故云于义一体。"

不举被训词"壹体"为释，径举它的译词"一体"作解。下同：

《后汉书·李云传》："今官位错乱，小人谄进，财货公行，政化日损，尺一拜用不经御省。”李贤等注:“尺一之版,谓诏策也。”

“尺一之版”是“尺一”的译语,径举译语为释。

大凡训诂家认为被训词与译词的关系易晓而其含义未显时,便采用此法为释。普及性的训诂著作不宜使用此法。

5. 说明训义法

不直接训释被训词,而在它的后面附赘上“之为言”“之为义”“也者”之类用语,舒缓其辞,说明被训词的含义,这也是间接定义法的一种。此法当起于口头训诂阶段,舒缓其辞的过程也就是考虑训义的过程。今人口头作解,在被训词之后也往往带有各种延宕性词语,就是一样的道理。先秦两汉的传体、记体等训诂著作中常用此法释词。主要有三类。

1)以“A之为言B也”式为释①

《周易·乾·初九》:“潜龙勿用。”《文言》:“潜之为言也,隐而未见,形而未成。”

此即不直接训作“潜,隐而未见,形而未成”,而加“之为言也”四字,间接为辞,说明其义。下同:

《礼记·射义》:“射之为言者,绎也,或曰舍也。绎者,各绎己之志也。”

《论语·里仁》:“子曰:‘唯仁者能好人,能恶人。’”朱熹《集注》:“唯之为言独也。”

2)以“A之为义,B也”式为释

《周易·遁·初六》:“遁尾,厉,勿用有攸往。”王弼注:“遁之为义,避内而之外者也。”

此即不直接训为“遁,避内而之外者也”,而加“之为义”三字,间接为辞,说明其义。下同:

《周易·晋》,孔颖达《正义》:“晋之为义,进长之名。”

3)以“A也者,B也”式为释

《礼记·礼器》:“礼也者,反本修古,不忘其初者也。”

训释“礼”字,加“也者”二字舒缓其辞,再说明它的含义特征。下同:

《大戴礼记·夏小正》:“辰则伏。”《传》:“辰也者,谓星也。伏也者,

① 此式也用于声训法,参见第九章第六节。

入而不见也。”

6. 问答为释法

此即不直接训释被训词的含义，而通过一问一答，间接为释。此法也承自口头训诂阶段，先秦传体训诂著作中此法使用颇广。如：

《公·桓·九年》：“京师者何？天子之居也。京者何？大也。师者何？众也。天子之居，必以众大之辞言之。”

被训词是“京师”，先总释，后分释，但没有采用直接定义的训法，而采用问答训法，三问三答。再如：

《穀·定·十四年》：“脤者何也？俎实也。祭肉也。生曰脤，熟曰膰。”

被训词是“脤”，先问答为释，再对释辨义。下同：

《白虎通义·五行》：“五行者何谓也？谓金、木、水、火、土也。”

7. 互文为训法

利用互文形式解释词义的方法，叫作“互文为训法”①。如：

《诗·小雅·采芑》：“伐鼓渊渊，振旅阗阗。”《毛传》：“渊渊，鼓声也。入曰振旅，复长幼也。”

古时候有“治兵”“振旅”的事情，故《尔雅·释天》云：“出为治兵，尚威武也。入为振旅，反尊卑也。”孔颖达《毛诗正义》引用孙炎的解释说：“出则幼贱在前，贵勇力也。入则尊老在前，复常法也。”由此可知，这两句诗本当写作：

治兵伐鼓渊渊，振旅伐鼓阗阗。

由于四字句格式的限制，缩为：

伐鼓渊渊，振旅阗阗。

上句省“治兵”二字，下句省“伐鼓”二字。由下句“振旅”，可知上句暗含“治兵”之义；同样，由上句的“伐鼓”，可知下句也含有“伐鼓”之义，故互文见义。由于诗句为互文，《毛传》也用互文训法，释“渊渊”为“鼓声也”，不释“阗阗”，但示意“阗阗”也是鼓声。释下句“振旅”，示意上句省去“治兵”。“阗阗”之义由“渊渊”之训而明，“治兵”之省，因“振旅”之训而显，即所谓“互文为释见义”。再如：

《诗·小雅·庭燎》一章：“君子至止，鸾声将将。”《毛传》：“将将，鸾

① 关于“互文”，参见第十三章第一节。

镳声也。”二章:“君子至止,鸾声哕哕。”《毛传》:“哕哕,徐行有节也。”

前后两章句式相同,用词有别,为异章变文。《毛传》于“将将”,释其词汇义。于“哕哕”,点明修辞义。也是互文为释,示意“哕哕”也是鸾镳声,“将将”也表示徐行有节。

8.句解中释词法

此即不专门释词,句解中通过译文对释有关词的含义,也就间接表明了这些词的训义。如:

《尚书·康诰》:“外事,汝陈时臬,司师。”某氏《传》:“言外土诸侯奉王事,汝当布陈是法,司牧其众。”

句解中以“是法”“众”对译“时臬”“师”,间接训“时”为“是”,训“臬”为“法”,训“师”为“众”。再如:

《穀·隐·元年》:“不日,其盟渝也。”范宁《集解》:“日者,所以谨信。盟变,故不日。”

句解中以“变”对译“渝”,间接训“渝”为“变”。下同:

《汉书·项羽传》:“羽亦被十馀创。顾见汉骑司马吕马童曰:‘若非吾故人乎?’马童面之。”颜师古注:“张晏曰:‘以故人难亲斫之,故背之也。’”

此即间接训“面”为“背”。

二、疏证法

疏证法的任务是疏通证明旧注的训义,对原有的被训词一般不产生新的训义。可分为疏通训义法和证明训义法两类。

(一)疏通训义法

疏通训义法主要包括十五类。

1.申明训义为疏

若旧注训义隐略,便以此法加以申述表明。如:

《诗·邶风·日月》:“胡能有定?报我不述。”《毛传》:“述,循也。”郑玄《笺》:“不循,不循礼也。”

《传》文简略,只训“述”为“循”,义隐。故《笺》承《传》训,译诗“不述”为“不循”,指出“不循”,就是“不循礼也”。《传》旨诗意方明。“报我不述”,即不按礼数对待我。再如:

《汉书·霍去病传》:"票骑将军涉钧耆,济居延,遂臻小月支。"颜师古注:"张晏曰:'钧耆、居延,皆水名也。浅曰涉,深曰济。'师古曰:涉,谓人马涉度也。济,谓以舟船。"

张注"涉""济"两训简略,故加以申明。

2. 足成训义为疏

若旧注从一个角度作解,训义似不完备,便从另一个角度作解,足成训义。如:

《诗·小雅·巧言》:"君子信盗,乱是用暴。"《毛传》:"盗,逃也。"郑玄《笺》:"盗,谓小人也。"

《传》声训,《笺》以义训足成其义,不是与《传》文相异。再如:

《礼记·乡饮酒义》:"孔子曰:'吾观于乡,而知王道之易易也。'"郑玄注:"乡,乡饮酒也。易易,谓教化之本尊贤尚齿而已。"孔颖达《正义》:"不直云'易',而云'易易'者,取其简易之义,故重言'易易',犹若《尚书》'王道荡荡''王道平平',皆重言,取其语顺故也。"

郑《注》解"易易",从文意内容方面着眼;《正义》解"易易",则从字义及构词方式方面下手。后训足成前训,非有异义。

3. 推导为疏

此即用推导的方式疏通旧注。如:

《春秋·庄·十年》:"三月,宋人迁宿。"《穀梁传》:"迁,亡辞也。"晋代范宁《集解》:"为人所迁,则无复国家,故曰'亡辞'。《闵·十二年》齐人迁阳,亦是也。"

宿,春秋时一个小国,被宋国迁出故地。《穀梁传》谓《春秋》书"迁",是一种"亡辞",即是表达亡国的一种说法。范氏用推导为疏法疏解了《传》文。范书名为《集解》,实为疏体,因为它不是直接注解《春秋》原文,而是疏解训释《春秋》的《穀梁传》。这在第三章第一节"疏体"一目下已论述过了。下同:

《孟子·梁惠王上》:"老吾老,以及人之老。幼吾幼,以及人之幼。"赵岐《章句》:"老,犹敬也。幼,犹爱也。"清代焦循《孟子正义》:"《礼记·大学》篇云:'上老老而民兴孝,上长长而民兴弟。'注云:'老老长长,谓尊老敬长也。'此'老吾老''幼吾幼',犹云'老老长长'。'老'无敬训,'幼'无爱训,故云'犹敬''犹爱'也。"

4. 揭明互训为疏

《论语·子罕》:"子罕言利与命与仁。"何晏《集解》:"罕者,希也。"

邢氏疏："《释诂》云：'希，罕也。'转互相训，故'罕'得为'希'也。"

此即揭明《集解》与《尔雅》两字互训。下同：

《尔雅·释诂》："之，往也。"郝懿行《义疏》："《说文》云：'往，之也。'互相训也。"

5. 揭明转以相训为疏

《诗·周颂·噫嘻》："骏发尔私，终三十里。"郑玄《笺》："骏，疾也。"孔颖达《正义》："《释诂》云：'速，疾也。''骏，速也。'转以相训，是'骏'为'疾'也。"

此即谓《雅》训无"骏，疾也"之释，但"骏"训为"速"，"速"训为"疾"，故转以相训，"骏"可以训为"疾"。

6. 揭明对文相证为疏

倘所解原文系对偶文句，旧注系对文相证为义，则疏家往往以揭明对文相证为疏。如：

《周易·系辞上》："齐小大者存乎卦，辩吉凶者存乎辞。"韩康伯注："辞，爻辞也。"孔颖达《正义》："云'辞，爻辞也'者，其实卦之与爻，皆有其辞。知是爻辞者，但卦辞变化少，爻辞变化多。此经'辩吉凶者存乎辞'，与'齐小大者存乎卦'二文相对，上既云'卦'，故此'辞'为爻辞也。"

此即揭明韩氏训"辞"为"爻辞"，是以对文相证为义。下同：

《周礼·秋官·大司寇职》："五曰国刑，上愿纠暴。"郑玄注："暴，当为'恭'，字之误也。"贾公彦疏："知为'恭'，不为'暴'者，以其上四刑皆纠察其善，不纠其恶，以类言之，故知是'恭'，'恭'又似'暴'字，故云'字之误也'。"

原文"一曰"至"五曰"为对文，即揭明郑注属于对文相证为义，故有此训。

7. 揭明立言角度为疏

当所疏旧注从不同的角度解释词义时，便用此法进行疏通。如：

《仪礼·特牲馈食礼》："利洗，散献于尸。"郑玄注："利，佐食也；言'利'，以今进酒也。"贾公彦疏："云'利，佐食也；言利，以今进酒也'者，'利'与'佐食'乃有二名者，以上文设俎、启会、尔敦之时以黍稷为食，故名'佐食'。今进以酒，酒，所以供养，故名'利'。利，即养也。"

"利"与"佐食"都是古代举行馈食礼时工作人员的临时职务名称，工作性质和任务都是一样的，即负责陈列食器、酒器，上食上酒。因此，郑注谓："利，佐食也。”但又表明两个名称有区别：负责上主食黍稷时，便称作“佐食”；负责进酒时，便改称“利”，各有取义。故贾疏分别揭明立言角度，加以疏通。下同：

《说文》人部：“俳，戏也。”段玉裁注：“以其戏言之，谓之‘俳’；以其音乐言之，谓之‘倡’，亦谓之‘优’，其实一物也。”

意谓从不同的角度讲，就有不同的称名。“俳”这个名号，是从演戏的角度说的。

8. 演明词义为疏

演明词义为疏，即对所疏旧注的被训词或训词的词义加以演释，务使其明白，以达到疏通训义的目的。如：

《左传》卷首：“惠公元妃孟子。”杜预《集解》：“言元妃，明始適夫人也。子，宋姓。”孔颖达《正义》：“《释诂》云：‘元，始也。妃，匹也。’始匹者，言以前未曾娶而此人始为匹，故注云：‘言元妃，明始適夫人也。’妃者，名通適妾，故《传》云：‘陈哀公元妃郑姬生悼大子偃师，二妃生公子留，下妃生公子胜。’元者，始也，长也。一‘元’之字兼‘始’‘適’两义，故云‘始適夫人也’。然则有始而非適，若孟任之类是也。亦有適而非始，若哀姜之类是也。妃者，配匹之言，非有尊卑之异。其尊卑殊称，则《曲礼》所云‘天子之妃曰后，诸侯曰夫人，大夫曰孺人，士曰妇人，庶人曰妻’，是也。”

杜氏训“元妃”为“始適夫人”，適，通“嫡”。《正义》详细演明“元妃”二字的含义，疏通杜训。下同：

《论语·述而》：“子钓而不纲，弋不射宿。”孔《注》：“弋，缴射也。”清刘宝楠《正义》：“缴者，《说文》：‘缴，生丝缕也。’……‘弋，缴射’者，《说文》：‘惟，缴射飞鸟也。从隹，弋声。’弋，即惟省。《周官·司弓矢》：‘矰矢茀矢，用诸弋射。’注：‘矰矢，弓所用也。茀矢，弩所用也。结缴于矢谓之矰。矰，高也。茀矢象焉。二者皆可以弋飞鸟。’彼注言‘矰矢’为结缴于矢，即此注所云‘缴射’矣。”

9. 说明情况为疏

此即说明旧注训义所表示的有关情况，以达到疏通训义的目的。如：

《尔雅·释天》：“祭天曰燔柴。”郭璞注：“既祭，积薪烧之。”又：“祭地曰瘗薶。”注：“既祭，埋藏之。”又：“祭山曰庋县。”注：“或庋或县，置之于山。《山海经》曰‘县以吉玉’，是也。”又：“祭川曰浮沉。”注：“投祭水中,或浮或沉。”又:“祭星曰布。”注:“布,散祭于地。”又:“祭风曰磔。”注:“今俗当大道中磔狗,云以止风,此其象。”

《释天》广释各种祭祀名称,郭璞注一一说明各种祭祀的有关情况,疏通训义,表明此处所解各类祭祀名称都与处理祭品的方式相关。祭天时,堆积木柴,将祭品牲体玉帛放在上面,点火燃烧,升烟报阳,故祭天之礼叫作“燔柴”。余可类推。下同:

《释名·释天》:“天,豫司、兖、冀以舌腹言之。”王先谦《释名疏证补》:“王启原:后汉都雒阳,在司隶部;孝献都许,在豫州部,故此先言‘豫’,继言‘司’,尊时制也。”

此即说明《释天》训语中所称“豫司”在当时的隶属情况及先言“豫”后言“司”的行文背景,帮助疏通训义。

10. 揭明同物异名为疏

语言中有同物异名的现象,当所疏旧注异名相释时,疏家往往用揭明同物异名的办法进行疏通。如:

《尔雅·释宫》:“路、场、猷、行,道也。”郭璞注:“博说道之异名。”

意谓四个被训词都是“道”的不同名称。再如:

《诗·小雅·北山》:“率土之滨,莫非王臣。”《毛传》:“滨,涯也。”孔颖达《正义》:“《释水》云:‘浒,水涯。’孙炎曰:‘涯,水边。’《说文》云:‘浦,水滨。’《广雅》云:‘浦,涯。’然则浒、滨、涯、浦,皆水畔之地,同物而异名也。”

意谓《毛传》训“滨”为“涯”,属于异名相释。

11. 揭明异物同名为疏

语言中有异物同名的现象,当所疏旧注涉及异物同名时,疏家往往用揭明异物同名的方法加以疏通,防止因此而可能产生的混乱。如:

《广雅·释草》:“茈葳、陵苕,蘧麦也。”王念孙《疏证》:“‘紫葳’以色得名。《小雅·苕之华·笺》云:‘陵苕之华紫赤而繁,故陵苕谓之紫葳。’陶注《本草·瞿麦》云:‘花红紫赤而可爱,故瞿麦亦谓之紫葳。’草木异物而同名者正多此类。”

此即谓“蘧麦”与“陵苕”为不同物,但因花色相似同名“紫葳”。“紫葳”与“茈葳”,“蘧麦”与“瞿麦”,并同。再如:

《诗·小雅·采芑》:“薄言采芑,于彼新田,于此菑亩。”《毛传》:

"芑，菜也。"清代陈奂《诗毛氏传疏》："《正义》云：'芑菜似苦菜，茎青白色，摘其叶，白汁出，脆可生食，亦可蒸为茹。'然则《生民》言禾苗之白者为芑，则芑茎带白色，故得异物而同名欤？"

此即谓此诗之"芑"为菜，《生民》之"芑"为禾，二者异物而同名。

12. 揭明同条异义为疏

《雅》体训诂工具书常把若干个意义不同但可相通的词编在同一词条下，作为被训词，用一个具有与之相应的各个义项的多义词作训词，加以训释，这种训法称为"同条异义"。如果不明白这种情况，按照一般的同义词条去对待，一部分词的训义就很难疏通。清代高邮王氏父子揭明了《雅》书的这种训法，并用揭明同条异义的方法疏通了这类词条的训义，对《雅》书研究作出了重要贡献。如：

《广雅·释诂》："敛、钦、丐、贷、诬、谛、授、施、裨、禀、付、载、埤、分、越、以、气、遗、予，与也。"王念孙《疏证》："此条'与'字有二义：一为'取与'之与，敛、钦、丐、贷、授、施诸字是也。一为'与共'之与，诬、谛、越、以四字是也。……"

此即揭明训词"与"有二义，又括举了所属的字。在第一义下举出"敛"等六字，并以"诸字"二字约举，是说十九个被训词除第二义所属四个字外，余十五个全属第一义。以下分别加以疏证，文长从略。再如：

《广雅·释诂》："元、良、饽、馄、跳、趼、坚，长也。"王念孙《疏证》："元、良为'长幼'之长，饽、馄为'消长'之长，跳、趼、坚为'长短'之长。……"

此即揭明训词"长"有三义，然后对各义所属字分别给予疏证。又如王引之《经义述闻》卷二十六《尔雅·释诂》"林、烝、天、帝、皇、王、后、辟、公、侯，君也"条下云：

引之谨案："君"字有二义：一为君上之君，"天、帝、皇、王、后、辟、公、侯"是也；一为群聚之群，"林、烝"是也。古者"君"与"群"同声，故《韩诗外传》曰："君者，群也。"故古"群臣"字通作"君臣"。《管子·大匡》篇"桓公使鲍叔识君臣之有善者"，《问》篇"君臣有位而未有田者，几何人"，皆"群臣"之假借也。《吕氏春秋·召类》篇曰："群者，众也。"《白虎通义》曰："林者，众也。"此篇下文曰："烝，众也。"林、烝、群，同为众多之义，故曰："林、烝，群也。""林、烝"二字连文，而不与下文相错，亦可以知其别为一类矣。不然,君上至尊,岂得以“林、烝”称之乎?自毛公释《诗》之“有壬有林”“文王烝哉”,始误以“林、烝”为君上之君。……遍考经传之文,未有谓君为林、烝者,则林、烝之本训为群,明矣。“天、帝、皇、王、后、辟、公、侯”为君上之君,“林、烝”为群聚之群,而得合而释之者,古人训诂之指本于声音,六书之用广于假借,故二义不嫌同条也。

此即谓训词“君”有二义:一为“君王”之君,是本义;一为“群聚”之群,是假借义。

13. 疏通特殊训义法

旧注简略,有些训法特殊,训义难明,疏家便用此法加以疏通。如:

《诗·大雅·生民》:“诞弥厥月,先生如达。”《毛传》:“达,生也。”孔颖达《正义》:“言其生易如达羊之生,但《传》文略耳,非训‘达’为‘生’也。”

“达”,繁体作“達”,是“羍”的借字。《说文》训“羍”为小羊。羊生小羊易产,诗中用来比喻后稷出生容易。此《传》不以“如达羊之生也”为训,仅释为“生也”,属于间隔训法,训义难通,故《正义》用此法给以疏通。再如:

《周礼·秋官·小司寇职》:“小司寇摈以叙进而问焉,以众辅志而弊谋。”郑玄注:“辅志者,尊王贤明也。”贾公彦疏:“云‘辅志者,尊王贤明也’者,专欲难成,舍己稽众,圣人无心,以百姓心为心。今能以众辅成己志,是尊王贤明也。”

郑注没有正面解释“辅志”的含义,只从侧面点明“辅志”一语的修辞义,即表明尊王贤明,但言简义隐,故加以疏通,说明其中的道理。

14. 比况为疏

比况为疏,即使用扩展式比况训式或一长串的比况训式,疏通有关艰深训义。清代训诂家擅长使用此法。如:

《广雅·释地》:“𣃁、锶、耛、犁、桂,耕也。”王念孙《疏证》:“𣃁、锶、耛、犁、桂皆田器之名而因以为耕名,犹棓、棁、殳、度皆杖名而因以为击物之名也。”

“𣃁”“锶”等五字都是田器名,但《广雅》以“耕也”为训,义有转折间隔,故王氏用一个扩展式比况训式加以疏通,说明由于这五个字都是田器名,所以可训为耕,就像由于“棓”“棁”等四字都是杖名所以可训为击打一样。再如:

《广雅·释诂》:“䎃,高也。”王念孙《疏证》:“凡高与大义相近,高谓之岑，犹大谓之岭也；高谓之嵬，犹大谓之巍也；高谓之弼，犹大谓之奭也。”

原训“弼，高也”义隐，《疏证》以“高与大义相近”之说发凡，引出三联比句，以前两个比句所形成的气势，推证出第三联比句，达到比拟、印证、疏通原训的目的。下同：

《方言》卷一：“党，知也。”清代钱绎《笺疏》：“《广雅》：‘党，美也，善也。’美与知义相近，美谓之党，亦谓之媛，犹知谓之慢，亦谓之党也。”

15. 辨明异训为疏

旧注训义如有不同，容易给读者造成混乱，疏家即以此法为疏。又可别为辨明异训同义和辨明各家异义两类。

1）辨明异训同义

若训语异，但训义相同或相似，即以此法加以辨明。如：

《诗·邶风·谷风》：“毋逝我梁。”《毛传》：“梁，鱼梁。”孔颖达《正义》：“《有狐》云‘在彼淇梁’，《传》曰‘石绝水曰梁’；《候人》云‘维鹈在梁’，《传》曰‘梁，水中之梁’；《鸳鸯》云‘鸳鸯在梁’，《笺》云‘石绝水之梁’。《白华》亦云‘有鹙在梁’，又云‘鸳鸯在梁’，皆鸟兽所在，非人所往还之处，即皆非桥梁矣，故以‘石绝水’解之。此石绝水之梁亦是鱼梁。故《王制》云‘獭祭鱼，然后虞人入泽梁’，注云‘梁，绝水取鱼者’。《白华笺》云：‘鹙也，鹤也，皆以鱼为美食者也。鹙之性贪恶，而今在梁。’《表记》注云：‘鹈，洿泽，善居泥水之中，在鱼梁。’是梁皆鱼梁明矣。”

意谓所举《传》《笺》《注》训释鱼梁的训语虽然不同，但实际上都是指鱼梁，意思是相同的或相通的。再如：

《仪礼·乡射礼》：“宾升西阶上，疑立。”郑玄注：“疑，止也，有矜庄之色。”贾公彦疏：“《乡饮酒》注：‘疑，读为疑然从于赵盾之疑。疑，正立自定之貌。’此言‘疑，止也，有矜庄之色’，二注相兼乃具也。”

意谓两处注文训语虽异，角度不同，互相补充，意义乃完备。

2）辨明各家异义

相同的被训词，各家训义不同，读者或不易知其所以然，故加以辨明。如：

《周礼·地官·载师》：“以官田、牛田、赏田、牧田任远郊之地。”郑玄注：“官田者，公家所耕田。牛田者，以养公家之牛。赏田者，赏赐之田。牧田者，牧六畜之田。……官田，庶人在官者其家所受田也。牛田、牧田,畜牧者之家所受田也。”贾公彦疏:“司农云官田者,公家之所耕田。后郑不从者,下云‘近郊什一’,皆据此士官田之等,若官田是公家所耕,何得有税乎?故后郑以为府史之等仕在官,家人所受田也。司农云牛田者,以养公家之牛,后郑不从者,若是养公家牛,何得下文有税?故后郑亦为牛人之家所受田也。司农云赏田者,赏赐之田。此即《夏官·司勋》云‘赏田’,一也,故后郑从之。司农云牧田者,牧六畜之田。司农意此即牧人掌牧六牲者也。后郑不从者,若是牧人牧六牲,则是公家放牧之地,何得下文有税乎?故后郑亦云牧人家人所受田也。”

一共四种田,先郑对于“赏田”的训释,后郑无异议,但对其他三种田的训释,后郑不同意,另作解释,故贾疏一一辨明后郑相异的原因。

(二)证明训义法

证明训义法主要有六类。

1. 证有训式中被训词的用例

比如在“A、B,C也”这个训式中,证明文献中有可训为“C也”的“A”“B”这样的被训词,表明“C也”的训释是有根据的。如:

《尔雅·释诂》:“初、哉、首、基、肇、祖、元、胎、俶、落、权舆,始也。”郭璞注:“《尚书》曰‘三月哉生魄’。《诗》曰‘令终有俶’,又曰‘俶载南亩’,又曰‘访予落止’,又曰‘胡不承权舆’。”

《释诂》这个词条共排列了十一个被训词,训为“始也”,说明这十一个词都具有“始”的意思。由于其中的“哉”“俶”“落”“权舆”四个词的训义较隐,故郭注从《尚书》《诗经》中举出了相应的用例,证明文献中有这四个词的可训为“始”义的用法。再如:

《尔雅·释言》:“粻,粮也。”郭璞注:“今江东通言‘粻’。”

此即证明当时江东方言称“粮”为“粻”,当是古之遗语。又如:

《广雅·释言》:“极,中也。”王念孙《疏证》:“《洪范》云:‘建用皇极。’”

此即谓释为“中”义的“极”字,《尚书·洪范》中有用例。

2. 证有训式中训词的用例

比如在“A,C也”这个训式中,证明文献中有可作为被训词“A”的训词“C”的用例,表明这样的训解是有根据的。如:

《广雅·释言》:“践,蹐也。”王念孙《疏证》:“《曲礼》云:‘毋踖席。’

踖,与蹐同。"

"蹐"是踖字的异体,意谓可作被训词"践"的训词"蹐",《礼记·曲礼》中有用例。下同:

《尔雅·释诂》:"诚,信也。"郝懿行《义疏》:"《墨子·经上》篇云:'信言合于意也。'《鹖冠子·学问》篇云:'所谓信者,无二响者也。'"

3. 证有其训

证有其训,即证明文献中有同类训释,表明所证原训有根据,可信。又可分为三类。

1)直引同类训释为证

《诗·周南·葛覃》:"集于灌木。"《毛传》:"灌木,藂木也。"孔颖达《正义》:"《释木》云:'灌木,丛木。'"

此即直引《尔雅·释木》文以证《传》训。藂,"丛"字的俗写。凡旧注中仅称《释木》之类者,均指《尔雅》篇名。下同:

《尔雅·释诂》:"艰,难也。"郝懿行《义疏》:"《诗·中谷有蓷·传》及《北门》《何人斯》《凫鹥》,《笺》并云:'艰,难也。'"

2)以"A者,某书言B也"式为证

"A",代表原训被训词;"B",代表原训训词。如:

《尔雅·释诂》:"俶,始也。"郝懿行《义疏》:"俶者,《说文》云'始也'。"

等于说"《说文》云:'俶,始也。'"下同:

《尚书·汤誓》:"非台小子敢行称乱。"清孙星衍《尚书今古文注疏》:"《注》:马融曰:'台,我也。'《疏》台者,《释诂》云'我也'。"

3)以先举训义,再明出处为证

《周礼·天官冢宰》:"以为民极。"郑玄注:"极,中也。"贾公彦疏:"'极,中也',《尔雅》文。"

此即先全举郑注训义,再标明是《尔雅》文。下同:

《尚书·尧典》:"克谐,以孝烝烝。"孙星衍《尚书今古文注疏》:"《注》:史迁'克'作'能','谐'作'和'。《疏》'克,能',《释言》文。'谐,和',《释诂》文。"

再如:

《诗·大雅·生民》:"维秬维秠,维穈维芑。"《毛传》:"秬,黑黍也。秠,一稃二米也。穈,赤苗也。芑,白苗也。"孔颖达《正义》:"'秬,黑黍'

以下,皆《释草》文。唯彼‘藦’作‘虋’,音同耳。”

此因《传》文长,故先约举,再标明出处。

4. 证有其用与其训

这是前三种证明法的综合应用,既证有训式中被训词或训词的用例,又证有同样的训释。如:

《尔雅·释诂》:“后,君也。”郝懿行《义疏》:“《周礼·量人》‘营后宫’、《礼记·内则》‘后王命冢宰’,郑注并云‘后,君也’。”

所引《周礼》《礼记》文为原训被训词“后”的用例,郑注为同样的训释。下同:

《方言》卷二:“稚,小也。”清代钱绎《笺疏》:“《列子·天瑞》篇:‘纯雄,其名稚蜂。’张湛注:‘稚,小也。’”

5. 引文比证

引文比证,即引用相同语境出现原训被训词和训词的例句,形成鲜明比较,证明原训合于典籍。这种证明法组织精妙,效果颇好。王念孙疏证《广雅》,多用此法。又可别为五类。

1)引同一上下文比证

《广雅·释诂》:“设,合也。”王念孙《疏证》:“《礼器》云:‘夫礼者,合于天时,设于地财,顺于鬼神,合于人心。’设,亦合也。”

原训被训词“设”与训词“合”共见于并列的对句中,语法意义相同,词汇意义相近,故可为训,引以相证。

2)引不同资料比证

《广雅·释宫》:“阎谓之衖。”王氏《疏证》:“衖与巷同。《荀子·儒效》篇‘隐于穷阎陋室’,《韩诗外传》作‘隐居穷巷陋室’,是阎即巷也。”

原训被训词“衖”与训词“阎”分别出现于《荀子》和《韩诗外传》的两句相同的文句中,意义相同,故引以相证。

3)引旧本与今本异文比证

《广雅·释诂》:“稸,积也。”王氏《疏证》:“《说文》:‘稸,积禾也。’引《周颂·良耜》篇‘稸之秩秩’,今本作‘积之栗栗’。”

《说文》所引《诗经》旧本“稸”是原训被训词,今本作“积”,是原训训词,异文义同,故引以为证。

4)引古人名与字比证

《广雅·释诂》:“齐,疾也。”王氏《疏证》:“春秋卫世叔齐,字疾,是其义也。”

古人的名与字取义多相应,卫世叔的名和字跟《广雅》原训的被训词和训词相同,故引以相证。

5)引字义相反的用例比证

《广雅·释诂》:“肖,小也。”王氏《疏证》:“《庄子·列御寇》篇:‘达生之情者傀,达于知者肖。’傀者,大也;肖者,小也。‘肖’与‘傀’正相反。”

原训被训词“肖”具于用例中,训词“小”不具,但用例中的“傀”与“肖”含义相反,表示大的意思,也与训词“小”义相反,故可用来反证原训。

6.推明为训所据

推明为训所据,即推明原训立训的根据,这是疏证家所用证明法中的一种重要方法。当原训出于自创或找不到同类训释为证时,疏证家多用此法间接证明原训。训式中多用“知者”“故知”等词语表示推导之意。可分为两类。

1)先称举训义,再推明为训所据

《周礼·地官·小司徒职》:“凡国之大事,致民。”郑玄注:“大事,谓戎事也。”贾公彦疏:“知‘大事谓戎事’者,见《左氏成公传》云:‘国之大事,在祀与戎。’此言‘致民’,明非祭祀,是戎事可知,故云‘大事,谓戎事也’。”

先用“知……者”句式称举郑注训义,然后推明“大事,谓戎事也”的训释根据。下同:

《尚书·洪范》:“八政:一曰食,二曰货,三曰祀,四曰司空,五曰司徒,六曰司寇,七曰宾,八曰师。”孙星衍《尚书今古文注疏》:“《注》:郑康成曰:‘食,谓掌民食之官,若后稷者也。’《疏》云‘食,谓掌民食之官,若后稷’者,案《周语》云:‘昔我先王世后稷。’又云:‘夏之衰也,弃稷弗务,我先王不窋用失其官。’则稷是官名。《尧典》曰:‘女后稷,播时百谷。’是掌民食之官也。”

2)直接推明为训所据

直接推明为训所据,即不复举原训的训义,直接推明为训所据。如:

《诗·小雅·小宛》:“念昔先人。”《毛传》:“先人,文、武也。”孔颖达《正义》:“知者,以王无德而念其先人,又云‘有怀二人’,则所念二人而已。周之先世,二人有圣德定天位者,唯文、武为然。明以文、武有天下,今虑其亡灭,故念之也。”

先以“知者”二字承《传》训,再推明其训“先人”为文王和武王的根据。再如:

《左·宣·十二年》:“乐伯曰:‘吾闻致师者,左射以菆。’”杜预《集解》:“左,车左也。菆,矢之善者。”孔颖达《正义》:“兵车自非元帅,皆射者在左,御在中央,故云‘左,车左’。乐伯居左,故称左也。下云‘庄子抽矢菆,纳诸厨子之房,选好矢而留之’,知菆是矢之善者。”

《正义》推明两训,都是先明所据,后称“故云”之类,结以原训。

第五节　义训法(五)·通释性通用训法

通释性通用训法主要有扩大被训词法、扩充义项法、通释词义法、关联训法四类。

一、扩大被训词法

扩大被训词法,即在训释中扩大被训词的数量,达到充分发挥训释效果和使读者广闻博识的目的。又可别为合训法、连类广训法、连类推训法三类。

1. 合训法

合训法,即在一个训式中合训两个以上的被训词。《雅》体训诂工具书的同义词条都是这种训法。如《尔雅·释言》云:

征、迈,行也。

竞、逐,强也。

此为两词合训。再如《释诂》云:

靖、惟、漠、图、询、度、咨、诹、究、如、虑、谟、猷、肇、基、访,谋也。

此为单音词的多词合训,一次训释十六个被训词。又如《释训》云:

殷殷、茕茕、忉忉、慱慱、钦钦、京京、忡忡、惙惙、怲怲、奕奕,忧也。

此为联绵词的多词合训,一次训释了十个被训词。

随文注释体训诂著作中,也经常使用合训法。如:

《诗·小雅·小明》:“神之听之,介尔景福。”《毛传》:“介、景,皆大也。”

《尚书·盘庚下》:"各非敢违卜,用宏兹贲。"某氏《传》:"宏、贲,皆大也。"

《荀子·劝学》:"是故无冥冥之志者,无昭昭之明;无惛惛之事者,无赫赫之功。"杨倞注:"冥冥、惛惛,皆专默精诚之谓也。"

以上均为两词合训。又如:

《周礼·春官·车仆》:"掌戎路之萃、广车之萃、阙车之萃、苹车之萃、轻车之萃。"郑玄注:"此五者,皆兵车,所谓五戎也。戎路,王在军所乘也。广车,横阵之车也。阙车,所用补阙之车也。苹,犹屏也,所用对敌自蔽隐之车也。轻车,所用驰敌致师之车也。"

多词合训,先总释,后分释。这种训法简明扼要,训释面大,特征突出,效果良好。

2. 连类广训法

连类广训法,即训释一个词,对于跟它相关的不见于所解原文的词一并加以训释。这种训法除了能够加强对本词的训释效果之外,还有使读者广闻博识的作用。如:

《诗·大雅·文王》:"厥作裸将,常服黼冔。"《毛传》:"冔,殷冠也。夏后氏曰收,周曰冕。"

释"冔"及"收""冕",增广两训。"收""冕"不在所解原诗中,由于都是帽子之类,故连类并训。再如:

《春秋·襄·二十四年》:"大饥。"《穀梁传》:"五谷不升为大饥,一谷不升谓之嗛,二谷不升谓之饥,三谷不升谓之馑,四谷不升谓之康,五谷不升谓之大侵。"

释"大饥",又连类释及其他五个被训词,即增广五训。下同:

《后汉书·光武帝纪》:"辛未,诏曰。"李贤等注:"《汉制度》曰:'帝之下书有四:一曰策书,二曰制书,三曰诏书,四曰诫敕。策书者,编简也,其制长二尺,短者半之,篆书,起年月日,称皇帝,以命诸侯王。三公以罪免亦赐策,而以隶书,用尺一木,两行,唯此为异也。制书者,帝者制度之命,其文曰制诏三公,皆玺封,尚书令印重封,露布州郡也。诏书者,诏,告也,其文曰告某官云云,如故事。诫敕者,谓敕刺史、太守,其文曰有诏敕某官。它皆仿此。"

释诏书,并释及策书、制书、诫敕,详加解释。

3. 连类推训法

连类推训法,即由一个词的训释,推知同类词的训义。如:

《尚书·尧典》:“分命羲仲,宅嵎夷,曰旸谷。”宋代苏轼《书传》:“《禹贡》:‘嵎夷在青州,又曰旸谷。’则其地近日而先明,当在东方海上。以此推之,则‘昧谷’当在西极,‘朔方’‘幽都’当在幽州,而‘南交’为交趾明矣。”

此即由“嵎夷”的训释,推知“昧谷”“朔方”“幽都”“南交”的所在。

二、扩充义项法

扩充义项法主要包括概括训义法、括举义项法、编纂义项法三类。

1. 概括训义法

概括训义法,即用发凡的方式概括有关词语的训义,基本训式为:

凡(言)A 者,皆 BC

或为:

凡 BC 曰 A

在这类训法中,被训词“A”的训义“BC”被固定化、公理化,也就是成为达诂。意谓凡作为这种用法的被训词“A”,不管出现在怎样的上下文中,它的基本含义都是“BC”。如:

《山海经·南山经》:“又东三百八十里曰猨翼之山,其中多怪兽,水多怪鱼。”郭璞注:“凡言怪者,皆谓貌状倔奇不常也。”

意谓作为物名前的形容词,“怪”字的含义都是“貌状倔奇不常”。这就告诉读者,倘遇到“怪物”“怪鸟”“怪木”“怪虫”之类的词语,其中的“怪”字都应该如此作解,不必疑有他义。再如:

《春秋·文·三年》:“叔孙得臣会晋人、宋人、陈人、卫人、郑人伐沈,沈溃。”《左传》:“凡民逃其上曰溃,在上曰逃。”

意谓表示战败的这种“溃”字,其基本含义都是“民逃其上”,也就是背离其主,自行流散。并连类释及“逃”字,意谓它的基本含义是领兵者轻走。这就告诉读者,凡遇到《春秋》乃至其他书籍中的这种“溃”字、“逃”字,都应该如此作解。下同:

《汉书·田蚡传》:“上乃曰:‘君除吏尽未?吾亦欲除吏。’”颜师古注:“凡言除者,除去故官,就新官。”

用现在的话说，凡免去旧官，任命新官，古时候就叫作"除"或"除吏"。

概括训义法所提供的训义，大部分都成为该词的基本意义，为后世字典、辞书之类工具书的编纂打下了基础，提供了借鉴。

2. 括举义项法

括举义项法，即在随文注释中，括举有关词语的各种义项。如：

《仪礼·士冠礼》："皮弁服素积，缁带，素韠。"贾公彦疏："经典云'素'者有三义：若以衣裳言素者，谓白缯也。即此文之等是也。画缋言素者，谓白色也。即《论语》云'缋事后素'之等是也。器物无饰亦曰素，则《檀弓》云'奠以素器'之等是也。"

此即括举了经典中"素"字的三个义项：谓白缯，谓白色，谓器物无饰。再如：

《论语·学而》："节用而爱人，使民以时。"杨伯峻《译注》："爱人，古代'人'字有广狭两义，广义的'人'指一切人群，狭义的'人'只指士大夫以上各阶层的人。这里和'民'对言，用的是狭义。"

此即括举了古代"人"字的广狭两个义项。

这类训法对字典、词典之类训诂工具书中编纂有关词目的义项很有参考价值。

3. 编纂义项法

编纂义项法又可别为两类。

1）编纂群籍训诂义项法

编纂群籍训诂义项法，即尽量搜集各种书籍训诂中所产生的每个字词的所有义项，概括分类，编为字典、词典之类的工具书，以供读者参考。如《广韵》上平声东韵"丰"字下云：

大也。多也。茂也。盛也。又酒器，豆属。又姓，郑公子丰之后。敷空切。

此即纂列了"丰"字的六个义项。再如《康熙字典》日部"昌"字下云：

《广韵》：尺良切。《集韵》《韵会》：蚩良切。《正韵》：齿良切，并音倡。《说文》：美言也。《尔雅·释诂》：昌，当也。《书·大禹谟》：禹拜昌言曰。《传》：昌，当也。又《博雅》：盛也。《书·仲虺之诰》：邦乃其昌。《传》：国乃昌盛。又《诗·郑风》：子之昌兮。《传》：昌，盛壮貌。又《诗·齐风》：猗嗟昌兮。《笺》：昌，狡好貌。又《说文》：一曰：日光也。《诗》曰：东方昌矣。按：《诗·齐风·鸡鸣》作"东方明矣，朝既昌矣"，与

《说文》所引不同。又物也。《庄子·在宥》篇:今夫百昌皆生于土而反于土。《注》:司马云:百昌,犹百物也。又《仪礼·公食大夫礼》:昌本。《注》:昌,蒲;本,菹也。又《史记·天官书》:斗魁戴匡六星曰文昌宫。《注》:文者,精所聚。昌者,扬天纪,辅拂并居,以成天象。又《集韵》:尺亮切,音唱。倡,或作昌。

此即将群籍训释中关于"昌"字的十个义项,以音统义,汇总排列,并详细注明原文与训义的出处。再如,《经籍籑诂》上平声九佳"佳"字下云:

—[①],善也。《广雅·释诂一》。又《老子》:"夫—兵者"《释文》。又《楚辞·大招》:"丽以—只"注。○—,大也。《广雅·释诂一》。又《国策·中山策》:"—丽人之所出也"注。○—,美。《淮南·说林》:"—人不同体"注。○—,好也。《广雅·释诂一》。又《淮南·修务》:"形夸骨—"注。○—,饰也。《老子》:"夫—兵者"注。○—已,帝魁之母也。《文选·东京赋》注引《孝经钩命决》郑注。[补]《说文》:"—,善也。从人圭声。"○—、侠,皆美人之称也。《汉书·礼乐志》:"侠嘉夜"注引如淳。○—侠,犹—丽。《汉书·外戚传上》:"—侠函光"注引孟康。

此即纂列了古籍注释中关于"佳"字的八个义项,也一一注明原文与训义出处。又如《辞源》禾部"秀"字下字义注云:

㊀谷类抽穗开花曰秀。《诗·大雅·生民》:"实发实秀。"㊁草类结实。《诗·豳风·七月》:"四月秀葽。"《传》:"不荣而实曰秀;葽,草也。"㊂草木之花。《文选·(汉武帝)秋风辞》:"兰有秀兮菊有芬,携佳人兮不能忘。"㊃特异,优秀,茂盛。《礼·王制》:"司徒论选士之秀者而升之学,曰俊士。"《素问·四气调顺大论》:"夏三月,此谓蕃秀。天地气交,万物华实。"㊄美好。《楚辞·大招》:"容则秀雅,稚朱颜只。"㊅元、明称人之等第。见"不郎不秀"。㊆姓。出《姓苑》。见宋邓名世《古今姓氏书辩证》三四《宥》。

此即纂列了"秀"字的七个义项,附有书证,并注明序码,一目了然。

2)编纂一书训诂义项法

此法晚近才出现,即总括一部书中每个字词的义项,编为专书词典,供读者参考。杨伯峻《论语译注》之后所附《论语词典》、《孟子译注》之后所附《孟

---

① 该书为了省便,凡被训字重提,均用一横画代替。

子词典》,均属此类。如《论语词典》五画中"以"字条云:

以(152 次)

㊀指示代词,此(1 次):以告者过也(14·13)

㊁指示词作副词用,如此,这样(1 次):无以为也(19·24)

㊂动词,用(8 次):毋吾以也(11·26)

㊃动词,及也(1 次):朕躬有罪,无以万方(20·1)

㊄动词,与(1 次):视其所以(2·10)

㊅介词,依,按(4 次):使民以时(1·5),以季、孟之间待之(18·3)

㊆介词,用(85 次):为政以德(2·1),以不教民战(13·30),君子义以为上(17·23)

㊇介词,因(3 次):君子不以言举人(15·23)

㊈介词,表凭借(3 次):臧文仲以防求为后于鲁(14·14)

㊉介词,与(1 次):而谁以易之(18·6)

㊀㊀连词,与(1 次):季康子问使民敬忠以劝(2·20)

㊀㊁连词,因(4 次):以吾从大夫之后(11·8)

㊀㊂连词,表两事之相关(36 次):则修文德以来之(16·1)

㊀㊃小品词,和方位词结合(3 次):中人以上(6·21)

以上即总括了《论语》一书中"以"字的十四个义项及用法,并分别标明词类,括号中的两种数字依次表示该词该义在《论语》中所出现的次数和用例所在的篇章序号。

显然,这类训法对于读者习览该书颇有帮助。近年来如雨后春笋般出现的各类专书词典,如《尚书词典》《诗经词典》《水浒传词典》等,均属于此类。不过后者都独立成书,不附原文,与杨书有别。

三、通释词义法

通释词义法主要包括明词义演变法、辨析词义法两类。

1. 明词义演变法

随着历史的变迁和社会的发展,语言中的词义往往也会发生演变,前后不同。训诂中遇到这类情况,需要加以说明。如东汉蔡邕《独断》云:

朕,我也。古者尊卑共之,贵贱不嫌,则可同号之义也。尧曰"朕在位七十载",皋陶与帝舜言曰"朕言惠可底行",屈原曰"朕皇考",此其义也。至秦,天子独以为称,汉因而不改也。

此即谓周代以上,第一人称代词“朕”尊卑通用,没有区别;秦汉以来,只有皇帝称“朕”,别人不能称用。这是“朕”字含义的缩小。再如:

《左·昭·十四年》:“夏,楚子使然丹简上国之兵于宗丘,且抚其民。”孔颖达《正义》:“《周礼·司兵》掌五兵,郑众云:五兵者,戈、殳、戟、酋矛、夷矛。郑玄云:步卒之五兵则无夷矛而有弓矢。然则兵者,战器之名。战必令人执兵,因即名人为兵也。”

此即表明“兵”字原先只指武器,后来因人作战必持武器,故又称作战者为兵。这是“兵”字义项的扩大。又如:

《孟子·梁惠王上》:“兵刃既接,弃甲曳兵而走。”杨伯峻《译注》:“走,古代,慢慢走叫步,快快走叫趋,比趋更快,相当于跑叫做走。”

今天“走”不叫跑,说明“走”字的义项转移给了“跑”字。

2. 辨析词义法

辨析词义法主要有对文别散文通辨析、区分义类辨析和分别说解辨析三类。

1)对文别散文通辨析

有些词两两相对使用,各自含义有别;倘分散单独使用,用A字的地方也可由B字代替。对于这类词语,训诂家们常称对文别,散文通,加以辨析。如:

《诗·魏风·伐檀》:“不稼不穑。”《毛传》:“种之曰稼,敛之曰穑。”孔颖达《正义》:“以‘稼’‘穑’相对,皆先稼后穑,故知‘种之曰稼,敛之曰穑’。若散则相通。《大田》云‘曾孙之稼’,非唯种之也;《汤誓》曰‘舍我穑事’,非唯敛之也。”

此诗“稼”“穑”二字相对使用,故《毛传》对释二者的区别。《小雅·甫田》(《正义》误为《大田》)与《尚书·汤誓》分别各用其一,说明“稼”“穑”二字义可兼通,故《正义》用此法加以辨析。下同:

《公·庄·元年》:“其与弑公奈何?夫人谮公于齐侯。”何休《解诂》:“如其事曰诉,加诬曰谮。”清代陈立《义疏》:“《后汉书·齐武王縯传》注‘加诬言曰谮’,《说文》言部‘谮,诉也’,《论语·宪问》篇‘诉子路于季孙’《集解》引马曰‘诉,谮也’,《左传·成·十六年》云‘郤犨诉公于晋侯’注‘诉,谮也’,是对文异,散则通也。而谮重于诉。《玉篇》言部

‘谮，谗也’，《广雅·释诂》‘谮，诬也’，《诗·小雅·雨无极》云‘谮言则退’，《笺》云‘有谮毁之言，则共为排退之’，《汉书·孙宝传》‘蒙受冤谮’，并有加诬之意。”

既辨“谮”“诉”二字对文异，散则通，又说明“谮”实际上不同于“诉”。

也有人称统言无别，析言则异，进行辨析，如：

《说文》牙部：“牙，壮齿也。”段玉裁注：“‘壮’，各本讹作‘牡’，今本《篇》《韵》皆讹。惟石刻《九经字样》不误，而马氏版本妄改之。士部曰：‘壮，大也。’壮齿者，齿之大者也。统言之皆称齿，称牙；析言之，则前当唇者称齿，后在辅车者称牙。牙较大于齿，非有牝牡也。《释名》：‘牙，樝牙也，随形言之也。’辅车或曰牙车，牙所载也。《诗》‘谁谓雀无角’，‘谁谓鼠无牙’，谓雀本无角，鼠本无牙，而穿屋穿墙，似有角牙者然。鼠齿不大，故谓无牙也。东方朔说驺牙曰：‘其齿前后若一，齐等无牙。’此为齿小牙大之明证。”

意谓统言（即散言），“牙”“齿”可互兼，析言（即对言）则二者有别，并详加论证。

2）区分义类辨析

释词中训词所表示的义项或为本义，或为引申义，或为假借义，但出于种种原因，这些义类往往不易区别，故需要加以辨析，分别指明，方便读者理解。如：

《说文》肉部：“腐，烂也。”段玉裁注：“上文云‘胹，烂也’，烂之正义。此云‘腐，烂也’，歺部云‘殨，烂也’，烂之引伸之义。”

“胹”“腐”“殨”三字都以“烂”字为训，如果不区分“烂”字所表示的义类，似乎三个被训词同义，故段氏加以辨析。《说文》火部云：“烂，火孰也。”段玉裁注：“《方言》：‘自河以北、赵魏之间，火孰曰烂。’孰者，食饪也。饪者，大孰也。孰，则火候到矣。引伸之，凡淹久不坚皆曰烂。”孰，古熟字。这就是说，用火烧熟是“烂”字的本义，“胹”字之训即用本义。东西腐坏而变形叫作烂，是“烂”字的引申义，“腐”“殨”两训即用引申义。再如：

《说文》厂部：“厉，旱石也。”段玉裁注：“旱石者，刚于柔石者也。《禹贡》‘厉砥砮丹’，《大雅》‘取厉取锻’。引伸之义为‘作也’，见《释诂》。又‘危也’，见《大雅·民劳·传》、虞注《周易》。又‘烈也’，见《招魂》王注。俗以义异异其形。凡砥厉字作‘砺’，凡劝勉字作‘励’，惟严厉字作厉，而古引伸假借之法隐矣。凡经传中有训为恶，训为病，训为鬼者，谓'厉'，即'疠'之假借也。训为遮列者，谓'厉'即'迾'之假借也，《周礼》之'厉禁'是也。有训为涉水者，谓'厉'即'濿'之假借，如《诗》'深则厉'是也。有训为带之垂者，如《都人士》'垂带而厉'《传》谓'厉'即'烈'之假借也。烈，馀也。"

"厉"字的训义颇多，显得杂乱难理，故加以分类。即谓"旱石也"是"厉"字的本义，其他"作也""危也"等训是它的引申义，"恶""遮列"等训是它的假借义。

3）分别说解辨析

当书籍中表示同类事物的词语并列使用，各有所任时，训诂家往往分别说解，加以辨析。如：

《周礼·秋官·掌戮》："掌斩杀贼谍而搏之。"郑玄注："斩以铁钺，若今要斩也。杀以刀刃，若今弃市也。"

原文"斩杀"两词并用，都表示处死罪人，但由于罪有轻重，所以两词表示的意义也有别。注文便从所用刑具及处决方式的不同两个方面分别加以说解，给予辨析。再如：

《尚书·禹贡·序》："任土作贡。"某氏《传》："任其土地所有，定其贡赋之差。"孔颖达《正义》："赋者，自上税下之名，谓治田出谷，故经定其差等，谓之'厥赋'。贡者，从下献上之称，谓以所出之谷，市其土地所生异物，献其所有，谓之'厥贡'。"

《传》中"贡赋"连用，故分别说解，给予辨析。

四、关联训法

关联训法，是指两个以上的训式联络起来能产生通释作用的训诂方法。主要有互训法、反义同字词训法、异义同训法三类。

1. 互训法

互训法，是指两个词互相训释的方法，表现为两个训式，前者的被训词是后者的训词，前者的训词是后者的被训词。因此，互训法是两个有互训作用的训式合观的结果。两词互训，表明两词同义。如：

《尔雅·释宫》："宫谓之室，室谓之宫。"

"室"与"宫"互训，是两个训式合观的结果，表明古代"宫"与"室"同义。《说文》中这类例子不少。如木部云：

楳，梅也。

梅，楳也。

金部云：

锭，镫也。

镫，锭也。

以上均属于同部互训。再如：

束部："束，缚也。"

糸部："缚，束也。"

人部："传，遽也。"

辵部："遽，传也。"

以上均属于异部互训。

此法两相互训而技穷，容易产生循环无效之弊，应用时需要慎加选择。

2. 反义同字词训法

反义同字词，是指相反两义同居一字的一类词[①]。这类词不独汉语中有，其他语言中也有[②]。汉语中这类词的训法可分为反义单训法和反义连训法两类。

1) 反义单训法

反义单训法，即一个反义同字词的两个相反义项单独训释，分别出现。若单独看来，跟一般词义训释完全一样；但若将相关联的两训合起来看，便显示出一字两训而两义相反的现象。《尔雅》中此类训法不少。如：

《释诂》："愉，乐也。"又："愉，劳也。"

《释诂》："豫，乐也。"又："豫，厌也。"

《释诂》："繇，忧也。"又："繇，喜也。"

若分别来看"愉"字的两个训释，跟一般词义训释没有两样；但将两训合起来看，便显示出同一个"愉"字，既训为"乐也"，又训为"劳也"，两义相反。据郝懿行《尔雅义疏》解，"愉"训"乐也"，当是"媮"的通用字；训为"劳也"，当是

① 参见第一章第二节。

② 如英语 parcel 既解为"打包"，又解为"分"；leave 既解为"离开"，又解为"留下"；zip 既解为"拉开"，又解为"扣上"；discretion 既解为"谨慎"，又解为"任意"；virtual 既解为"实际上的"，又解为"虚的"；sweet 既解为"轻快的"，又解为"艰苦的"；等等。

“愈”的假借字。因为《说文》“愉”字训为“薄也”。其他两训之字,均可依此类推。

《雅》体工具书中有反义单训现象,随文注释体训诂著作中这种现象更常见。如:

《尚书·皋陶谟》:“乱而敬。”某氏《传》:“乱,治也。”

《文选·(宋玉)登徒子好色赋》:“愚乱之邪臣。”李善注:“乱,昏也。”

“治也”“昏也”,两义相反,合观之,均出于“乱”字。下同:

《仪礼·聘礼》:“众介皆逆命不辞。”郑玄注:“逆,犹受也。”

《战国策·齐策》:“故专兵一志以逆秦。”高诱注:“逆,拒。”

2)反义连训法

反义连训法,即接连训释同一个反义同字词的两个相反义项,《广雅》中有此类训法。如《释言》云:

敏,长也。敏,稚也。

曩,久也。曩,乡也。

陶,喜也。陶,忧也。

泞,清也。泞,泥也。

四个字均两义相反,集而连训,便是告诉学者,训诂中有这类相反两义同居一字的现象。

3. 异义同训法

异义同训法,是指用多义而相同的训词训释多义而相同的被训词的一类释词方法。这类训式单独看来,跟一般训法的训式完全一样;但将相关联的两个或多个训式合观分析,就会显出几个训式的被训词和训词用字全同,但训义各别。如:

《诗·大雅·抑》:“克共明刑。”《毛传》:“刑,法也。”

《诗·周颂·我将》:“仪式刑文王之典。”《毛传》:“刑,法也。”

两《传》合观,从字形上看,两训完全一样;但加以分析,就发现“刑”是多义词,“法”也是多义词,两训意思不同。前训的“刑”为名词,“法”为法度,也是名词;后训的“刑”为动词,“法”为效法,也是动词。故训同而义异。再如:

《诗·小雅·鹿鸣》:“人之好我,示我周行。”《毛传》:“行,道也。”

《诗·邶风·泉水》:“女子有行,远父母兄弟。”郑玄《笺》:“行,道也。”

《国语·晋语》:“下有直言,臣之行也。”韦昭注:“行,道也。”

《左·襄·九年》:“杞人、郳人从赵武、魏绛,斩行栗。”陆氏《释文》:“行,道也。”

四训合观,训式用字全同,但含义各别:头一个“道”字表示道理、方略,第二个“道”字表示惯例、陈规,第三个“道”字表示义务、准则,最后一个“道”字表示道路。

第九章　释词(中)

第六节　声训法(一)·以声通义法

声训法是根据声音关系训释词义的释词方法,可分为以声通义法和揭明正借字法两大类。本节介绍前一类。

以声通义法是利用训词和被训词的声音关系,沟通被训词的音义的一种声训方法,既明词义,又明语源。这种释词方法的应用,以训诂家对音义关系的体会和认识为基础。从周秦两汉一直到现在,两三千年来各个阶段的训诂著作中都有这种释词方法的用例,但在不同的发展阶段中,具体应用各不相同。正是通过这种差别,再参考各个时代的训诂家对音义关系的具体论述,我们可以考知历代训诂家对音义关系的不同认识。换句话说,我们可以据此考知历代训诂家在音义关系问题上认识水平的发展变化。大致而言,西汉以上,文献学家和训诂家们对字词的音义关系的认识尚处于自发阶段和萌芽状态,因此,那时的训诂著作和文献正文中以声通义的训法用例较少,而且训式单纯。到了东汉时代,声训法空前发展,以声通义法在各种训诂著作中都得到应用,训式大增,而且逐渐复杂化。班固《白虎通义》是这种训法的大渊薮;许慎撰《说文解字》,郑玄遍注群籍,都处处以声通义;至于刘熙的《释名》,则全书以声训为体,着意推求语源。这种情况表明,东汉学者对音义关系的认识比以前大大提高了,只可惜并不见他们对此有什么专门的论述流传下来。魏晋以下,声训法继轨东汉,深入发展;到了唐代,以《五经正义》为中心的群籍注疏集前人声训法之大成,注意到了文字的形、音、义三要素,并揭明了音义关系的三纲,即声同、声近、声转与三要素的交织关系,还使用了表现这种交织关系的各种训法和训式,通音义,明正借,如“A 与 B,字异音义同”“A 与 B,音义同”“A、B 音相近,义亦同”“A、B,声转字异”等,但是也还没有点破音义之间的相通关系。宋代王子韶倡右文说，认为形声字的右旁不仅表声，而且表义[1]。后来王观国《学林》卷五、张世南《游宦纪闻》卷九、戴侗《六书故通释》等对此相继加以论证，使有关音义关系的认识向前迈进了一步，因为右文说意味着得声偏旁相同的形声字义多相同或相近。但是由于时代的局限，对这一层最关键的意思，宋代学者还是没有点破。也就是说，宋人对他们的学术观点没有进一步升华，还仅仅停留在一些同类例子的举证上。明末黄生撰《字诂》，继续推阐右文说，始有了概括和提高。如其在"纷雰衯帉棼"条下道："物分则乱，故诸字从'分'者皆有'乱'义。"这里初步点破了从"分"之字的音义关系。清代乾、嘉以下，经过戴震、段玉裁、王念孙、王引之、阮元、黄承吉、俞樾、章太炎等大师的相继研讨，音义相通的关系终于被揭明，认为古人制字，以声寓义，凡音同音近的字，往往义同义近，因此，主张训诂中以声通义，以古音求古义。

历代训诂著作中所体现出来的以声通义法可分为一般性以声通义法和通释性以声通义法两类。

一、一般性以声通义法

这是指在一次声训中只沟通一个被训词的音义的声训法。主要有以下六类。

1. 以"A，B也"式相通法

此法出现最早，在形式上与义训训式无别，但却是最基本的以声通义训法，可分为三类。

1）以双声字相通法

> 《礼记·射义》："《诗》云：'发彼有的，以祈尔爵。'祈，求也。求中以辞爵也。酒者，所以养老也，所以养病也。求中以辞爵者，辞养也。"

以"求"释"祈"，通其音义。所引见《小雅·宾之初筵》。祈、求均属古群母字，双声。下同：

> 《诗·小雅·采芑》："方叔莅止。"《毛传》："莅，临。"

莅、临，均属古来母。

2）以叠韵字相通法

> 《尔雅·释言》："流，求也。"

---

[1] 见沈括《梦溪笔谈》十四，其中写道："所谓右文者，如'戋'，小也。水之小者曰浅，金之小者曰钱，歹而小者曰残，贝之小者曰贱，如此之类，皆以'戋'为义也。"

以"求"释"流"，通其音义。二字均属古韵幽部。下同：

《周易·说卦》："坤，顺也。"

"坤"属真部，"顺"属文部，上古真、文二部合韵，孔广森归为一部，故以"顺"释"坤"，也可以看作以叠韵字相通。又如：

《白虎通义·五行》："辰，震也。"

辰、震，均属文部。

3）以双声叠韵字相通法

以双声叠韵字相通法又可别为两类。

①以双声叠韵音近字相通

《诗·小雅·巧言》："君子信盗，乱是用暴。"《毛传》："盗，逃也。"

孔颖达《正义》云："言其昼伏夜奔，逃避人也。"谓"盗"字取义于"逃"，也就是推释"盗"字得名的语源。盗、逃，均属上古定母宵部，是以双声叠韵为训。但二字韵调中古有号韵去声与豪韵平声之别，上古或也有小异，故以音近字论。下同：

《说文》马部："马，怒也，武也。"

上古"马""武"二字均属于明母鱼部，故"武也"一释，双声叠韵；中古二字又有明母马韵与微母麌韵之别，故上古或属于音近。

②以双声叠韵同音字相通

以双声叠韵同音字相通又别为两类。

A. 以同音异字相通

《广雅·释诂》："政，正也。"

以"正"字通"政"字的音义，实际上属于以得声字通形声字的音义。二字均属于上古端母耕部，同音。再如：

《说文》："帝，谛也。"

以"谛"字通"帝"字的音义，实际上属于以形声字通得声字的音义。二字均属于上古端母脂部，同音。

B. 以同字相释

《周易·剥·象》："《剥》，剥也。"

孔颖达《正义》云："'《剥》，剥也'者，释《剥》卦名为剥，不知何以称'剥'，故释云剥者，解剥之义。"意谓《剥》是卦名，取义于解剥。因此《象》训前一个"剥"是名词，后一个"剥"是动词，实际上属于以动词释名词。再如：

《诗·大雅·板》:“牖民孔易。”郑玄《笺》:“易,易也。”

“易”字有改更的意思,也有不难的意思,即难易之易,后者更常用,《笺》谓此处的“易”,即难易之易,以常用义为释。

上述以“A,B也”式相通法之下所论三类情况,有示例性质。以下各法所括情况与此相同,均可依例类推。为行文简洁计,不再一一备列。

2. 以“A者,B也”式相通法

此法仅是上一训式的特提形式而已,即在被训词之后加“者”字表示提顿,引出训词,训式的运用及其他情况与上式相同。如:

《周易·序卦》:“泰者,通也。”

此即以双声字通音义。再如:

《论语·颜渊》:“政者,正也。”

此即以得声字通形声字的音义。又如:

《孟子·滕文公上》:“彻者,彻也。”

《庄子·天运》:“正者,正也。”

此即是同字为释。

此式稍变,在“A”与“者”之间加一“也”字,便成“A也者,B也”式,训释中舒缓其辞而已,其他情况与本式一样。如:

《礼记·郊特牲》:“富也者,福也。”

等于“富者,福也”,语气有缓急而已。下同:

《礼记·仲尼燕居》:“礼也者,理也。”

3. 以比况训式相通法

《尚书大传》卷一:“巡,犹循也。狩,犹守也。”

此即分别以“循”“守”二字通“巡”“狩”二字的音义,兼明语源。“巡”“循”二字均属古邪母文部,同音。“守”为“狩”的得声字。再如:

《周礼·秋官》序官《赤友氏》,郑玄注:“赤友,犹言捇拔也。”

此即以形声字沟通得声字的音义。

4. 以“A之为言B也”式相通法①

《孟子·尽心下》:“征之为言正也。”

此即以得声字沟通形声字的音义,谓征战之征取义于纠正之正。秦汉以下,

① 参见第八章第四节中“说明训义法”一目下。

历代训诂著作中这类训法的应用相当广泛。如：

《礼记·乡饮酒义》："春之为言蠢也。"

《尚书大传》卷四："祭之为言察也。"

《白虎通义·五行》："火之为言化也。""金之为言禁也。""土之为言吐也。"

《论语·学而》："学而时习之。"朱熹《集注》："学之为言效也。"

此式省去"为"字，便成"A之言B也"式，用法相同。如：

《尚书大传》卷二："隰之言湿也。"

《礼记·玉藻》："韠，君朱，大夫素，士爵韦。"郑玄注："韠之言蔽也。"

5. 以训语中的关键词相通法

以上所述四种训法，基本上都是直接以训词沟通被训词的音义。此法则是用一个较长的训语为释，其中有一个关键词，即一个单字，与被训词发生声训关系，揭明被训词得名取义的由来，别的词语都为该关键词的应用而服务，补足有关意思，整个训语表示被训词的完整训义。如：

《诗·小雅·沔水》："沔彼流水。"《毛传》："沔，水流满也。"

训语中以"满"字沟通被训词"沔"的音义，整个训语"水流满也"便是"沔"的完整训义。"沔"属明母真部，"满"属明母元部，系双声为训。再如：

《春秋繁露·灭国上》："王者，民之所往。君者，不失其群者也。"

此即以关键词"往""群"分别沟通"王""君"二字音义，明其语源。"王""往"，均属古匣母阳部。"君"为"群"的得声字。又如：

《周礼·春官》序官《鬯人》，郑玄注："鬯，酿秬为酒，芬香条畅于上下也。"

此即以关键词"畅"通"鬯"的音义，明其语源，二字均属古透母阳部，同音。下同：

《说文》示部："禛，以真受福也。"

此即以得声字通形声字的音义，明其语源。

《史记·秦始皇本纪》："平定天下，海内为郡县，法令由一统。"张守节《正义》："郡，人所群聚也。"

此即以得声字相同的字通音义，明语源。

宋代王安石撰《字说》，多有失误，学者非议，其书早佚。当时蔡卞承其说，如所著《毛诗名物解·释百谷》云：

黍，丹谷也。仲夏乃登，故谓之黍，而声与"暑"同。

此即以"暑"字通"黍"字的音义，并明语源，意谓暑天成熟，故叫作"黍"。

对仅以单音词进行声训的训法而言，以关键词通音义的训法是一种进步。仅以单音词声训一般只是揭明被训词得名取义的由来，训语过简，读者往往不易理解；变为以关键词声训，声训部分可以揭明被训词得名取义的由来，整个训语则可以表示被训词的完整训义，扬长避短，训释效果显著，自然容易理解。

6. 先单训，再详解

这种声训法是训法一至四中的任何一法与训法五的复合应用。如：

《春秋元命苞》："教之为言效也，上为下效，道之始也。"①

先用"A 之为言 B 也"式相通，再用以关键词声训法详解。下同：

《白虎通义·商贾》："商之为言商也，商其远近，度其有亡，通四方之物，故谓之商也。贾之为言固也，固其有用之物，以待民来，以求其利者也。"

《礼记·明堂位》："米廪，有虞氏之庠也。"郑玄注："庠之言详也，于以考礼详事也。"

《释名》中这类训法的用例最多。如：

《释天》："阳，扬也，气在外发扬也。"

先以"A，B 也"式相通，再详解。下同：

《释山》："山，产也，产生物也。"

《释水》："海，晦也，主承秽浊，其色黑而晦也。"

《释亲属》："子，孳也，相生蕃孳也。"

《释宫室》："观，观也，于上观望也。"

二、通释性以声通义法

这是指在一次声训中可以沟通两个以上被训词的音义的声训法，而且被训释的词往往出于所释对象之外，属于连类广训，通释性很强。这类训法主通音义，往往也兼明正借关系。可分为声同义通、声近义通、声转义通和其他以声通义法四类。

① 见明代孙瑴《古微书》卷七。

(一)以明声同义通通音义法

以明声同义通通音义法可分为三类。

1. 以"古声 A、B 同"式相通法

"古声"等于说"古音",训式开头之所以要显称"古声",正说明注释者对当时的语音与古声的类别有一定的认识,不是据时音为训,而是据古音为训,故标明"古声"。如:

> 《诗·豳风·东山》:"蜎蜎者蠋,烝在桑野。"《毛传》:"烝,窴也。"郑玄《笺》:"蠋蜎蜎然特行,久处桑野,有似劳苦者。古者声,窴、填、尘,同也。"

此诗《毛传》云:"烝,窴也。"《小雅·常棣》"烝也无戎",《毛传》云"烝,填也",《尔雅·释言》云"烝,尘也",《释诂》云"尘,久也"。此诗《笺》句解中据《雅》训译"烝"为"久",为了证明《传》训、《雅》训、《笺》训释义不殊,故出声训训式"古者声,窴、填、尘,同也"加以证明,意谓按古音论,这三个被训词音同义同,只是由于义同已明,故没有说明罢了。实际上,这等于在一次训释中通释了窴、填、尘三个字,"填"字下探《常棣·传》增入。这与"A,B 也"或"A 之言 B 也"之类训式一次只沟通一个被训字的音义显然是不同的,因此,我们称之为通释性以声通义训法。"窴""填""尘"均属古定母真部,东汉的时音与古音已有别,故有此训。下同:

> 《诗·小雅·常棣》:"每有良朋,烝也无戎。"郑玄《笺》:"古声填、窴、尘,同。"

这种训法的训式后来产生了三个变式。

1)古书 A 与 B 同

> 《诗·大雅·瞻卬》:"孔填不宁,降此大厉。"《毛传》:"填,久。"孔颖达《正义》:"《释诂》云:'尘,久也。'古书填与尘同,故以为久。"

显然,《正义》的"古书"就是《笺》的"古声",意思相同,都是指古音,只是换一种说法罢了。"填与尘同"的含义是音义同,义同已明,音同《笺》已说明,故称"古书",直言"填与尘同"而已,不言"填与尘,音义同"。

2)古者 A、B 同声

> 《广雅·释诂》:"田,陈也。"王念孙《疏证》:"田者,《说文》:'田,陈也。'古者田、甸、陈同声。《小雅·信南山》篇云:'信彼南山,维禹甸之;畇畇原隰,曾孙田之。'《周官·稍人》注云:'甸,读与维禹敶之之敶同。'

《豳风·东山·释文》云：‘案：陈完奔齐，以国为氏，而《史记》谓之田氏。’是古田、陈声同。《信南山》篇又云：‘我疆我理，南东其亩。’此即《说文》训‘田’为‘陈’之义也。”

高邮王氏疏证《广雅》，主要方法是以音求义，若按《切韵》《广韵》音系求之不通，则以上古音为说，这与郑玄称“古声”、孔颖达称“古书”一例相沿，只是清代去古益远，音变更大，有中古、上古之别。凡其书中所称古声，均指上古音系。此疏开头引《说文》证明了《广雅》原训，但对一般读者来说，仍不解“田”字怎么会训作“陈”。不以声训作解则难以为释，以声训作解，若不据上古音而据中古音或清代音也不行，故以“古同声”为训。这样，读者便可依据“声同义同”的道理领会这个训释。以下广引文献资料为证。田、甸、陈三字均属古定母真部，故同声。

3）A、B，古同声同义

以上诸训式不管正式和变式都只言声同，不言义同，这个变式既言“同声”，又连言“同义”。如：

《广雅·释诂》：“质，化也。”王念孙《疏证》：“诸书无训‘质’为‘化’者，‘质’，当为‘货’，字之误也。《说文》：‘货，财也。从贝、化声。’徐锴《传》云：可以交易曰货。货，化也。引《皋陶谟》：‘懋迁有无，化居。’《广韵》引《蔡氏化清经》云：货者，化也。变化交易之物，故字从化也。是货、化二字古同声同义。”

货、化二字同属古晓母歌部，故曰“古同声同义”。凡以声通义训法中所称同义，都指某一特定义项，不是所训字别的义项都同。其他音同义近之类也是这样。

2. 以“A、B，音义同”式相通法

此式始见于晋代人的训诂著作，音义兼论。不称“古声”“古书”，当是以时音为说。唐人撰《五经正义》，将这类训法系统化，宋代以下，沿用不已。清代学者应用此类训法，一般仍据唐宋音，也就是以《切韵》《广韵》音系为据。如：

《方言》卷一：“讦，大也。”晋代郭璞注：“讦，亦作‘芋’，音义同耳。”

讦、芋二字都得声于“于”，音同，都表示“大”，故有此训。再如：

《左·桓·十八年》：“使公子彭生乘公，公薨于车。”杜预《集解》：“彭生多力，拉公干而杀之。”孔颖达《正义》：“《庄·元年·公羊传》

曰:‘夫人谮公于齐侯,齐侯怒,与之饮酒。于其出焉,使公子彭生送之;于其乘焉,搚干而杀之。’何休云:‘搚,折声也。’《齐世家》云:‘襄公使力士彭生抱上鲁君车,因摺杀鲁桓公,下车则死矣。’搚、摺、拉,音义同也。”

记述彭生杀鲁桓公一事,《公羊传》用“搚”字,《史记》用“摺”字,杜预用“拉”字,《正义》如此为训,说明字虽异,音义同。这三个字,《唐韵》并卢合切,故音同。又如:

《尔雅·释诂》:“嵩,高也。”宋代邢氏疏:“《释山》云:‘山大而高,崧。’嵩、崧,音义同。”

嵩、崧均属心母东韵,故音同。下同:

《左·襄·五年》:“《诗》曰‘周道挺挺’。”清洪亮吉《春秋左传诂》:“《尔雅》:‘颋,直也。’《广雅》:‘侹,直也。’郑玄《曲礼》注云:‘脡,直也。’按:挺、颋、脡、侹,音义并同。”

此即以后三字的音义通“挺”字的音义,谓四个字音义并同。《集韵》并他顶切,故音同。

这类训式的变式有三个。

1)A、B,音同

“音义同”,省“义”字,便成“音同”。如:

《诗·大雅·文王有声》:“筑城伊淢。”《毛传》:“淢,成沟也。”孔颖达《正义》:“《冬官·匠人》云:‘井间有沟,成间有洫。’沟是总名,故云‘淢,成沟’,谓十里成间所有沟。淢、洫,音同。”

疏谓《毛诗》的“淢”与《冬官》的“洫”二字音同,通用,故义也同。由于义同已明,故略而不提。下同:

《春秋·庄·二年》:“夫人姜氏会齐侯于禚。”洪亮吉《春秋左传诂》:“《公羊》‘禚’作‘郜’,下四年《公》《穀》并同。按:《论衡·书虚》篇亦引作‘郜’。禚音同。”

2)A、B,义同

“音义同”,省“音”字,便成“义同”。如:

《诗·大雅·板》:“为犹不远。”《毛传》:“犹,道也。”孔颖达《正义》:“《释诂》文。彼‘犹’作‘繇’,义同也。”

意谓此诗之“犹”与《释诂》之“繇”二字音同义同,通用。由于音同易了,故略而不提。二字《唐韵》与《广韵》并以周切。下同：

《广雅·释诂》："骜，大也。"王念孙《疏证》："骜者，《庄子·德充符》篇云：'謷乎大哉！''謷'与'骜'通。《说文》：'骜，骏马也。'《尔雅》：'狗四尺为獒。'《楚辞·天问》：'鳌戴山抃。'王逸注云：'鳌，大龟。'义并同也。"

意谓骜、謷、獒、鳌四字音同义同，音同易晓，故略而不提，仅以"义并同"为释。此四字《广韵》并五劳切。

3）A与B，同①

当所释字音同、义同均易明了时，便直接以此式为解，不提音义，实际上"A与B，同"等于"A与B，音义同"之省。有时候不用"与"字连接，直谓"A、B，同"，有时候所释又不止两个字。如：

《诗·小雅·祈父·序·笺》："祈父之职，掌六军之事，有九伐之法。祈、圻、畿，同。"

意谓此诗"祈"、《尚书·酒诰》"圻"、其他经籍"畿"，三字音同义同，由于均系常用字，音义易了，故不论音义，仅以"同"字为训。三字并属古群母微部。再如：

《荀子·劝学》："故不积跬步，无以至千里。"杨倞注："半步曰跬。跬与蹞，同。"

意谓"跬""蹞"两字音同义同，两字并属溪母旨部。下同：

《楚辞·离骚》："女嬃之婵媛兮。"洪兴祖《补注》："《水经》引袁崧云：屈原有贤姊，闻原放逐，亦来归，喻令自宽全。乡人冀其见从，因名曰秭归。县北有原故宅，宅之东北，有女须庙，捣衣石犹存。秭与姊，同。"

3. 以"A、B，字异音义同"式相通法

以上两类训法的各种训式只涉及音与义两个因素，此类训法则形、音、义三者兼明，表明文献中有许多字虽然形体各异，但音义是相同的。这就启示了学者一个道理：可以不受汉字形体的束缚，直接由音通义。此法始见于唐人《五经正义》，到了清代，王念孙阐明了它所提供的启示②。唐代以下，这类

① "A与B，同"这个训式跟明字体的训式"A，与B同"不同，参见第十章第八节中"表明异体字法"一目下。

② 如王念孙《广雅疏证原序》云："就古音以求古义，引伸触类，不限形体。苟可以发明前训，斯凌杂之讥，亦所不辞。"

训法沿用不已。如：

《诗·陈风》，郑玄《陈谱》："陈者，大皞虙戏氏之墟。"孔颖达《正义》："虙戏，即'伏牺'，字异，音义同也。"

意谓此谱的"虙戏"与他书的"伏牺"，字形各异，但音义相同，故通用。再如：

《尔雅·释言》："悈、褊，急也。"邢氏疏："悈与亟，同。《大雅·灵台》云'经始勿亟'，《文王有声》云'匪棘其欲'，《礼记》引此诗作'匪革其犹'，革，亦急也。悈、亟、棘、革，字虽异，音义同。"

意谓这四个字写法不同，但在表示"急"这个意思时，音同。故谓字虽异，音义同。四个字表示"急"时均属见母职韵。下同：

《尔雅·释诂》："率，自也。"郝懿行《义疏》："率者，逹之假音也。《说文》：'逹，先导也。'通作'衛'。《玉篇》：'衛，循也，导也。'又通作'率'。《左氏·宣·十二年传》'今郑不率'杜预注：'率，遵也。'率有律音。《释言》：'律，述也。'《广雅》：'率，述也。'是率、律音义同。率之音为律，亦犹遹之音为聿也。率之训为述，亦犹遹之训为述也。《方言》：'蛙、律，始也。'《广雅》作'蛙、葎，始也。'葎、律、率，俱字异音义同。然则率训始，又训自者，自，亦始也，始，亦自也，其义又通矣。"

这类训式有"A、B，字异音同""A、B，字异义同"两个变式。

1）A、B，字异音同

"字异音义同"，省"义"字，便成"字异音同"。如：

《诗·卫风·河广》："谁谓河广，曾不容刀？"郑玄《笺》："小船曰刀。"孔颖达《正义》："《说文》作'舠'，'舠，小船也'。字异音同。"

意谓刀、舠二字形异，音义同。由于义同已明，故略而不言。二字均属端母豪韵，音同。

2）A、B，字异义同

正式省"音"字，便成"字异义同"。如：

《广雅·释诂》："硡，声也。"王念孙《疏证》："硡者，《玉篇》：'硡，石声也。'《说文》：'宏，屋深响也。''谹，谷中响也。'《玉篇》引字书云：'耾，耳语也。'又云：'噌吰，市人声也。''颫，大风也。''翃，虫飞也。'《广韵》：'鈜，金声也。'《考工记·梓人》云：'其声大而宏。'《风赋》云：'耾耾雷声。'司马相如《长门赋》云：'声噌吰而似钟音。'《藉田赋》云：'鼓鞞硡隐以砰磕。'并字异而义同。"

《广雅》原训只释一个“砿”字,疏文以声通义,连类广训,又引出宏、谹、耾等七个字,加上“砿”字,共八个字,统加训释,谓“并字异而义同”。这些字都从“厷”得声,《广韵》并属户萌切,音同易明,故略而不提,以“字异而义同”为训。所谓“义同”,是指在表示“声”这个大义项上是相同的,至于各自的小义项,则由各字的义符决定。

(二)以明声近义通通音义法

音相近,义相通,是这类训法借以产生的理论依据。音近的情况主要有三类:一是声同,韵异;二是韵同,声异;三是声韵同,调异。这类训法的训式大致跟以上介绍的声同训法的训式相同,可分为两类。

1.以“A与B,声近义同”式相通法

> 《诗·大雅·桑柔》:“逢天僤怒。”《毛传》:“僤,厚也。”孔颖达《正义》:“僤、亶,音相近,义亦同。《释诂》云:‘亶,厚也。’某氏曰:‘《诗》云:僤尔亶厚。’是僤、亶同也。”

此即以“亶”字通“僤”字的音义,谓二字音近义同。以《雅》训证《传》训。“僤”属定母翰韵,“亶”属端母旱韵。定、端同类,翰、旱相近,故谓音近。下同:

> 《春秋·庄·二十四年》:“郭公。”洪亮吉《春秋左传诂》:“郭国不见于《春秋》。考《僖·二年》‘晋伐虢’,《公羊传》作‘郭’,《战国策》亦同。又《昭·元年》‘会于虢’,《穀梁》亦作‘郭’。《周书·王会解》‘郭叔掌为天子菉币焉’①,孔晁注:‘郭叔,虢叔。’是‘虢’‘郭’音近义通。”

这里的“音近义通”,也就是音近义同,证明此处的“郭”就是《僖·二年》《昭·元年》的“虢”。“郭”属见母铎韵,“虢”属见母陌韵,声同韵异,故谓之音近。

这类训式有“A与B,声义相近”“A、B,声相近”两个变式。

1)A与B,声义相近

正式是“音近义同”,此式变“义同”为义近;“声”,即“音”。如:

> 《广雅·释诂》:“㺒,贼也。”王念孙《疏证》:“㺒者,《说文》:‘㺒,贼疾也。’《方言》:‘惨,杀也。’惨与㺒,声义相近。”

“㺒”属心母豏韵,“惨”属清母感韵。心、清同类,豏、感相近,是二字音相近。

---

① 此处引文有误,当作《周书·王会》,说见第十四章第五节之四。

"瘆"训"贼",动词,"惨"训"杀",是二字义相近,故总训为"声义相近"。

2)A、B,声相近

"声义相近",省"义"字,便成此式。此类训法应用最广。如:

《文选·甘泉赋》:"平原唐其坛曼兮,列新雉于林薄。"李善注:"服虔曰:'新雉,香草也。雉、夷,声相近。'善曰:新雉,辛夷也。《本草》:'辛夷,一名辛引。'"

"雉、夷声相近",这是李善引东汉末年服虔的训法,意谓"新雉",就是"辛夷"。再如:

《尔雅·释诂》:"怡,乐也。"郝懿行《义疏》:"怡与夷,声近。《释言》云:'夷,悦也。'"

意谓二字音近义通,义通易明,故只训以"声近"。

2. 以"A、B,字异,声近义同"式相通法

《诗·大雅·皇矣》:"貊其德音。"《毛传》:"貊,静也。"孔颖达《正义》:"《左传》《乐记》《韩诗》'貊'皆作'莫'。《释诂》云:'貊、莫,定也。'郭璞曰:'皆静定也。'义俱为定,声又相近,读非一师,故字异也。定是静义,故云'貊,静'。"

此即据貊、莫二字字异音近义同,通用,证《传》训。也是形、音、义三者并提,统于音,归于义。"貊"属明母陌韵,"莫"属明母铎韵,声同韵异,故音近。

(三)以明语转、声转通音义法

以上所述"声同""声近"两法是静态的说明,即说明所训字声同、声近的既成状况。此法则是动态的说明,即说明语转、声转导致了字音字形的变化,也就是产生了一义多音多形现象。可分为五类。

1. 以"A、B,语之转"式相通法

此法常用于《雅》书词条内两个字训义的疏通中,意谓"A"字之义与"B"字之义相同或相近,之所以分别作为"A""B",是由言语的转变引起的;言语转变,导致了字音的转变,因此也导致了字形的转变。此法往往先以比况训式通音义,再训以"语之转",所训词一般只有两个。如:

《尔雅·释诂》:"卬,我也。"郭璞注:"卬,犹姎也,语之转耳。"

《说文》:"姎,女人自偁我也。"郭注先通过明比况训式,以"姎"字通"卬"字音义,说明二字义近;再以"语之转耳"为释,说明其转变的原因。"卬"属古疑母阳部,"姎"属影母阳部,二字音近。再如:

《广雅·释诂》:"薀、委,积也。"王念孙《疏证》:"委,亦薀也,语之转耳。"

先以暗比况训式通音义,再以"语之转耳"说明二字义同而音、形各异的原因。"委"属古影母微部,"薀"属影母文部,二字音近。

也有不以比况训式作先导,直接训以"语之转"的训法。如:

《方言》卷十一:"蝇,东齐谓之羊。"郭璞注:"此亦语转耳。今江东人呼'羊'声如'蝇'。"

此即直接承《方言》原训而作疏,意谓东齐人呼"蝇"声如"羊",也是由言语转变引起的。"蝇"属古喻母蒸部,"羊"属喻母阳部,二字音近。下同:

《广雅·释器》:"糨谓之麪。"王念孙《疏证》:"麪、糨,语之转。"

"糨"属古明母月部,"麪"属明母真部,二字音近。

这类训式有一种变式,即"A、B,语之变转"。变"语之转"为"语之变转",多了一个"变"字,说明语转关系有变于前式。如:

《尔雅·释器》:"不律谓之笔。"郭璞注:"蜀人呼'笔'为'不律'也,语之变转。"

"笔"一字一音,变为"不律",两字两音,由方俗语不同所致,故叫作"语之变转"。再如:

《广雅·释兽》:"李耳,虎也。"王念孙《疏证》:"李耳、李父,语之变转。"

虎,方俗语叫作"李耳",又叫作"李父"。"李耳"二字分属古来、泥二母,之部;"父"字属并母鱼部;双音词两"李"字同音,唯"父"比于"耳",声韵全变,故训为"变转"。

2. 以"A、B,C声之转也"式相通法

此即谓"A、B"所代表的字都是由"C"代表的字的声音转变而成的,因此"A、B"都有"C"义,声音也相同或相近,如:

《方言》卷三:"苐、讹、譁,化也。"郭璞注:"皆化声之转也。"

此即谓三个被训字都是由"化"字声音的转变而成的,故音近义同。下同:

《方言》卷十:"淋,或也。沅、澧之间凡言或如此者曰淋如是。"郭璞注:"亦此'憨'声之转耳。"

3. 以"A、B,声转字异"式相通法

此即谓"A、B"两字由于声音转变而字形相异,故义也相通。如:

《诗·秦风》郑玄《秦谱》"尧时有伯翳者",孔颖达《正义》:"《郑语》云:'嬴,伯翳之后也。'《地理志》云:'嬴,伯益之后。'则伯翳、伯益,声转字异,犹一人也。"

"翳"属影母霁韵,"益"属影母昔韵,二字也音近。下同:

《楚辞·离骚》:"浇身被服强圉兮。"洪兴祖《补注》:"浇,五吊切。《论语》曰:羿善射,奡荡舟,俱不得死然。奡,即浇也,五耗切,声转字异。"

4. 以"A、B,一声之转"式相通

这是疏通所解字"A、B"义同或义近时所用的声训方法,由前三式演变而来。所谓"一声之转",是说所释的几个被训字都属于同一种声音的转变所致,一般都是声类不变,韵类发生对转或旁转。这个训式的目的在于,证明所释字音近而义同或义近,但只说到"一声之转"便戛然而止,证义作用自在言外。所训词多为两个,也可更多。此法起于明代,大行于清代,晚近仍有人使用。如明代方以智《通雅》卷一云:

尔、你、而、乃,一声之转。

此即谓这四个字由同一种声音转变而来,音近字异,意义相同。四个字同属于古泥母,"尔"属支部,"你""而""乃"属之部,是共以泥母为轴,支、之二部旁转。声同韵转,音同音近,故义同。再如:

《广雅·释诂》:"撣,提也。"王念孙《疏证》:"撣者,《说文》:'撣,提持也。读若行迟驒驒。'《太玄·盛·次五》:'何福满肩,提祸撣撣。'撣与提,一声之转。"

此即在疏文结尾对所训二字的同义从声训角度提供印证。撣、提二字属古定母,寒、支二部。又如:

《诗·邶风·日月》:"胡能有定?宁不我顾。"清代马瑞辰《毛诗传笺通释》:"宁、乃,一声之转。乃,古音读仍。宁,犹乃也。《诗》中'宁'字,义多为'乃'。此诗'宁不我顾',犹云'乃不我顾'也。'宁不我报',犹云'乃不我报'也。《小弁》诗'宁莫之知',《沔水》诗'宁莫之惩',《桑柔》诗'宁不我矜''宁为荼毒',《云汉》诗'宁莫我听''宁丁我躬''宁俾我遁',义并同。又《云汉》诗'胡宁忍予''胡宁瘨我以旱',胡宁,犹胡乃也。《左氏·昭·六年·传》'无宁以善人为则',《昭·二十二年·传》'无宁以为宗羞',无宁,即无乃也。"

诗中“宁”字之义较古，便以常用易晓的“乃”字通其音义，谓宁、乃两字系一声之转。以下广事征引，证成其说。宁、乃属古泥母，耕、之二部，音近义同。

这类训式有“A、B，一声之变转”“A、B，声之递转”两个重要变式。

1）A、B，一声之变转

《广雅·释草》：“秆、稭、秸，稿也。”王引之《疏证》：“秆、秸、稿，一声之转也。秆、秸、稿、稭，一声之变转也。”

意谓“秆、秸、稿”三字同属古见母，“稭”属溪母，见、溪同类异母，故谓之“变转”。《广雅》自《释草》以下，由王引之疏证。此式出于王引之。

2）A、B，声之递转

《广雅·释虫》：“蛆蝶、马蠖，马蛟也。”王引之《疏证》：“即下文‘马蚿、蠽蛆也’。蚿与蠖，声之转。蠽蛆与蛆蝶，声之递转也。”

意谓“蠽蛆”二字属古精母，“蝶”属群母，两个双音词“蠽蛆”与“蛆蝶”，第一个字都是精母，相同；第二个字一个精母，一个群母，不同。故两个词整体而论，属于声之递转。

5. 以“AB、CD，叠韵之转”式相通法

此法见于《广雅疏证》中《释训》篇疏文，专门用于叠韵联绵词的声训。“叠韵之转”，也是以声母为轴，韵母相转。如：

《释训》：“逍遥，儴徉也。”王念孙《疏证》：“叠韵之转也。”

“逍遥”二字属古心、影二母，宵部；“儴徉”与“相羊”同，属心、影二母，阳部。是声母不变，宵、阳二部旁对转，故训为“叠韵之转”。下同：

《释训》：“绸缪，缠绵也。”王念孙《疏证》：“此叠韵之转也。”

“绸缪”属古定、明二母，幽部；“缠绵”属定、明二母，元部。是声母不变，幽、元二部相转。

这类训式有一个变式，即“AB，CD，叠韵之变转”。如：

《释训》：“俳佪，便旋也。”王念孙《疏证》：“此叠韵之变转也。‘俳佪’之正转为‘盘桓’，变之则为‘便旋’。”

“俳佪”二字属古并、匣二母，微部；“盘桓”二字属并、匣二母，元部；“便旋”二字属邦、邪二母，元部。并、邦同类，可共为轴，匣、邪则异。本应韵转声不变，此则一字之声有变，故训为“叠韵之变转”。若以实线“—”表正转，以虚线“…”表变转，以上三个联绵词的正转与变转关系可示之如下图：

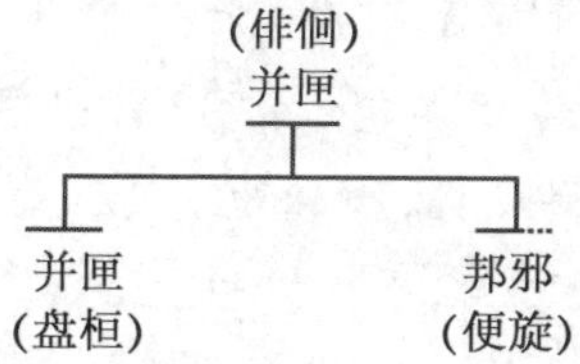

图 9-1　俳佪、盘桓、便旋三词的正转与变转关系

(四)其他通释性以声通义法

其他通释性以声通义法主要有三类。

1. 以“A、B、C,皆以声为义”式相通法

> 《尔雅·释诂》:“订,大也。”郝懿行《义疏》:“订者,《诗》中‘订’字《毛传》并训为‘大’,通作‘芋’。《方言》‘订、芋’并云‘大也’,郭注‘芋,犹订也’,又云‘订,亦作芋’,故《诗》云‘君子攸芋’,《毛传》:‘芋,大也。’又通作‘盱’与‘吁’。《诗·溱洧·释文》:订,《韩诗》作‘盱’。《斯干·释文》:芋,或作‘吁’。《尔雅·释文》:订,本又作‘盱’。是皆以声为义也。”

意谓订、芋、盱、吁四字均从“于”得声,音近,以声为义,故都有大的意思。连类广训的同时,疏通印证了《释诂》“订,大也”的训义。下同:

> 《尔雅·释诂》:“简,大也。”郝懿行《义疏》:“简者,疏节阔目之意,故亦为大。《论语》‘可也简’,孔安国注以‘简’为‘大也’。《淮南·说山》篇云:‘周之简圭生于垢石。’高诱注:‘简圭,大圭也。’通作‘间’,《尚书大传》云:‘间尾倍其身。’郑注:‘间,大也。’又通作‘闲’,《文选·魏都赋》注引薛君《韩诗章句》曰:‘闲,大也。’谓闲然大也。又通作‘蕑’。《诗·蕑兮·释文》云:‘简,或作蕑。’是皆以声为义也。”

2. 以发凡式通音义法

在段玉裁、王念孙、郝懿行等人的训诂著作中,这类训法用例很多。如:

> 《说文》衣部:“襛,衣厚皃。”段玉裁注:“凡‘农’声之字皆训厚。‘醲’,酒厚也。‘浓’,露多也。‘襛’,衣厚皃也。引伸为凡多厚之偁。《召南》曰:‘何彼襛矣,唐棣之华。’《传》曰:‘襛,犹戎戎也。’”

意谓凡从“农”得声的字,都有厚义,多义。发凡广训,以声通义,同时疏通印证《说文》训义。再如:

> 《广雅·释诂》:“几,微也。”王念孙《疏证》:“几之言几希也。《系辞

传》云:'几者,动之微。'《皋陶谟》云:'惟几惟康。'《说文》:'仉,精详也。''叽,小食也。'司马相如《大人赋》云:'咀噍芝英兮叽琼华。'《众经音义》卷九引《字林》云:'玑,小珠也。'《玉篇》:'钒,钩逆铓也。'《淮南子·说林训》云:'无钒之钩,不可以得鱼。'《方言》云:'钩自关而西或谓之钀。'郭璞音"微'。是凡言'几'者皆微之义也。"

此即根据声义相通的道理,先分释引证从原训被释词"几"得声的四个派生词"仉、叽、玑、钒"的小义项,再以发凡训法总括出这一组词的大义项"微"。一方面触类旁通,推广了训释范围,因一个字的训释而连通相关的几个字;一方面通过这些推演,为进一步疏通证明原训提供了有力的证据。这种训法为后人开辟了循声求义、推究同源词族的广阔途径。

3. 类反切相通法

类反切相通法,即利用类似反切的方法,将双音词与单音词相释,通其音义,兼明语源。可分为三类。

1) 以切音式训式相通法

《周礼·冬官考工记·玉人》:"大圭长三尺,杼上,终葵首。"郑玄注:"终葵,椎也。"

"终葵"是双音词,"椎"是单音词,前者正好是后者的切语,等于以被切字释切语,也就是一物两名,以单名通双名的音义。再如:

《说文》木部:"椎,击也,齐谓之终葵。"

第二训以"终葵"释"椎",等于以切语释被切字,以双名通单名的音义。

2) 以"A者,BC之合声"式相通法

《广雅·释言》:"钲,铃也。"王念孙《疏证》:"钲者,丁宁之合声。《晋语》:'战以錞于、丁宁,儆其民也。'韦昭注云:'丁宁,谓钲也。'"

此即直接指明"钲"是"丁宁"二字的"合声","合声"等于切语。

3) 以"疾言之则为A,徐言之则为BC"式相通法

《广雅·释草》:"石发,石衣也。"王引之《疏证》:"郭璞《江赋》云:'绿苔鬖髿乎研上。'李善注引《风土记》云:'石发,水苔也。青绿色,皆生于石。'又引《通俗文》云:'发乱曰鬖髿。'盖以其似发,故有石发之名也。《说文》:'菭,水衣也。'菭与苔,同。《释文》云:'菭,或丈之反。'是'菭'与'治'古同音。故疾言之则为'菭',徐言之则为'陟厘'。《名医别录》云:'陟厘生江南池泽。'唐本注云:'此物乃水中苔。'"

疏谓“石发”又名“水苔”,“苔”或作“落”,又名“陟厘”。为了推寻单名“落”与双名“陟厘”之间的声音演变之迹,故谓“疾言之则为落,徐言之则为陟厘”。“徐言之”就是读出切语,“疾言之”就是切出字音。读出切语便是双名“陟厘”,切出字音便是单名“落”。

第七节　声训法(二)·明正借法

本节介绍训诂中揭明正字与借字的方法。

训诂学上所谓的正字,是指按约定俗成的形义搭配关系正常使用的字;所谓的借字,是指代替正字而行用的假借字。比如,表示“早晨”这个意思,古代常用“朝”字,这就是正字;《诗·周南·汝坟》“怒如调饥”用“调”字来代替,“调”就是借字。再如,表示“奸诈不法”的意思,古代常用“宄”字,即是正字;《汉书·元帝纪》“殷周法行而奸轨服”用“轨”字代替,“轨”即是借字。另外,文字学上还有所谓本字的提法,这是从《说文》的角度所产生的概念。文字学家认为,根据《说文》所述,对语言中的每个词义本来所规定的字形就是本字。如《说文》艸部云:“艸,百卉也。”又云:“草,草斗,栎实也。”就是说,表示百卉意义的本字是“艸”,现在常用来代替“艸”字的“草”则是表示“栎实”之意的本字。训诂家揭示借字时所关注的对立面是正字,而不是本字,因为文献中绝大部分借字都是代替正字的,而不是代替本字的。正字和本字只在部分情况下并是一致的,在许多情况下并不一致。这就必然要牵涉到假借字的含义的广狭问题。

文字学上通常所说的假借字,其含义比训诂学上所指的假借字较广,可以分为三类。第一类是没有本字的假借字。汉语中的某些词原本没有为它们造专用字,仅是借用已有的音同音近字来标称。这类借用字便属于本无其字的假借字。如按《说文》所说,“来”“能”“新”三字所表示的常用义都没有本字,为了交际的需要,便借用这三个字来称代。它们的本义,“来”是一种良种麦的名称,“能”是一种熊类动物,“新”是伐木。到了后来,本义渐隐,以假借义为常用义。第二类是有本字而不用的假借字。某些词原来有本字,但本字不用,以别的字代替,喧宾夺主,久借成正。如具备之“备”,本字为“葡”,而借用备慎之备;完毕之“毕”,本字为“斁”,而借用田网之毕;温和之“温”,本字为"昷",而借用水名温字。这类借字都变成了常用正字,本字废而不行。第三类是本字不废而与之并行的假借字,即本字照常使用,有时却用别的字来代替。这类借字,后世称为"别字"。如有伸展之"伸",却借信用之"信"代替;有修长之"修",却借束脩之"脩"代替;有早晚之"早",却借跳蚤之"蚤"代替。

以上三类假借字,从文字学的角度观察,都与本字相对,有逐一加以辨别的必要。但从训诂学的角度而言,前两类都是正字,一般没有辨别的必要;只有后一类因借字与正字并行,以假乱正,令读者望文误解,所以训诂中必须加以辨别、揭明。也就是说,训诂学上所谓的与正字相对的借字,一般仅是指本字不废而与它并行的假借字而已。

既然本字不废,为什么会产生与它并行的假借字呢?对于这个问题,东汉郑玄早作了回答,他说:

> 其始书之也,仓卒无其字,或以音类比方假借为之,趣于近之而已。受之者非一邦之人,人用其乡,同言异字,同字异言,于兹遂生矣。①

意谓著作原书的人,仓促之间想不起正字,便用音同音近字代替。后来师徒授受该书,口耳相传,学者各以方音记录,假借益多,便出现一书数本、本相异字的现象。

王引之《经义述闻序》云:

> 训诂之指,存乎声音。字之声同声近者,经传往往假借。学者以声求义,破其假借之字,而读以本字,则涣然冰释。如其假借之字而强为之解,则诘𫍲为病矣。

此即说明训诂中揭明假借字的必要性。他所说的"本字",实际上就是我们上文所说的正字。

历代训诂家辨别和揭明正借字的方法可分为间接表明正字与借字法、直接揭明正字与借字法两大类。

一、间接表明正字与借字法

此类训法起于秦汉之际,乃是早期的训诂家们揭示语言文字的正借关系时所使用的方法,即不明言何为正字,何为借字,而通过各种方式间接加以表

---

① 见唐代陆德明《经典释文序录》所引。

明。汉代以后,时或沿用。可分为五类。

1. 以正字释借字法

《诗·鄘风·蝃蝀》:"朝隮于西,崇朝其雨。"《毛传》:"崇,终也。"

此即以正字"终"释借字"崇",非训"崇"为"终也"。《小雅·采绿》正作"终朝",用正字。再如:

《礼记·曲礼上》:"为大夫累之。"郑玄注:"累,倮也。"

意谓给大夫进瓜,不覆盖,裸露送上。倮,与"裸"同。即以正字"倮"释借字"累"。下同:

《黄帝内经·素问·生气通天论》:"高粱之变,足生大丁。"唐代王冰注:"高,膏也。粱,粱也。膏粱之人内多滞热,皮厚肉密,故内变为丁矣。"

此即以正字"膏""粱"释借字"高""粱"。

2. 以正字之义释借字法

《诗·大雅·抑》:"彼童而角,实虹小子。"《毛传》:"虹,溃也。"

"溃也"是"讧"字的训义。即以正字"讧"的含义释"虹",间接表明"虹"是"讧"的借字。下同:

《楚辞·哀郢》:"甲之鼂吾以行。"王逸注:"鼂,旦也。"

"旦也"是"朝"字的训义,用以释"鼂",明其为"朝"的借字。

3. 由径以正字为被训字而表明法

此即释借字,不以借字为被训词,而径以它的正字为被训词。如:

《诗·秦风·无衣》:"岂曰无衣,与子同泽。"郑玄《笺》:"襗,亵衣,近污垢。"

释"泽"字,径以它的正字"襗"为被训字为释,表明"泽"为借字。下同:

《周礼·春官·甸祝》:"师甸。"郑玄注:"师田,谓起大众以田也。"

释"师甸",径以"甸"的正字"田"为被训字而释之。

4. 由句译中径用正字而表明法

《诗·陈风·衡门》:"可以乐饥。"郑玄《笺》:"可饮以療饥。"

句译中径用"乐"的正字"療",表明"乐"为借字。"療"与"疗"同。再如:

《尚书·西伯戡黎》:"大命不挚。"元陈祖义《尚书句解》:"受天大命伐商者又何为不至。"

意谓"挚"为借字,"至"为正字,故句译中径用"至",表明"挚"为借字。

5. 以"A,音 B"式表明法

此法出现于魏晋时期。当时,音义体训诂著作大兴,训诂家给群籍作音,遇有假借字,遂变汉人"读为""读曰"之例,音以正字,以辨借音。陈、隋间,陆德明撰《经典释文》,继轨前范,发扬光大,既音原文,又音注文,依注作音。凡旧注中揭明正借字而又的然可据者,多用此法为释。由于此法所用训式与标音法中的直音法相同,例义较隐,故也属于间接揭示正借关系法。如:

> 《周礼·春官·大宗伯职》:"大宾客,则摄而载果。"陆氏《释文》:"果,音祼,出注。"

郑玄注云:"果,读为'祼'。"故陆氏据以为释,谓"果"为借字,当读为正字"祼",非谓"果"字有"祼"音。《释文》中这类例子很多,其他训诂著作中也有。如:

> 《汉书·高帝纪》:"因说汉王烧绝栈道,以备诸侯盗兵,亦视项羽无东意。"颜师古注:"如淳曰:'视,音示。'"

> 《孟子·梁惠王上》:"《汤誓》曰:'时日害丧,予及女皆亡。'"朱熹《集注》:"害,音曷。"

二、直接揭明正字与借字法

直接揭明正字与借字法主要有五类。

1. 以"A,读为 B"式揭明法

A 代表被训字,为借字;B 代表训字,为正字。直接表明借字 A 应该读成正字 B。这种训法起于东汉时期,后世训诂学家称它为"破字"或"改读",意为破(改读)原文借字 A 为正字 B。如:

> 《周礼·地官·司门》:"正其货贿。"郑玄注:"正,读为'征'。征,税也。"

意谓"正"为借字,应当作正字"征"来理解。再如:

> 《礼记·明堂位》:"春社,秋省而遂大蜡。"郑玄注:"省,读为'狝'。狝,秋田名也。"

此即谓"省"为"狝"的借字,正字当是"狝"。下同:

> 《荀子·修身》:"扁善之度以治气养生,则后彭祖。"唐代杨倞注:"扁,读为'辨'。《韩诗外传》曰:君子有辨善之度,言君子有辨别善之法,即谓礼也。"

意谓"扁"为借字,"辨"为正字。下同:

《墨子·号令》:"随而行,松上不随下。"孙诒让《间诂》:"王引之云:松,读为'从'。《学记》'待其从容'郑注'从,或为松',是其例也。"

这类训式有"A,读为CB之B""A,读当为B"两个变式。

1)A,读为CB之B

此为正式的扩展式,即对训式中所揭明的正字B加以说明,便于理解。如:

《仪礼·士昏礼》:"姆缅笄宵衣,在其右。"郑玄注:"宵,读为《诗》'素衣朱绡'之绡。《鲁诗》以绡为绮属。"

这说明正字为"素衣朱绡"之绡。下同:

《仪礼·少牢馈食礼》:"肠三,胃三,长皆及俎拒。举肺一,长终肺。"郑玄注:"拒,读为介距之距。俎距,胫中当横节也。"

2)A,读当为B

正式"读为"之间加一"当"字,舒缓其辞,意思不变。如:

《诗·小雅·甫田》:"攘其左右,尝其旨否。"郑玄《笺》:"攘,读当为'饟'。"

也是说,"攘"为借字,"饟"为正字。

2. 以"A,读曰B"式揭明法

此与"读为"法基本相同。A代表借字,B代表正字。如:

《周礼·春官·鬯人》:"庙用脩。"郑玄注:"脩,读曰卣。卣,中尊,谓献、象之属。"

此即谓"脩"为"卣"的借字。"卣"与"尊"都是古代的盛酒器:尊分上、中、下三等,上尊为彝,中尊为卣,下尊为罍;卣包括献尊、象尊等。故有此训。下同:

《汉书·萧望之传》:"敖慢不逊。"颜师古注:"敖,读曰傲。"

3. 以"A,读如B"式揭明法

"读如"式多用以标音,用来揭明正借字时,情形也与"读为"法相同。如:

《周礼·冬官考工记·玉人》:"天子圭中必。"郑玄注:"必,读如鹿车縪之縪,谓以组约其中央,为执之,以备失队。"

意谓"必"为借字,"縪"为正字。下同:

《史记·五帝本纪》:"河滨器皆不苦窳。"张守节《正义》:"苦,读如盬,音古。盬,粗也。"

4. 揭明古字通用法

此法只揭明所训释的两个古字在表示同一义项时相同，通用，但其中必有一个是正字，一个是借字。可分为两类。

1）以“古字A、B同”式揭明法

A代表借字，B代表正字。如：

《论语·公冶长》：“子曰：‘由也，好勇过我，无所取材。’”何晏《集解》：“孔子叹其勇曰过我，无所取哉，言唯取于己。古字‘材’‘哉’同。”

此即谓用于句末表感叹时，古字“材”与“哉”相同，“材”为借字，“哉”为正字。也等于说“古字材、哉通用”。再如：

《史记·孝文本纪》：“太仆见马遗财足，馀皆以给传置。”司马贞《索隐》：“遗，犹留也。财字与‘才’同。”

意谓“财”为借字，“才”为正字。下同：

《春秋·僖·四年》：“齐人执陈辕涛涂。”洪亮吉《春秋左传诂》：“《后汉书·袁术传》：‘袁氏出陈，为舜后。’注云：‘陈大夫辕涛涂，袁氏其后也。’‘袁’‘辕’古字同。”

2）以“A、B，古字通用”式揭明法

称“古字通用”，是说明“A、B”二字在正借关系中含义相同的原因。如：

《汉书·杜周传》：“乃为小冠，高广财二寸。”颜师古注：“财，与‘才’同，古通用字。”

“财，与‘才’同”，即与上法训式一样，说明“财”为借字，“才”为正字。“古通用字”，即说明由于二字古通用，故同。再如：

《孟子·尽心上》：“霸者之民，驩虞如也。”清代焦循《孟子正义》：“《音义》云：‘驩虞’，丁云：‘义当作欢娱，古字通用耳。’”

意谓“驩虞”为借字，“欢娱”为正字，古代通用。

这类训式有“A、B，古字通”“A、B通”两个主要变式。

（1）A、B，古字通

不称“通用”，省称“通”，意思相同。如：

《文选·（杨子云）甘泉赋》：“吸清云之流瑕兮，饮若木之露英。”李善注：“司马相如《大人赋》曰‘呼吸沆瀣餐朝霞’。霞与瑕，古字通。”

意谓“霞”为正字，“瑕”为借字，通用。下同：

《尚书·酒诰》：“王若曰：‘明大命于妹邦。’”宋代黄度《尚书说》：

“姝、沫古字通,沬水在卫之北。沬邦,纣都。”

意谓“妹”为借字,“沬”为正字,通用。

(2)A、B通

此为进一步的省略训试。如:

《论语·学而》:“无友不如己者。”朱熹《集注》:“无、毋通,禁止辞也。”

“无”为借字,“毋”为正字,通用。

5. 指明假借字法

指明假借字法,即直接指明某字为假借字。可分为三类。

1)以“A,(古文)B,假借字”式指明

A代表借字,B代表正字。此法指明A为借字,见于郑玄《礼》注,后世沿用不已。如:

《周礼·冬官考工记·弓人》:“丰肉而短,宽缓以荼。”郑玄注:“荼,古文舒,假借字。郑司农云:‘荼,读为舒。’”

意谓“荼”为借字,是古文,正字为“舒”。并引郑众说为证。再如:

《礼记·缁衣》:“《君雅》曰。”郑玄注:“雅,《书序》作‘牙’,假借字。”

意谓“雅”为借字,“牙”为正字。下同:

《诗·小雅·采薇》:“彼尔维何?维常之华。”陈奂《诗毛氏传疏》:“尔,读为‘薾’,假借字也。《说文》:薾,华盛。《诗》曰‘彼薾唯何’。或许所据《毛诗》作‘薾’也。”

2)以“A,B借字也”式指明

此即谓“A”为“B”的借字。如:

《庄子·天道》:“万物无足以铙心者,故静也。”王先谦《集解》:“铙,挠借字也。”

意谓“铙”为“挠”的假借字,“挠”为正字。

3)指明为双声假借或同部假借

此法起于清代。由于当时古音学研究有很大进步,训诂家们对文字的假借问题有了更深入的认识,故产生了此类训法。如:

《诗·卫风·竹竿》:“巧笑之瑳。”马瑞辰《毛诗传笺通释》:“‘瑳’与‘此’双声,‘瑳’当为‘龇’之假借。《说文》‘龇’字注:‘一曰开口见齿之兒，读若柴。’笑而见齿，故以‘龇’状之。“龇’之借作‘瑳’，犹‘玼’或作‘瑳’也。”

此即谓“瑳”为借字，“龇”为正字，二字双声。再如：

《诗·周南·葛覃》：“服之无斁。”段玉裁《诗经小学》：“《礼记·缁衣》、王逸《招魂注》皆引诗‘服之无射’。按：‘斁’为本字，‘射’为同部假借。”

此即谓“斁”为正字，“射”为借字，二字韵同，故谓“同部假借”。

第十章　释词(下)

第八节　形训法

形训法是从文字的形体结构出发解释词义的训释方法,可以分为以形说义法、说明字体法和揭示字例法三大类。

一、以形说义法

以形说义法是按照字形的构造情况推说文字的本义的训释方法,也是形训法的正宗。可以分为《说文》的以形说义法和其他书籍中的以形说义法两类来观察。

(一)《说文》的以形说义法

东汉许慎著《说文解字》一书,在总结前人析形解字方法的基础上,建立六书大例,根据小篆形体,创造了一整套系统的以形说义的训解方法,施于每个字的分析中,使一点一画都有道理,阐明文字的本义,成为以形说义训法的经典性著作。其法主要有四类。

1. 从象形角度说解法

此法用于象形字的说解,主要有三类。

1)标明“象形”

　　口[1],人所以言食也,象形。

意谓“口”字象人口的形状,本义是人用来说话、吃东西的体件。下同:

　　隹,鸟之短尾总名也,象形。

---

[1] 《说文》原书被训字都用小篆,由于印刷不便,本书中改为仿宋体。如有教学需要,教师可将这类仿宋体还原为小篆,效果将更好。如“口”的小篆是“”,下文“糸”字的小篆是“”,余可类推。

2)标明"象A形"

上一训式加详,便成此式。"A"所代或一个字,或几个字,修饰"形"字。如:

自,鼻,象鼻形。

糸,细丝也,象束丝之形。

3)标明"象AB"

此为详解式,"AB"所代或一句话,或几句话,对形义的分析最仔细。如:

屯,难也。象屮木之初生,屯然而难,从屮贯一;一,地也;尾曲。

釆[①],辨别也,象兽指爪分别也。

2. 从指事角度说解法

此法用于指事字的说解。主要有三类。

1)标明"指事也"

丄,高也,此古文"上",指事也。

丅,底也,指事。

此即释"上""下"两字。

2)标明"从A,象形"

"从A",指这类字形体的一部分;"象形",指表示指事作用的另一部分,不谓全字象形。这一点正与分析象形字时所说的"象形"不同,后者是指全字象形。如:

夨[②],倾头也,从"大",象形。

意谓"夨"字的本义是人偏着头。从"大",表明这个字的主体部分是"大",篆文"大"字象人形。"象形",指"大"字左上的"乚",是头偏在一边的形状,起指事作用。下同:

果,木实也。从木,象果形在木之上。

3)标明"从A,BC"

"BC"所代不止两个字,是对指事标志的说明。如:

本,木下曰本。从木,一在其下。

"一在其下",谓"本"字下一横,指出根本所在。下同:

朱,赤心木,松柏属。从木,一在其中。

---

① 釆 biàn,音"辨",与"采"字不同。

② 夨 zè,音"仄"。

3. 从会意角度说解法

此法用于会意字的说解,主要有三类。

1)标明"从AB"

"AB"代表构成该字的两部分。如:

社,地主也。从示土。

"示",取义祭祀;"土",取义地神。祭祀土地神的地方叫作"社",故字从"示土",会成其意。下同:

寇,暴也。从攴完。

"攴",取击打义;"完",表示完好的东西。打破完好的东西,便是"寇",故字从"攴完",会成其意。

2)标明"从A,(从)B"

"A""B"也代表构成该字的两部分。其间义距较大,故分别为说。如:

香,芳也。从黍,从甘。

小篆"香"字上部作"黍",隶、楷省形,故有此训。从黍,从甘,会成黍稷甘美的意思,故字作"香",义为"芳也"。下同:

弄,玩也。从廾[①],持玉。

小篆的"廾"为双手把玩形。双手持玉玩要,会成"弄"字,故本义为"玩也"。

3)标明"从A,在B(上)"

炙,炮肉也。从肉,在火上。

"肉"在"火"上,会成"炙"字,本义为烤肉。下同:

尾,微也。从到毛,在尸后。

到,与"倒"通;"尸",身体。身后倒毛,会成"尾"字,表示末梢的意思。

4. 从形声角度说解法

此法用于形声字的说解。主要有三类。

1)标明"从A,B声"

财,人所宝也。从贝,才声。

古代曾以贝壳为货币,故从"贝",表财宝。"才声",由"才"字得声。下同:

银,白金也。从金,艮声。

---

① 廾 gǒng,音"拱"。

2)标明"从A,B省声"

融,炊气上出也。从鬲,虫省声。

"鬲"为炊器,故从"鬲",表意。"虫"字繁体作"蟲",声旁省作"虫",故谓"虫省声"。下同:

莹,玉色。从玉,荧省声。

3)标明"从A省,B声"

考,老也。从老省,丂声。

瓢,蠡也。从瓠省,票声。

(二)其他书籍中的以形说义法

其他书籍中的此类训法,凡出于《说文》之前的,基本上都由许慎总结之后,反映在《说文》中了;凡出于《说文》之后的,基本上都是引用《说文》的说解或按照《说文》的方法进行说解,因此,主要方法没有大的歧异和变化,仅是表述上小有不同而已。可以分为各书自出的以形说义法和引《说文》以形说义法两类。

1. 各书自出的以形说义法

各书自出的以形说义法主要有以下三类。

1)象形字说解法

如《说文》羊部"羊"字下引孔子语云:

"牛""羊"之字以形举也。

所引孔子语出于何书,已难确知。意谓牛字、羊字,论其古籀形体,都是象形字。再如《左·宣·十五年》云:

故文,反"正"为"乏"。

古文的"正""乏"二字形正相反,故有此说。又如董仲舒《春秋繁露·王道通三》云:

古之造文者,三画而连其中,谓之王。三画者,天、地与人也。而连其中者,通其道也。取天、地与人之中以为贯而参通之,非王者孰能当是?

这当然是董氏从他的学术观点出发所作的解释。

2)会意字说解法

如《韩非子·五蠹》云:

古者苍颉之作书也,自环者谓之私,背私谓之公。

"私",小篆作"[illegible]",楷体作"厶",今《韩非子》作"私",系后人从俗译改。初民垦田时,圈占土地,以为己有,象征着私有制。“自环者谓之‘私’”,当取象取义于此。“公”,小篆作“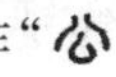”,甲骨文或作“”,金文或作“”。“八”表示“背”义。从“八”从“厶”,会意为“公”字。再如《左·宣·十二年》云:

　　夫文,“止”“戈”为“武”。

意谓制止兵事叫作“武”,故“武”字从“止”“戈”会意。这当然是楚子从自己当时的政治需要出发所作的解释,不一定是造字的原意。

3)形声字说解法

　　《仪礼·大射》:“膳尊两甒,在南,有豊。”郑玄注:“豊,以承尊也。说者以为若井鹿卢。其为字,从豆,曲声。近似豆,大而卑矣。”

　　《周礼·冬官考工记·轮人》:“无槷而固。”郑玄注:“玄谓槷,读如涅。从木,热省声。”

2. 引《说文》以形说义法

　　《周易·比》,明代何楷《古周易订诂》:“许慎云:‘比,密也。二人为从,反从为比。’盖以二人反面相从为之比。此卦坤下坎上,一阳居尊位而五阴从之,如五家为比而比长统之,故取‘比’为名。”

此即直接引《说文》对“比”字的说解解释《比》卦取名的意思。再如:

　　《周易·家人·初九》:“闲有家,悔亡。”清代黄宗炎《周易象辞》:“闲,阑也。从门,从木,以木拒门,所以阑出入也。本防闲之义,借为闲习之用,谓人有肄业当专一,如拘守,不可往来他适也。”

此即间接引用《说文》的说解以形说义。

二、说明字体法

说明字体法主要包括说明古今字法和表明异体字法两类,由于都是从字体着眼进行训释的,因此也归入形训法。

(一)说明古今字法

古今字一般是指同一个词的古今两种书写形式,古代的书写形式叫作“古字”,称说者的时代所通行的书写形式叫作“今字”。正像段玉裁所说:“古今无定时,周为古则汉为今,汉为古则晋宋为今,随时异用者谓之古今字。”① 因此,古今字是一个历史的概念,不是固定不变的概念。这说明训诂学上研

① 见《说文》言部“谊”字下注。

究古今字训释法时,也要用历史的观点去对待。还有,学术术语一般都有特殊的规定性,理解一个学术术语,不应该超过它的特殊的规定性。“古今字”这个术语也是一样,它的规定性就在于“古今”二字上,也就是在时间的先后上。当两个书写形式不同的字在相同的意义上使用时,古今字论者只应着眼于它们行用时间的先后,而不必牵混它们之间其他的意义关系,比如可能存在的异体关系或通假关系等①。

历代训诂家说明古今字的训法主要有以下四类。

1. 以今字释古字法

以今字释古字法又可别为四类。

1)以“A,古B字”式说明法

“A”代表古字,“B”代表今字,此法应用最为广泛。如:

《礼记·礼运》:“故圣人耐以天下为一家。”郑玄注:“耐,古能字。”

能够的“能”字,《礼运》问世的时代作“耐”,汉代作“能”。作“耐”,汉时的初学者已经难晓它的意思,故郑氏以此法为释,说明“耐”字是古代的“能”字。再如:

《吕览·本味》:“流沙之西,丹山之南,有凤之丸。”高诱注:“丸,古卵字也。”

意谓古作“丸”,今作“卵”,故有此训。又如:

《史记·河渠书》:“蜀守冰凿离碓。”裴骃《集解》:“晋灼曰:‘古堆字也。’”

意谓“碓”,即古代的“堆”字。下同:

《汉书·司马相如传》:“而适足以卑君自损也。”颜师古注:“卑,古贬字。”

2)以“A,今B字”式说明法

“A”代表古字,“B”代表今字,但表达跟前式不同。如:

《周礼·冬官考工记·辀人》:“终日驰骋,左不楗。”郑玄注:“书‘楗’或作‘券’。玄谓‘券’,今‘倦’字也。辀和,则久驰骋,载在左者不罢倦。尊者在左。”

意谓“左不楗”,当依或本作“左不券”。“券”,今作“倦”字。“券”为古字。

① 今人裘锡圭在这方面有专门深入的论述,可参看裘氏《文字学概要》,商务印书馆1988年版,第270—273页。

再如：

《礼记·曲礼上》："幼子常视无诳。"郑玄注："视，今之'示'字。"

意谓"视"为古字，相当于今之"示"字。

3）以"A，古文B"式说明法

"A"代表古文，"B"代表今字。如：

《周礼·春官·保章氏》："掌天星，以志星辰日月之变动。"郑玄注："志，古文识。识，记也。"

等于说，"志，古识字"。再如：

《诗·卫风·伯兮》："焉得谖草。"段玉裁《毛诗故训传定本小笺》："此用古文，即蘐字也。"

等于说，"谖，古文蘐"。也等于说，"谖，古蘐字"。

但在《说文》中，此类训式中的"古文"则是指与籀文、小篆并列的一种古代的字体。如内部云：

，古文禹。

此即谓古文的"禹"字如此，与小篆不同。古文与小篆也是古今字的关系。再如卯部云：

，古文卯。

或变称"A，古文"。如心部"慎"篆下云：

，古文。

此即谓古文的"慎"字如此。

4）以"A，籀文B"式说明法

这也是《说文》中表明古今字的一种方法，与上法相同。如马部"驾"篆下云：

，籀文驾。

此即谓籀文"驾"字如此。或变称"A，籀文省"，训法相同。如雨部云：

，籀文省。

此即谓籀文"霚"字省去"攵"旁作"雺"。

2. 以古字释今字法

以古字释今字法主要有三类。

1）以"古A字作B"式说明法

"A"代表今字，"B"代表古字。如：

《汉书·高帝纪下》:“上奉玉卮,为太上皇寿。”颜师古注:“应劭曰:古‘卮’字作‘觗’。”

意谓“卮”为今字,古字作“觗”。

2)以“经典A字,古只作B”式说明法

“A”代表今字,“B”代表古字。如:

《诗·周南·葛覃》:“害浣害否。”段玉裁《毛诗故训传定本小笺》:“凡经典‘然否’字,古只作‘不’,后人改加‘口’耳。”

此即谓经典中表示“然否”的“否”字,系后人更改,古字只作“不”。也就是说,此诗“否”为今字,应当作“不”。

3)以“A,古作B”说明法

“A”代表今字,“B”代表古字。如:

《诗·周南·关雎》:“辗转反侧。”陈奂《诗毛氏传疏》:“《释文》:‘辗,本亦作展。吕忱从车展。’则‘辗’始见于吕忱《字林》,古作‘展’,必矣。《说文》:‘展,转也。’今隶变作‘展’。《广雅》:‘展转,反侧也。’《何人斯·笺》:‘反侧,展转也。’”

意谓“辗”为今字,古字作“展”。

3.说明字有古今关系法

此法只说明所训两字具有古今字的关系,并不明言哪个为古字,哪个为今字。一般是古字在前,今字在后。主要有两类。

1)以“A、B,古今字”式说明法

“A”代表古字,“B”代表今字。如:

《礼记·曲礼下》:“朝诸侯,分职,授政,任功曰‘予一人’。”郑玄注:“《觐礼》曰:‘伯父实来,余一人嘉之。’余、予,古今字。”

意谓第一人称代词“余”与“予”,属于古今字,前者为古字,后者为今字。商代甲骨文和西周金文均作“余”,可证。下同:

《尔雅·释诂》:“茂,勉也。”郭璞注:“《书》曰:‘茂哉!茂哉!’”邢氏疏:“云‘《书》曰茂哉茂哉’者,《皋陶谟》文也。《书》作‘懋’。茂、懋,古今字也。”

意谓《皋陶谟》旧作“茂哉”,今作“懋哉”,“茂”为古字,“懋”为今字。

2)以“A、B,古今之异”式说明法

《毛诗·周颂·桓·序》:“《桓》,讲武类祃也。”郑玄《笺》:“类也,祃也，皆师祭也。"孔颖达《正义》："'祃'，《周礼》作'貉'；'貉'，又或为'貊'字，古今之异也。"

意谓此处"祃""貉""貊"三字，也属于古今字的关系。

4. 诠解中径用今字代古字法

《周礼·地官·大司徒职》："一曰媺宫室。"郑玄注："美，善也。谓约椓攻坚，风雨攸除，各有攸宇。"

"媺"，古字；"美"，今字。径以"美"为被训词而加以训释。再如：

《仪礼·聘礼》："未入竟，壹肄。"郑玄注："谓于所聘之国竟也。"贾公彦疏："郑解'未入境'，境，谓所聘之国境未入也。"

"竟"，古字；"境"，今字。贾疏径用"境"代"竟"。

(二)表明异体字法

异体字是指音义相同而书写形式不同的字。训诂中表明所解字的异体，往往有助于读者理解原文。历代训诂家表明异体字的方法主要有两类。

1. 以"A，亦B字"式表明法

《汉书·五行志下之上》："有裸虫之孽。"颜师古注："裸，亦嬴字也。"

此即谓"裸"是"嬴"的异体字。本《志》下文云"时则有嬴虫之孽"，正作"嬴"。下同：

《汉书·地理志下》："襄公将兵救周有功，赐受郊、酆之地，列为诸侯。"颜师古注："郊，亦岐字。"

2. 以"A，与B同"式表明法

此式跟声训法中的同型训式容易混淆，须根据具体情况，加以区分。如：

《后汉书·王丹传》："其堕孏者耻不致丹，皆兼功自厉。"李贤等注："孏，与嬾同。"

此即谓"孏"为"嬾"的异体。今正体作"懒"。下同：

《荀子·劝学》："螾无爪牙之利，筋骨之强。"杨倞注："螾，与蚓同，蚯蚓也。"

《楚辞·远游》："上至列缺兮。"洪兴祖《补注》："缺，与缺同。"

三、揭示字例法

古书用字往往各有定例，合观对比，则有异体、正借、雅俗、正误之类，各不相同。这种状况容易造成混乱，对读者不利。因此，揭示各书的字例，便成了训诂家所注意的目标和任务之一。可大别为著专书综合揭示字例法、分别揭示各书字例法两类。

(一)著专书综合揭示字例法

著专书综合揭示字例法，如唐代大历中国子司业张参《五经文字》考校诸经字体，区分雅俗正误，收字三千二百三十五个，按部首分隶一百六十部，辨形之外，复加注音、释义。最初书于讲堂东西厢之壁，供诸生观览取正，后刻印成册。如木部下云：

> 桃桃　上《说文》，下石经。凡字从"兆"者，皆放此。

意谓"桃"是《说文》的字形，"桃"是石经的字形。凡声旁从"兆"的字，都是这样。再如曰部下云：

> 曹曹曺　上《说文》，中经典相承隶省。凡字从"曹"者皆放此；下石经。

意谓"曹"是《说文》的字形，"曹"是经典相承隶省的形体，"曺"是石经的字形。

显然，这样的说解对学者阅览群籍很有帮助。稍后，唐玄度依照张书的体例并在其基础上撰成《九经字样》一书，也属于此类。

(二)分别揭示各书字例法

分别揭示各书字例法，即注解一书，将它的字例或附论于书末，或揭橥于卷首，以晓示读者。如张守节《史记正义》附《论字例》云：

> 《史》《汉》文字相承已久，若"悦"字作"说"，"闲"字作"閒"①，"智"字作"知"，"汝"字作"女"，"早"字作"蚤"，"後"字作"后"，"既"字作"溉"，"勑"字作"饬"，"制"字作"剬"，此之般流，缘古少字通共用之。《史》《汉》本有此古字者，乃为好本。
>
> 程邈变篆为隶，楷则有常，后代作文，随时改易。卫宏官书数体，吕忱或字多奇，钟、王等家以能为法，致令楷文改变，非复一端，咸著秘书，传之历代。又字体乖日久，其"黼黻"之字法从"黹"（丁履反），今之史本则有从"耑"（音端），《秦本纪》云"天子赐孝公黼黻"，邹诞生音甫弗，而邹氏之前史本已从"耑"矣。如此之类，并即依行，不可更改。

① 为了论述方便，此类引文中若不得已，权且杂用繁体字和异体字。

若其"黿鼍"从"龟","辭亂"从"舌","覺學"从"與","泰恭"从"小","匮匠"从"走","巢藻"从"果"①,"耕籍"从"禾","席"下为"带","美"下为"火","哀"下为"衣","極"下为"点","析"旁著"片","恶"上安"西","餐"侧出"头","離"边作"禹",此之等类例,直是讹字。"宠"(敕勇反)字为"寵","锡"字为"锡"(音阳),以"支"(章移反)代"文"(问分反),将"旡"混"无",若兹之流,便成两失。

这里揭示了《史记》《汉书》的字例,还说明了文字形体演变的过程、约定俗成的法则及当时传本的讹失等情况,对于读者研习《史》《汉》,无疑具有很大帮助。不过,由于约定俗成的法则是受历史发展制约的,其中所论有些讹字,如"辞""乱""巢",今天已成正字,不作讹字看。再如阮元《仪礼注疏校勘记序》仿《九经字样》例,汇录书中俗讹字九十九个,世界书局本《十三经注疏》附刻于《仪礼注疏》卷首。其文有云:

〔说〕与"脱"通。〔辟〕与"避"通。〔申〕与"伸"通。〔傍〕溷作"旁"。〔共〕与"恭"通,又与"供"通。〔麤〕或作"粗""麄"。

又如中华书局校点本《三国志》将书中意思与现代字不同的二十七个古体字汇录于卷首,并加圆括号附注现代通行字。如:

不(否)	内(纳)	由(犹)
见(现)	邪(耶)	拊(抚)
罔(网)	要(腰)	匪(非)

若此之类,均有益于读者。

第九节　释词应该注意的问题

释词中应该注意的问题主要有以下五点。

一、正确吸收前人旧注的训义

经过历代学者的整埋注解,我国大多数重要古籍都有了旧注,有些书籍的注释本甚至多达数十百种,其中既有学术性很强的提高性注本,也有通俗

① "巢"篆作"","果"篆作"",本不同形,隶变合一,故有此训。

易懂的普及性注本,这是前人留给我们的宝贵的学术文化遗产。今天,我们为了发扬中华民族优秀文化传统,古为今用,促进祖国的现代化建设,用现代的观点、现代的语言重新注释这些古书,就必须以前人的优秀注本为基础,正确吸收其中的训义,通过精心的翻译、改造、创新,写出高质量的今注今译本。所谓正确吸收前人旧注的训义,主要是指正确对待旧注,既不必墨守曲护,也不可轻易否定。

前人的优秀注本,特别是历来为世所重的注本,在训诂的各个方面都有所创新发明,各类训释都比较可靠,释词方面也是这样,理应受到后人的尊重,尽量多加参考。但是,也不必尊之过甚,百般回护,连解释错了的地方也要人们继承下去。无论何时,都不大可能有十全十美的注本,每一种优秀注本总有它不足的地方,我们只能继承其精华部分,不能连糟粕也一起继承下来。比如《毛传》是我国现存的体系最完善而又最古老的《诗经》注本,它的词义训释历来被大多数训诂家作为经典性的训义转相引用,与《尔雅》相表里,借以训释其他古籍中的词义。但是其中也有解释错了的地方,比如《诗·小雅·正月》:“有皇上帝,伊谁云憎!”《毛传》:“皇,君也。”“皇”字在别处可以训为“君”,但在此处不能以君为训。凡《诗》中“有+×+名词或名词词组”这一句式中的×,它所代表的字都是形容词,不是名词。如《小雅·大东》“有馕簋飧,有救棘匕”、《菀柳》“有菀者柳”、《大雅·抑》“有觉德行”、《常武》“有严天子”等句中的“馕”“救”“菀”“觉”“严”诸字都是形容词,故此诗“皇”字也不例外。“有皇上帝”的“有皇”,即是皇皇的意思,形容上帝辉煌的仪容。《毛传》训为“君”,句意不通。郑玄《笺》及孔颖达《正义》都将这句诗译为“有君上帝”,乃是轻信《传》训,不可取。如果像陈启源那样,对《毛传》的训义处处加以回护,今天看来,就更不可取。

过信旧注没必要,臆更旧解也不应该。如王引之《经传释词》卷六云:“迪,发语词也。《书·盘庚》曰:‘迪高后丕乃崇降弗祥。’言高后丕乃崇降不祥也。迪,语词耳。《君奭》曰:‘迪惟前人光施于我冲子。’《立政》曰:‘古之人迪惟有夏。’两‘迪’字亦是语词。”前一个“迪”字,某氏《传》译为“开道”,即“开导”;第二个“迪”字,某氏《传》译为“蹈”;最后一个“迪”字,某氏《传》译为“道”。核之文意,旧《传》头一个译意正确,后两个译意有所出入,但都是按实词作解,失之未远。王氏不用旧解,全部改训为语词,未妥。杨树达《词诠》承用王氏说,也欠当。故章太炎《王伯申新定助词辩》批评说:“以‘迪’为发语辞,臆造无据。《盘庚》《君奭》二'迪'字自当依《释诂》训'道'。《盘庚》本文云:'乃祖乃父丕乃告我高后曰:作丕刑于朕孙,迪高后丕乃崇降弗祥。'言乃祖乃父以此导高后,丕乃崇降弗祥也。《君奭》本文云:'在今予小子旦,非克有正迪,惟前人光施于我冲子。''迪'字当读属上句,言非克有正道也。《立政》'迪'字当依《释诂》训'作'。《说文》:'作,起也。''惟'乃语助。古之人起有夏者,据三王之道言,夏为最先也。"

总之,正确吸收前人旧注训义,对于搞好古书词义训释是很重要的。

二、密切联系上下文意确定词义

语言中的每个词一般都有许多义项,但当每个词用在特定语境中时,在绝大多数情况下,都只能有一个具体义项①。随文注释体训诂著作,其释词任务就在于揭明这种具体义项。如果前人的训义不可取,或者没有出注,需要创注,这时必须密切联系上下文的意思,确定每个应该出注的词的具体意义。为此,需要着重注意以下几个问题。

第一,要有历史的观点,注意词义的发展演变。同一个词,在不同的历史阶段可能有不同的含义。所以解释词义,必须注意所解书籍借以产生的时代,然后根据不同时代的具体情况,联系上下文,确定词义。比如第八章第五节中"明词义演变法"一目下所论"朕""兵""走"三词的含义即是如此,若出现于不同阶段的书籍中,应该有不同的解释。再如"写"字,现在一般表示书写的意思。但在上古,表示排除、移置的意思。因此《诗·邶风·泉水》:"驾言出游,以写我忧。"《毛传》:"写,除也。"《礼记·曲礼上》:"器之溉者不写。"郑玄注:"写者,传己器中乃食之也。"这种地方的"写"字,绝不能照现在的意思,解释为书写。

第二,避免随意望文生训。一个词往往有多种义项,如本义、常用义、僻义、引申义、假借义等。如果训诂中不详细考求词义,按照常用义随意作解,就会犯望文生训的错误。如《诗·邶风·终风》:"终风且暴,顾我则笑。"《毛传》:"终日风为终风。"此即按常用义"竟"理解"终"字,又臆增"日"字,解"终风"为"终日风"。王引之《经义述闻》卷五指出,这属于"缘词生训,非经文本义",并谓:"'终',犹既也。言既风且暴也。"接着列举《诗》中同类句型加以

① 在极少数情况下,比如双关辞格的应用,能使特定语境中的有关词同时具有两个相关的义项。

证明,谓:"《燕燕》曰'终温且惠,淑慎其身'、《北门》曰'终窭且贫,莫知我艰'、《小雅·伐木》曰'神之听之,终和且平'、《甫田》曰'禾易长亩,终善且有'、《正月》曰'终其永怀,又窘阴雨','终'字皆当训为'既'。既、终语之转。既已之'既'转为'终',犹既尽之'既'转为终耳。"

第三,对于异物同名与一物数名的词,均须联系上下文意,细加考辨,避免将前者混为一物,将后者误为数物。如《诗·大雅·绵》:"周原朊朊,堇荼如饴。"《毛传》:"堇,菜也。荼,苦菜也。"马瑞辰《毛诗传笺通释》:"堇有三:《尔雅》'啮,苦堇',一也。又'芨,堇草',二也。《广雅》'堇,藋也',三也。芨堇之堇,郭注以为乌头,一名奚毒,非可食之菜。堇藋之堇,《本草》以为似藜,一名拜,一名蔏藋,非苦荼之类。惟《尔雅》'啮,苦堇',郭注:'今堇葵也。叶如柳,子如米,汋食之,滑。'与《毛传》言堇菜合。《说文》:'堇,草也。根如荠,叶似细柳,蒸食之,甘。'而《尔雅》言苦堇者,古人语反,犹甘草,一名大苦也。……荼有四:《尔雅·释木》'槚,苦荼',一也。《释草》'荼,苦菜',二也。'蒤,委叶',三也。'蔈荂,荼',四也。《出其东门》诗'有女如荼',此荼之名蔈荂者,即茅秀也。《良耜》诗'以薅荼蓼',此荼之名委叶者,即田草也。《谷风》诗'谁谓荼苦',此诗'堇荼如饴',则《尔雅》所谓'苦菜',今北方所谓苣荬菜,一名苦苣者也。至《释木》'槚,苦荼',乃茗也。陶弘景疑苦菜即茗,误矣。"此即对三堇四荼详加辨释,确定《绵》诗所说的"堇",即《尔雅》之"啮";"荼",即《尔雅》之"苦菜"。其中所涉及"芨"四名、"藋"四名、"苦菜"四名,均属于一物数名,一并加以考论,物名虽然繁多,但各有区别,不相混杂,甚有益于读者。第十四章第一节之十一所举两鄮县例也属于此类,可参看。

还有,要联系文体文例的特点,使训义与之相合,这方面的例子可参阅第十四章第一节之七下。

三、词语难解,须慎重对待

训诂中遇到难解的词语,首先不要轻下断语,宜广加求证。如明代杨慎《丹铅总录》卷四于"锦竹"条下云:"杜子美有《从韦明府续处觅锦竹两三丛》诗,黄鹤注云:'考《竹谱》《竹纪》无锦竹,意以其文如锦名之。《竹纪》有蒸竹、箘堕竹,其皮类绣,岂即此乎?'余观锦竹他无见,惟杜诗有之。刘会孟批杜《锦树行》云:'题曰锦树,使人刮目,锦竹亦新,惜无拈出者耳。'近阅《梅宛陵集·锦竹》诗曰:'虽作湘竹纹,还非楚�质。化龙徒有期,待凤曾无实。本与凡草俱,偶亲君子室。'又注其下云:'此草也,似竹而斑。'始知黄鹤、有金注之昏耳。"黄、刘两家不识"锦竹"之名,疑辞而讥,杨氏广览博征,终有依据。

其次,宜多方考释,以求确解。参阅第十四章第一节所述考释诸法。

最后,万一百思不得其解,宜存阙疑,以待来哲,不宜勉强为说。

四、声训法的使用应当谨慎

这方面需要注意两点:第一,以声通义法虽然是推求语源、沟通字义的有效方法,但不宜无限制地扩大其应用范围。比如声同、声近、声转三法则的应用,一方面要说明音义的相通,另一方面也要提供文献语言中的可靠例证。缺少例证,即使声音相通,也不足为据。因为语言中的音同、音近字很多,不可能全都义同或义近。对于这一点,前人已经反复论证过。古人运用此法训释词语,造成训义失败的例子不少。比如同一个"天"字,《白虎通义·天地》云:"天之为言镇也,居高理下,为人镇也。"《说文》云:"天,颠也。"《释名·释天》云:"天,显也,在上高显也。"又云:"天,坦也,坦然高而远也。"《礼统》云:"天之为言陈也。"不同的训诂家有不同的训法,同一个训诂家也有不同的训法,各出己意,漫无准的,未见其所必然,读者更无所适从。再如《释名·释姿容》云:"跳,条也,如草木枝条上行也。"又云:"视,是也,察其是非也。"又云:"卧,化也,精气变化,不与觉时同也。"《释亲属》云:"姊,积也,犹日始出,积时多而明也。"又云:"妹,昧也,犹日始入,历时少,尚昧也。"若此之类,均牵强附会,训义难立。

第二,文字的正借必须辨明,但不宜乱讲通假。常义可用,无须以通假字为说。如《诗·周南·桃夭》:"桃之夭夭,有蕡其实。"马瑞辰《毛诗传笺通释》:"蕡者,'颁'之假借。《说文》:'颁,大首皃。'引伸为凡大之称。"其实"蕡"字自有大义,不烦以"颁"之借字为说。再如《墨子·尚同上》:"溱溱而至者。"毕沅注:"溱,同'臻'。《太平御览》作'臻'。""溱溱",叠音形容词,古代常用词,无须破为"臻"字,《太平御览》所引未必全是。故孙诒让《间诂》云:"溱溱,言风雨之盛也。《诗·小雅·无羊》云:'室家溱溱。'《毛传》云:'溱溱,众也。'"意谓不必视为"臻"的借字。

五、注文宜简要

欲达到注文简要的目的,主要应从两个方面着手。第一,出注多少要适当。《朱子语类》卷一百三十五云:“汉儒注书,只注难晓处,不全注尽本文,其辞甚简。”正是针对唐人疏体著作的繁密而言的,提倡出注要有选择性,只注难晓处,这是对的。尽管训诂工作由于所注解的书籍不同、目的不同、读者对象不同等,出注多少也各不相同,但“只注难晓处,不全注尽本文”,这个原则是普遍适用的。不该注的加注,便失之繁密;该注的而不注,便会影响阅读效果。总之,注家须掌握好标准,出注多少要适当。

第二,行文宜简明扼要,切忌烦琐枝蔓。《朱子文集》卷十二《记解经》云:“凡解释文字,不可令注脚成文。成文,则注与经各为一事,人唯看注而忘经。不然,即须各作一番理会,添却一项功夫。窃谓须只似汉儒毛、孔之流,略释训诂名物及文义理致,尤难明者,而其易明处,更不须贴句相续,乃为得体。盖如此,则读者看注,即知其非经外之文,却须将注,再就经上体会,自然思虑归一,功力不分,而其玩索之味,亦益深长矣。”此即是讲注解行文,宜简明扼要。朱熹是这样提倡的,也是这样做的,因此开了一代简明的训诂风气,对后世影响很大。

第十一章　解　句

许多古书在标点、注音、释词之后，文意往往仍然不易贯通，还必须对句子进行诠解。历代训诂著作中解句的方法很多，通过分析归纳，我们将其分为翻译性解句法、说明性解句法、综合性解句法三大类。以下分节加以介绍。

第一节　翻译性解句法

翻译性解句法，即翻译所解文句的训诂方法，主要有以下五类。

1. 对译法

对译法是基本上按照所解文句字对字进行翻译的方法，又称“直译法”。可分为照原句对译法、调整词序翻译法两类。

1）照原句对译法

照原句对译法，即照原句句式字对字翻译。如：

> 《尚书·舜典》：“肆觐东后。”某氏《传》：“遂见东方之国君。”又：“庶绩咸熙。”《传》：“众功皆广。”

此即以“遂”译“肆”，以“见”译“觐”，以“东方”译“东”，以“国君”译“后”，以“众”译“庶”，以“功”译“绩”，以“皆”译“咸”，以“广”译“熙”，逐字对译。下同：

> 《老子》上篇：“见素抱朴，少私寡欲。”任继愈《老子今译》：“外表单纯，内心朴素，减少私心，降低欲望。”

再如：

> 《尚书·洛诰》：“考朕昭子刑，乃单文祖德。”宋代苏轼《书传》：“考我所以明子之法，乃尽文王德也。”

两句话九个词，对译了其中比较难解的五个词，即以“我”译“朕”，以“明”译“昭”，以“法”译“刑”，以“尽”译“单”，以“文王”译“文祖”；其他四个词“考”“子”“乃”“德”义显，故不译。下同：

《尚书·皋陶谟》：“率作兴事，慎乃宪。”元代朱祖义《尚书句解》：“相率作兴政事，谨慎汝之常法。”

《孟子·滕文公下》：“女子之嫁也，母命之，往送之门，戒之曰：‘往之女家，必敬必戒，无违夫子。’”杨伯峻《孟子译注》：“女子出嫁的时候，母亲给以训导，送她到门口，告诫她说：‘到了你家里，一定要恭敬，一定要警惕，不要违背丈夫。’”

在照原句对译的用例中，相对而言，逐字对译的例子比较少；译一半，重述一半的例子比较多。

2）调整词序翻译法

如果所解文句的词序跟后世语言习惯相异，便要作相应的调整，译文要与原文有严整的对应关系。如：

《诗·小雅·节南山》：“四方是维，天子是毗。”郑玄《笺》：“维制四方，上辅天子。”

诗句宾语前置，《笺》文顺译，先谓语，后宾语。再如：

《汉书·贾谊传》：“国其莫吾知兮。”颜师古注：“一国之人不知我也。”

原文“莫吾知”，宾语前置，顺译为“不知我”。下同：

《论语·子罕》：“吾谁欺？欺天乎？”杨伯峻《论语译注》：“我欺哄谁呢？欺哄上天吗？”

2. 意译法

意译法是按原文的意思进行翻译的方法，不求字对字相译，只求译意准确。主要有句对句意译法、变句意译法两类。

1）句对句意译法

句对句意译法，即一句对一句地意译。如：

《诗·小雅·白华》：“鼓钟于宫，声闻于外。”《毛传》：“有诸宫中，必形见于外。”

《孟子·尽心上》：“强恕而行，求仁莫近焉。”赵岐《章句》：“当自强勉以忠恕之道，求仁之术，此最为近也。”

《庄子·人间世》:"山木自寇也,膏火自煎也。"王先谦《庄子集解》:"司马云:'木为斧柄还自伐,膏起火还自消。'"

以上都是句对句意译,译意比较近真。现代对古典文学作品的这类翻译,往往有较大的灵活性,译文也更加流畅。如《楚辞·九章·怀沙》头一节云:

滔滔孟夏兮,
草木莽莽。
伤怀永哀兮,
汩徂南土。

郭沫若《屈原赋今译》译为:

初夏的天气盛阳,
百草万木茂畅。
我独不息地悲伤,
远远走向南方。

2)变句意译法

变句意译法,即不受原文句式限制,以意译出。如:

《周礼·秋官·小司寇职》:"听民之所刺宥。"郑玄注:"民言杀,杀之;言宽,宽之。"

原文一句,译为四句。再如:

《管子·形势》:"裁大者众之所比也。"唐房玄龄注:"能断大事,众必比之。"

原文一句,译为两句。下同:

《楚辞·九歌·湘君》:"望夫君兮未来,吹参差兮谁思?"姜亮夫《屈原赋今译》:"我且行且望,夫人啊,仍是不来,我吹起了洞箫,你想我心中思念的是谁?"

变句意译一般都是原文句子少,句意浓缩;译文句子多,句意清楚。但也有以少译多的例子。如:

《孝经·广至德》:"教以孝,所以敬天下之为人父者也;教以悌,所以敬天下之为人兄者也。"唐玄宗注:"举孝悌以为教,则天下之为人子弟者无不敬其父兄也。"

原文四句为两个排句,词语有重复,故译为两句。再如《诗·齐风·东方之日》云:

东方之日兮，

彼姝者子，

在我室兮。

在我室兮，

履我即兮。

郭沫若《卷耳集》译为：

太阳出来的时候，

她还坐在我的房间里，

我穿起草鞋急忙送她回去。

原诗五句，有语气句，有重复句，故译为三句。

3. 增补翻译法

古文质略，意距较大，往往省去有关的句子成分和有关的语句，给后世读者理解文意造成困难。翻译中将省去的部分增补出来，句意才能明白畅达。可分为增补句子成分翻译法、增补附加语翻译法和综合增补翻译法三类。

1）增补句子成分翻译法

增补句子成分翻译法主要包括六类。

（1）增补主语翻译法

《诗·大雅·文王》："明明在下，赫赫在上。"《毛传》："文王之德明明于下，故赫赫然著见于天。"

此即补出主语"文王之德"，加以翻译。下同：

《尚书·盘庚中》："保后胥戚，鲜以不浮于天时。"元朱祖义《尚书句解》："民亦保卫其君，相与同其忧戚，少有不先天时以趋事者。"

译文中补出主语"民"。

（2）增补谓语翻译法

《史记·天官书》："自河山以南者中国。"张守节《正义》："从华山及黄河以南为中国也。"

此即增补谓语系词"为"。再如：

《尚书·盘庚上》："不常厥邑，于今五邦。"元朱祖义《尚书句解》："不常处其都邑，自汤至今五迁都矣。"

此即分别增补谓语动词"处"与"迁"。

(3)增补宾语翻译法

《尚书·梓材》:“引养,引恬,自古王若兹监,罔攸辟。”某氏《传》:“能长养民,长安民,用古王道,如此监,无所复罪。”

译文中的两个“民”字,都是所增补的宾语。再如:

《周礼·春官·肆师职》:“飨食,授祭。”郑玄注:“授宾祭肺。”

意谓飨食开始,肆师授牲肺给来宾,让他祭先造食之神。有虞氏祭首,夏后氏祭心,殷祭肝,周祭肺。“宾”“肺”都是所增补的宾语。

(4)增补定语翻译法

《尚书·盘庚上》:“汝猷黜乃心。”元朱祖义《尚书句解》:“汝谋去汝私心。”

译文中的“私”是所增定语,修饰“心”。下同:

《左·桓·二年》:“民不堪命。”明王道焜等《左传杜林合注》:“林:宋之民皆不堪殇公争战之命。”

“宋”为“民”的定语,“殇公争战”为“命”的定语,均属增补。

(5)增补状语翻译法

《左·隐·元年》:“不义,不昵,厚将崩。”杜预《集解》:“不义于君,不亲于兄,非众所附,虽厚必崩。”

译文中的“于君”“于兄”,系所增状语。再如:

《尚书·盘庚上》:“凡尔众,其惟致告。”元朱祖义《尚书句解》:“凡尔众臣,其惟以吾言致告戒于民。”

“以吾言”系所增状语。

(6)增补多种成分翻译法

增补多种成分翻译法,即翻译中同时增补多种句子成分。如:

《诗·大雅·云汉》:“上下奠瘗。”《毛传》:“上祭天,下祭地,奠其礼,瘗其物。”

译文中补出了两个动宾结构“祭天”“祭地”,又补出了两个宾语“其礼”“其物”,实际上形成了四个无主句,句意乃明,表明这句诗本是四个句子的紧缩。再如:

《孟子·梁惠王上》:“苟为后义而先利,不夺,不餍。”赵岐《章句》:“诚令大臣皆后仁义而先自利,则不篡夺君位,不足自餍饱其欲矣。”

译文中补出了兼语“大臣”、两个状语“自”、宾语“君位”与“其欲”,句意才变得显豁。

2）增补附加语翻译法

训诂家为了使译意显明、通畅，翻译中往往根据原文意距，增补附加性语句，即“附加语”，其主要有连接语、足成语、归结语、举证语四类。附加语与原文的关系虽然不像省略的句子成分与原文的关系那样密切，但也是原文所应有的内容，与一般所谓增字说解所增部分不同。可以分为五类。

（1）增补连接语翻译法

增补连接语翻译法又可别为两类。

①增补前连语翻译法

前连语指被译句之意前所增的连接语。如：

> 《尚书·禹贡》：“禹敷土，随山刊木。”某氏《传》：“洪水泛溢，禹布治九州之土，随行山林，斩木通道。”

“洪水泛溢”即是原文句意之前所增的前连语。下同：

> 《诗·卫风·竹竿》首章：“籊籊竹竿，以钓于淇。岂不尔思，远莫致之。”宋代严粲《诗缉》：“卫女思归，述其幼时出游，见侪辈儿童有执籊籊然长杀之竹竿以钓于淇水者，是可乐也。我今岂不思卫乎？以道远莫能至也。”

译文中带着重号的部分即为前连语。

②增补中连语翻译法

中连语指被译句之意中间所增补的连接语。如：

> 《论语·子路》：“如有政，虽不吾以，吾其与闻之。”魏时何晏《集解》：“如有政非常之事，我为大夫，虽不见任用，必当与闻也。”

“我为大夫”即是翻译时所增的中连语。下同：

> 《孟子·梁惠王上》：“老吾老，以及人之老：幼吾幼，以及人之幼；天下可运于掌。”赵岐《章句》：“敬吾之老，亦敬人之老；爱我之幼，亦爱人之幼；推此心以惠民，天下可转之掌上，言其易也。”

译文中带着重号的部分即是中连语。

（2）增补足成语翻译法

倘按照原文翻译之后，根据文势，意犹未尽，便增语足成其意。如：

> 《诗·邶风·柏舟》：“微我无酒，以敖以游。”《毛传》：“非我无酒，可以敖游忘忧也。”

如果译到“可以敖游”即止，意犹未尽，故增“忘忧也”三字，足成文意。再如：

李白《古风》其二十二:“昔视秋蛾飞,今见春蚕生。嫋嫋桑柘叶,萋萋柳垂荣。”元萧士赟《分类补注李太白诗》:“齐贤曰:‘昔我在此见秋蛾之飞,今既改岁,春蚕生矣。桑华如结,柳树争荣,犹未得归。’”

原诗今昔对比,物换时移,暗寓游人思归之情,故译文增“犹未得归”一语足成其意。下同:

《楚辞·离骚》:“朝搴阰之木兰兮,夕揽洲之宿莽。”姜亮夫《屈原赋今译》:“早晨采取山坡上的木兰呵,晚间采取小渚的卷葹戴满一身。”

(3)增补归结语翻译法

翻译原文之后,为了使译意更加显豁,或有条理性,便附增一语加以归结说明。归结语和足成语均处于译文末尾,但性质不同。足成语是对原文之意的自然延伸和补充,归结语则跟原文意隔,全无联系,仅仅是训诂家外加的说明性语句。上文所举《孟子·梁惠王上》赵岐《章句》最后“言其易也”一语,即属于归结语。再如:

《尚书·西伯戡黎》:“故天弃我,不有康食,不虞天性,不迪率典。”某氏《传》:“以纣自绝于先王,故天亦弃之,宗庙不有安食于天下,而王不度知天性命所在,而所行不蹈循常法。言多罪。”

“言多罪”一语不是本节译意的延伸和补充,而是对本节译意的归结,即谓本节说明纣王罪恶多端。下同:

《史记·夏本纪》:“皋陶曰:‘余未有知,思赞道哉。’”张守节《正义》:“皋陶云:‘我未有所知,思之审赞之于古道耳。’谦辞也。”

(4)增补举证语翻译法

《尚书·益稷》:“懋迁有无,化居。”某氏《传》:“勉劝天下徙有之无,鱼盐徙山,林木徙川泽,交易其所居积。”

“鱼盐徙山,林木徙川泽”即是对译文“徙有之无”的举例证明。下同:

《周礼·地官·土训》:“掌道地图,以诏地事。”郑玄注:“道,说也,说地图九州形势,山川所宜,告王以施其事也。若云荆、扬地宜稻,幽、并地宜麻。”

带着重号的部分属于所增举证语。

(5)增补多种附加语翻译法

《论语·八佾》:“曾谓泰山不如林放乎?”何晏《集解》:“包曰:①神不享非礼,林放尚知问礼,泰山之神反不如林放邪?②欲诬而祭之?”

译文中带着重号的部分,①为所增前连语,②为足成语。再如:

《韩非子·扬权》:"信而勿同,万民一从。"元代何犿注:"①其陈事者,且当信之,无遂与同,②然后择其善者以之施教,则万民齐一而随从。"

译文中带着重号的部分,①为前连语,②为中连语。

3)综合增补翻译法

综合增补翻译法,即翻译中综合增补句子成分和附加语。如:

《诗·大雅·卷阿》:"颙颙卬卬,如圭如璋,令闻令望。"郑氏《笺》:"①王有贤臣,②与之以礼义相切瑳,③体貌则颙颙然敬顺,④志气则卬卬然高朗,如玉之圭璋也。⑤人闻之,⑥则有善声誉,⑦人望之,⑧则有善威仪,⑨德行相副。"

译文中带着重号的部分均属于增补的内容,其中①②为前连语,⑤⑦为中连语,⑨为归结语,③④为主语,⑥⑧为谓语。再如《诗·齐风·鸡鸣》前二章云:

鸡既鸣矣,
朝既盈矣。
匪鸡则鸣,
苍蝇之声。

东方明矣,
朝既昌矣。
匪东方则明,
月出之光。

郭沫若《卷耳集》译为:

①一位国王和他的王妃,
在深宫之中贪着春睡。
②鸡已叫了,日已高了,
③他们还在贪着春睡。

④王妃焦急着说道:
⑤"晨鸡已经叫了,

上朝的人怕已经到了?”

⑥国王懒洋洋地答道:

⑦“不是晨鸡在叫,

是蝇子们在闹。”

⑧语声一时息了,

⑨他们又在贪着春睡。

⑩鸡已叫了,日已高了,

⑪他们还在贪着春睡。

⑫王妃又焦急着说道:

⑬“东方已经亮了,

上朝的人怕已经旺了。”

⑭国王又懒洋洋地答道:

“不是东方发亮,

是月亮在放着光。”

译文共四节,第一节即①②③属于所增前连语,第三节即⑧⑨⑩⑪属于中连语,其他带着重号的部分,④属于前连语,⑥⑫⑭均属于中连语,⑤⑦属于定语,⑬属于状语。

4. 以相反语气翻译法

《诗·小雅·湛露》:“湛湛露斯,匪阳不晞。”《毛传》:“露虽湛湛然,见阳则干。”

诗为双重否定句,《传》译为肯定句,有以简代繁的作用。再如:

《周礼·地官·山虞》:“春秋之斩木,不入禁。”郑玄注:“非冬夏之时,不得入所禁之中斩木也。”

原文以肯定句论春秋二季伐木规定,注文以否定句译为冬夏二季伐木规定,有译此见彼的作用,这样四季伐木的规定都清楚了。又如:

《周易·系辞下》:“夫《易》彰往而察来,而微显阐幽。”晋韩康伯注:“《易》无往不彰,无来不察,而微以之显,幽以之阐。”

原文为肯定句,译为双重否定句,有强调周遍性的作用。下同:

《韩非子·扬权》:“若地若天,孰疏孰亲?”元代何犿注:“天无私覆,地无私载,故无疏无亲也。”

5. 并言训义翻译法

一般的翻译,译文中只出现原句有关被训词的训词,不出现被训词。此法将被训词和训词合并成一个词语,组成译文。如:

《诗·邶风·击鼓》:“于嗟阔兮,不我活兮。”郑玄《笺》:“军士弃其约,离散相远,故吁嗟叹之,阔兮,女不与我相救活。伤之。”

“叹之”,即是原诗“于嗟”的训语,译文中不言“故叹之”,而言“故于嗟叹之”,将被训词“吁嗟”和训语“叹之”并在一起而成语。再如:

《孟子·万章上》:“昔者,有馈生鱼于郑子产,子产使校人畜之池。校人烹之,反命曰:‘始舍之,圉圉焉,少则洋洋焉,攸然而逝。’”宋代孙奭《孟子正义》:“往者,有人馈赐生鱼于郑之子产,子产受之,乃使主池沼之吏曰校人者畜养于池。校人烹煮而食之,遂反归命,告于子产曰:‘我始初放之于池,则鱼尚羸乏圉圉然于水而未游;少顷,则洋洋然舒缓摇尾而走,趣于深处。’”

译文中的“赐”“主池沼之吏”“养”“煮”“初”“羸乏”“舒缓摇尾而走”,分别是原文中的被训词“馈”“校人”“畜”“烹”“始”“圉圉”“洋洋”的训词或训语,全都并言成语,构成译文。再如:

《周礼·冬官考工记·梓人》:“天下之大兽五:脂者,膏者,羸者,羽者,鳞者。”林尹《周礼今注今译》:“天下的大兽有五类:一是牛羊等脂类,一是熊豕等膏类,一是虎豹等羸类,一是鸟属羽类,一是龙蛇等鳞类。”

译文中的“牛羊等”“熊豕等”“虎豹等”“鸟属”“龙蛇等”,分别是原文中被训词“脂者”“膏者”“羸者”“羽者”“鳞者”的训语,译者对被训词略加改造,使与训语相连成语,构成译文。

并言训义翻译法是受汉语词汇由单音节向双音节、多音节发展的影响而出现的一种翻译方法,倘使用得当,译释效果就会很好;反之,就会使译文显得繁复迟滞,阻梗不畅,如上文所引孙奭《孟子》译文即属于此类。

第二节 说明性解句法

说明性解句法对所解文句不作翻译,而对其意义从不同的方面加以说明。主要有以下十四类。

1. 概括大意法

文章的大意有篇意、章意、节意之分，篇意的概括属于序体，我们在第六章第二节中已作了介绍。解句中的概括大意法主要是章节大意的概括，有提纲挈领的作用，可以使读者事先对章节大意有一个总的了解，便于进一步深入体会文意。可分为两类。

1）承上启下，接连概括两章（节）大意法

有些训诂著作，特别是随文疏解旧注的训诂著作，为了使上下两章（节）文意互相衔接，或为了表明文章结构紧凑，往往从每篇第二章（节）以下起，承上启下，接连概括两章（节）大意。如：

《诗·小雅·信南山》第三章："疆埸翼翼，黍稷彧彧。曾孙之穑，以为酒食。畀我尸宾，寿考万年。"孔颖达《正义》："上既言百谷以生成，故此云税取供祭也。"

"上既言"一句概括上章大意，"故此云"一句概括本章大意。上章讲"百谷以生成"，本章讲"税取供祭"。由于"百谷生成"，故可"税取供祭"，表明上下诗意关系密切。下同：

《仪礼·士冠礼》："主人玄端爵韠，立于阼阶下，直东序，西面。"贾公彦疏："上文已陈衣冠器物，自此以下至'外门外'，论宾主、兄弟等着服及位处也。"

等于说，上节叙述陈设衣冠器物，此节叙述宾主、兄弟等人的服饰及位处。

2）概括本章（节）大意法

《孟子·公孙丑上》："孟子曰：'以力假仁者霸，霸必有大国。以德行仁者王，王不待大，汤以七十里，文王以百里。以力服人者非心服也，力不赡也。以德服人者中心悦而诚服也，如七十子之服孔子也。《诗》云：自西自东，自南自北，无思不服。'此之谓也。"赵岐《章句》："章指：言王者任德，霸者兼力。力服心服，优劣不同。故曰'远人不服，修文德以怀之'。"

"章指"，即是章意，也就是全章大意。下同：

《论语·为政》："视其所以，观其所由，察其所安，人焉廋哉？人焉廋哉！"宋代邢氏疏："此章言知人之法也。"

《礼记·月令·季春之月》："是月也，命司空曰：'时雨将降，下水上腾，循行国邑，周视原野，修利堤防，道达沟渎，开通道路，毋有障塞。'"清康熙间敕编《日讲礼记解义》："此言命官预备水患之事也。"

一般疏体训诂著作在概括章节大意之后，紧接着会进行详解[①]。有些训诂著作以概括章节大意为主要训解内容。如：

杜甫《垂老别》："四郊未宁静，垂老不得安。子孙阵亡尽，焉用身独完？"清仇兆鳌《杜诗详注》："通篇皆作老人语，首为垂老从'戎'而叹也。"又："投杖出门去，同行为辛酸。幸有牙齿存，所悲骨髓干。男儿既介胄，长揖别上官。"《详注》："此叙出门时慷慨前往之状，乃答同行者。"又："老妻卧路啼，岁暮衣裳单。孰知是死别，且复伤其寒。此去必不归，还闻劝加餐。"《详注》："此叙临别时夫妇缱绻之情。乃对其妻者。"又："土门壁甚坚，杏园度亦难。势异邺城下，纵死时犹宽。人生有离合，岂择衰老端？忆昔少壮日，迟回竟长叹。"《详注》："此慰妻而兼为自解之词。上四言此行不至死亡，下四言离合莫非定数。"又："万国尽征戍，烽火被冈峦。积尸草木腥，流血川原丹。何乡为乐土，安敢尚盘桓？弃绝蓬室居，塌然摧肺肝。"《详注》："此伤乱而激为奋身之语。言与其遭乱而死，不如讨贼而亡。毅然有敌忾勤王之义。"

以上即对一首诗全用概括章节大意的办法进行诠解。

2. 介绍背景法

当注文没有分篇序或者分篇序没有对所解诗文的写作背景予以介绍或介绍不详时，训诂家在解句中对诗文的有关背景往往会加以介绍或补充介绍。又可别为两类。

1）每篇诗文首见注介绍法

《诗·邶风·二子乘舟》首章："二子乘舟，泛泛其景。"《毛传》："宣公为伋取于齐，女而美。公夺之，生寿及朔。朔与其母诉伋于公，公令伋之齐，使贼先待于隘而杀之。寿知之，以告伋，使去之。伋曰：'君命也，不可以逃。'寿窃其节而先往，则杀之。伋至，曰：'君命杀我，寿有何罪？'贼又杀之。国人伤其涉危遂往，如乘舟而无所薄，泛泛然迅疾而不碍也。"

《毛诗序》云："《二子乘舟》，思伋、寿也。卫宣公之二子争相为死，国人伤而思

① 例见本章第三节之七下。

之,作是诗也。”可知由于篇序对这首诗的背景讲得太简略,故《毛传》作了补充介绍,颇为详细,有助于读者理解诗意。再如:

《国语·鲁语上》:“长勺之役,曹刿问所以战于庄公。”韦昭注:“长勺,鲁地。曹刿,鲁人也。庄公,鲁桓公之子庄公同也。初,齐襄公立,其政无常。鲍叔牙曰:‘君使民慢,乱将作矣。’奉公子小白奔莒。鲁庄八年,齐无知杀襄公。管夷吾、邵忽奉公子纠来奔鲁也。九年夏,庄公伐齐,纳子纠。小白自莒先入,与庄公战于乾时,庄公败绩。故十年,齐伐鲁,战于长勺也。”

文前无小序,故于首见之注介绍背景。

2)诠句中随事介绍背景法

诠句中随事介绍背景法,即在诠解句意时,涉及有关事件,便对它的背景加以介绍,帮助读者理解文意。如:

《论语·颜渊》:“齐景公问政于孔子。孔子对曰:‘君君,臣臣,父父,子子。’”何晏《集解》:“孔曰:‘当此之时,陈桓制齐,君不君,臣不臣,父不父,子不子,故以对。”

明白了当时的背景,便知道孔子的对答是有的放矢,而不是泛泛而论。再如:

《左·僖·十八年》:“宋襄公以诸侯伐齐。”明代王道焜等《左传杜林合注》:“林:宋襄公受齐侯、管仲立孝公之托,孝公又奔在宋,故宋以诸侯伐齐纳之。”

宋弱齐强,必须说明宋伐齐的背景,才能明白《传》文的意思。下同:

杜甫《石壕吏》:“请从吏夜归,急应河阳役,犹得备晨炊。”宋代黄希《补注杜诗》:“师曰:时三节度屯兵于此,以御庆绪,兵败,无丁可抽,故老妪请赴河阳之役,以供炊爨而已。”

3. 点明句义法

此与义训法中的点明词义法大致相同,只不过彼用于释词,此用于解句而已。此法起于先秦,后世沿用不已。主要有以下四类。

1)以“言”字开头点明法

《礼记·中庸》:“《诗》云‘鸢飞戾天,鱼跃于渊’,言其上下察也。”

引《诗》见《大雅·旱麓》,点明大义,《毛传》用其说。再如:

《论语·卫灵公》:“子曰:‘无为而治者,其舜也与夫,何为哉?恭己正南面而已矣。’”何晏《集解》:“言任官得其人,故无为而治也。”

此即点明要义,谓无为而治,并不是说干脆无所事事,而是说任官得其人,故可以少劳神思。用今天的话说,有好的接班人,可委以重任,放心地让他去干,自己少参与。下同:

《管子·形势》:"小谨者不大立。"房玄龄注:"言人无弘量,但有小谨,不能大立也。"

此即是点明蕴意。

2)以"谓"字开头点明法

《逸周书·成开》:"九功:一、宾好在笥;二、淫巧破制;三、好危破事;四、任利败功;五、神巫动众;六、尽哀民匮;七、荒乐无别;八、无制破教;九、任谋生诈。"晋代孔晁注:"在笥,谓实币于笥,无节限也。尽哀,谓送终过制也。无别,乱同也①。任谋,谓权变。不犯此则成功也。"

此即是点明隐意。下同:

《论语·宪问》:"子曰:'古之学者为己,今之学者为人。'"唐代韩愈《论语笔解》:"为己者,谓以身率天下也。为人者,谓假他人之学以检其身也。"

3)训释性点明法

《黄帝内经·素问·上古天真论》:"故美其食。"王冰注:"顺精粗也。"又"任其服"注:"随美恶也。"又"乐其俗"注:"去倾慕也。"又"高下不相慕,其民故曰朴"注:"至无求也。是所谓心足也。"

以"顺精粗也"训解"美其食",点明原文"美其食"的意思就是"顺精粗也"。余可类推。再如:

《周礼·天官·食医》:"食齐视春时。"宋代朱申《周礼句解》:"食宜温也。"又:"羹齐视夏时。"《句解》:"羹宜热也。"又:"酱齐视秋时。"《句解》:"酱宜凉也。"又:"饮齐视冬时。"《句解》:"饮宜寒也。"

此点明隐义,即谓"眡春时"含义为"宜温",余同。又如:

《尚书·洪范》:"俊民用章,家用平康。"宋代胡瑗《洪范口义》:"俊民用章,贤者进也。家用平康,国家安而长保其福也。"

此点明大义。

《韩非子·扬权》:"能象天地,是谓圣人。"元代何犿注:"象天地之高

① 此节共出四解,前后三解均以"谓"字点明。依例,可知此解"乱"字前脱一"谓"字。

厚而无私也。”

此点明“象天地”的具体含义。

《仪礼·士冠礼》：“主人酬宾。”清吴廷华《仪礼章句》：“答厚意也。”

此点明用意。

4）直接点明句意法

直接点明句意法，即训解语不用“言”“谓”等引头字，也不用“也”字表判断，直接点明。如：

《左·文·元年》：“王请食熊蹯而死。”杜预《集解》：“熊掌难熟，冀久将有外救。”

此即直接点明王请食熊掌而死的用意。再如：

《世说新语·排调》：“王公与朝士共饮酒，举琉璃碗谓伯仁曰：‘此碗腹殊空，谓之宝器，何邪？’”刘孝标注：“以戏周之无能。”

此点明隐意。周，即周伯仁。

如果原文较长，只需要训解其中的一部分，便用“者”字特提被解句，然后加以点明。如：

《仪礼·士昏礼》：“主人如宾服，迎于门外，再拜。宾不答拜，揖入。”郑玄注：“不答拜者，奉使不敢当其盛礼。”

原文长，只特提其中的“不答拜”一句，点明其原因。此类训法释词中也有，历代应用甚广。

4. 重点注明法

重点注明法，即对所解文句的有关问题，重点加以注明，以利于读者准确理解文意。主要有以下十二类。

1）注明情况法

《周礼·天官·小宰职》：“凡宾客，赞祼、凡受爵之事、凡受币之事。”郑玄注：“唯祼助宗伯，其馀皆助太宰。”

“宾客”，即礼待客人。“赞”，助意。其时有行祼（即以酒灌地祭神）、受爵（即代王接受酢酒）、受币（即受玉）三事，小宰辅助执行。但他辅助何官，行何事，原文未详。故郑氏重点加以注明，谓小宰辅助宗伯行祼事，辅助大宰行其余两事。很明显，若无郑氏此注，后代学者一般不明白这种情况。再如：

《世说新语·雅量》：“谢太傅与王文度共诣郗超，日旰未得前。王便欲去，谢曰：‘不能为性命忍俄顷？’”刘孝标注：“超得宠桓温，专杀生之威。"

若无刘注,读者便不解谢、王为什么要耐着性子等待着见郗超。又如:

《周礼·天官·食医》:"凡会膳食之宜。"宋代朱申《周礼句解》:"畜与谷各有相宜。"又:"牛宜稌。"《句解》:"牛,土畜;稌,土谷。"又:"羊宜黍。"《句解》:"羊,火畜;黍,火谷。此二者以同气为宜。"又:"豕宜稷。"《句解》:"豕,土畜;稷,水谷。此以土克水为宜。"又:"犬宜粱。"《句解》:"犬,金畜;粱,土谷。此以土生金为宜。"

以上即是对牛、羊、豕、犬四畜肉和所宜谷物的五行属性及相宜情况逐一加以注明。

2)注明原因法

《礼记·曲礼下》:"国君春田不围泽,大夫不掩群,士不取麛卵。"郑玄注:"生乳之时,重伤其类。"

此即注明"不围""不掩""不取"的原因。再如:

《黄帝内经·素问·刺禁论》:"无刺新饱人。"王冰注:"气盛满也。"又:"无刺大饥人。"注:"气不足也。"又:"无刺大渴人。"注:"血脉干也。"又:"无刺大惊人。"注:"神荡越而气不治也。"

注文"气盛满也""气不足也"之类,即分别是《素问》原文"无刺新饱人""无刺大饥人"之类的原因。下同:

《齐民要术·种枣》:"正月一日日出时,反斧班驳椎之,名曰嫁枣。"无名氏注:"不椎,则花无实,子萎而落也。"又:"候大蚕入簇,以杖击其枝间,振落狂花。"注:"不打,花繁,不实不成。"

3)注明规律法

《诗·小雅·信南山》:"上天同云,雨雪雰雰。"《毛传》:"丰年之冬,必有积雪。"

此即注明瑞雪兆丰年的自然规律。下同:

《齐民要术·种瓜》:"多锄则饶子,不锄则无实。"无名氏注:"五谷蔬菜果蓏之属皆如此也。"

或注明办事规则及常例。如:

《仪礼·聘礼》:"劳者不答拜。"郑玄注:"凡为人使,不当其礼。"

原文谓国宾来到近郊,君王使卿郊迎慰劳,宾迎拜,慰劳者不答拜。郑氏注明"凡为人使,不当其礼"的外交规则。按照古代的规定,君王使者代君劳宾,不敢代君当宾之拜。下同：

《春秋·庄·十六年》："夏，宋人、齐人、卫人伐郑。"杜预《集解》："宋主兵也。班序上下，以国大小为次；征伐则以主兵为先，春秋之常也。他皆放此。"

"宋主兵也"，注明情况。"班序"以下，注明春秋时列国排列名次的常例。

4）注明目的法

《礼记·曲礼下》："君有疾饮药，臣先尝之。亲有疾饮药，子先尝之。"郑玄注："尝度其所堪。"

此即注明臣子为君亲先尝药的目的。下同：

《论语·阳货》："孔子曰：'诺，吾将仕矣。'"何晏《集解》："孔曰：'以顺辞免。'"

鲁国季氏的家臣阳货把持季氏的权柄，路遇孔子，缠住他，欲说服他出来做官。孔子欲摆脱他，随口答应"吾将仕矣"，《集解》谓孔子说这话是想借机走开。

5）注明结果法

《周礼·地官·掌节》："无节者有几则不达。"郑玄注："圜土内之。"

原文谓外出若无符节，受到关门诘查，就到不了目的地。这样会产生什么结果呢？并未明言。郑氏注明结果，谓"圜土内之"，等于说将被抓到牢狱里。《地官·比长》云："若无授无节，则唯圜土内之。"圜土，等于后世的牢狱。内，同"纳"。下同：

《齐民要术·耕田》："菅茅之地宜纵牛羊践之。"无名氏注："践则根浮。"

6）注明主事者法

《仪礼·士冠礼》："荐脯醢。"郑玄注："赞冠者也。"

原文上文为"冠者筵西拜受觯，宾东面，答拜"。但冠者与宾是行冠礼的两个当事人，不管荐事。因此，"荐脯醢"的主事者是什么人，不清楚。注文重点注明，谓为"赞冠者也"，文意才能贯通。下同：

《后汉书·郎𫖮传》："臣伏案《飞候》，参察众政。"李贤等注："京房作《易飞候》。"

7）加确法

《诗·大雅·文王》："殷之未丧师，克配上帝。"《毛传》："帝乙以上也。"

诗意谓殷朝在未失去众心之时,其所行能合于天意。"殷"字之义广泛,故《毛传》重点注明,加以解释,谓"帝乙以上",则不包括纣。帝乙,纣父。再如:

《穀·隐·元年》:"虽无事,必举正月,谨始也。"范宁《集解》:"谨君即位之始。"

"谨始也",意泛,故以"谨君即位之始"给予确解。下同:

《尚书·汤誓》:"有夏多罪。"元朱祖义《尚书句解》:"桀之多罪。"

8)注明例证法

注明例证法,仅注明例证,不作演释。这类训法可以帮助读者通过具体例证加深对抽象议论的理解。如:

《公·哀·六年》:"夫千乘之主将废正而立不正,必杀正者。"何休《解诂》:"晋世子申生是也。"

此即以晋世子申生被杀作为《公羊传》这条议论的一个证据。再如:

《仪礼·士昏礼》:"昏辞曰:'吾子有惠,贶室某也。'"郑玄注:"子谓公冶长可妻也。"

昏辞,是联婚时男方派出的办事人员对女方父亲所说的话;吾子,指女子的父亲;室,指妻;某,代指婿名。昏辞谓:"您有恩惠,赐给某人妻室。"郑玄注举"子谓公冶长可妻也",证明有以女儿许人的成例,事见《论语·公冶长》篇。

9)注明事类法

注明事类法,即注明原文所叙属于哪一类事情。如:

《仪礼·聘礼》:"执圭入门,鞠躬焉,如恐失之。"郑玄注:"记异说也。"

《聘礼》上文已述及执圭的事情,这里又有记载,属于另一种说法,故有此解。再如:

《法言·吾子》:"或问:'吾子少而好赋?'曰:'然,童子雕虫篆刻。'"晋代李轨注:"少年之事。"

此即谓好作赋乃是少年时的事情。

10)注明首始法

此即注明历史上某一事情始于何时。如:

《汉书·武帝纪》"建元元年",颜师古注:"自古帝王未有年号,始起于此。"

意谓历史上帝王建年号,始于汉武帝建元元年。可知以前文、景时的几个年号,属于后来追立。在文艺作品的训释中,注明某一典故的开始,也属于此类。如:

《文选·(木玄虚)海赋》:“若乃大明摭辔于金枢之穴。”李善注:“伏韬《望清赋》曰:‘金枢理辔,素月告望。’义出于此。”

意谓伏氏赋的用典即出于《海赋》此句。大明,指月亮;金枢之穴,指西方月落处。

11)注明文意所据法

注明文意所据法,即注明原文立意的根据,便于读者查对理解。何休《春秋公羊经传解诂》和范宁《春秋穀梁传集解》多用此类训法。如:

《春秋·隐·元年》:“冬,十有二月,祭伯来。”《公羊传》:“祭伯者何?天子之大夫也。何以不称使?”何休《解诂》:“据凡伯称使。”《公羊传》:“奔也。奔则曷为不言奔?”《解诂》:“据齐庆封来言奔。”《公羊传》:“王者无外,言奔,则有外之辞也。”

《公羊传》问天子之大夫:“何以不称使?”《解诂》谓《公羊传》此问是根据凡伯称使而发的。凡伯称使事见《春秋·隐·七年》。由于凡伯、祭伯都是天子的大夫,凡伯来鲁国称“使”,而祭伯来不称“使”,故《公羊传》有此问。下一解“据齐庆封来言奔”与此同,谓《春秋·襄·二十八年》齐庆封奔鲁称“奔”,而祭伯奔鲁不称“奔”,故《公羊传》有此问。读者根据何氏这两条注释,可以加深对《公羊传》文的理解。下同:

《春秋·成·五年》:“梁山崩。”《穀梁传》:“不日,何也?”范宁《集解》:“据《僖·十四年》秋八月辛卯沙鹿崩书日。”

“不日”,即不用干支记载山崩的日期。《春秋》只记载“梁山崩”,不记何日崩。故《穀梁传》问道:“不记载山崩的日期,这是什么原因?”《集解》指出,《穀梁传》之所以会这样发问,是因为《僖·十四年》记载沙鹿崩时有具体日期。

12)注明所解事件所在法

《左·襄·二十年》:“冬,季武子如宋,报向戌之聘也。”杜预《集解》:“向戌聘在十五年。”

《通鉴·汉纪五十五·献帝建安五年》:“刘表攻张羡,连年不下。”胡三省注:“羡叛表。事始上卷三年。”

上例注明事件所在时间，下例注明事件在书中所载卷次。

5. 补释法

补释法，即针对所解文句，根据各种资料和传闻，补述有关内容，用以加详和证发文意。这是一种重要的解句方法，在史注和传体训诂著作中应用最广，主要有补释史料和补释制度两类。

1)补释史料法

凡所解原文直接或间接涉及有关史料，多用此法作解。可分为以下四类。

(1)紧贴原文补释

紧贴原文补释，即原文中讲什么事情，便专门补释什么事情。如：

> 《诗·大雅·绵》："虞芮质厥成，文王蹶厥生。"《毛传》："虞芮之君相与争田，久而不平。乃相谓曰：'西伯，仁人也。盍往质焉？'乃相与朝周。入其境，则耕者让畔，行者让路。入其邑，男女异路，班白不提挈。入其朝，士让为大夫，大夫让为卿。二国之君感而相谓曰：'我等小人，不可以履君子之庭。'乃相让，以其所争田为间田而退。天下闻之而归者四十余国。"

诗中讲虞、芮达成和平的事情，《毛传》紧贴诗意，补释这个事情的经过，对理解《绵》诗及周文王的政绩等都很有好处。又如：

> 《春秋·僖·二十二年》："冬，十有一月己巳朔，宋公及楚人战于泓，宋师败绩。"《左传》："楚人伐宋以救郑。宋公将战，大司马固谏曰：'天之弃商久矣，君将兴之，弗可赦也已。'弗听。冬十一月己巳朔，宋公及楚人战于泓。宋人既成列，楚人未既济。司马曰：'彼众我寡，及其未既济也，请击之。'公曰：'不可。'既济而未成列，又以告。公曰：'未可。'既陈而后击之，宋师败绩。公伤股，门官歼焉。国人皆咎公。公曰：'君子不重伤，不禽二毛。古之为军也，不以阻隘也。寡人虽亡国之余，不鼓不成列。'子鱼曰：'君未知战。勍敌之人，隘而不列，天赞我也。阻而鼓之，不亦可乎？犹有惧焉。且今之勍者，皆吾敌也。虽及胡耇，获则取之，何有于二毛？明耻、教战，求杀敌也。伤未及死，如何勿重？若爱重伤，则如勿伤；爱其二毛，则如服焉。三军以利用也，金鼓以声气也。利而用之，阻隘可也；声盛致志，鼓儳可也。'"

《春秋》原文很简略，《传》文作了补释，分为三段：从"楚人伐宋"到"弗听"，简单介绍宋楚交战的背景；从“冬十一月”到“门官歼焉”，补释宋楚交战的详细过程，表明宋襄公的迂腐；从“国人皆咎公”到末尾，记子鱼对宋公迂腐论点的驳议。无疑，这条补释对理解《春秋》原文是很有帮助的。前人或谓《公》《穀》二传解经，属于训诂著作；《左传》不解经，不是训诂著作。这种观点是不妥当的。《公》《穀》二传主要以设疑答问的训释性方法解《春秋》；《左传》解《春秋》，犹如后世裴松之注《三国志》，主要使用补释的方法。因此，三传都解经，只是作解的方法不同而已。又如：

《三国志·魏书·武帝纪》：“（建安元年）是岁，用枣祗、韩浩等议，始兴屯田。”裴松之注：“《魏书》曰：自遭荒乱，率乏粮谷。诸军并起，无终岁之计，饥则寇略，饱则弃馀，瓦解流离，无敌自破者不可胜数。袁绍之在河北，军人仰食桑椹。袁术在江、淮，取给蒲蠃。民人相食，州里萧条。公曰：‘夫定国之术，在于强兵足食，秦人以急农兼天下，孝武以屯田定西域，此先代之良式也。’是岁乃募民屯田许下，得谷百万斛。于是州郡例置田官，所在积谷。征伐四方，无运粮之劳，遂兼灭群贼，克平天下。”

以上即引王沈《魏书》补释魏武屯田故事。裴注《三国志》引用魏晋人著作多达二百多种，宋代以后，十不存一。这类注文，首尾完整，不但对理解《三国志》大有帮助，而且在文献学上有重要史料价值。下同：

《史记·乐毅列传》：“闻燕昭王以子之之乱而齐大败燕，燕昭王怨齐，未尝一日而忘报齐也。燕国小，辟远，力不能制，于是屈身下士，先礼郭隗，以招贤者。”张守节《正义》：“《说苑》云：燕昭王问于隗曰：‘寡人地狭民寡，齐人取蓟八城，匈奴驰驱楼烦之下。以孤之不肖，得承宗庙，恐社稷危，存之有道乎？’隗曰：‘帝者之臣，其名臣，其实师；王者之臣，其名臣，其实友；霸者之臣，其名臣，其实仆；危困国之臣，其名臣，其实虏。今王将自东面目指气使以求臣，则厮役之才至矣；南面听朝，不失揖让之理以求臣，则人臣之才至矣；北面等礼，不乘之以势以求臣，则朋友之才至矣；西面逡巡以求臣，则师傅之才至矣。诚欲与霸王同道，隗请为天下之士开路。’于是常置隗为上客。”

此补释燕昭王求才，先礼郭隗的故事。

（2）补叙与原文有关的事情

所补叙的事情仅仅与原文有关，而不是专门的正面的补释。如《太平御览》卷八三皇王部引汉初伏胜《尚书大传》云：

汤放桀也，居中野，士民皆奔汤。桀与其属五百人南徙千里，止于不齐，不齐民往奔汤。桀与其属五百人徙于鲁，鲁士民复奔汤。桀曰："国，君之有也。吾闻海外有人。"与五百人俱去。

又云：

汤放桀而归于亳，三千诸侯大会。汤取天子之玺，置之于天子之坐。左复而再拜，从诸侯之位。汤曰："此天子之位，有道者可以处之矣。夫天下非一家之有也，唯有道者之有也，唯有道者宜处之。"汤以此三让，三千诸侯莫敢即位，然后汤即天子之位。

这两段史料，叙述商汤伐夏桀的事情，与《尚书·汤誓》有关，虽然带有传说性质，但仍然是很可贵的资料，对于后人理解《汤誓》及商革夏命的整个历史，都有重要的参考价值。再如：

《世说新语·德行》："华歆遇子弟甚整，虽闲室之内，严若朝典。"刘孝标注："《魏志》曰：'歆字子鱼，平原高唐人。'《魏略》曰：'灵帝时，与北海邴原、管宁俱游学相善，时号三人为一龙，谓歆为龙头，宁为龙腹，原为龙尾。'"

所引《魏志》文，系解释人名；所引《魏略》文，系补叙与华歆有关的事情。

(3)解甲事而述及乙事

《春秋·宣·三年》："楚子伐陆浑之戎。"《左传》："楚子伐陆浑之戎，遂至于雒，观兵于周疆。定王使王孙满劳楚子。楚子问鼎之大小轻重焉。对曰：'在德不在鼎。昔夏之方有德也，远方图物，贡金九牧，铸鼎象物，百物而为之备。使民知神奸，故民入川泽山林，不逢不若，螭魅罔两，莫能逢之。用能协于上下，以承天休。桀有昏德，鼎迁于商。载祀六百。商纣暴虐，鼎迁于周。德之休明，虽小，重也。其奸回昏乱，虽大，轻也。天祚明德，有所底止。成王定鼎于郏鄏，卜世三十，卜年七百，天所命也。周德虽衰，天命未改。鼎之轻重，未可问也。'"

《传》文解"楚子伐陆浑之戎"一事，遂述及问鼎之事。由于两件事是接连发生的，而且事主都是楚子，故解甲及乙。再如《三国志·魏书·三少帝纪》载高贵乡公诏云：

关内侯王祥履仁秉义，雅志淳固。关内侯郑小同温恭孝友，帅礼不忒。其以祥为三老，小同为五更。

裴松之在这段《纪》文下引《玄别传》补释了郑小同得名的情况，引《魏名臣奏》中华歆表补释了郑小同“温恭孝友，帅礼不忒”的情况，另外还引《魏氏春秋》，述及司马氏鸩杀郑小同的情况，其文云：

小同诣司马文王，文王有密疏，未之屏也。如厕还，谓之曰：“卿见吾疏乎？”对曰：“否。”文王犹疑而鸩之，卒。

所补释三件事，只有中间一件与原文有关，其他两件均属于连类而及。

(4)补述事实又加评论

《春秋·昭·二年》：“夏，叔弓如晋。”《左传》：“叔弓聘于晋，报宣子也。晋侯使郊劳。辞曰：‘寡君使弓来继旧好，固曰女无敢为宾，彻命于执事，敝邑弘矣。敢辱郊使？请辞。’致馆。辞曰：‘寡君命下臣来继旧好，好合使成，臣之禄也。敢辱大馆？’叔向曰：‘子叔子知礼哉！吾闻之曰：忠信，礼之器也；卑让，礼之宗也。辞不忘国，忠信也；先国后己，卑让也。《诗》曰：敬慎威仪，以近有德。夫子近德矣。’”

从“叔弓”至“大馆”，补述事实，以释《春秋》原文；“叔向曰”以下，记载当时晋国叔向对叔弓外交言行的评论。下同：

《春秋·定·十年》：“夏，公会齐侯于颊谷。公至自颊谷，离会不致。”《穀梁传》：“颊谷之会，孔子相焉。两君就坛，两相相揖。齐人鼓噪而起，欲以执鲁君。孔子历阶而上，不尽一等，而视归于齐侯。曰：‘两君合好，夷狄之民何为来为？’命司马止之。齐侯逡巡而谢曰：‘寡人之过也。’退而属其二三大夫曰：‘夫人率其君与之行古人之道，二三子独率我而入夷狄之俗，何为？’罢会，齐人使优施舞于鲁君之幕下。孔子曰：‘笑君者罪当死。’使司马行法焉，首足异门而出。齐人来归郓、欢、龟阴之田者，盖为此也。因是以见虽有文事，必有武备。孔子于颊谷之会见之矣。”

自“颊谷之会”至“盖为此也”，补述事实，以释《春秋》原文；“因是以见”以下，属于评论。

2)补释制度法

若所解文句涉及有关制度，训诂家便往往对该制度加以补释，帮助读者更好地理解文意。古代的各种制度很多，因此这类补释随文而施，初无定例，最常见的有以下十二类。

(1)补释祭祀制度

如《尚书大传·略说》云：

古者，帝王躬率有司百执事，而以正月朝迎日于东郊，以为万物先而尊事天也。祀上帝于南郊，所以报天德。迎日之辞曰："维某年月上日，明光于上下，勤施于四方，旁作穆穆，维予一人某，敬拜，迎日东郊。"迎日，谓春分迎日也。《尧典》曰"寅宾出日"，此之谓也。

这对理解《尧典》及其他有关迎日的文献记载，很有帮助。再如：

《诗·大雅·生民》："生民如何，克禋克祀，以弗无子。"《毛传》："弗，去也。去无子，求有子。古者必立郊禖焉。玄鸟至之日，以大牢祠于郊禖。天子亲往，后妃率九嫔御。乃礼天子所御，带以弓韣，授以弓矢，于郊禖之前。"

自"古者"以下，补释古代祠郊禖的礼制。

(2)补释朝聘制度

《尚书大传·唐传》云：

天子执瑁以朝，诸侯见，则覆之。故圭瑁者，天子所与诸侯为瑞也。瑞也者，属也。诸侯执所受圭与璧，以朝于天子。无过者，得复其圭以归其国，其馀有过者，留其圭。能正行者，复还其圭。三年圭不复，少绌以爵；六年圭不复，少绌以地；九年圭不复，而地削。此谓诸侯之朝于天子也。义则见属，不义则不见属。

此即补释天子执瑁接见来朝诸侯的制度。再如：

《仪礼·聘礼》："宾皮弁，迎大夫于外门外，再拜，大夫不答拜。揖入，及庙门，宾揖入。"郑玄注："古者，天子适诸侯，必舍于大祖庙。诸侯行，舍于诸公庙。大夫行，舍于大夫庙。"

此即补释行聘时的宿舍制度。

(3)补释官爵制度

《后汉书·明帝纪》："其赐天下男子爵，人二级。"李贤等注："前书《音义》曰：'男子者，谓户内之长也。'商鞅为秦制爵二十级：一、公士；二、上造；三、簪袅；四、不更；五、大夫；六、官大夫；七、公大夫；八、公乘；九、五大夫；十、左庶长；十一、右庶长；十二、左更；十三、中更；十四、右更；十五、少上造；十六、大上造；十七、驷车庶长；十八、大庶长；十九、关内侯；二十、彻侯。人赐爵者，有罪得赎，贫者得卖与人。"

秦爵二十级，汉承秦制。故这段补释，有助于理解《后汉书》原文。下同：

《通鉴·隋纪一·文帝开皇十年》："又诏给事郎裴矩巡抚岭南。"胡三省注:"《唐六典》云:隋开皇六年,始置六品已下散官,并以郎为正阶,尉为从阶。正六品上为朝议郎,下为武骑尉;从六品上为通议郎,下为屯骑尉;正七品上为朝请郎,下为骁骑尉;从七品上为朝散郎,下为游骑尉;正八品上为给事郎,下为飞骑尉;从八品上为承奉郎,下为旅骑尉;正九品上为儒林郎,下为云骑尉;从九品上为文林郎,下为羽骑尉。《隋志》:炀帝减给事黄门侍郎员,去给事之名,移吏部给事郎名为门下之职,位次黄门下。此时裴矩盖为吏部给事郎。"

根据所补释的隋开皇年间的官制,可知裴矩当时为吏部给事郎,属于正八品上。

(4)补释车服制度

《尚书大传·唐传》云:

古之帝王必有命,民能敬长矜孤、取舍好让者,命于其君,然后得乘饰车,骈马,衣文锦。未有命者,不得衣,不得乘,乘、衣者有罚。

此即补释古代乘饰车、衣文锦的制度。再如:

《诗·曹风·候人》:"彼其之子,三百赤芾。"《毛传》:"一命缊芾黝珩,再命赤芾黝珩,三命赤芾葱珩,大夫以上赤芾乘轩。"

诗谓曹共公远君子,近小人,其朝之上服赤芾者三百人。曹为伯爵,依制度,伯之卿三命,下大夫再命。又诸侯之制,大夫五人。故《毛传》补释职官命数与相应的服饰制度,以证曹朝多小人,且僭滥过制。

(5)补释礼乐制度

《尚书·益稷》:"予欲闻六律、五声、八音。"伏胜《尚书大传》:"六律者何?黄钟、蕤宾、无射、太蔟、夷则、姑洗是也。故天子左五钟,右五钟。天子将出,则撞黄钟,右五钟皆应。马鸣中律,步者皆有容,驾者皆有文,御者皆有数,步者中规,折还中矩,立则磬折,拱则枹鼓。然后太师奏登车,告出也。入则撞蕤宾,左五钟皆应,以治容貌,容貌得,则气得;气得,则肌肤安;肌肤安,则色齐矣。蕤宾声狗吠彘鸣,及倮介之虫,皆莫不延颈以听蕤宾。在内者皆玉色,在外者皆金声。然后少师奏登堂就席,告入也。此言至乐相和,物动相生,同声相应之义也。"

此即补释帝王出入用乐制度。再如:

《春秋·隐·五年》:"初献六羽。"《穀梁传》:"初,始也。穀梁子曰:'舞夏,天子八佾,诸公六佾,诸侯四佾。'初献六羽,始僭乐矣。"

此即补释天子、公、侯羽舞制度,以证鲁侯始用六羽,即六佾,属于僭乐。

(6)补释天文历法制度

《汉书·天文志》:"冬至短极,县土炭。"颜师古注:"孟康曰:'先冬至三日,县土炭于衡两端,轻重适均,冬至而阳气至则炭重,夏至阴气至则土重。'晋灼曰:蔡邕《历律记》:'候钟律、权土炭,冬至阳气应,黄钟通,土炭轻而衡仰;夏至阴气应,蕤宾通,土炭重而衡低,进退先后五日之中。'"

此即补释候冬至与候夏至的两种成法。再如:

《后汉书·章帝纪》:"《春秋》于春每月书'王'者,重三正,慎三微也。"李贤注:"《尚书大传》曰:'夏十三月为正,平旦为朔。殷以十二月为正,鸡鸣为朔。周以十一月为正,夜半为朔。'必以三微之月为正者,当尔之时,物皆尚微,王者受命,当扶微理弱,奉成之义也。"

此即引《尚书大传》补释三代正朔制度。三微之月,即三正之始月,万物均微,物色不同,王者有所取法。

(7)补释婚姻制度

《春秋·桓·三年》:"九月,齐侯送姜氏于讙。"《左传》:"齐侯送姜氏,非礼也。凡公女嫁于敌国,姊妹则上卿送之,以礼于先君。公子则下卿送之。于大国,虽公子,亦上卿送之。于天子,则诸卿皆行。公不自送。于小国,则上大夫送之。"

此补释诸侯嫁女送行制度,证明齐侯送姜氏不合礼制。敌国,指等级相当的国家。再如:

《诗·召南·采蘋》:"谁其尸之,有齐季女。"《毛传》:"古之将嫁女者,必先礼之于宗室。牲用鱼,芼之以蘋藻。"

此即补释古时女子临出嫁,父亲设席礼待其女的制度,用以证发诗意。

(8)补释燕饮制度

《尚书·酒诰》,伏胜《大传》:"不醉而出,是不亲也。醉而不出,是媟宗也。出而不止,是不忠也。亲而甚敬,忠而不倦,若是则兄弟之道备。备者,成也。成者,成于宗室也。故曰:饮而醉者,宗室之意也;德将无醉,族人之意也。是故祀礼有让,德施有复,义之至也。"

此补释宗室饮酒规程。再如:

《仪礼·乡射礼》:"宾取俎,还授司正。司正以降自西阶。宾从之降，遂立于阶西，东面。司正以俎出，授从者。”郑玄注：“授宾家从来者也。古者与人饮食，必归其盛者，所以厚礼之。”

此补释饮食馈赠制度。

(9)补释生产制度

《诗·小雅·鱼丽》：“鱼丽于罶，鲿、鲨。”《毛传》：“古者，不风不暴，不行火。草木不折，不芟斧斤，不入山林。豺祭兽，然后杀。獭祭鱼，然后渔。鹰隼击，然后罻罗设。是以天子不合围，诸侯不掩群，大夫不麛不卵，士不隐塞，庶人不数罟。罟必四寸，然后入泽梁。故山不童，泽不竭，鸟兽鱼鳖皆得其所然。”

此补释古代渔猎生产方面的有关制度。下同：

《齐民要术·养鸡》：“取谷产鸡子，供常食法。”无名氏注：“别取雌鸡，勿令与雄鸡相杂。其墙匡、斩翅、荆栖、土窠，一如前法。唯多与谷，令竟冬肥盛，自然谷产矣。一鸡生百余卵，不雏、并食之，无咎。饼炙所须，皆宜用此。”

此补释畜养业方面的有关方法。

(10)补释贡赋制度

《春秋·宣·十五年》：“初税亩。”《公羊传》：“初者何？始也。税亩者何？履亩而税也。初税亩，何以书？讥。何讥尔？讥始履亩而税也。何讥乎始履亩而税？古者什一而藉。古者曷为什一而藉？什一者，天下之中正也。多乎什一，大桀小桀。寡乎什一，大貉小貉。什一者，天下之中正也。什一行而颂声作矣。”

此补释古代什一而藉的税法，作为反对初税亩的依据。当然，从历史发展的眼光看，按田亩多少征税是古代征税制度方面的大改革，有其进步意义和作用。《公羊传》的作者维护殷、周以来以井田制为背景的什一而藉的力役税制，表现出其在政治思想方面的保守性。再如：

《史记·吴王濞列传》：“卒践更，辄与平贾。”张守节《正义》：“践更，若今唱更、行更者也，言民自著卒。更有三品：有卒更，有践更，有过更。古者正卒无常人，皆当迭为之，是为卒更。贫者欲顾更钱者，次直者出钱顾之，月二千，是为践更。天下人皆直戍边三月，亦各为更，律所谓徭戍也。虽丞相子亦在戍边之调，不可人人自行三月戍，又行者出钱三百入官，官给戍者，是为过更。此汉初因秦法而行之，后改为谪，乃戍边一岁。”

更法是秦汉之际所实行的一种戍守制度，若没有这段补释，《史记》原文就不易理解。又如：

《汉书·武帝纪》："列侯坐献黄金酎祭宗庙不如法夺爵者百六人，丞相赵周下狱死。"颜师古注："如淳曰：'《汉仪注》：诸侯王岁以户口酎黄金于汉庙，皇帝临受献金，金少不如斤两，色恶，王削县，侯免国。'"

此补释诸侯王贡金助祭的制度。

(11)补释军兵制度

《春秋·昭·八年》："秋，蒐于红。"《穀梁传》："正也。因蒐狩以习用武事，礼之大者也。艾兰以为防，置旃以为辕门，以葛覆质以为槷，流旁握，御击者不得入。车轨尘，马候蹄，揜禽旅，御者不失其驰，然后射者能中。过防弗逐，不从奔之道也。面伤不献，不成禽不献。禽虽多，天子取三十焉，其馀与士众。以习射于射宫，射而中，田不得禽，则得禽；田得禽而射不中，则不得禽。是以知古之贵仁义而贱勇力也。"

此补释古代蒐狩制度，即借田猎以习武事的制度。再如：

《春秋·庄·八年》："甲午，祠兵。"《公羊传》："祠兵者何？出曰祠兵。"何休《解诂》："礼：兵不徒使，故将出兵，必祠于近郊，陈兵习战，杀牲飨士卒。"

此补释祭兵的制度。

(12)补释刑罚制度

《周礼·秋官》序官《司隶》，贾公彦疏："古者，身有大罪，身既从戮，男女缘坐。男子入于罪隶，女子入于舂稿。"

此补释古代连坐法。再如：

《通鉴·周纪五·赧王五十八年》："郑安平为赵所困，将二万人降赵，应侯由是得罪。"胡三省注："郑安平匿范雎以见王稽，因此入秦为相，故雎保任安平而用之。今安平降赵，故雎由此得罪。秦法保任其人而不称者与同罪。"

此补释保任不称治罪法。

6. 举例诠解法

举例诠解法，即举用有关事例，对所解文句加以印证诠解。可分为两类。

1)举例印证法

《孙子·虚实》篇："故我欲战，敌虽高垒深沟，不得不与我战者，攻其所必救也。"清孙星衍校正《孙子十家注》:"何氏曰:如魏将司马宣王征公孙文懿,泛舟潜济辽水,作长围,忽弃贼而向襄平。诸将言:'不攻贼而作长围,非所以示众也。'宣王曰:'贼坚营高垒,欲以老吾兵也。古人言曰:敌虽高垒,不得不与我战者,攻其所必救也。贼大众在此,则窟穴虚矣。我直指襄平,必人怀内惧,惧而求战,破之必矣。'遂整陈而过。贼见兵出其后,果邀之。宣王谓诸将曰:'所以不攻其营,正欲致此,不可失也。'乃纵兵逆击,大破之。三战皆捷。"

此即举司马懿以攻襄平为计而迫敌接战的典型事例,印证攻其必救、敌不得不战的道理。又如:

《孟子·离娄下》:"孟子曰:'可以取,可以无取,取伤廉;可以与,可以无与,与伤惠;可以死,可以无死,死伤勇。"朱熹《集注》:"林氏曰:公西华受五秉之粟,是伤廉也;冉子与之,是伤惠也;子路之死于卫,是伤勇也。"

此即举用三个例子,印证、说明"伤廉""伤惠""伤勇"的问题。下同:

杜甫《房兵曹胡马》:"所向无空阔,真堪托死生。"清仇兆鳌《杜诗详注》:"《东观汉记》:吴汉伐蜀,战败堕水,缘马尾得出。《江表传》:孙权征合肥,马上津桥,桥见彻丈馀,无板,权跃马超之,得免。《蜀志》:刘先主的卢一跃三丈,过檀溪,免刘表之追。《晋书》:刘牢之马跃五丈涧,脱慕容垂之逼。此皆能越空阔而托死生者。"

2)先解后举证法

《周易·乾·文言》:"潜之为言也,隐而未见,行而未成,是以君子弗用也。君子学以聚之,问以辩之,宽以居之,仁以行之。"宋代张载《横渠易说》:"君子之道成身成性以为功者也,未至于圣,皆行未成之地耳。颜子之徒隐而未见,行而未成,故曰'吾闻其语矣,未见其人也'。龙德而隐,圣修而未成者也,非如学者之未成。凡言龙喻圣也,若颜子可以当之,虽伯夷之学,犹不可言龙。龙即圣人之德,颜子则未正也。"

此即先概括说明文意,再以颜渊为例,加以论证。宋代以下《易》解中多此类用例。下同:

《周易·乾·上九》:"亢龙有悔。"元陈应润《周易爻变易缊》:"《乾》之诸爻阳长至五,已极其盛。至于上九变夬,贵而无位,高而无民,固位不退,亢之甚也。梁武帝、唐玄宗,持盈太久,不知亢极之义,晚年失国丧位，悔不可退。不独人君为然，有如人臣，处富贵之极，穷奢极欲，固位擅权，至于丧身灭族，其祸尤烈。《夬》之《上六》一曰'无号，终有凶'，既无号令，其凶可知。此爻不曰凶而曰悔者，凶已见而有凶悔也。"

此即先解《上九》爻辞的含义，再以梁武帝、唐玄宗等为例，加以论证。陈氏解《易》，几乎每爻如此，证以史事。

7. 分析文意法

分析文意法即对所解文句之间的意义联系进行分析说明，用以加深读者的理解。这是说明性解句法中的重要方法之一，可分为以下三类。

1)一般分析法

一般分析法，即没有专门推导句式的一般性分析方法。如：

《诗·小雅·杕杜》："期逝不至，而多为恤。"《毛传》："远行不必如期，室家之情以期望之。"

这两句诗是说亲人出门，约定回来的期限过去了，但没有回来，家里人很担忧。《毛传》分析说，人出门远行，不一定能如期回来，谁都知道这一点，但家里人盼望心切，如期不来，就会担心。这个分析道出了人之常情，表明了诗句含义。再如：

《礼记·礼运》："故用人之知去其诈，用人之勇去其怒，用人之仁去其贪。"郑玄注："用知者之谋，勇者之断，仁者之施，足以成治矣。诈者害民信，怒者害民命，贪者害民财，三者乱之原。"

知，同"智"。《记》文讲用人之道，"知"与"诈"、"勇"与"怒"、"仁"与"贪"，六者两两相对，放在一起说。注文别为"用""害"两类，指出"知""勇""仁"者的"谋""断""施"，若利用起来，足以收到好的治理效果，所以要加以利用。"诈""怒""贪"三者将危害人民的"信""命""财"，故必须屏去。也就是将原文的三对概念分析为六对概念，使被解句含义清楚，道理明白。又如：

《周易·剥》："不利有攸往。"清傅以渐《易经通注》："五阴在下而方生，一阳在上而将尽，阴盛阳衰，小人壮而君子病，不可以有所往也。"

这是根据《剥》卦的卦面"䷖"所作的分析说解。

2)推导分析法

推导分析法，即采用推导性句式，分析所解文意。主要有两类。

(1)用"AB，故(曰)CD"句式推导法

先以"AB"揭明事理，再以"故(曰)""所以"之类字样归结出所解文句

“CD”。如：

《论语·里仁》：“子曰：‘德不孤，必有邻。’”何晏《集解》：“①方以类聚，同志相求，②故必有邻，是以不孤。”

①说明事理，②以“故”字连接推导，归结所解文意，再如：

《管子·形势》：“有无弃之言者必参于天地也。”唐房玄龄注：“①言无可弃，动为法则，若天地之无不容载，②故曰参之天地。”

①先明事理，②以“故曰”二字连接推导，归结出原文。下同：

杜甫《房兵曹胡马》：“胡马大宛名，锋棱瘦骨成。”清仇兆鳌《杜诗详注》：“①张耒曰：‘马以神气清劲为佳，不在多肉，②故云锋棱瘦骨成。’”

又如：

《周礼·地官·鼓人》：“掌教六鼓四金之音声，以节声乐，以和军旅，以正田役。”宋代王昭禹《周礼详解》：“①以鼓人名官而四金亦在所教者，錞以和鼓，镯以节鼓，铙以止鼓，铎以通鼓，四金皆以鼓为主故也。②教不序，不知音，未可以言声，故鼓人掌教六鼓四金之音声，则先音而后声；作之序因声而后有音，故《乐记》言‘声相应，故生变，变成方谓之音’，则先声而后音。③乐胜则流，欲其有缀兆舒疾而不过也，故曰‘以节声乐’。④师克在和，欲其有进退坐作而不违，故曰‘以和军旅’。⑤田则简其能，役则任其力，欲其有往来甘苦而不乱，故曰‘以正田役’。”

这段分析比较复杂，①②设疑自辨、分析行文之意，③④⑤均用先明事理，再以“故曰”二字结出原文的方法，前后相连，分析所解文句内容。又如：

《论语·卫灵公》：“子曰：‘臧文仲其窃位者与？知柳下惠之贤而不与立也。’”南朝梁皇侃《论语义疏》：“①凡在位者当助君举贤才，以共匡佐，而文仲在位，知柳下惠之贤，而不荐之于君，使与己同立公朝，②所以是素餐盗位也。”

①先明事理，分析较密，②用“所以”二字归结所解原文的意思。这是“故曰”式的发展变化。

(2)用“A则B”句式推导法

“A”代表所解句中的有关内容，“B”代表所推导出的事理、结果等。如：

《黄帝内经·素问·阴阳应象大论》：“暴怒伤阴，暴喜伤阳。”唐代王冰注：“怒则气上，喜则气下。故暴卒气上则伤阴，暴卒气下则伤阳。”

“怒”“喜”所产生的结果分别是“气上”“气下”，“气上”“气下”所产生的结果

分别是"伤阴""伤阳",先用"则"字进行第一层推导,再用"故"字连接,进行第二层推导。再如:

《孙子·虚实》:"故善战者致人而不致于人。"《十家注》:"梅尧臣曰:能令敌来,则敌劳;我不往就,则我佚。"

"令敌来""我不往就"分别是原文"致人""不致于人"的译文,"敌劳""我佚"是前者分别所产生的结果,故用"则"字加以推导。下同:

《韩非子·扬权》:"故审名以定位,明分以辩类。"元代何犿注:"审察其名,则事位自定;明识其分,则物类自辩。"

3)问答式分析法

先秦传体训诂著作,如《公羊传》《榖梁传》《仪礼·丧服传》等,多用此类分析法。如:

《春秋·僖·二年》:"春,王正月,城楚丘。"《公羊传》:"孰城?城卫也。曷为不言城卫?灭也。孰灭之?盖狄灭之。曷为不言狄灭之?为桓公讳也。曷为为桓公讳?上无天子,下无方伯,天下诸侯有相灭亡者,桓公不能救,则桓公耻之也。然则孰城之?桓公城之。曷为不言桓公城之?不与诸侯专封也。曷为不与?实与而文不与。文曷为不与?诸侯之义不得专封。诸侯之义不得专封,则其曰实与之,何?上无天子,下无方伯,天下诸侯有相灭亡者,力能救之,则救之可也。"

此即通过连环式的设疑问答,对《春秋》"城楚丘"一语作详细的分析诠解,涉及为谁筑城、谁灭卫、为何不言狄灭卫、谁筑城、为何不言桓公筑城等一系列问题,都是紧紧围绕"城楚丘"一语一问一答,环环相扣,挖掘深刻,分析清楚,对读者理解《春秋》原文很有帮助。再如:

《春秋·桓·六年》:"蔡人杀陈佗。"《榖梁传》:"陈佗者,陈君也。其曰陈佗,何也?匹夫行,故匹夫称之也。其匹夫行奈何?陈侯喜猎,淫猎于蔡,与蔡人争禽,蔡人不知其是陈君也而杀之。何以知其是陈君也?两下相杀,不道,其不地于蔡也。"

也是围绕《春秋》"蔡人杀陈佗"一语,通过一系列连环式问答作分析诠解。又如:

《周易·渐》,元代曾贯《易学变通》:"或问:'《渐》之为女归,何也?'曰:'以卦象论之,则艮男下于巽女,亲迎之象也。巽女往居于外,夫妇之义也。以卦变论之,则自《否》而变,六往居四,由内而外,是亦夫妇之象。

九来居三，则是阳下于阴，是亦亲迎之象也。'"

此即从卦象与卦变两方面分析说明《渐》卦表示女嫁之意的原因，也采取问答形式。

8. 阐明大意法

阐明大意法，即对所解文句的基本含义加以阐明，帮助读者理解。如：

《周易·乾·初九》："潜龙勿用。"《伊川易传》："乾以龙为象，龙之为物，灵变不测，故以象乾道变化、阳气消息、圣人进退。初九在一卦之下，为始物之端，阳气方萌，圣人侧微，若龙之潜隐，未可自用，当晦养以俟时。"

"潜龙勿用"一语意隐，从来说者多相歧异，经程氏如此一解，蕴意方明。再如：

《尚书·大禹谟》："人心惟危，道心惟微，惟精惟一，允执厥中。"①元王天与《尚书纂传》："朱子曰：心之虚灵知觉，一而已矣。而有人心、道心之异者，以其或生于形气之私，或原于性命之正，而所以为知觉者不同，是以或危殆而不安，或微妙而难见耳。然人莫不有是形，故虽上智不能无人心；亦莫不有是性，故虽下愚不能无道心，二者杂于方寸之间，而不知所以治之，则危者愈危，微者愈微，而天理之公卒无以胜夫人欲之私矣。精则察夫二者之间而不杂也，一则守其本心之正而不离也。从事于斯，无少间断，必使道心常为一身之主，而人心每听命焉，则危者安，微者著，而动静云为，自无过不及之差矣。"又真氏《心经赞》曰："舜禹授受十有六言，万世心学，此其渊源。人心伊何？生于形气，有好，有乐，有忿，有懥，惟欲易流，是之谓危，须臾或放，众慝从之。道心伊何？根于性命，曰义，曰仁，曰中，曰正，惟理无形，是之谓微，毫芒或失，其存几希，二者之间，曾不容隙，察之必精，如辨白黑，知及仁守，相为始终，惟精，故一，惟一，故中。"

此即引朱熹和真德秀二家说，阐明所谓舜禹授受十六字心学的蕴意。下同：

《礼记·曲礼》："临财毋苟得，临难毋苟免。"元代吴澄《礼记纂言》："吕氏曰：趋利避害，人之情也。君子特主于义而不苟，义可得则受，义不可得则不受。义可免则免，义不可免则不免。得不得，免不免，惟义而

① 《大禹谟》系晚出伪篇，但这十六个字曾经对道学家产生过重要影响。

已,何利害之择哉!"

9. 阐明大义法

文章既有其大意,又有其大义,二者不同。大意,指主题内容,也就是所写的具体事情;大义,指思想内容,也就是所说明的抽象问题。解句中既需要阐明大意,如上所述,又需要阐明大义。阐明大义的方法主要有揭明大义法、推阐大义法两类。

1)揭明大义法

揭明大义法又可别为直接揭明大义法和引文揭明大义法两类。

(1)直接揭明大义法

《礼记·曲礼下》:"国君不名卿老、世妇,大夫不名世臣、侄娣,士不名家相、长妾。"郑玄注:"虽贵,于其国家犹有所尊也。"

这段注文不是概括所解《曲礼》文写什么内容,而是揭明所解文句所说明的问题,即大义,谓不论官爵多高贵,在自己的国家中都有他所尊敬的人。注文直接揭明了这个问题。"不名",即不直呼他们的名字。下同:

《论语·里仁》:"子曰:'朝闻道,夕死可矣。'"何晏《集解》:"言将至死,不闻世之有道。"

此即谓《里仁》这两句话表明,在孔子看来,当世无道。

(2)引文揭明大义法

《尚书·洛诰》,伏胜《大传》:"孔子曰:'吾于《洛诰》,见周公之德光明于上下,勤施四方,旁作穆穆,至于海表,莫敢不来服,莫敢不来享,以勤文王之鲜光,以扬武王之大训,而天下大治。'"

此即引孔子语,揭明《洛诰》篇的大义。下同:

《诗·卫风·木瓜》:"匪报也,永以为好也。"《毛传》:"孔子曰:'吾于《木瓜》,见苞苴之礼行。'"

2)推阐大义法

推阐大义法,即推导阐发所解文句的主要思想。如:

《诗·大雅·卷阿》:"菶菶萋萋,雝雝喈喈。"《毛传》:"梧桐盛也,凤皇鸣也。臣竭其力,则地极其化;天下和洽,则凤皇乐德。"

《传》文前两句点明诗意,"臣竭其力"以下推阐大义,等于说地极其化,梧桐茂盛,表明"臣竭其力";凤皇乐德,鸣声相和,表明"天下和洽"。言外之意,臣竭其力,天下和洽,表明君王圣明。再如:

《诗·周颂·天作》:“彼作矣,文王康之。彼徂矣,岐有夷之行。”郑玄《笺》:“彼,彼万民也。徂,往;行,道也。彼万民居岐邦者,皆筑作宫室,以为常居。文王则能安之。后之往者,又以岐邦之君有佼易之道故也。《易》曰:‘乾以易知,坤以简能。易则易知,简则易从。易知则有亲,易从则有功。有亲则可久,有功则可大。可久则贤人之德,可大则贤人之业。’以此订大王、文王之道,卓尔与天地合其德。”

《笺》文先释词,译句;“《易》曰”之下,引《系辞》文,对诗中所表现的简易的思想作了推阐。

10. 阐发义理法

训诂著作中的阐发义理法,是指对所解文句的意义加以深掘,并加以引申联想,从中说明一定的道理,用以晓戒学者。这种方法虽然导源于《易传》和《公》《穀》二传,但大量行用,还是从宋代理学家的解经开始的。它跟一般的阐明意义法不同,一般的阐明意义法总是紧扣所解文句为说,给人的印象是所言不出于原文之外。阐发义理法则不然,不但表现为对原文意义的深刻发掘,而且还往往表现为借题发挥,比附时事,并带有浓厚的理学气味,给人的感觉往往不免联想太远,引申过度,直似谈心得,写杂感,不同于一般的训诂体例。但它确实在中国训诂学发展史上占有一定的地位,产生了不少使用这种方法的训诂著作,影响不算小。这类用例很多,如:

《周易·家人》:“利女贞。”《彖》曰:“《家人》,女正位乎内,男正位乎外。男女正,天地之大义也。《家人》有严君焉,父母之谓也。父父,子子,兄兄,弟弟,夫夫,妇妇,而家道正,正家而天下定矣。”

《家人》卦的卦画为“☲”,《彖》辞“女正位乎内”,谓六二;“男正位乎外”,谓九五。这是根据卦画为说。从“男女正”以下,阐发本卦义理,指出男女正,尊卑有序,家道有常,天下乃治。再如:

《尚书·舜典》:“舜曰:‘咨四岳。’”宋代史浩《尚书讲义》:“此舜作建官之法也。夫建官而首询四岳,明无私意。矧舜之进用,实由四岳。舜无求举之意,已足以知四岳之公也。今也建官,可不咨其论乎?是故论相必先伯禹,一相得人,则九官无不当其职者,岂不为得其要乎?故曰尧舜之仁,不遍爱人,急亲贤也。然不曰帝,而曰舜者,欲使后世知九官之贤,虽在尧朝,舜能用之,以尽其材,所以申尧未竟之志也。后之帝王不辨能否,而以私意建官,是不法舜也,而可以治乎?”

此即根据“舜曰：‘咨四岳’”五字，发了这么一通议论，既论虞舜建官之法，又申《书》中不称舜为“帝”的用意，复斥后世帝王以私意建官之非。又如：

《孟子·告子上》：“学问之道无他，求其放心而已矣。”朱熹《集注》：“学问之事固非一端，然其道则在于求其放心而已。盖能如是则志气清明，义理昭著，而可以上达；不然则昏昧放逸，虽曰从事于学，而终不能有所发明矣。故程子曰：‘圣贤千言万语，只是欲人将已放之心约之，使反复入身来，自能寻向上去，下学而上达也。’此乃孟子开示切要之言，程子又发明之，曲尽其指，学者宜服膺而勿失也。”

“学问之事”至“发明矣”，阐明文意；“故程子曰”以下，阐发义理，乃属借题说教。

11. 辩证诠解法

若所释原句意有兼括，易生歧解，便以此法为释，务求全面、正确的理解。如：

《礼记·檀弓上》：“事亲有隐而无犯。”郑玄注：“隐，谓不称扬其过失。无犯，不犯颜而谏。《论语》曰：‘事父母几谏。’”孔颖达《正义》：“据亲有寻常之过，故无犯。若有大恶，亦当犯颜。故《孝经》云‘父有争子，则身不陷于不义’，是也。《论语》曰：‘事父母几谏。’是寻常之谏也。”

《正义》就如何对待父母的过恶这个问题，作了辩证说解，指出父母的过失有“寻常之过”和“大恶”两种。对于前者，子女应该好言相劝，不要翻脸；对于后者，必须力争说服，有时也要翻脸，不翻脸可能说不服。同时指出《论语》所谓“几谏”，是对寻常过失的劝说。再如：

《孟子·万章下》：“齐宣王问卿，孟子曰：‘王何卿之问也？’王曰：‘卿不同乎？’曰：‘不同。有贵戚之卿，有异姓之卿。’王曰：‘请问贵戚之卿。’曰：‘君有大过则谏，反覆之而不听，则易位。’王勃然变乎色。曰：‘王勿异也。王问臣，臣不敢不以正对。’王色定，然后请问异姓之卿。曰：‘君有过则谏，反覆之而不听，则去。’”朱熹《集注》：“此章言大臣之义，亲疏不同，守经行权，各有其分。贵戚之卿，小过非不谏也，但必大过而不听，乃可易位。异姓之卿，大过非不谏也，虽小过而不听，已可去矣。然三仁贵戚，不能行之于纣；而霍光异姓，乃能行之于昌邑。此又委任权力之不同，不可以执一论也。”

由于《孟子》原文于贵戚之卿言谏“大过”，未言“小过”；于异性之卿言谏

“过”,未言“大过”,故朱注辩证为解,并举三仁贵戚不能左右商纣王、霍光异姓却能废掉昌邑王刘贺,来说明贵戚之卿有时不一定能起作用,异姓之臣有时不一定不能起作用,完全取决于委任权力的效用。下同:

> 《齐民要术·种谷》:“地势有良薄。”无名氏注:“良田宜种晚,薄田宜种早。良地非独宜晚,早亦无害,薄地宜早,晚必不成实也。”

又如:

> 《论语·卫灵公》:“子曰:‘躬自厚而薄责于人,则远怨矣。’”皇侃《论语义疏》:“君子责己厚,小人责人厚。责人厚,则为怨之府;责己厚,人不见怨,故云‘远怨’。”

原文只讲责己厚,注文既论责己厚,又论责人厚,从正反两方面结合作解,也属于辩证诠解的一个类型。下同:

> 《周礼·天官·内饔》:“辨腥臊膻香之不可食者。”明代王应电《周礼传》:“腥臊膻香,鸡犬羊牛之味也。无疾肥美则其气味虽存而可食,有疾而形体变,则臭味恶而特著,斯不可食者。”

原文只讲辨不可食者,注文既论可食者,又论不可食者。

12. 连类推证法

连类推证法,即解甲事,连类推及乙事、丙事,互相证发,达到解一知二、知三的效果。如:

> 《礼记·祭义》:“周人祭日,以朝及暗。”孔颖达《正义》:“周人祭日,以朝及暗者,以其尚文,祭百神,礼多,故以朝及暗也。故季氏之祭,大夫之家,礼仪应少,而亦以朝及暗,故夫子讥之。”

暗,指黄昏时。以早及暗,即从早到晚,一整天。原文只论周人祭日的礼制,《正义》训解周人礼制时,连类推及鲁国季氏祭日的礼仪,并证明季氏为大夫,僭用周天子的祭法,故受到孔子的讥刺。再如:

> 《春秋·隐·元年》:“九月,及宋人盟于宿。”《穀梁传》:“‘及’者何?内卑者也。‘宋人’,外卑者也。卑者之盟不日。”唐杨士勋疏:“盟会言‘及’,别内外;尊卑言‘及’,上下序。此言‘及’者,是鲁之微人。《传》云‘卑者之盟不日’,则公卿之盟书日可知。故《文·二年》‘三月乙巳,及晋处父盟’、《庄·二十二年》‘秋七月丙申,及齐高傒盟’,彼虽不言‘公’,以公实在,故亦书日。又《二年》‘秋八月庚辰,公及戎盟于唐’、《襄·三年》‘六月公会’云云,‘己未,同盟于鸡泽’,是称‘公’而书日。《襄·二

十七年》'秋七月辛巳,豹及诸侯之大夫盟于宋',是卿盟亦日。此不书日,是卑者例不书日。《八年·传》云:'外盟不日,详内而略外也。'其间有内之公卿不日,外盟亦日,皆当条别有义耳。《定·十一年》注云:'平不日,亦有恶矣。'则'平'亦有日月之例也。"

《春秋》记载诸侯之间的盟会,书法有定例,尊者与会,记载年月日;卑者与会,只记年月,不记日,故有"不日"之法。杨氏疏根据《穀梁传》所揭示的"卑者之盟不日"的义例,推知公卿之盟书日,又证以《文·二年》《庄·二十二年》《襄·三年》《襄·二十七年》等有关记载,并推及书"平"也有日月之例等。

总之,连类推证法解此及彼,有一举数得、博闻多识的作用,在唐以下疏体训诂著作中应用颇广。

13. 推算诠解法

凡所解文句涉及计算问题的,往往以此法诠解。如《史记·历书》云:

焉逢摄提格太初元年。

十二

大馀五十四,小馀三百四十八。

张守节《正义》云:

大馀五十四日,每岁除小月六日,则成三百五十四日,除五甲三百日,犹馀五十四日,为未满六十日,故称"大馀五十四"也。小馀三百四十八者,其大数五十四之外,更馀分三百四十八,故称"小馀三百四十八"也。此大小馀是月朔甲子日朔,以非闰月之数,一岁则有三百五十四日三百四十八分,每六十日除之,馀为未满六十日,故有大小馀也。此是太初元年奇日奇分也。置大馀五十四算,每年加五十四日,满六十日除之,奇算留之;每至闰后一年加二十九算,亦满六十日除之,奇算留之;若才足六十日,明年云无大馀,无小馀也。又明年以置五十四算,如上法,置小馀三百四十八算,每年加三百四十八分,满九百四十分成一日,归上,馀算留之;若至闰后一年加八百四十七分,亦满九百四十分成日,归大馀,奇留之;明年以加三百四十八算,如上法也。

此即对"大馀五十四,小馀三百四十八"这两句《历书》原文,详细地作了推算诠解。下同:

《左·文·十六年》:"有蛇泉宫出,入于国,如先君之数。"明王道焜等《左传杜林合注》:"自伯禽至僖公十七君,此蛇妖数亦十七也。"此即对"如先君之数"一句作了推算。

14. 评论为解法

评论为解法,即对所解原文不逐句诠解,而采取不同的角度从整体上给予评论,帮助读者加深对原文的理解和认识。如:

《三国志·魏书·三少帝纪》:"诏:'吴使持节都督夏口诸军事镇军将军沙羡侯孙壹,贼之枝属,位为上将,畏天知命,深鉴祸福,翻然举众,远归大国,虽微子去殷,乐毅遁燕,无以加之。其以壹为侍中车骑将军、假节、交州牧、吴侯,开府辟召仪同三司,依古侯伯八命之礼,衮冕赤舄,事从丰厚。'"裴松之注:"臣松之以为壹畏逼归命,事无可嘉,格以古义,欲盖而名彰者也。当时之宜,未得远遵式典,固应量才受赏,足以酬其来情而已。至乃光锡八命,礼同台鼎,不亦过乎?于招携致远,又无取焉。何者?若使彼之将守,与时无嫌,终不悦于殊宠,坐生叛心,以叛而愧,辱孰甚焉?如其忧危将及,非奔不免,则必逃死苟存,无希荣利矣。然则高位厚禄何为者哉?魏初有孟达、黄权,在晋有孙秀、孙楷;达、权爵赏比壹为轻,秀、楷礼秩优异尤甚。及至吴平,而降黜数等,不承权舆,岂不缘在始失中乎?"

此即对魏朝诏书高位厚禄优待东吴叛将孙壹一事,作了评论,虽然不同于一般的诠解,但无疑有助于读者正确理解史文。再如:

《荀子·仲尼》:"且恐失宠,则莫若早同之推贤让能而安随其后。如是,有宠则必荣,失宠则必无罪,是事君者之宝而必无后患之术也。"唐代杨倞注:"或曰《荀子》非王道之书,其言驳杂。今此又言以术事君。曰:不然。夫荀卿生于衰世,意在济时。故或论王道,或论霸道,或论强国,在时君所择,同归于治者也。若高言尧舜,则道必不合,何以拯斯民于涂炭乎?故反经合义,曲成其道,若得行其志,治平之后,则亦尧舜之道也。又荀卿门人多仕于大国,故戒以保身推贤之术,与《大雅》'既明且哲'岂云异哉!"

此即对荀子的保身推贤之术加以评论。又如:

《尚书·无逸》:"乃逸乃谚,既诞,否则,侮厥父母曰:'昔之人无闻知。'"苏轼《书传》:"戏侮曰谚,大言曰诞。信哉,周公之言也。曰'昔之人无闻知',至于今,闾巷田里之民有不令子弟,犹皆相师为此言也,是虮虱蝼蚁。周公何诛焉,而载于书曰以戒成王也?人君欲自恣于逸乐者,必先诋娸先王,戏玩老成,而小人诪张为幻者又劝成之。韩非之言曰:'尧之有天下也,堂高三尺,采椽不斫,茅茨不剪。虽逆旅之宿不勤于此矣。冬日鹿裘,夏日葛衣,粢粝之食,藜藿之羹,饭土匦,啜土铏,虽监门之养不觳于此矣。禹凿龙门,通大夏,疏九河,曲九防,决停水,致之海,股无胈,胫无毛,手足胼胝,面目黧黑,遂以死于外,葬于会稽。虽臣虏之劳,不烈于此矣。然则天子所以贵于有天下者,岂欲苦形劳神,自取逆旅之宿,口食监门之养,手持臣虏之作哉?此不肖人之所勉,非贤者之所务也。'①此其论岂不出于昔之人无闻知也哉?其言至浅陋,而世主悦之。故韩非一言,覆秦杀二世如反掌。自汉以来,学者虽鄙申韩不取,然世主心悦其言而阴用之。小人之欲得君者,必私习其说,或诵言称举之,故其学至于今犹行也。予是以具论之。"

此以所解原文为引题,以《史记·李斯列传》所载韩非之言与秦二世之论为例证,对诋毁先王、戏玩老辈、为自己的荒淫逸乐制造借口的言行,作了揭露和批驳。下同:

《通鉴·隋纪二·文帝开皇十九年》:"二月甲寅,上幸仁寿宫。"胡三省注:"仁寿宫成于开皇十五年。方其成也,文帝怒,欲罪杨素,独孤后喜而赏之,继此屡幸仁寿宫,至仁寿之末,卒死于仁寿宫。仁者寿,帝穷民力以作离宫,可谓仁乎?其不得死于是宫,宜矣。帝怒杨素而不加之罪,其后喜则亦从而喜之,岂非奢侈之能移人?触境而动,至于流连而不知反,卒诒万世笑。是知君德以节俭为贵也。"

第三节 综合性解句法

综合性解句法是指综合应用翻译法和说明法来诠解句意的方法,主要有以下八类。

1. 约举诠解法

约举诠解法,即用说明性的语句约举所解文句,再进行译释。约举是为

① 此段引文见《史记·李斯列传》,与原文稍有出入。所引韩非说出自秦二世之口,起于"尧之有天下",至于"不烈于此矣"。"然则"以下,乃秦二世之言,非韩非说。

了行文简洁，避免重复。如：

《尚书·禹贡》："淮、沂其乂，蒙、羽其艺。"某氏《传》："二水已治，二山已可种艺。"

《传》文用"二水"与"二山"分别约举"淮、沂"与"蒙、羽"，然后加以译释。约举部分是说明性的，译释部分是翻译性的。再如：

《诗·大雅·板》："天之牖民，如埙如篪，如璋如圭，如取如携。"《毛传》："牖，道也。如埙如篪，言相和也。如璋如圭，言相合也。如取如携，言必从也。"郑玄《笺》："王之道民以礼义，则民和合而从之如此。"

此四句诗，《传》解已明，《笺》文前句翻译头一句诗，后句综合《传》训中的"和""合""从"三字，并用"如此"二字约解后三句诗。倘不用此法约举，对后三句也逐一译释，便会文字重沓，与《传》文相复。下同：

《论语·里仁》："君子无终食之间违仁，造次必于是，颠沛必于是。"朱熹《集注》："盖君子之不去乎仁如此，不但富贵、贫贱、取舍之间而已也。"

注文头一句即是对三句原文的约解。

2. 释词与解句掺用法

释词与解句掺用法，即释词与解句掺相为用，达到诠明文意的目的。主要有两类。

1）释明词义而解句用原词法

此即先释词，后解句，解句中仍用被训词，不用训义，被训词之义依靠释词而明。如：

《论语·宪问》："子曰：'孟公绰为赵魏老则优，不可以为滕薛大夫。'"何晏《集解》："孔安国曰：'公绰，鲁大夫也。赵魏，皆晋卿也。家臣称老。'公绰性寡欲，赵魏贪贤，家老无职，故优。滕、薛小国，大夫职繁，故不可为也。"

先释词，再解句。解句中仍用原词"公绰""赵魏""老"，它们的含义依赖释词部分而明。"优"，宽闲的意思。再如：

《管子·形势》："抱蜀不言而庙堂既修。"唐房玄龄注："抱，持也。蜀，祠器也。君人者但抱祠器，以身率道，虽复静然不言，庙堂之政既以修理矣。"

句解中仍用原词"抱"，不用训词"持"，"抱"的含义依赖释词部分而明。

下同：

《周礼·地官·载师》："凡宅不毛者有里布。"宋代朱申《周礼句解》："不毛者，不种桑麻也。布，泉也。宅不毛者，罚以一里二十五家之泉。"

注文"不毛"至"泉也"为释词部分，"宅不毛者"以下为解句部分。解句中原用被训语"不毛"，不用训语"不种桑麻"，"不毛"之义赖释词部分而明。

2）半释词半解句法

此即对所解文句的一部分训释词义，一部分诠解句意。如：

《孟子·尽心上》："孟子曰：'耻之于人，大矣。'"朱熹《集注》："耻者，吾所固有羞恶之心也。存之则进于圣贤，失之则入于禽兽，故所系为甚大。"

对"耻之于人，大矣"这句话，前半部训释"耻"字的含义，后半部诠解耻"之于人，大矣"的句意。再如：

《通鉴·汉纪五十六·献帝建安九年》："五月，操毁土山、地道，凿堑围城，周回四十里。"胡三省注："土山、地道，急攻也。知非急攻可拔，故凿堑围城，绝其内外，以久困之。"

对于前两句，用训释性点明法点明"土山、地道"二词的用处；对于后两句，诠解其句意。

3. 先译后解法

先译后解法，即诠解同一句话，先翻译，后说解，施以两重以上的解释，以求彻底诠明文意。主要有以下四类。

1）先译后点明法

《孟子·尽心下》："君子反经而已矣。"赵岐《章句》："君子治国家归于常经，谓以仁义礼智道化之。"

《章句》前句翻译所解原文，译后仍觉得文意欠明，故后句又以"谓"字开头加以点明，谓"反经"即"归于经常"的具体含义是用仁义礼智疏导教化。反，同"返"；道，同"导"。二者均为古今字。下同：

《尚书·尧典》："明明扬侧陋。"苏轼《书传》："明其高明者，扬其侧陋者，言不择贵贱也。"

2）先译后比证法

《汉书·景十三王传》："使使即县为贾人榷会。"颜师古注："就诸县而专榷贾人之会,若今和市矣。”

注文前句翻译原文,译后仍觉文意欠明,故出后句加以比况印证,说明“为贾人榷会”,如同唐代的“和市”,即管理市价,负责征税。下同:

《黄帝内经·素问·上古天真论》:“务快其心,逆于生乐。”王冰注:“①快于心欲之用,则逆养生之乐矣。②《老子》曰‘甚爱必大费’,此之类欤?③夫甚爱而不能救,议道而以为未然者,伐生之患也。”

①翻译,②引《老子》文进行比证,③再加解说。

3)先译后说明原因法

《周礼·天官·宫正》:“夕击柝而比之。”郑玄注:“莫行夜以比直宿者,为其有解惰离部署。”

注文前句翻译原文,译后仍觉文意未明,故出后句加以说明,谓晚上击柝巡夜,检查值宿人员,怕他们有人懈怠,私离岗位。再如:

《尚书·酒诰》:“人无于水监,当于民监。”元朱祖义《尚书句解》:“人无监视于水,水可监形之妍丑而已。至于政之醇疵,国之休戚,非水之所可监也。当监视于民,则可以见成否。”

注文先翻译原文第一句,译后觉得文意未尽,接着分析了无监于水的原因(从“水可”至“监也”),最后译释原文第二句。

4)先译后阐发义理法

《尚书·盘庚上》:“邦之臧,惟汝众;邦之不臧,惟予一人有佚罚。”宋代袁燮《絜斋家塾书钞》:“①盘庚谓自今日既迁之后,邦家因此而臧,则皆由尔之众肯从我迁而致此也。其或邦之不臧,乃是我有失德,故致天下之罪,非迁都之过也。②此言所以示其不可不迁之意,盖道理当迁,只得迁,其或迁而邦家不臧,乃我自有失德,岂迁都之过耶?③在成汤则曰‘其尔万邦有罪,在予一人’,在武王则曰‘百姓有过,在予一人’,在盘庚则曰‘邦之不臧,惟予一人有佚罚’,大抵待人者常恕而待己者甚严,二帝三王同此一心而已。盘庚之书,其中虽有刑罚之语,然至此发为斯言,此其所以为三王之粹也。”

①翻译原文,②分析文意,③阐述义理。再如:

《论语·为政》:“孟武伯问孝。子曰:‘父母唯其疾之忧。’”朱熹《集注》:“①言父母爱子之心,无所不至,惟恐其有疾病,常以为忧也。②人子体此,而以父母之心为心,则凡所以守其身者,自不容于不谨矣,岂不可以为孝乎?"

①意译原文,②阐发义理。

4.先解后译法

此与上法相反,对同一文句先解说,再翻译,也是为了彻底诠明文意。如:

《孟子·公孙丑上》:"持其志,无暴其气。"赵岐《章句》:"①言志所向,气随之。②当正持其志,无乱其气,③妄以喜怒加人也。"

①点明句意,②③增补翻译。其中,②为译文,③为足成语。再如:

《文选·(杨子云)解嘲》:"是以欲谈者卷舌而同声,欲步者拟足而投迹。"李善注:"①言不敢奇异也。②故欲谈者卷舌不言,待彼发而同其声;欲行者拟足不前,待彼行而投其迹也。"

①点明句意,②增补翻译。

5.先解说后论学术源流法

《尚书·尧典》:"克明俊德,以亲九族;九族既睦,平章百姓;百姓昭明,协和万邦,黎民于变时雍。"宋代黄度《尚书说》:"①克明俊德,尊贤也。《记》曰:'修身则道立,尊贤则不惑。'以亲九族,齐家也。平章百姓,治国也。百姓,甸内天子所自治民也,皆能昭明其德。《诗》曰:'商邑翼翼,四方之极。'协和万邦,平天下也。建万国,亲诸侯,合和之,无彼疆此界,而众民皆化,于是大和。②此《大学》本末先后之论也。凡今典籍之言道德者,皆本此。故推以为道原。"

①解说文意,②论述学术源流。再如:

《孟子·滕文公上》:"孟子道性善,言必称尧舜。"朱熹《集注》:"①道,言也。性者,人所禀于天以生之理也。浑然至善,未尝有恶,人与尧舜初无少异,但众人汩于私欲而失之,尧舜则无私欲之蔽,而能充其性尔。故孟子与世子言,每道性善,而必称尧舜以实之。欲其知仁义不假外求,圣人可学而至,而不懈于用力也。门人不能悉记其辞,而撮其大旨如此。程子曰:'性即理也。天下之理,原其所自,未有不善;喜怒哀乐未发,何尝不善?发而中节,即无往而不善;发不中节,然后为不善。故凡言善恶,皆先善而后恶;言吉凶,皆先吉而后凶;言是非,皆先是而后非。'"(章末云:)"②孟子之言性善,始见于此,而详具于《告子》之篇。然默识而旁通之,则七篇之中无非此理。其所以扩前圣之未发,而有功于圣人之门,程子之言信矣。"

①解说文意,②追本其原,注明孟子性善说之始见及其在学术上的贡献。这类解句法既诠文意,又辨学术源流,对学者颇有益。

6. 先概括说明,再详解法

疏体、集解体训诂著作中多用此法。如:

《论语·学而》:"有朋自远方来,不亦乐乎?"南朝梁皇侃《义疏》:"云有朋自远方来,不亦乐乎者,①此第二段,明取友交也。②同处师门曰朋,同执一志为友。朋犹党也,共为党类,在师门也。友者,有也,共执一志,绸缪寒暑,契阔饥饱,相知有无也。自,犹从也。③《学记》云:'独学而无友,则孤陋而寡闻。'君子出其言善,则千里之外应之;出其言不善,则千里之外违之。今由我师德高,故有朋从远方而来,与我同门,共相讲说,故可为乐也。④所以云'远方'者,明师德洽被,虽远必集也。招朋已自可为欣,远至,弥复可乐,故云'亦也'。然朋疏而友亲,朋至既乐,友至故忘言,但来必先同门,故举'朋'耳。⑤'悦'之与'乐',俱是欢欣,在心常等而貌迹有殊,悦则心多貌少,乐则心貌俱多。所以然者,向得讲习,在我自得于怀抱,故心多曰'悦'。今朋友讲说,义味相交,德音往复,形彰在外,故心貌俱多,曰'乐'也。⑥故江熙云:君子以朋友讲习,出其言善,则千里之外应之,远人且至,况其近者乎?道同齐味欢然适愿,所以乐也。"

①概括大意。以下为详解:②释词义,③阐明句意,④明用词之意,即明写法,⑤涉上段"不亦悦乎"之"悦",对比辨析"悦""乐"二字的不同含义,说明文意进层关系,⑥引他人成说,进一步揭明行文之意。下同:

《礼记·月令》:"孟春之月,日在营室。昏,参中;旦,尾中。"清康熙间敕编《日讲礼记解义》:"①此言正月之日躔中星也。②孟,长也。营室、参、尾,皆星名。③孟春之月,是为岁首斗柄建寅之月也。日月交会于营室,是为娵訾、亥之次也。昏则参星在南方之中,旦则尾星在南方之中。④人君南面而听天下,视时候以授民事,必谨察于此。⑤案:日与月会谓之辰,独言日者,阳主岁功也。与《书》言'出日''纳日'同意。⑥孔《疏》曰:《月令》昏明中星皆大略而言,不与历同。但一月之内有中者即得载之。二十八宿星体有广狭,相去有远近,或月节月中之日昏明之时前星已过于午,后星未至正南。又星有明暗,见有早晚,所以昏明之星不可正依历法,但举大略耳。"

①概括本节大意。以下为详解:②释词,③解句,④明日躔中星的用处,⑤设疑自辨,说明日月交会,独言“日”的原因,⑥引孔《疏》,表明天文历法有差异,当辩证对待。

7. 串讲法

串讲法,即对一段文章逐句进行串联讲解,释词、解句种种方法混合为用,可以自由发挥、联想,一气而下,不分段落。如:

《尚书·康诰》:“王若曰:孟侯,朕其弟,小子封,惟乃丕显考文王克明德,慎罚,不敢侮鳏寡,庸庸,祗祗,威威,显民,用肇造我区夏。”宋代夏僎《尚书详解》:“①自此以下,周公告康叔之辞也。②周公告之,而曰‘王若曰’者,成王实为天子,言虽出于周公,实当推而本之成王,故言‘王若曰’者,盖周公语康叔,谓王之意若此言也。③孟侯,谓康叔为诸侯之长也。④朕其弟,周公谓康叔乃我之弟也。⑤小子封者,周公兄,故称康叔为小子。封,其名也。⑥周公将告康叔使之善其政,以治商民,故先言文王爱民之深,而民被其泽,无陷于罪。⑦故德则明之,使著见于天下,而民晓然易化。⑧刑则慎之,而不敢妄用,恐滥及无辜。⑨爱敬天下之民,虽鳏寡无告者,亦不敢少忽。⑩凡所以得天下者,惟因其可用者则用之,可敬者则敬之,可刑者则刑之,以此显示于民,曾不敢容心于其间,故始造有区域之中夏。⑪盖谓周家所以有天下,实造始于文王也。”

①概括本节大意,②③④⑤依次讲解原文词句,⑥说明先言文王的用意,⑦⑧⑨⑩依次讲解文句,⑪总结前文,点明宗旨。串讲比较紧凑、切题。再如:

《中庸》:“天命之谓性,率性之谓道,修道之谓教。”朱熹《章句》:“①命,犹令也。性,即理也。②天以阴阳五行化生万物,气以成形,而理亦赋焉,犹命令也。于是人物之生,因各得其赋之理,以为健顺五常之德,所谓性也。③率,循也。道,犹路也。④人物各循其性之自然,则其日用事物之间,莫不各有当行之路,是则所谓道也。⑤修,品节之也。⑥性道虽同,而气禀或异,故不能无过不及之差,圣人因人物之所当行者而品节之,以为法于天下,则谓之教,若礼、乐、刑、政之属是也。⑦盖人之所以为人,道之所以为道,圣人之所以为教,原其所自,无一不本于天而备于我。学者知之,则其于学知所用力而自不能已矣。故子思于此首发明之,读者所宜深体而默识也。”

原文三句,《章句》①释头一句的词义,②阐明该句意蕴;③释第二句的词义,

④阐明该句意蕴;⑤释后一句的词义,⑥阐明该句的意蕴;⑦阐发义理,晓示读者。这段串讲法式严谨,效果很好。又如:

《左·僖·二十一年》:"修城郭,贬食,省用,务穑,劝分,此其务也。"明王道焜等《左传杜林合注》:"林:'①修筑城郭,则饥民得就食;②君去盛馔;③减省用;④以稼穑为先务,如今货种借牛之类;⑤劝富民分财粟,以赈贫民;⑥此五者,备旱之先务。'"

原文六句,注文①增补翻译头一句,②意译第二句,③对译第三句,④举例译释第四句,⑤增补翻译第五句,⑥增补翻译后一句,完成串讲任务。

在贯通文意方面,特别是在贯通古奥、艰深的句意方面,串讲法往往能收到良好的训释效果。但倘若断制不严,也容易失之冗长、偏颇。

8. 疏通句解法

疏通句解法,即疏通旧注句解的方法,主要用于疏体和疏证体训诂著作中。这与释词法中的疏通训义法有相通之处。主要有以下四类。

1)推导疏通法

《周易·说卦》:"《乾》,天也,故称乎父。《坤》,地也,故称乎母。《震》一索而得男,故谓之长男。《巽》一索而得女,故谓之长女。"孔颖达《正义》:"《坤》初求得《乾》气为《震》,故曰'长男'。《乾》初求得《坤》气为《巽》,故曰'长女'。"

《说卦》此节原文论八经卦的父子关系,以《乾》《坤》二卦为父母卦,以其他六卦为子卦。从父母卦求子卦,得父气者为男,得母气者为女。《正义》疏解"《震》一索"以下四句,据八经卦卦画为说,推导疏通,意谓《坤》("☷")初求得《乾》气(一阳爻"⚊")为《震》("☳"),初九阳爻,阳为男,排行一,故曰"长男"。《乾》初求得《坤》气(一阴爻"⚋")为《巽》("☴"),初六阴爻,阴为女,故曰"长女"。参阅第十四章第四节中"图解法"下所引朱熹《易》图。再如:

《周礼·天官·酒人》:"共宾客之礼酒、饮酒而奉之。"郑玄注:"此谓给宾客之稍。"贾公彦疏:"云'此谓给宾客之稍'者,此,礼酒、饮酒总言。王若不亲燕饮食,则使人致之于客馆,任宾客稍稍用之,故云给宾客之稍。"

此即对郑注"此谓给宾客之稍"一句作推导疏通。先阐明其含义,再出"故云"二字归结注文。

2)训解性疏通法

训解性疏通法,即对旧注句解采用训解的方法进行疏通。如:

《公·隐·二年》:"'入'者何?得而不居也。"何休《解诂》:"凡书兵者正不得也。外内浅深皆举之者,因重兵害众,兵动则怨结祸构,更相报偿,伏尸流血无已时。"清代陈立《公羊义疏》:"'正不得'者,言用兵皆书之意,言于正道皆不得也。云'外内浅深皆举之'者,侵为至浅,灭为至深也。《庄·十年传》:'觕者曰侵,精者曰伐。'注:'觕,犹粗也;精,犹精密也。'觕即浅,精即深。《春秋》内其国而外诸夏,内诸夏而外四夷。"

陈疏即对何氏《解诂》中的前二句,使用特提点明的方法作了训解疏通。下同:

《周礼·天官·掌舍》:"无宫则共人门。"郑玄注:"谓王行有所逢遇,若住游观,陈列周卫,则立长大之人以表门。"孙诒让《周礼正义》:"注云'谓王行有所逢遇,若住游观'者,谓王行在道,或与诸侯逢遇,或无所逢遇而暂住游观,则不为宫,但立人门。以二者皆行道仓卒简略之事,不久停止故也。云'陈列周卫,则立长大之人以表门'者,谓列人为周卫,当门处则选择长大之人以表之也。"

此即对郑注句解采用特提点明法,作了训解疏通。

3)阐明意蕴为疏法

《论语·述而》:"子所雅言,《诗》、《书》、执礼,皆雅言也。"何晏《集解》:"郑玄曰:礼不诵,故言执也。"皇侃《义疏》:"云'礼不诵,故言执也'者,释不直云'《诗》、《书》、礼',而'礼'上长云'执'之义也。背文而读曰诵,《诗》是咏歌,《书》是谟诰,故并须诵之。而'礼'但执文,依事而行,不须背文诵之,故曰'执'也。"

皇疏对郑注"礼不诵,故言执"的疏通,是通过阐明其蕴意完成的。下同:

《尚书·洪范》:"月之从星,则以风雨。"孙星衍《尚书今古文注疏》:"《注》:郑康成曰:'不言日者,日之从星,不可见故也。'《疏》:云'不言日者,日之从星,不可见'者,即《天文志》所云'日行不可指而知'也。《月令》:孟春之月,日在营室。所以知日在星分者。注云:'日月之行,一岁十二会。圣王因其会而分之,以为大数焉。观斗所建,命其四时。此云孟春者,日月会于诹訾,而斗建寅之辰也。'然则欲知日行,以月行与日会于十二次测之。欲知会于何次,以斗建知之。日光盛则星微而不见也。"

此即阐明了郑注"不言日者"三句的蕴意,由此达到了疏通的目的。

4)推明为训所据疏通法

《诗·周南·关雎》:“窈窕淑女,钟鼓乐之。”郑玄《笺》:“琴瑟在堂,钟鼓在庭。言共荇菜之时上下之乐皆作,盛其礼也。”孔颖达《正义》:“知‘琴瑟在堂,钟鼓在庭’者,《皋陶谟》云‘琴瑟以咏,祖考来格’,乃云‘下管鼗鼓’,明琴瑟在上,鼗鼓在下。《大射礼》‘颂钟在西阶之西,笙钟在东阶之东’,是钟鼓在庭也。”

此即通过推明《笺》文“琴瑟在堂,钟鼓在庭”的立训根据,达到了疏通的目的。再如:

《仪礼·士冠礼》:“乃宿宾,宾如主人服。”郑注:“主人朝服。”宋代李如圭《仪礼集释》:“筮日朝服,至此无改服之文,知皆朝服。朝服者,常时相见所服也。”

此即推明了注文“主人朝服”的立训根据,疏通了注文。

第四节　解句应该注意的问题

训诂中诠解句意应该注意的问题,有些与释词时须注意的问题相同,此外,还应该着重注意以下五点。

一、解说应该紧贴原文,防止节外生枝,任意滋说

训诂中解句的任务主要在于对所解文句进行翻译和解说,应该紧贴原文,一般达到文意通畅明白就行了。如果有歧义,体式允许,可加以辨正;写作特点突出,必要时也可以酌情加以说明;剩下的功夫,如联想发挥之类,就应留给读者自己去做。时代不同,读者不同,情况不同,需要不同,想法和认识也就不同。因此,任何时代的训诂家都没有必要越俎代庖,浮想联翩,借题发挥,形成赘文,把一己之私硬留给千古万世的读者去理会。汉代今文家解经,有人任意滋说,解《尧典》篇目两字,竟用十余万字,受到当世及后来历代学者的指斥。唐宋以来的疏证体、集解体、纂集体、说体训诂著作,不少也都程度不同地存在着这方面的问题。当代学者的有些训诂著作,也是这样。如《论语》二十章,原文只有一万五千多字,薄薄一本,但台湾地区出版的一种今释本厚厚三大册,一百多万字,是原文的几十倍。比如《学而》篇解释“子曰:

‘巧言令色，鲜矣仁’”九个字，便用了近两千五百字，注文开头通过批评朱熹对这两句话的解释，说明应该如何正确理解，这是必要的；以下便用了大段大段的文字进行离题演说，讲到生活中、历史上一般人都喜欢听花言巧语，以致上当受骗，因此又讲到人们应该如何应用这两句话，应该吸取什么教训。论述中重复地举用了许多历史例证。显然，从训诂的角度来看，这类演释过于枝蔓、冗长，比宋明人的义理阐发离题更远，可看作是借《论语》取题，进行政治思想说教，不是正统的训诂体式，题为《论语今释》，但所演释的主要内容与《论语》原文毫无直接关系，都是随心所欲强拉硬扯上去的。远且不说，一水之隔，那些说教到了大陆就行不通了。相反，杨伯峻《论语译注》对上述《学而》篇那九个字的译释只用了六十三个字，其中译文部分只用了二十二个字，紧贴原文作解，明白简当，不辞费。这两种训释本虽然体式不同，但好坏得失去取显而易见。

二、对文意的理解要有历史观点，不宜求之过深

从社会发展史的整体角度看，时代越古远，生产越简单，制作越粗糙，制度越简略，文化越落后，人们的思维活动便越质直；反之，时代越晚近，生产越复杂，制作越精密，制度越繁细，文化越先进，人们的思维活动便越精深。因此，后代训诂家注解前世古书时，需要有历史的观点，即所解的书籍产生于哪个时代，反映哪个时代的社会现实和思想状况，就应该按照哪个时代的具体情况去解释书中的内容，不要按照后代的情况去解释古书的内容，否则就容易犯求之过深的错误，古瓶装新酒，用后代人的思想代替古代人的思想。比如《周易》分明是一本占卜书，占验吉凶祸福，如此而已。自《易传》出，始赋予其高深的哲理，在解说上开始偏离原意。汉代以下，形形色色的说解法更迭而出，求之愈深，失之愈远，形似解经，实同另构。故《四库全书总目·经部·易类》云：“《易》之为书，推天道以明人事者也。《左传》所记诸占，盖犹太卜之遗法。汉儒言象数，去古未远也。一变而为京、焦，入于禨祥。再变而为陈、邵，务穷造化。《易》遂不切于民用。王弼尽黜象数，说以老庄。一变而胡瑗、程子始阐明儒理，再变而李光、杨万里又参证史事，《易》遂日启其论端。此两派六宗，已互相攻驳。又《易》道广大，无所不包，旁及天文、地理、乐律、兵法、韵学、算术以逮方外之炉火。皆可援《易》以为说，而好异者又援以入《易》，故《易》说愈繁。夫六十四卦大象皆有君子以字，其爻象则多戒占者，圣人之情见乎词矣。其馀皆《易》之一端,非其本也。”意谓除六十四卦及卦爻辞,其他均为说者深求所得,非《易》本有。

其他古籍训诂的句解中不顾历史状况,求之过深的现象也每有发生。如《公》《穀》二家论《春秋》义例[①],伏胜演《洪范》五行,郑玄笺《诗》明比兴取义,魏晋玄学家解三玄,宋明理学家解《四书》等,都不同程度地存在着这方面的问题。

三、文意不同,不宜强加会通

颜师古《汉书叙例》云:“六艺残缺,莫睹全文,各自名家,扬镳分路。是以向、歆、班、马、仲舒、子云所引诸经或有殊异,与近代儒者训义弗同,不可追驳前贤,妄指瑕颣,曲从后说,苟会扃涂。今则各依本文,敷畅厥指,非不考练,理固宜然。亦犹康成注《礼》,与其《书》《易》相背。元凯解《传》,无系毛、郑《诗》文。”即强调各依原书作解,不必为会通众说而强作解人。再如王引之《经义述闻》卷三十二在“经义不同,不可强为之说”一目下云:“讲论六艺,稽合同异,名儒之盛事也。述先圣之元意,整百家之不齐,经师之隆轨也。然不齐之说,亦有终不可齐者。作者既所闻异辞,学者亦弟两存其说。必欲牵就而泯其参差,反致混淆,而失其本指。所谓离之则两美,合之则两伤也。”并列举了大量例子,证成其说。如谓:“《书序》以武庚、管叔、蔡叔为三监,《逸周书·作雒》篇以武庚、管叔、霍叔为三监。此不可强合者也,而解者欲合为一,则去武庚,而以管叔、蔡叔、霍叔当之矣。《小雅·皇皇者华》,《左传》谓有五善,《鲁语》谓有六德。此不可强合者也,而解者欲合为一,则云兼此五者虽有中和,当自谓无所及,成于六德矣。《周礼·天官》有九嫔而无三夫人,《昏义》则有三夫人,此不可强合者也,而解者欲合为一,则云三夫人坐而论妇礼,无官职矣。《地官·均人》‘丰年,则公旬用三日’,谓一旬之中用三日。《王制》‘用民之力,岁不过三日’,谓一岁之中用三日。此不可强合者也,而解者欲合为一,则读‘旬’为‘均’,以牵就之矣。”

总之,古籍中的有关记载和论述若互有出入,倘能找到可靠证据和方法,加以会通,令人信服,当然更好;万一没有可靠证据,难以相合,便应当各依原文作解,两存其说,以待来哲,不必强加会通,造成两伤。

---

① 参见第十四章第二节之二下所引陈祖范《经咫》一例。

四、根据不同文句，灵活选用适当诠解方法

历代训诂著作中所体现出来的解句方法很多，而且训诂家们还可以不断地进行创新。因此，训诂中应该根据不同体式、不同文句及不同读者对象等，灵活选用各种适当的诠解方法，不必拘泥于少数习见的方法，这样才能得心应手，提高诠解质量。一般说来，凡能够直译和需要直译的文句，应该尽量采取对译法进行翻译，特别是普及性的训诂读物，更需要直译。应该努力提高译文质量，使其符合信、达、雅的要求，译为标准的现代汉语书面语言。有些文句直译之后，意思很明白，用不着再加别的解说；但是有些文句直译之后，意思仍不够清楚，就需要采用以上第三节中所介绍的先译后解法之类的方法，加以申释。如果既定训诂体式不允许申释，就应该采取加注的办法给予补释。如《论语·八佾》："王孙贾问曰：'与其媚于奥，宁媚于灶，何谓也？'子曰：'不然；获罪于天，无所祷也。'"杨伯峻《论语译注》直译道："王孙贾问道：'与其巴结房屋里西南角的神，宁可巴结灶君司命，这两句话是什么意思呢？'孔子道：'不对；若是得罪了上天，祈祷也没用。'"由于王孙贾所问的两句话用的是比喻的方法，杨氏又采用直译，因此，尽管译文是高水平的，但文意仍然不清楚。这段话说的究竟是什么意思，读者很难捉摸。杨书由于训诂体式所限，译文部分不允许申释，因此，注者在译文之下加了这样三条注："①王孙贾，卫灵公的大臣。②'与其媚于奥，宁媚于灶'，这两句话疑是当时俗语。屋内西南角叫奥，弄饭的设备叫灶，古代都以为那里有神，因而祭它。③王孙贾和孔子问答都用的比喻，他们的正意何在，我们只能揣想。有人说，奥是一室之主，比喻卫君；又在室内，也可以比喻卫灵公的宠姬南子；灶则是王孙贾自比。这是王孙贾暗示孔子：'你与其巴结卫公或者南子，不如巴结我。'因此孔子答复他：'我若做了坏事，巴结也没有用处；我若不做坏事，谁都不巴结。'又有人说，这不是王孙贾暗示孔子的话，而是请教孔子的话。奥指卫君，灶指南子、弥子瑕，位职虽低，却有权有势。意思是说：'有人告诉我，与其巴结国君，不如巴结有势力的左右像南子、弥子瑕。你以为怎样？'孔子却告诉他：'这话不对；得罪了上天，那无所用其祈祷，巴结谁都不行。'我以为后一说比较近情理。"通过这三条注，文意就基本上清楚了。

在选择诠解方法时，有些方法应该慎重使用。比如，汉代训诂家往往采用以今事相比例的方法诠解句意，唐宋以来，仿效者甚众。但今事与古事往

往形似实异，盲目地加以比证，容易混淆古今差别，使读者误以今事当古事。因此有人对此提出了批评，如元代熊朋来《经说》云："汉儒以汉法解经，多有不便，故鹤山先生（魏了翁）曰：'王荆公学术误天下，汉儒学术误后世。'"①又如《四库全书总目》在明代马明衡《尚书疑义》提要中云："又往往阑入时事，亦稍失解经体例。"这说明诠解句意中引时事相比证的方法应当慎用。

另外，对某些诠解方法的使用，还应该注意跟旧注中所存在的与它相似的弊病区别开来。比如使用增补翻译法时，应该跟受到学界批评的增字为解的弊病区别开来。增补翻译法时所增补的各种成分和语句，都是根据原文上下文意应该有的和可能有的进行增补，增补出来之后不但不会影响原文本意，还会使原文本意更显豁。本章第一节增补翻译法下所举各类例证均能说明这一点。相反，增字为解所增加的部分不是原文文意应该有的，增加之后会影响原文本意。如王引之《经义述闻》卷三十二于"增字解经"一目下云："《金縢》：'敷佑四方。'敷，遍也，言遍佑四方之民也。而解者曰'布其道以佑助四方'，则于'敷'下增'道'字矣。《康诰》：'应保殷民。'应，受也，言受保殷民也。而解者曰：'上以应天，下以安我所受殷之民众。'（自注：某氏《传》）则于'应'下增'天'字矣。《召诰》：'用乂民，若有功。'言用此治民，乃有功也。而解者曰：'顺行禹汤所以成功。'（自注：某氏《传》）则于'若'下增'禹汤'字矣。"再如《左・庄・十八年》："春，虢公、晋侯朝王。王飨醴，命之宥。"杜预《集解》："饮宴则命以币物，宥，助也。所以助欢敬之意。"其实，《传》文谓周王行飨礼饮酒时，命虢公、晋侯陪饮，相酬酢。宥，与"侑"通。杜氏不了文意，于"命"字下误增"以币物"三字，又解"宥"为"助欢敬之意"，便改变了原文的句式和句意。若此之类，均系误增，也就是所谓增字为解，应当避免。

五、注意古书中特殊句式的译释

古代汉语中有些句式是比较特殊的，历代训诂家中不少人又不大明了这些特殊句式，因此解句中常常出差错。如《诗・小雅・采芑》："蛮荆来威。"郑玄《笺》："今特往伐蛮荆，皆使来服于宣王之威。"这句诗系宾语前置句式，"来"为助词。"蛮荆来威"，调顺词序，便是"威（服）蛮荆"。郑氏对"宾语+助词+动词"这一类宾语前置形式不大明了，故增字强联句意。再如《诗・郑

① 见《景印文渊阁四库全书》第184册，第307页。

风·东门之墠》:“岂不尔思,子不我即。”孔颖达《正义》:“我岂不于汝思为室家乎?但子不以礼就我。”这两句诗都是否定句代词宾语前置形式,调顺词序,当为“岂不思尔?子不即我”。意思是说:我怎么不思念你?是你不理睬我啊!《正义》对这种特殊句式不甚了然,故对上句的翻译也犯了增字强联句意的错误。若此之类,都属于不明了特殊句式而致误。

今天,语法学已经取得了长足的发展,我们注释古书,诠解句意,应该充分利用先进的语法学知识,搞好特殊句式和疑难句式的诠释工作,进一步提高训诂质量。

第十二章　揭示语法

中国历代训诂家为了讲清词义，诠明句意，在训诂过程中对古代汉语的有关语法问题都不同程度地作了揭示和说明。这方面的训解方法主要包括揭示不同词类法、揭示某些词的语法特征法及揭示句法方面的有关问题法三大类。

第一节　揭示不同词类法

历代训诂家注解群籍时对古代汉语中的各种词类大都不同程度地作了揭示，所采用的主要方法有以下七类。

1. 揭示实词和虚词法

今天我们将汉语中的词汇分为实词和虚词两大类。对此，历代训诂家早就有了认识。他们揭示实词和虚词的方法主要有两类。

1）称“为义”与否揭示法

孔颖达等所撰《五经正义》解释虚词时，往往称“不为义”或“于义无取”，意谓这类词没有实在的词汇意义。相反，对实词不但从来不说这些话，而且还给予具体解释，说明他们认为这类词都有实在的词汇意义。也就是说，他们根据古代书面语言中的词有没有实际词汇意义而将其分为“为义”与“不为义”两大类。“为义”的词，就是今天我们所说的“实词”；“不为义”的词，就是今天我们所说的“虚词”。如《诗·周南·关雎》章句数后疏云：

> 字之所用，或全取以制义，“关关雎鸠”之类也；或假辞以为助，“者”“乎”“而”“只”“且”之类也。

又云：

"之""兮""矣""也"之类，本取以为辞，虽在句中，不以为义，故处末者，皆字上为韵。

所谓"全取以制义"，就是取某字当实词用，让它表示实际词汇意义。所谓"假辞以为助"，就是借用某字作虚词，仅让它助语而已，不表示实际的词汇意义，故谓"虽在句中，不以为义"。再如：

《诗·小雅·白驹》："皎皎白驹，贲然来思。"又："慎尔优游，勉尔遁思。"孔颖达《正义》："此'来思''遁思'二'思'皆语助，不为义也。"

此即谓此诗的两个"思"字都是语助，不表示实际词汇意义。

2）指明"实字""虚字"揭示法

从北宋开始，有了"实字""虚字"的概念，表明当时的学者已将语言中的词汇明确地划分为"实字"与"虚字"两类。如宋代周煇《清波杂志》卷七云：

东坡教诸子作文，或辞多而意寡，或虚字多、实字少，皆批谕之。

"虚字"，大致相当于今天所说的"虚词"；"实字"，大致相当于今天所说的"实词"。再如宋代张炎《词源》云：

词之句语有二字、三字、四字至六字、七八字者，若堆叠实字，读且不通，况付之雪儿乎？合用虚字呼唤，单字如"正""但""甚""任"之类，两字如"莫是""还又""那堪"之类，此类虚字却要用之得其所，若使尽用虚字，句语又俗，虽不质实，恐不无掩卷之诮。

此即是论述填词时使用实字、虚字的问题，也是将语言中的词分为实字、虚字两类。宋代以下，至于清末，学者们便一直沿用这样的分类法和术语。如明代李东阳《麓堂诗话》云：

诗用实字易，用虚字难。

又如清代谢鼎卿《虚字阐义》总论云：

实字求义理，虚字审精神。字之虚实有分而无分，本实字而止轻取其神，即为虚字。本虚字而特重按其理，即如实字。①

这里辩证地说明了实词与虚词可以活用互转的道理。

2. 揭示名词法

中国古代训诂著作中无现代汉语语法所使用的"名词"这个术语，但对这

① 以上关于"实字""虚字"的四个例子均转引自郑奠等：《古汉语语法学资料汇编》，中华书局1964年版，第91、95页。

个术语所包括的词汇主要采用了十一类专门的单训训式和由它们组成的若干类连训训式进行训释,借以揭示这一类词。这十一类单训训式是:

(1)A,B 名也

(2)A,B 属

(3)A,B 类

(4)A,B 别

(5)A,B 之 C 者

(6)A,B 次 C 者

(7)A,BC 之 D

(8)A,所以 BC 也

(9)AB,在 CD

(10)A,BC 之称

(11)AB,(做)CD 者

凡用以上十一类单训训式或由它们组成的各类连训训式为释的被训词,都属于今天我们所说的"名词"。每个训式的含义及其用例,参见第八章第一节。

另外,清代学者有人用"静字"这个术语来称说名词。如王筠《说文释例》卷五云:

> "瑁"下云"似犁冠",此"犁"谓耜也。木部"桦"下云"六叉犁,一曰犁上曲木犁辕",此"犁"兼耒言之。要皆是器名,乃静字。

但《马氏文通》所说的"静字"相当于现在我们所说的"形容词",与此不同。现代语法学对词类的划分颇为精密,各有定名,训诂家们也往往借以说明各类词的词性,读者人人熟悉,例子比比皆是,故不赘述。

3. 揭示动词法

古代训诂著作中对绝大多数动词都采用通用训法进行训释,专门揭示动词的训式主要有三个:

(1)A,B 之

(2)A,为 B

(3)A,(做)BC 之名

凡用以上三个训式为释的被训词,都属于今天我们所说的"动词"。每个训式的含义及其用例参见第八章第一节。

另外,清代有人用"动字"这个术语来称说动词。如王筠《说文释例》卷二云：

"盖",《说文》:"苫也。"《释器》:白盖谓之苫。苫、盖,物名。而"苫之""盖之",用为动字。

4. 揭示形容词法

中国历代训诂著作中对现代称为形容词的词语,除采用通用训法训释外,还采用了以下七类专门训式进行训解：

(1)A,B 貌

(2)A,BC 之形容

(3)A,BC 之状

(4)AB,CD 的样子

(5)A,B 意也

(6)A,形容 AB 的样子

(7)A,形容之辞

凡用以上七类训式为解的被训词,都属于现在我们所说的"形容词"。每个训式的含义及其用例,参见第八章第一节。

5. 揭明助词法

历代训诂著作中揭明助词的训式主要有以下十一类：

(1)A,辞也

(2)A,语辞

(3)A,助句辞

(4)A,助辞也

(5)A,语助

(6)A,发声也

(7)A,发语声也

(8)A,发语辞

(9)A,语已辞

(10)A,语终辞

(11)A,句中(末)语助

凡用以上十一类训式为解的被训词,都属于今天我们所说的"语气助词"。各个训式的含义及其用例,参见第八章第一节。

6. 揭明叹词法

揭明叹词法主要训式有三类：

(1)A,叹辞

(2)A,嗟叹辞也

(3)A,BC之声也

每个训式的含义及其用例,参见第八章第一节。

7.揭示象声词法

揭示象声词法主要训式有三类:

(1)AA,声也

(2)AA,BC声也

(3)AB,C音

每个训式的含义及其用例,参见第八章第一节。

揭示被训词的词性,是一种很有效的训释方法。有时候倘用别的训法不容易讲清楚的词义或句意,只要一揭示关键词的词性,意义马上就清楚了。比如《左·庄·十一年》:"公以金仆姑射南宫长万。"这句话的关键在于"金仆姑"一词,对此,读者会有各种猜测:或是一种特别的弓,或是一种特别的弩,或是一种特别的箭,或是其他临时可用作射的东西,或是一种射法,等等。杜预《集解》只用"A,B名"这个揭示名词的训式作解,云:"金仆姑,矢名。""矢名"就是箭名,词义立即清楚了,句意也明了。再如《诗·邶风·泉水》:"娈彼诸姬,聊与之谋。"这句诗的关键在于"娈"字,对此,读者可能有各种猜想。《毛传》云:"娈,好貌。"示意"娈"为形容词,这样,诗句就好理解了,"娈彼诸姬",就等于"彼娈诸姬",意思是那些美貌的女子。这个偏正词组是全句的一部分,下四字"聊与之谋"是另一部分,上下合起来才是一句话,《诗经》中的四字格多属于这种情况。又如《论语·学而》:"子夏曰:'贤贤易色。'"如果不揭明词性,这句话就颇难解释明白;但是如果揭明词性,指出上"贤"字为动词,下"贤"字为名词,"易"为动词,"色"为名词,全句的意思一下子就清楚了,意谓对妻子重品德,不重容貌。由于揭示词性可以收到事半功倍的训释效果,所以这类训法受到了历代训诂家的重视。

还必须指出,训诂著作中对词类的揭示,仅是其时语法学知识的一种应用和反映而已,绝不能代表其时整个词类划分的知识水平。因为训诂是受体式需要和具体训释内容需要限定的,需要揭示哪种词性,就给予揭示;不需要揭示词性,即使当时有了词类划分的知识,也不予以揭示。还有,虽然训诂著作是反映历代语法学水平的主要渠道,但不是唯一的渠道。因此,研究中国古代词类划分情况，绝不能仅据训诂著作中所体现出来的有关内容而作出全貌论证，还必须考虑其他方面的各种因素。对以下所述训诂中涉及的其他语法问题的理解，也须与此相同。

第二节 揭示某些词的语法特征法

历代训诂家在训释词义、诠解句意的过程中，对于群籍中的有关词语在使用中所体现出来的各种语法特征，也着意作了揭示，借以加强训释效果。这方面的训法主要有以下六类。

1. 揭示"有"字的词头用法法

古汉语文献中有些名词之前带有类似于前缀(prefix)成分的"有"字，跟一般的句首助词有别，不但无实义，而且搭配形式比较固定，有明显的形态作用。今人或称这种用法的"有"字为名词词头。历代训诂著作中对此多有揭示。如：

> 《诗·大雅·文王》："有周不显。"《毛传》："有周，周也。"

连举"有周"二字作为被训词，但仅以"周也"为释，不及"有"字，示意"有周"就是"周"，"有"字无义。再如：

> 《诗·小雅·巷伯》："投畀有北。"《毛传》："北方寒凉而不毛。"

诗作"有北"，《毛传》解作"北方"，不提"有"字，示意"有北"就是"北方"，"有"字无义。下同：

> 《尚书·召诰》："我不可不监于有夏，亦不可不监于有殷。"某氏《传》："言王当视夏殷，法其历年，戒其不长。"

原文作"有夏""有殷"，解句时只称"夏殷"，不提"有"字，也示意"有夏"就是"夏"，"有殷"就是"殷"，"有"字无义，附于其前而已。又如：

> 《论语·为政》："《书》云：'孝乎惟孝，友于兄弟，施于有政。'"杨伯峻《论语译注》："施于有政'有'字无义，加于名词之前，这是古代构词法的一种形态。"

此指明这种用法的"有"字为古代名词的一种构词形态。

2. 揭示词组关系法

文言文质略，不同关系的词组在形式上往往无别，容易产生歧义。遇到

这种情况,历代训诂家常常对词组关系设法给予揭示。如:

《诗·小雅·湛露》:"湛湛露斯,在彼杞棘。"郑玄《笺》:"杞也,棘也,异类。"

这表明"杞""棘"是两个并列词,不是一个双音词。再如:

《礼记·礼运》:"醆斝及尸君,非礼也,是谓僭君。"郑玄注:"僭礼之君也。"

嫌训"僭君"为动宾关系,故有此训,谓为偏正词组,以"僭"字修饰"君"字,表明是僭越礼制的国君,不是僭称君号的意思。又如:

《后汉书·杜林传》:"将军知天神乎?"李贤等注:"言知天道有神乎?"

嫌训这里的"天神"为偏正关系的名词,故有此解,谓"天神"为主谓结构,作"知"的宾语。"天",主语;"神",形容词谓语。又如:

《荀子·非十二子》:"察辩而操僻淫。"王念孙《读书杂志》:"杨注曰:'为察察之辩,而操持僻淫之事。'念孙案:'察辩'二字平列,言能察能辩,而所操皆僻淫之术也。《劝学》篇曰:'不隆礼,虽察辩,散儒也。'《不苟》篇曰:'君子辩而不争,察而不激。'荀子书皆以'察辩'对文,不可枚举。"

原文中的"察辩",唐代杨倞解为偏正词组,王念孙加以辨正,认为应该当作并列词组。"辩"是智的意思、慧的意思,不是辩论的辩。

3. 揭示各类词活用法

词有定类,但又可以互转活用,这是古今中外语法上的通则之一。对于古汉语文献中的词类活用现象,历代训诂家刻意作了揭示。这方面的训法主要有四类。

1)揭示名词用如动词法

《周礼·夏官·田仆》:"以田以鄙。"郑玄注:"田,田猎也。鄙,循行县鄙。"

"田""鄙"二字本为名词,"田"为田猎的名称,"鄙"指五百家的行政单位。这里用如动词,故注文在释词中加以揭示,按动词的意思作解。再如:

《孟子·万章下》:"集大成也者,金声而玉振之也。"朱熹《集注》:"金,钟属。声,宣也,如声罪致讨之声。玉,磬也。振,收也。"

"声"本为名词,此处"金声"之"声"注文按动词的意思作解,示意名词"声"用如动词。又如：

《荀子·不苟》："君子大心，则天而道；小心，则畏义而节。"唐代杨倞注："天而道，谓合于天而顺道。"

"天""道"本为名词，原文中用为动词，故杨注在解句中给予揭示。

2）揭示名词用如形容词法

《诗·小雅·桑扈》："交交桑扈，有莺其羽。"《毛传》："莺然，有文章。"

"莺"本为名词，诗中活用为形容词，故《毛传》加"然"字为解，示意用为形容词。"有莺其羽"，即"其羽有莺"的倒置，也就是其羽莺莺的意思。《诗经》中多此类句式。又如：

《诗·周颂·载芟》："有飶其香，邦家之光。有椒其馨，胡考之宁。"《毛传》："飶，芬香也。椒，犹飶也。"

示意这里的"椒"字用法跟"飶"字相同，是名词用为形容词。

3）揭示形容词用如动词法

《论语·子路》："子曰：'如有王者，必世而后仁。'"何晏《集解》："孔安国曰：'三十年曰世。'如有受命王者，必三十年仁政乃成也。"

"仁"本为形容词，注文用"仁政乃成也"一句揭示原文中的"仁"字用如动词。下同：

《汉书·诸葛丰传》："善善恶恶，非得颛之也。"颜师古注："善善，褒赏善人也。恶恶，诛罚恶人也。"

"善""恶"本为形容词，注文揭示前一个"善"字和"恶"字都用作动词。

4）揭示数词用如动词法

《周礼·夏官·校人》："驽马三良马之数。"郑玄注："校有左右，则良马一种者四百三十二匹，五种合二千一百六十匹。驽马三之，则为千二百九十六匹。"

"三"本为数词，注文套用专释动词的训式"A，B 之"中的训语"B 之"的形式，用"三之"揭示原文中的"三"字用为动词，"三之"即是成三倍。下同：

《孟子·万章下》："大国地方百里，君十卿禄，卿禄四大夫。"朱熹《集注》："十，十倍之也。四，四倍之也。"

4. 揭示动词的特殊用法法

上古汉语文献中行为动词的一般用法与后世基本相同，容易理解，但另有四种用法比较特别，即使动用法、意动用法、为动用法、被动用法，若按一般用法去理解，那就讲不通。因此，凡遇到这些特殊用法，历代训诂家常采用各种方法给予揭示。

1)揭示使动用法

所谓"使动用法"，是指动词具有"使宾语干什么"这种意思的用法。如：

《周礼·春官·大宗伯职》："以宾礼亲邦国。"郑玄注："亲，谓使之相亲附。"

此即谓"亲邦国"的"亲"表示使邦国相亲附的意思。下同：

《战国策·赵策》："今媪尊长安君之位。"王力《古代汉语》注："尊长安君之位，使长安君的地位很高。"

2)揭示意动用法

所谓"意动用法"，是指动词具有"以宾语为什么"这种意思的用法。如：

《孟子·万章上》："咸丘蒙曰：'舜之不臣尧，则吾既得闻命矣。'"赵岐《章句》："不以尧为臣。"

此即表明这里的"臣"字是名词作动词，用为意动。再如：

《淮南子·览冥》："又况夫宫天地，怀万物。"高诱注："以天地为宫室。"

此即表明这里的"宫"字是名词作动词，用为意动。下同：

《公·成·二年》："使耕者东亩，是则土齐也。"何休《解诂》："则晋悉以齐为土地，是不可行。"

3)揭示为动用法

所谓"为动用法"，是指动词具有"为宾语干什么"这种意思的用法。如：

《诗·小雅·伐木》："坎坎鼓我，蹲蹲舞我。"郑玄《笺》："为我击鼓坎坎然，为我兴舞蹲蹲然，谓以乐乐已。"

"我"不是被"鼓"、被"舞"的对象，"鼓""舞"是为了使我快乐，故《笺》文揭示这两个动词表示为动用法。再如：

《左·襄·二十九年》："范献子来聘，拜城杞也。"杜预《集解》："谢鲁为杞城。"

"城杞"，就是"为杞城"，也就是为杞国筑城。凡《春秋》经传中关于"城A"的记载，倘"A"代表当时的一个国名，而不是代表某一国的一个地名，那么这种"城"字都表示为动用法，也就是"为A国筑城"的意思。如《春秋·襄·二十九年》“城杞”、《左·僖·十六年》“城鄫”、《公·闵·十二年》“立僖公而城鲁”、《公·僖·二年》“城卫也”、《穀·僖·二年》“则其不言城卫,何也”都是如此。

4)揭示被动用法

《周礼·夏官·圉人》:“掌养马刍牧之事,以役圉师。”郑玄注:“役者,圉师使令焉。”

此即谓“役圉师”,不是圉人役使圉师,而是被圉师役使,示意“役”字表示被动用法。再如:

《公·庄·二十八年》:“春秋伐者为客,伐者为主。”何休《解诂》:“伐人者为客,读‘伐’长言之,齐人语也。见伐者为主,读‘伐’短言之,齐人语也。”

此即谓“伐者为主”的“伐”表示被动用法,也就是被伐的一方为主。又如:

《荀子·荣辱》:“辩而不说者争也。”杨倞注:“不说,不为人所称说,或读为悦。”

此即谓这里的“说”也是被动用法。

5. 揭示单音名词的表频率用法

《周礼·地官·山虞》:“物为之厉。”郑玄注:“物为之厉,每物有蕃界也。”

此即谓原文“物”字表示每物、物物的意思。厉,谓遮列而守。下同:

《汉书·昭帝纪》:“而百姓未能家给。”颜师古注:“家家自给足,是为家给也。”

6. 揭示数词的概指用法

《诗·豳风·东山》:“亲结其缡,九、十其仪。”《毛传》:“九、十其仪,言多仪也。”

女子出嫁,母亲给她结上佩巾(即“缡”),仪式很多,故以“九、十其仪”概指,不是说有九十种仪式。再如:

《论语·学而》:“曾子曰:‘吾日三省吾身:为人谋而不忠乎?与朋友交而不信乎?传不习乎?’”杨柏峻《译注》:“‘三省’的‘三’表示多次的意思。古代在有动作性的动词上加数字,这数字一定表示动作频率。而‘三’‘九’等字,又一般表示次数的多,不要着实地去看待。说详汪中《述学·释三九》。这里所反省的是三件事,和‘三省’的‘三’只是巧合。如果这‘三’字是指以下三件事而言,依《论语》的句法便应该这样说:‘吾日省者三。’和《宪问》篇的‘君子道者三’一样。”

此即由“三省”的“三”推及其他数词的概指用法,并对“三省”的“三”字所指的含义作了辨正。

第三节　揭示句法方面的有关问题法

历代训诂家在注解群籍、诠解句意的过程中,对句法方面的有关问题也不同程度地作了揭示,所采用的训法主要有以下五类。

1.揭示词序相异法

若文献语言的词序与当世相异,读者理解有困难,训诂家便给予揭示,多按当世的词序译释。主要有以下七类。

1)揭示主谓相倒法

先主语,后谓语,是汉语的正常语序,古今相同。如果遇到特殊情况,主谓相倒,便给予揭示。如:

《诗·鄘风·载驰》:“我行其野,芃芃其麦。”《毛传》:“麦芃芃然方盛长。”

《传》文示意“芃芃”为谓语,“其麦”为主语,主谓相倒,当调顺词序,故译文以主语“麦”为先。据此可知,凡《诗经》中“BB 其 A”式句子,都属于主谓相倒,翻译时应当倒过来,使其成“其 ABB”式,句意乃通。如《周南·桃夭》“灼灼其华”,调顺便是“其华灼灼”;《邶风·终风》“曀曀其阴”“虺虺其雷”,调顺便是“其阴曀曀”“其雷虺虺”;扩而广之,其他类似的句式也应该如此对待。如《小雅·我行其野》“蔽芾其樗”,调顺当是“其樗蔽芾”;《郑风·子衿》“青青子衿,悠悠我心”,调顺当是“子衿青青,我心悠悠”;《小雅·车攻》“萧萧马鸣,悠悠旆旌”,调顺当是“马鸣萧萧,旆旌悠悠”。再如:

《汉书·匈奴传》:“文帝复遣宗人女翁主为单于阏氏,使宦者燕人中行说傅翁主。说不欲行,汉强使之。说曰:‘必我也,为汉患者。’”颜师古注:“言我必于汉生患。”

颜氏发现原文词序有倒,用点明法作了意译,但并未调顺词序。实际上,“必我也”为谓语,“为汉患者”为主语,谓语提前,表示强调作用。又如:

《论语·雍也》:“贤哉,回也!”杨伯峻《译注》:“颜回多么有修养呀!”

示意“贤哉”为谓语,“回也”为主语,词序相倒,故译文作了调整,将主语“颜回”放在句首。

2)揭示宾语前置法

按照正常语序,先动词,后宾语。但古代汉语中出于种种原因,往往将宾语置于动词之前,这种宾语前置的现象成为古汉语词序与后世相异的主要问题,所以历代训诂著作中揭示宾语前置的用例特别多。如:

《诗·小雅·雨无正》:“匪舌是出。”《毛传》:“不得出是舌也。”

示意“舌”是宾语,“出”是动词,词序相倒,故作了顺释。再如:

《诗·小雅·斯干》:“无父母诒罹。”郑玄《笺》:“无遗父母之忧。”

示意“父母”为间接宾语,“诒”为动词,词序相倒,故译文将动词“遗”置于“父母”之前。又如:

《左·僖·四年》:“齐侯曰:‘岂不谷是为?先君之好是继。’”杜预《集解》:“言诸侯之附从,非为己,乃寻先君之好。”

示意原文“不谷”“先君之好”是两个前置宾语,两个动词“为”“继”后置,故译释时调整了词序。下同:

《论语·学而》:“不好犯上,而好作乱者,未之有也。”杨伯峻《译注》:“未之有也,‘未有之也’的倒装形式。古代句法有一条这样的规律:否定句,宾语若是指代词,这指代词的宾语一般放在动词前。”

此即结合诠解“未之有也”这句话,指出了古汉语否定句代词宾语前置的一般规律。

3)揭示状语与谓语相倒法

古汉语中状语与谓语的次序若与后世相异,历代训诂中也作了揭示。如:

《诗·小雅·十月之交》:“下民之孽,匪降自天。”郑玄《笺》:“下民有此,言非从天堕也。”

示意状语“自天”应置于动词“降”之前。再如:

《左·昭·十九年》:“令尹子瑕言蹶由于楚子,曰:‘彼何罪?谚所谓室于怒市于色者,楚之谓矣。’”杜预《集解》:“言灵王怒吴子而执其弟,犹人忿于室家而作色于市人。”

杜解示意原文“室于”“市于”为状语,分别倒置于动词“怒”“色”之前,调顺,当作“怒于室,色于市”。《墨子·非乐上》“野于饮食”与此相同,也应当按“饮食于野”的顺序来理解。

4)揭示多种成分相倒法

有些古诗为了修辞上的需要,一句诗中多种成分相倒,训诂中也作了揭示,帮助读者理解。如杜甫《秋兴八首》其八云:

> 香稻啄馀鹦鹉粒,碧梧栖老凤凰枝。

浦江清等注云:

> 香稻是鹦鹉啄馀的粒,碧梧是凤凰栖老之枝。意思说这里的香稻是曾经用来喂鹦鹉的,这里的梧桐树曾经栖宿过凤凰。

示意谓语动词“啄馀”“栖老”前置,主语“鹦鹉”“凤凰”后置,词序相倒,译释时作了调整。当然也可以理解为,“香稻”与“碧梧”分别是“粒”与“枝”的定语,倒置于句首,其他成分如前。这样,调顺词序,当为“鹦鹉啄馀香稻粒,凤凰栖老碧梧枝”。再如李贺诗《大堤曲》云:

> 青云教绾头上髻,明月与作耳边珰。

冯浩菲、徐传武《李贺诗选译》认为这两句诗是倒装句,应按“头上教绾青云髻,耳边与作明月珰”来理解。[①] 示意“青云”“明月”分别是“髻”“珰”的定语,倒置于句首;“头上”“耳边”分别是谓语动词“教绾”“与作”的状语,倒置于后,故译释中作了调整。

5)揭示倒序法

古人行文,出于种种原因,往往将该先说的后说,该后说的先说,句序相倒。训诂中也有所揭示,如俞樾《古书疑义举例》卷一《倒序例》下云:

> 《周官·大宗伯职》:“以肆、献、祼享先王。”若以次弟而言,则“祼”最在先,“献”次之,“肆”又次之也。乃不曰“祼、献、肆”,而曰“肆、献、祼”,此倒序也。《大祝职》:“隋衅、逆牲、逆尸。”若以次弟而言,则“逆尸”最在先,“逆牲”次之,“隋衅”又次之也。乃不曰“逆尸、逆牲、隋衅”,而曰“隋衅、逆牲、逆尸”,此倒序也。《小祝职》:“赞彻、赞奠。”若以次弟而言,则“奠”先而“彻”后也。乃不曰“赞奠、赞彻”,而曰“赞彻、赞奠”,此倒序也。

此即揭明《周礼》行文有倒序的例子。再如:

---

① 见《李贺诗选译》,巴蜀书社 1991 年版,第 26 页。

《孟子·尽心下》:"若崩厥角稽首。"杨伯峻《译注》:"百姓便都把额角触地叩起头来,声响好像山陵倒塌一般。"

原文讲周武王率领军队讨伐殷纣王,对殷百姓说:"不要害怕,我是来安定你们的,不是同你们为敌的。"殷百姓便叩头拜谢,声响甚大。杨注用增补翻译法示意原文为倒序。

6)揭示相错成文法

古人行文,出于种种原因,往往相错成文,不像后世骈体文那样对仗工整,训诂中也有所揭示。如:

《楚辞·九歌·东皇太一》:"吉日兮辰良。"宋代洪兴祖《补注》:"沈括存中云:吉日兮辰良,盖相错成文,则语势矫健。如杜子美诗云:'红豆啄馀鹦鹉粒①,碧梧栖老凤凰枝。'韩退之诗云:'春与猿吟兮,秋鹤与飞。'皆用此体也。"

按照后世骈文,当说"吉日兮良辰",《楚辞》却作"辰良",不作"良辰",故沈氏有此解,谓为古文相错成文之法,并举唐诗印证。再如俞樾《古书疑义举例》卷一云:

《淮南子·主术》篇:"夫疾风而波兴,木茂而鸟集。"上言"疾风",下言"木茂",亦错综其词。《意林》引此作"风疾而波兴",由不知古人文法之变而以意改之。

此即指明"疾风"与"木茂"错综成文。下同:

《论语·乡党》:"迅雷风烈必变。"杨伯峻《译注》:"迅雷风烈,就是'迅雷烈风'的意思。"

这也表明"迅雷风烈"系相错为文。

7)总论词语相倒法

总论词语相倒法,即搜求列举各类词语相倒的例子,加以论述,供读者参考。此法常用于一些杂考笔记体训诂著作中。如宋代孙奕《示儿编》卷一云:

六经或倒其文,如《易》之"西南得朋""吉凶者失得之象",类皆有之,唯《诗》为多。如中谷、中林、中河、中路、中原、中田、家室、裳衣、衡从、稷黍、瑟琴、鼓钟、斯螽、西南、南东、下上、羊牛、乐岂、息偃、甥舅、孙子、女士、京周、家邦、鼐鼎、齐明,不一而尽。《记》虽有"吾得坤乾焉",

① 今本杜诗多作"香稻啄馀",不作"红豆啄馀",与沈氏所见本不同。

《书》虽有"月正元日",或"四三年",又"北东入于海",皆有说也。盖《归藏易》以纯坤为首,其次第不得不然也。《书》前有"正月上日",则后不得不以"月正元日"错综言之也。不言"三四"而曰"四三"者,自多而至少,故"四"言于"三"之上也。又沮水之势,北折而东,故"东"言于"北"之下也。然倒此一言,不徒其理为长,而又且文矣。至如《祭义》云"禄爵庆赏",《祭统》云"备外内之官",《闲居》云"春秋冬夏",《中庸》云"设其裳衣",大率若此。

此即总举《易》《书》《诗》《礼》中有关的倒文例子,并对其中的一些倒文例作了说明。再如清代陆敬安《冷庐杂识》卷四云:

《汉书》……又多倒字,如妃后、子父、论议、失得、贵富、旧故、疑嫌、病利、病疾、并兼、悦喜、苦勤、惧震、柔宽、思心、候伺、激诡、讳忌、稿草之类是也。

此即对《汉书》中的倒文作了总括举证。

2. 揭明省文法

古文献语言句子成分多有省略,对一般读者理解文意往往造成困难,训诂中除了采用增补翻译法增补其省略部分之外,还往往从句法的角度给予揭明,晓示读者。这方面的训法包括揭明承上省文法、揭明探下省文法两类。

1)揭明承上省文法

有关的词语上文出现过之后,下文承上而省,先不出现,这叫作"承上省文"。训诂中便给予揭明。如俞樾《古书疑义举例》卷二云:

《定·四年·左传》:"楚人为食,吴人及之。奔,食而从之。"此文"奔"字一字为句,言楚人奔也。"食而从之"四字为句,言吴人食楚人之食,食毕而遂从之也。"奔"上当有"楚人"字,"食而从之"当有"吴人"字,蒙上而省也。

此即揭明原文"奔"和"食而从之"之前承上分别省去"楚人"和"吴人"。这样揭明,文意清楚,易于理解。

2)揭明探下省文法

有关的词语将出现于下文,上文探下而省,先不出现,这叫作"探下省文"。训诂中也常常给予揭明。如:

《诗·豳风·七月》:"七月在野,八月在宇,九月在户,十月蟋蟀入我床下。"郑玄《笺》:"自'七月在野'至'十月入我床下',皆谓蟋蟀也。"

此即表明"七月""八月""九月"三句均探下省略主语"蟋蟀"。再如：

《春秋·成·七年》："春，王正月，鼷鼠食郊牛角，改卜牛，鼷鼠又食其角，乃免牛。"孔颖达《正义》："'改卜牛'下重言'鼷鼠'，'又食其角'不重言'牛'者。何休云：言'角'，牛可知。后食牛者未必故鼠，故重言鼠。改卜，被食角者，言'乃免牛'，则前食角者亦免之矣，从下'免'省文也。"

此即说明原文"食郊牛角"之后，应有"乃免牛"一句，因这句话将出现于下文，故前边探下而省。

3. 揭示复句关系法

古文中的复句往往没有关联词，句与句之间的关系不甚分明。训诂中一般采取加关联词的方法揭示复句关系。如：

《诗·卫风·淇奥》："善戏谑兮，不为虐兮。"《毛传》："虽则戏谑，不为虐矣。"

译文中增加"虽则"二字，示意这两句诗为转折复句。再如：

《诗·曹风·下泉》："四国有王，郇伯劳之。"孔颖达《正义》："四方之国有从王之事，所以得治者，由有郇国之侯为伯，以恩德劳来之故也。"

译释中加"所以……由"等字，示意原句为因果复句。又如：

《汉书·武帝纪》："太常其议予博士弟子，崇乡党之化，以厉贤材焉。"颜师古注："为博士置弟子，既得崇化于乡党，又以奖厉贤材之人。"

译释中增"既……又"示意原文为并列复句。

4. 揭示语气法

古文原无标点，语气不易体会把握，直接影响读者对文意的理解。因此训诂中对所解文句的语气常有揭示，可分为两类：

1）随文揭示语气法

《诗·郑风·扬之水》："扬之水，不流束楚？"《毛传》："激扬之水，可谓不能流漂束楚乎？"

这两句诗如果读为陈述语气，那就不合事理，因为激扬之水不能漂流束楚。所以《毛传》示意当读成反问语气，这样，便与下文"无信人之言，人实迋女"的意思相接，是以"扬之水，不流束楚"起兴，比喻人的诳言不可信。再如：

《诗·豳风·鸱鸮》："今女下民，或敢侮予？"郑玄《笺》："今女我巢下之民，宁有敢侮慢欲毁之者乎？"

示意这两句诗当读成责问语气。又如：

《孟子·公孙丑下》:“其心曰:‘是何足与言仁义也云尔。’”赵岐《章句》:“今人皆谓王无知,不足与言仁义。‘云尔’,绝语之辞也。”

示意加“云尔”二字,表示这句话语气十分肯定。另外,疏解旧注的训诂著作对旧注中的语气也常常给予揭示,如:

《周礼·春官·大宗伯职》:“王执镇圭。”郑玄注:“镇圭者,盖以四镇之山为瑑饰,圭长尺有二寸。”贾公彦疏:“以其诸侯圭皆以类为瑑饰,此字为四镇之字,明以四镇之山为瑑饰也。无正文,故云‘盖’以疑之。”

贾疏揭明郑注的“盖以”的“盖”字表示自设疑词为解。

2)专书揭示语气法

专书揭示语气法,即著为专书,综合揭示、论述古书中的虚词及其所表示的语气。如元代卢以纬《助语辞》云:

“何则”“何者”“何也”“是何也”“是何”“何哉”“何以”“何如”“如之何”,此皆文中自问之辞,所以引起下文来。“何则”“何者”,俗语“如何誵”之意。“则”声微紧于“者”字。“何也”亦是“如何誵”,其意安。或云“是何也”,语声平婉,下文如江河滔滔汩汩流去。或止云“是何”,其下着语峻急,如水落高滩,后语应之,势来得紧,跳珠喷雪矣。“何哉”言“何故如此”,且咨嗟之。句中凡“何以”二字,有“何用”意,有“何为”意,有俗语“把什么”之意。“何如”只是“怎生”,其辞直。“如之何”乃婉其辞而详议之,且疑且问。

此即对所举助语辞表示的语气作了详细揭示。再如清代刘淇《助字辨略》卷三云:

《冯唐传》:“唐对曰:‘齐尚不如廉颇、李牧之为将也。’上曰:‘何已?’”师古云:“已,犹耳。”愚案:“‘何已’,问辞也。凡问之馀声扬以长,则为‘何邪’‘何与’;抑而短,则为‘何已’‘何耳’。”

此即以《汉书·冯唐传》为例,指出“何已”为问辞,表示疑问,并连类而及,综论“何邪”“何与”“何已”“何耳”四词,按“问之馀声”的长短分为“扬以长”与“抑而短”两类。又如清代刘灿《支雅》云:

纵、假、藉、脱若、且如,设词也。

此即揭明所举五词均系设辞,表示假设语气。

5. 论述句字长短法

南朝刘勰《文心雕龙·章句》云:

> 若夫笔句无常，而字有条数：四字密而不促，六字格而非缓；或变之以三五，盖应机之权节也。至于诗、颂大体，以四言为正；唯“祈父”“肇禋”，以二言为句。寻二言肇于黄世，《竹弹》之谣是也；三言兴于虞时，《元首》之诗是也；四言广于夏年，《洛汭》之歌是也；五言见于周代，《行露》之章是也。六言、七言，杂出《诗》《骚》，而体之篇，成于两汉。情数运周，随时代用矣。

这是总论文句字数的发展演变大势。再如《诗·周南·关雎》章句数后孔颖达疏云：

> 句者，联字以为言，则一字不制也。以诗者申志，一字则言蹇而不会，故《诗》之见句，少不减二，即“祈父”“肇禋”之类也。三字者“绥万邦”“娄丰年”之类也。四字者“关关雎鸠”“窈窕淑女”之类也。五字者“谁谓雀无角，何以穿我屋”之类也。六字者“昔者先王受命，有如召公之臣”之类也。七字者“如彼筑室于道谋”“尚之以琼华乎而”之类也。八字者“十月蟋蟀入我床下”“我不敢效我友自逸”是也。其外更不见九字、十字者。

此总论《诗经》句字情况。又如宋代陈骙《文则》卷下云：

> 《春秋》文句，长者逾三十馀言，短者止于一言。如“季孙行父、臧孙许、叔孙侨如、公孙婴齐帅师会晋郤克、卫孙良父、曹公子首及齐侯战于鞌”之类，是长句也。如“螽”之类，是短句也。

此论《春秋》中最长的与最短的文句。总之，这类论述对于读者了解古书文句长短情况是有帮助的。

第十三章　揭明写法

历代训诂家在注释群籍的过程中,对有关写作方法的各种重要问题往往都给予揭明,用以加强训释效果,主要训法有揭明修辞格法、揭明其他写法法及评论写法法三大类。

第一节　揭明修辞格法

训诂中揭明修辞格的方法主要有以下十一类。

1. 明起兴法

起兴,是指先言其他事物,再引出所咏事物的一种修辞法。揭明这种修辞法的训诂方法主要有两类。

1)揭明兴句法

揭明兴句法,即只揭明所解句为起兴句,至于如何起兴,并不深论。大凡训诂家认为兴句的取义比较明显时,便以此法作解。如:

《诗·周南·樛木》首章:"南有樛木,葛藟累之。"《毛传》:"兴也。"《毛诗序》云:"《樛木》后妃逮下也。言能逮下而无嫉妒之心焉。"意谓这首诗是歌颂后妃不嫉妒,能以恩义对待下面的众妾,故众妾上附后妃,同心同德,伺候国君。由于取义已明,故《毛传》在首章兴句下只标明"兴也"。再如:

《诗·周南·桃夭》:"桃之夭夭,灼灼其华。之子于归,宜其室家。"

朱熹《诗集传》:"兴也。"

这是在章末标明兴法,是指前两句为兴句,喻指姑娘正值花事烂漫之时出嫁,婚姻合时,能使一家人和宜。取义明显,也是只标明"兴也"。

2)揭明兴句取义法

当起兴句的含义比较隐晦,读者不易理解时,便以此法作解。起兴句都是言A喻B,A为喻体,B为本体。揭明兴句取义,就是揭明喻体和本体的含义。又可别为三类。

(1)揭明喻体含义法

> 《诗·曹风·蜉蝣》:"蜉蝣之羽,衣裳楚楚。"《毛传》:"兴也。蜉蝣,渠略也。朝生夕死,犹有羽翼以自修饰。"

《传》文标明"兴也"之后,觉得喻体之义较隐,故加以揭示,读者可由蜉蝣"朝生夕死,犹有羽翼以自修饰"这一提示,联想到本体取义,即喻曹昭公君臣死亡无日而好为奢侈。再如:

> 李白《古风》其十二:"松柏本孤直,难为桃李颜。"元萧士赟《分类补注李太白诗》:"齐贤曰:'谓松柏挺然孤直,不能如夭桃艳李嫣然媚人也。'"

此即引齐贤说,仅揭明喻体含义。

(2)揭明本体取义法

倘兴句的喻体含义明显,本体取义较隐,便以此法作解。如:

> 《诗·小雅·伐木》:"嘤其鸣矣,求其友声。"《毛传》:"君子虽迁于高位,不可以忘其朋友。"

这等于说用"嘤其鸣矣,求其友声"这两句诗起兴,喻指"君子虽迁于高位,不可以忘其朋友"。这两句诗上承"出自幽谷,迁于乔木",故有此解。再如:

> 曹丕《清河见挽船士新婚与妻别作》:"冽冽寒蝉吟,蝉吟抱枯枝。"余冠英《三曹诗选》注:"蝉抱枯枝,喻空房独守。"

"喻空房独守",即是这两句兴诗的本体取义。

(3)喻体与本体含义兼明法

倘喻体与本体含义均较隐,便以此法为解。如:

> 《诗·小雅·鹿鸣》:"呦呦鹿鸣,食野之苹。"《毛传》:"兴也。苹,蓱也。鹿得蓱,呦呦然鸣而相呼,恳诚发乎中。以兴嘉乐宾客,当有恳诚相招呼,以成礼也。"

"鹿得蓱",不独自享用,呼众鹿来食,这属于喻体含义,"以兴"以下属于本体取义。两种含义都比较隐晦,一般读者不大了解,故《传》文以"AA,以兴BB"的句式,一并给予揭明。再如:

《诗·小雅·斯干》："秩秩斯干，幽幽南山。"《毛传》："兴也。秩秩，流行也。干，涧也。幽幽，深远也。"郑玄《笺》："兴者，喻宣王之德如涧水之源，秩秩流出，无极已也；国以饶富，民取足焉，如于深山。"

周宣王为中兴之主，作者用《斯干》诗歌颂他。《毛传》标明"兴也"，解释了词义，对兴句取义，略而不论。《笺》承《传》训，用"兴者，喻 AB 如 CD"这个句式加以训解，两"如"字之前，所明为本体取义，之后为喻体取义。又如《乐府诗集·焦仲卿妻》云：

孔雀东南飞，五里一徘徊。

林庚等《中国历代诗歌选》注云：

汉代乐府中描写夫妇离散往往借鸟飞起兴，如《艳歌何尝行》："飞来双白鹄，乃从西北来。……五里一反顾，六里一徘徊。"又如《襄阳乐》："黄鹄参天飞，中道郁徘徊。"这诗也用同一手法。

这也是喻体与本体含义兼明。

2. 明比喻法

比喻是以 A 物比喻 B 物的修辞方法，A 为喻体，B 为本体，与起兴法相比，A、B 之间的比喻关系更直接、更明显。训诂中揭明比喻的方法跟明起兴法大致相同。如：

《韩非子·扬权》："腓大于股，难以趋走。"元代何犿注："臣重于君，难以为理。"

此属于揭明本体取义法，表明以股比君，以腓比臣。再如：

李白《古风》其二十六："碧荷生幽泉，朝日艳且鲜。秋花冒绿水，密叶罗青烟。秀色空绝世，馨香竟谁传。坐看飞霜满，凋此红芳年。结根未得所，愿托华池边。"元萧士赟《分类补注李太白诗》："此篇荷与华池比也。谓君子有绝世之行，处于僻野而不为世所知，常恐老之将至而所抱不见于所用，安得托身于朝廷之上而用世哉！是亦太白自伤之意也欤？"

这也是只揭明本体取义。又如：

《尚书·梓材》："若作梓材，既勤朴斫，惟其涂丹雘。"某氏《传》："为政之术，如梓人治材为器，已劳力朴治斫削，惟其当涂以漆，丹以朱，而后成。以言教化亦须礼义然后治。"

此属于喻体与本体之义兼明法。"如梓人"至"而后成"明喻体含义，"为政之术"及"以言"以下明本体取义。下同：

《三国演义》第一百七回:“驽马恋栈豆,必不能用也。”人民文学出版社 1973 年版注:“驽马恋栈豆,劣马只惦着马棚里的饲料,譬喻无能的人只贪图安逸,缺乏远大的志向和谋略。”

“譬喻”之前明喻体含义,之后明本体取义。

3. 明借古讽今法

借古讽今,即通过述说古人古事来讽刺今人今事,述古是虚,讽今是实。如果对这一类诗文照字面所写去理解,那就违背了作者的原意。因此,训诂家根据典训师说,对这一类写法一般都给予揭明。如《诗·郑风·羔裘》云:

羔裘如濡,洵直且侯。彼其之子,舍命不渝。

羔裘豹饰,孔武有力。彼其之子,邦之司直。

羔裘晏兮,三英粲兮。彼其之子,邦之彦兮。

《毛诗序》云:“《羔裘》,刺朝也。言古之君子,以风其朝焉。”《笺》云:“郑自庄公而贤者陵迟,朝无忠正之臣,故刺之。”《正义》云:“以庄公之朝无正直之臣,故作此诗,道古之在朝君子有德有力,故以风刺其今朝廷之人焉。经之所陈,皆古之君子之事也。此主刺朝廷之臣,朝无贤臣,是君之不明,亦所以刺君也。”要之,《序》《笺》《正义》均揭明此诗为借古讽今的诗。《诗经》中此类诗篇不少,汉唐以上训诂家均一一予以揭明。宋代以下,不少学者竞逞臆说,直按颂美诗作解,遂使《诗经》中陈古刺今之意多失。如朱熹《诗集传》于这篇诗首章下云:“言此羔裘润泽,毛顺而美,彼服此者,当生死之际,又能以身居其所受之理而不可夺。盖美其大夫之词,然不知其所指矣。”即废汉唐旧解而不用,凭空视作颂美诗,昧陈古刺今之意。再如曹植《怨歌行》云:

为君既不易,为臣良独难。忠信事不显,乃有见疑患。周公佐成王,金縢功不刊。推心辅王室,二叔反流言。待罪居东国,泣涕常流连。皇灵大动变,震雷风且寒。拔树偃秋稼,天威不可干。素服开金縢,感悟求其端。公旦事既显,成王乃哀叹。吾欲竟此曲,此曲悲且长。今日乐相乐,别后莫相忘。

余冠英《三曹诗选·前言》云:

《怨歌行》叙周公待罪居东的故事,借古讽今,是对曹叡剖白自己的诗。

曹叡即魏明帝,是曹丕的儿子,曹植的侄儿。曹植受到他们父子二人的猜忌和限制,处境困难,故写了这首诗,借古讽今,自我表白。

4. 明代指法

A事物与B事物相关,称A代B,叫作"代指"。代指的类型初无限定,因事而异,故明代指法也随事而施。如:

《诗·大雅·烝民》:"王之喉舌。"《毛传》:"喉舌,冢宰也。"

此揭明比喻代指,即以"喉舌"比喻代指"冢宰"。

《周礼·天官·内宰》:"以阴礼教六宫。"郑玄注:"六宫,谓后也。妇人称寝曰宫。宫,隐蔽之言。后象王,立六宫而居之,亦正寝一,燕寝五。教者不敢斥言之,谓之六宫。若今称皇后为中宫矣。"

此揭明以居室代人法。

《汉书·高帝纪》:"是日,车驾西都长安。"颜师古注:"凡言'车驾'者,谓天子乘车而行,不敢指斥也。"

此揭明以用具代人法,即以"车驾"代指天子。

《后汉书·周举传》:"朝廷在西钟下时,非孙程等岂立?"李贤等注:"朝廷,谓顺帝也。孙程与王康等十八人谋于西钟下,共立济阴王为顺帝也。"

此揭明以官署代人法,即以"朝廷"代指顺帝。

曹操《短歌行》:"何以解忧?唯有杜康。"余冠英《三曹诗选》注:"杜康,相传开始造酒的人,一说是周代人,一说是黄帝时代人。这里用作酒的代称。"

此揭明以造物者的姓名代物法。

《汉书·陈胜传》:"将军身披坚执锐。"颜师古注:"坚,坚甲也。锐,利兵也。"

此揭明以特性代物法。

5. 明举偏概全法

举偏概全,即称举一偏,概指全面。也没有定例,因事而异,故揭明的方法也随之不同。如:

《诗·豳风·伐柯》:"笾豆有践。"孔颖达《正义》:"礼事弘多,不可遍举,言其笾豆有列,见礼法大行也。"

此揭明举一般概指全体法。古人行礼设筵,所陈列的食器很多,笾与豆是其中一般最常用的两种。诗中只说到笾豆,不及其余,是称举一般,概指全体的修辞法,故《正义》给予揭明。

《诗·鲁颂·泮水》:"憬彼淮夷,来献其琛。元龟象齿,大赂南金。"孔颖达《正义》:"'来献其琛',总言献宝。其龟、象、南金,还是宝中之别。以其物贵,特举而言,其献非唯此等也。"

此揭明举贵概全法。意谓所献的贡物很多,诗中称举其中三种贵重的,以此概指其余。

《周礼·天官·膳夫》:"掌王之食饮膳羞,以养王及后、世子。"贾公彦疏:"云'以养王及后、世子'者,举尊者而言,其实群臣及三夫人以下亦养之。"

此揭明举尊概全法。

《周礼·天官·醢人》:"宾客之礼,共醢五十瓮。"贾公彦疏:"案:《掌客》上公之礼醯醢百有二十瓮,侯伯百瓮,子男八十瓮。此共醢五十瓮,并醯人所共醯五十瓮,共为百瓮。此据侯伯饔饩之礼,举中言之,明兼有上公与子男。"

此揭明举中概全法。五等爵,公为上,侯伯为中,子男为下。意谓《醢人》文所论虽只称举中间情况,实际上兼括上下在内。

《文选·(宋玉)高唐赋》:"东西施翼,猗狔丰沛。"李善注:"东西施翼者,谓树枝四向施布,如鸟翼然。言东西,则南北可知,其林木多也。"

此揭明错举概全法。树木枝叶遮盖,东南西北四向。原文错举东西,实际上兼括南北。

6. 明互文法

两两相对的句子,其文互有详略,其意互相发明,称为"互文"。凡使用互文的文句,意思比较隐晦,故训诂中一般都给予揭明,所使用的方法可分为六类。

1)明为"互文"

《周礼·春官·小祝》:"有寇戎之事,则保郊,祀于社。"郑玄注:"保、祀互文,郊、社皆守而祀之。"

此谓郊言保守,也祭祀;社言祭祀,也保守。原文于郊言"保"略"祀",于社言"祀"略"保",故为"互文"。郊,祭天之处。下同:

《文选·(江文通)别赋》:"使人意夺神骇,心折骨惊。"李善注:"亦互文也。"

谓"意"也可言"骇","神"也可言"夺";"心"也可言"惊","骨"也可言"折",

故为“互文”。

2)明为“互言”

互言,犹互文。如:

《礼记·坊记》:“故君子约言,小人先言。”郑玄注:“‘约’与‘先’,互言尔。君子约,则小人多矣。小人先,则君子后矣。”

此即谓“约”与“多”相对,“先”与“后”相对,原文言“约”略“多”,言“先”略“后”,故为“互言”。再如:

《诗·召南·采蘋》:“于以采蘋?南涧之滨。于以采藻?于彼行潦。”孔颖达《正义》:“‘南涧’言‘滨’,‘行潦’言‘彼’,互言也。”

意谓因下句“于彼”二字,明“南涧”之前也有“于彼”二字之意;因上句“之滨”二字,明“行潦”之后也有“之中”之意。

3)明为“互辞”

互辞,犹互言。如:

《诗·小雅·楚茨》:“楚楚者茨,言抽其棘。”郑玄《笺》:“茨言楚楚,棘言抽,互辞也。”

示意“茨”也可言抽,“棘”也可言楚楚,各言其一,互辞见义。

4)称“互见其义”

《周礼·地官·泽虞》:“掌国泽之政令,为之厉禁,使其地之人守其财物,以时入之于玉府,颁其馀于万民。”贾公彦疏:“此《泽虞》云‘以时入之于玉府,颁其馀于万民’,亦据中所出入玉府者多,故特言之。无妨《山虞》《川衡》之等亦入玉府,亦是互见其义也。”

意谓《泽虞》有以时入玉府的事情,《山虞》《川衡》等虽无此等文句,也有入玉府的事情,故曰“互见其义”。下同:

《诗·小雅·小弁》:“鹿斯之奔,维足伎伎。雉之朝雊,尚求其雌。”孔颖达《正义》:“此雉言雌,鹿不言牝。鹿言足迟为待之之势,兽走,故以迟相待。鸟飞疾,故以鸣相呼,皆互见也。”

意谓鹿也求偶,雉也相待,互见其义。

5)称“互相挟”“互相兼”

《礼记·玉藻》:“夕,深衣,祭牢肉。”郑玄注:“天子言‘日中’,诸侯言‘夕’;天子言‘馂’,诸侯言‘祭牢肉’,互相挟。”

意谓这一段关于诸侯的《记》文与上文关于“天子”的《记》文为互文。孔颖达

《正义》:"云'互相挟'者,以天子言'日中',诸侯亦当有'日中';诸侯言'夕',则天子亦言'夕';天子言'馂',则诸侯亦'馂';诸侯言'祭牢肉',则天子亦'祭牢肉',以诸侯之'夕',挟天子'日中',故云'互相挟'。"再如:

《尚书·召诰》:"有夏服天命,惟有历年。"又:"有殷受天命,惟有历年。"某氏《传》:"夏言'服',殷言'受',明受而服行之,互相兼也。"

意谓夏也受命,殷也服命,文互义兼。

6)称"互相备"

《周易·说卦》:"雷以动之,风以散之,雨以润之,日以烜之,艮以止之,兑以说之,乾以君之,坤以藏之。"孔颖达《正义》:"此一节总明八卦养物之功。烜,乾也。上四举象,下四举卦者,王肃云:'互相备也。'"

《周易》八经卦的卦名与卦象对照如下表:

表 13-1 八经卦的卦名与卦象对照情况

卦名	乾	坤	震	巽	坎	离	艮	兑
卦象	天	地	雷	风	水	火	山	泽

《说卦》这段文字前四卦举卦象,即雷、风、水(雨)、火(日),后四卦举卦名,即艮、兑、乾、坤,由四卦象见卦名,由卦名知卦象,故谓"互相备"。

7. 明变言法

在相同句式的相同位置上使用同义词或近义词,错落成文,避免重复,称为"变言"或"变文"。训诂中对这类修辞方法也给予揭示。如:

《周礼·地官·大司徒职》:"辨十有二土之名物","辨十有二壤之物"。郑玄注:"壤,亦'土'也。变言耳。以万物自生焉,则言'土'。土,犹'吐'也。以人所耕而树蓺焉,则言'壤'。壤,和缓之貌。"

此即谓一处言"土",一处言"壤",变言而已,意思相同。再如:

《诗·小雅·采薇·序》:"文王之时,西有昆夷之患,北有猃狁之难。"孔颖达《正义》:"昆夷言'患',猃狁言'难',患难一也,变其文耳。"

意谓两字义同,错落文辞而已。下同:

《论语·颜渊》:"子张问明。子曰:'浸润之谮,肤受之诉,不行焉,可谓明也已矣。'"邢氏《正义》:"诉,亦谮也,变其文耳。"

8. 明连言法

古人行文，往往言 A 而连 B，只取 A 义，不取 B 义，连 B 协句而已，叫作"连言"。训诂中对此也给予揭明。如：

《左·昭·十三年》："郑，伯男也，而使从公侯之贡。"孔颖达《正义》："《周语》云：'郑，伯男也，王而卑之，是不尊贵也。'王肃注此与彼，皆云郑，伯爵，而连男言之，犹言曰公侯，足句辞也。"

此即谓本当作"郑，伯也"，因五等爵名伯子男相次，故连"男"而言，为了足句，无取于"男"义。再如：

《周礼·春官·典瑞》："封国，则以土地。"郑玄注："封诸侯，以土圭度日景，观分寸长短，以制其域所封也。"贾公彦疏："日景一寸，其地千里，则一分百里。今封诸侯，无过五百里。已下止可言'分'，而言'寸'者，语势连言之，其实不合有'寸'也。"

此即谓本当作"观分长短"，因"分"字音单，故连"寸"而言，足成语势，实际上"寸"字于义无取。

9. 明双关法

言 A 指 B，语义两涉，称为"双关"。双关句意思较隐，故训诂中给予揭明。如：

《汉书·蒯通传》："蒯通知天下权在信，欲说信令背汉，乃先微感信曰：'仆尝受相人之术，相君之面，不过封侯，又危而不安；相君之背，贵而不可言。'"颜师古注："张晏曰：'言背者，云背畔则大贵。'"

意谓蒯通口里说的是脊背的"背"字，暗示的却是背叛的"背"字，即劝韩信背叛刘邦。一个"背"字，语意双关。畔，与"叛"同。再如唐刘禹锡《竹枝词》云：

杨柳青青江水平，闻郎江上唱歌声。东边日出西边雨，道是无晴却有晴。

林庚等《中国历代诗歌选》注云：

晴，谐"情"。

意谓字面上是天晴的"晴"，实际上谐取情意的"情"，也是一语双关。

10. 明曲讳法

曲讳，即曲笔为讳。古文献中凡使用这种修辞法的地方，文意曲折隐晦，不易理解，故训诂中常给予揭明。如：

《春秋·僖·二十八年》:“天王狩于河阳。”《左传》:“是会也,晋侯召王,以诸侯见,且使王狩。仲尼曰:‘以臣召君,不可以训。故书曰天王狩于河阳,言非其地也,且明德也。’”

意谓晋文公会诸侯,欲尊事周天子,率领诸侯拜见他,但没有到东周的王室中去朝见,却让周天子自以出狩的名义来到晋地河阳。按礼,诸侯不能召唤天子,天子也不能应诸侯之召。但晋文公这样做确实出于好意,即为了尊奉微弱的周天子。因此,《春秋》曲笔书曰“天王狩于河阳”,既为晋文公讳召君的缺憾,又为周天子讳从臣的耻辱。再如:

《春秋·僖·十七年》:“夏,灭项。”《穀梁传》:“孰灭之?桓公也。何以不言桓公也?为贤者讳也。项,国也。不可灭而灭之乎?桓公知项之可灭也,而不知己之不可以灭也。既灭人之国矣,何贤乎?君于恶恶疾其始,善善乐其终。桓公尝有存亡继绝之功,故君子为之讳也。”

此即谓《春秋》书“灭项”,而不书桓公灭之,是曲笔为桓公讳。

11. 明重叠法

明重叠法,即揭明重叠词句的作用和意义。如:

《法言·学行》:“学者,所以修性也。视、听、言、貌、思,性所有也。学则正,否则邪。师哉!师哉!桐子之命也。”晋代李轨注:“再言之者,叹为人师,制人善恶之命,不可不明慎也。”

此揭明简短词语的重叠,意谓重叠“师哉”二字,在于强调为人师责任重大。下同:

《诗·大雅·生民》:“卬盛于豆,于豆于登。”孔颖达《正义》:“再言‘于豆’者,叠之以足句耳。”

再如:

《春秋·庄·十七年》:“秋,郑瞻自齐逃来。”《公羊传》:“何以书?书甚佞也。曰:佞人来矣,佞人来矣。”何休《解诂》:“重言来者,道经主书者若《传》云尔。盖痛鲁知而受之,信其计策,以取齐淫女,丹楹刻桷,卒为后败也。”

此揭明句子的重叠,意谓《公羊传》重言“佞人来矣”这句话,表明《春秋》记载郑瞻自齐逃来这件事,是痛惜鲁国知道郑瞻的为人及使命,却接受了他,并且信从了他的计策。下同:

《论语·为政》:“子曰:‘视其所以,观其所由,察其所安,人焉廋哉?

人焉廋哉？'"邢氏《正义》："再言之者，深明情不可隐也。"

又如《诗·豳风·东山》共四章，每章都用下面四句诗开头：

我徂东山，慆慆不归。我来自东，零雨其濛。

最后一章下郑玄《笺》云：

凡先著此四句者，皆为序归士之情。

意谓四章均用这四句诗开头，重复咏唱，是叙说回归将士的心情，意思是相同的。再如《周礼》六官之首都用以下五句开头：

惟王建国，辨方正位，体国经野，设官分职，以为民极。

《天官冢宰》"惟王建国"下贾公彦疏云：

自此以下至"以为民极"五句，六官之首同此序者，以其建国设官，为民不异故也。

此即揭明六官之首都以这五句话开头的原因和用意。

第二节 揭明其他写法法

历代训诂著作中揭明其他写作方法的训法主要有以下七类。

1. 明层次结构法

揭明所解书籍及其篇章的层次结构，能够使读者在研读原文时做到全局在胸，条理清楚。这种训法可别为五类。

1) 揭明全书层次结构法

《周易·序卦》序说六十四卦先后相次的道理，是现在所能见到的有关这方面的最早的例子。再如宋代邢氏《论语正义》于《论语》二十篇篇题下分别揭明当篇的大意及编次根据，综观所论，正是对《论语》全书层次结构的说明。如云：

（《学而》第一）自此至《尧曰》，是鲁《论语》二十篇之名及第次也。当弟子论撰之时，以《论语》为此书之大名，《学而》以下为当篇之小目。其篇中所载，各记旧闻，意及则言，不为义例，或亦以类相从。此篇论君子，孝弟，仁人，忠信，道国之法，主友之规，闻政在乎行德，由礼贵于用和，无求安饱，以好学，能自切磋而乐道，皆人行之大者，故为诸篇之先。既以学为章首，遂以名篇，言人必须学也。《为政》以下诸篇所次，先儒不无意焉。当篇各言其指，此不烦说。

（《为政》第二）《左传》曰："学而后入政。"故次前篇也。此篇所论，孝敬信勇，为政之德也；圣贤君子，为政之人也；故以为政，冠于章首，遂以名篇。

（《八佾》第三）前篇论为政，为政之善，莫善礼乐。礼以安上治民，乐以移风易俗，得之则安，失之则危，故此篇论礼乐得失也。

（《里仁》第四）此篇明仁。仁者，善行之大名也。君子体仁，必能行礼乐，故以次前也。

（《公冶长》第五）此篇大指明贤人君子仁知刚直。以前篇择仁者之里而居，故得学为君子，即下云"鲁无君子，斯焉取斯"是也，故次《里仁》。

（《雍也》第六）此篇亦论贤人君子及仁知中庸之德，大抵与前相类，故以次之。

（《述而》第七）此篇皆明孔子之志行也。以前篇论贤人君子及仁者之德行，成德有渐，故以圣人次之。

（《泰伯》第八）此篇论礼让仁孝之德，贤人君子之风，劝学立身，守道为政，叹美正乐，鄙薄小人，遂称尧舜及禹文王武王。以前篇论孔子之行，此篇首末载贤圣之德，故以为次也。

（《子罕》第九）此篇皆论孔子之德行也，故以次《泰伯》尧禹之至德。

（《乡党》第十）此篇唯记孔子在鲁国乡党中言行，故分之，以次前篇也。

（《先进》第十一）前篇论夫子在乡党圣人之行也。此篇论弟子贤人之行，圣贤相次，亦其宜也。

（《颜渊》第十二）此篇论仁政、明达、君臣、父子、辨惑、折狱、君子文为，皆圣贤之格言，仕进之阶路，故次《先进》也。

（《子路》第十三）此篇论善人、君子、为邦、教民、仁政、孝弟、中行、常德，皆治国修身之要。大意与前篇相类，且回也入室，由也升堂，故以为次也。

（《宪问》第十四）此篇论三王二霸之迹、诸侯大夫之行、为仁、知耻、修己、安民，皆政之大节也，故以类相聚，次于问政也。

（《卫灵公》第十五）此章记孔子先礼后兵，去乱就治，并明忠信仁知，劝学为邦，无所毁誉，必察好恶，志士君子之道，事君相师之仪，皆有耻且格之事，故次前篇也。

(《季氏》第十六)此篇论天下无道，政在大夫，故孔子陈其正道，扬其衰失，称损益以教人，举《诗》《礼》以训子，明君子之行，正夫人之名，以前篇首章记卫君灵公失礼，此篇首章言鲁臣季氏专恣，故以次之也。

(《阳货》第十七)此篇论陪臣专恣，因明性习知愚，礼乐本末，六蔽之恶，二《南》之美，君子小人，为行各异，今之与古，其疾不同。以前篇首章言大夫之恶，此篇首章记家臣之乱，尊卑之差，故以相次也。

(《微子》第十八)此篇论天下无道，礼坏乐崩，君子仁人，或去或死，否则隐沦岩野，周流四方，因记周公戒鲁公之语，四乳生八士之名。以前篇言群小在位，则必致仁人失所，故以此篇次之。

(《子张》第十九)此篇记士行交情，仁人勉学，或接闻夫子之语，或辨扬圣师之德，以其皆弟子所言，故善次诸篇之后。

(《尧曰》第二十)此篇记二帝三王及孔子之语，明天命政化之美，皆是圣人之道，可以垂训将来，故殿诸篇，非所次也。

邢氏《孝经正义》、孙奭《孟子正义》等对全书层次结构的分析，均属此类。

2)揭明全篇层次结构法

揭明全篇层次结构法，即揭明一篇诗文的层次结构。如《礼记·礼运》篇开头孔颖达《正义》引皇侃说云：

从"昔者，仲尼"以下至于篇末，此为四段：自初至"是谓小康"为第一，明孔子为礼不行而致发叹。发叹所以最初者，凡说事必须因渐，故先发叹，后使弟子因而怪问，则因问以答也。又自"言偃复问曰：'如此乎，礼之急'"至"天下国家可得而正也"为第二，明须礼之急。前所叹之意正在礼急，故以礼急次之也。又自"言偃复问曰：'夫子之极言礼也'"至"此礼之大成也"为第三，明礼之所起。前既言礼急，急则宜知所起之义也。又自"孔子曰：'呜呼，哀哉'"讫篇末为第四，更正明孔子叹意也。以前始发，未得自言叹意，而言偃有问，即随问而答。答事既毕，故更备述所怀也。

此即分析揭明了《礼运》篇的层次结构。再如喻守真《唐诗三百首详析》于李白《蜀道难》下云：

本诗可分六段："噫吁—钩连"为第一段，是叙蜀道的来历。"上有—长叹"为第二段，是描写蜀道的高峻。"问君—朱颜"为第三段，是叙蜀道的难行，非但亲历者认为危险，就是耳听的也觉得骇异。“连峰—来哉”为第四段，是叙蜀道中最危险的地方，游人不宜去的。“剑阁—如麻”为第五段，再申述剑阁的危险，逼出“所守匪亲”的正意。“锦城—咨嗟”为第六段，是说蜀地不可久居。

此即揭明了《蜀道难》一诗的段落大意，全诗的层次结构就清楚了。

3）揭明章节内层次结构法

《诗·大雅·皇矣》第四章云：

维此王季，帝度其心，貊其德音。其德克明，克明克类，克长克君。王此大邦，克顺克比。比于文王，其德靡悔。既受帝祉，施于孙子。

孔颖达《正义》云：

此章文次如此者，以德皆天之所授，先言“帝度其心”，明以下皆蒙“帝”文也。德由心起，故先言心能度物。心既能度，然后能施为政教，故次“貊其德音”，言其政教清静也。为君所以施政教，故先言政能清静，乃论身内之德，故后言能明能善。其明与善还是德音之事，施之于人，有照临之明，勤施之善耳。心能施而无私，可以为人君长，故次“克长克君”。长即师也。《学记》曰：“能为师，然后能为长。能为长，然后能为君。”故先长后君也。既言堪为人君，即说为君之事，故言“王此大邦”也。既为大邦之君，能使国民顺服，故次“克顺”也。民顺功成，可以比方上人，故次“克比”也。可以比善，即比之文王。其德可比文王，其泽流及子孙，故言“帝祉”以结之。帝祉，即此授以九德，令诞生圣人是也。

此即分析了全章的层次结构。再如《四书·大学》云：

物格而后知至，知至而后意诚，意诚而后心正，心正而后身修，身修而后家齐，家齐而后国治，国治而后天下平。

朱熹《大学章句》云：

修身以上，明明德之事也。齐家以下，新民之事也。物格知至，则知所止矣。意诚以下，则皆得所止之序也。

此即揭明了这一节的层次结构。

4）分析文中有关内容的先后次序法

分析文中有关内容的先后次序法，即通过分析文中有关内容的先后次序，揭明层次安排的根据。这是对文章层次结构的进一步的分析。如《周礼·天官》序官《宫正》下贾公彦疏云：

自此《宫正》已下至《夏采》六十官，随事缓急为先后，故自《宫正》至《宫伯》二官主宫室之事，安身先须宫室，故为先也。自《膳夫》至《腊人》，皆供王膳羞饮食馔具之事，人之处世，在安与饱，故食次宫室也。自《医师》已下至《兽医》，主疗疾之事，有生则有疾，故医次食馔也。自《酒正》至《宫人》陈酒饮肴羞之事，医治既毕，须酒食养身，故次酒肴也。自《掌舍》至《掌次》安不忘危，出行之事，故又次之。自《大府》至《掌皮》，并是府藏计会之事，既有其馀，理须贮积，或出或内，宜计会之，故相次也。自《内宰》至《屦人》陈后夫人已下内教妇功妇人衣服之事，君子明以访政，夜以安息，故言妇人于后也。《夏采》一职记招魂，以其死事，故于末言之也。

此即分析了《天官》序官六十官的先后次序。再如《孙子·计》篇云：

故经之以五事校之计而索其情：一曰道，二曰天，三曰地，四曰将，五曰法。

《孙子十家注》引张预说道：

节制严明，夫“将”与“法”在五事之末者，凡举兵伐罪，庙堂之上，先察恩信之厚薄，后度天时之逆顺，次审地形之险易，三者已熟，然后命将征之，兵既出境，则法令一从于将，此其次序也。

此即对五事的先后次序作了分析说明。

5)分析篇次先后

《尚书·立政第二十一》篇题下宋代时澜《增修东莱书说》：“《无逸》《立政》二篇相为经纬者也。以《无逸》之心明《立政》之体，君道备矣。无是心则虽具举政体，不过在方策而已，故先之以《无逸》。有是心矣，而不知所统，则与汉宣、隋文相去盖无几也，故继之以《立政》。”

此即说明《尚书》中这两篇文章的篇次先后有一定的意义。

2. 明押韵法

古代诗文多押韵，但古今字音变化很大，为了帮助读者了解所释文句的押韵情况，训诂中常要揭明押韵法。这种训法主要有三类。

1)揭明取韵方式法

诗文选定韵字以取韵，方式各别，训诂中有时给予揭明。如：

《诗·小雅·斯干》二章：“似续妣祖。”孔颖达《正义》：“先‘妣’后‘祖’者，取会韵也。”

此属于揭明倒序取韵法，意谓本当云“祖妣”，诗中倒为“妣祖”，是为了取“祖”字以押韵。“祖”与本章“堵”“户”“处”“语”为韵，鱼部。

《诗·小雅·大田》末章：“来方禋祀，以其骍黑。”孔颖达《正义》：“五官之神，其牲各从其方色，则宜五色。独言‘骍黑’者，略举二方以韵句耳。”

此揭明略举取韵法，谓本当举五色的名称，但为了取韵，只举“骍黑”两色，并以黑字煞句。“黑”与本章的“稷”“福”为韵，职部。再如：

《诗·小雅·皇皇者华》：“载驰载驱，周爰咨谋。”朱熹《诗集传》：“谋，犹诹也，变文以协韵尔。”

此揭明变文取韵法，意谓前章曰“诹”，此章变为“谋”，是为了协韵。“谋”与本章的“骐”“丝”两字押韵，之部。

《诗·小雅·常棣》：“是究是图，亶其然乎。”朱熹《诗集传》：“就用‘乎’字为韵。”

此揭明虚词入韵法，虚词一般不入韵，少数情况下没有其他合适的韵字可用时，可以入韵，故加以揭明。“乎”与本章的“家”“帑”“图”为韵，鱼部。

2）标注韵字法

标注韵字法，即在韵脚字的下部或旁边加以标注，表明为押韵字。主要有三类。

（1）用叶音标注韵字法

在第七章第二节中我们已经说过，叶音法是错误的，但在《诗经》训诂中，朱熹以前，逐一标注韵脚的书已不可见，朱熹《诗集传》根据吴棫《诗补音》，对当时读起来不协韵的韵字一一加了叶音，表明韵字所在。这种标音法所标注的读音是错误的，但所标韵字大都不误，对后世学者不无启发。如《诗·召南·采蘋》三章云：

于以奠之？宗室牖下。谁其尸之？有齐季女。

《诗集传》于“下”字下云：

叶后五反。

此即表明“下”字为韵字。由于宋代“下”字读音与“女”字已不协韵，故叶为“后五反”。“下”“女”，鱼部。再如《诗·郑风·山有扶苏》一章云：

山有扶苏，隰有荷华。不见子都，乃见狂且。

《诗集传》于“华”下注云：

叶芳无反。

此即表明“华”字为韵脚。由于宋代“华”字读音与“苏”“都”“且”不协韵,故叶为“芳无反”。四个字均属鱼部。

(2)用韵部标注韵字法

用韵部标注韵字法,即在每个韵字下标注韵部,表明该字为韵脚,押某部韵。如顾炎武《诗本音》对《召南·鹊巢》第三章标注如下:

维鹊有巢,维鸠盈十四清之。之子于归,百两成十四清之。

此即表明这一章诗韵脚为“盈”“成”两字,虚字前押韵,两字都属于《唐韵》十四清,古耕部。再如顾炎武《易音》卷一对《周易·观·六四》标注如下:

观国之光十一唐,利用宾于王十阳。

表明这两句爻辞“光”“王”押韵。“光”属于《唐韵》十一唐,“王”属于十阳,均属上古阳部。

(3)用特定符号标注韵字法

用特定符号标注韵字法,即在韵脚字旁标注特定符号,表明为押韵字。如喻守真《唐诗三百首详析》用三角符号“△”标注韵字,对李白《送友人》诗标注如下:

青山横北郭,白水绕东城△。此地一为别,孤蓬万里征△。浮云游子意,落日故人情△。挥手自兹去,萧萧班马鸣△。〔平声庚韵〕

这表明“城”“征”“情”“鸣”四字押韵,同属平声庚韵。

3)总论韵例法

总论韵例法,即总论一部书用韵的各种义例,供读者参考。如王力《诗经韵读》论韵在章中的位置,在“一韵到底”一目下说:

一韵到底,就是从头到尾,全章只押一个韵部。这又可以细分为三类:第一类是偶句韵,第二类是首句入韵,第三类是句句用韵。

接着在“句句用韵”一目下说:

这是《诗经》中常见的韵例。汉魏南北朝的七言诗继承了这个传统,句句用韵。唐人的七言古风有极少数是句句用韵的,叫做“柏梁体”。一般地说,后代句句用韵的诗很少。因此,句句用韵的诗是《诗经》的一个特点。

又分为“两句例”“三句例”“四句例”“五句例”“六句例”“七句例”“八句例”“九句例”“十句例”九种。如在“十句例”下引例道:

硕鼠！硕鼠！无食我黍！三岁贯女，莫我肯顾。逝将去女，适彼乐土。乐土！乐土！爰得我所。

此举《魏风·硕鼠》首章为例，说明每章十句，句句用韵，一韵到底。韵字均属鱼部。再如论韵在篇中的位置，在“遥韵”一目下说：

隔章押韵，叫做遥韵。遥韵一般是在诗章的末尾，而且是同样的句子。

并列举了各种遥韵的例子，如其中所举《王风·君子阳阳》诗云：

君子阳阳，左执簧，右招我由房。其乐只且。

君子陶陶，左执翿，右招我由敖。其乐只且。

此即表明上下两章两“且”字为遥韵，用“ * ”号表示，属上古鱼部。

3. 明用词之意法

古人行文，对某些词语的运用往往有专门的意图，这叫作“用词之意”。为了帮助读者准确、深入地理解文意，训诂中常常要揭明用词之意，《春秋三传》及其训诂中这类用例最多。如：

《春秋·襄·十三年》：“夏，取邿。”《左传》：“夏，邿乱，分为三，师救邿，遂取之。凡书‘取’，言易也。用大师焉曰灭，弗地曰入。”

此揭明《春秋》书“取”“灭”“入”三字的用意。“取”，表示得胜容易；“灭”，表示大战而胜；“入”，表示战胜而不据有其地。再如：

《春秋·僖·元年》：“齐师、宋师、曹师次于聂北，救邢。”《公羊传》：“救不言‘次’，此其言‘次’，何？不及事也。不及事者何？邢已亡矣。孰亡之？盖狄灭之。”

此揭明《春秋》救急书“次”，表示没来得及援救而被救者已败亡。又如：

《春秋·定·元年》：“立炀宫。”《穀梁传》：“‘立’者，不宜立者也。”

此揭明《春秋》书“立”，表示不宜立而立，故加以讥刺。

其他书籍的训诂中，揭明用词之意的用例也不少。如：

《礼记·曲礼上》：“夫为人子者出必告，反必面。”郑玄注：“告、面，同耳。反言‘面’者，从外来，宜知亲之颜色安否。”

反，同“返”。意谓子女出外回来，应该知道双亲的面色是否安好，故《记》文讲到出外回来看望双亲时用了一个“面”字。其实，这里用“面”字还有一层意思，即让双亲亲眼看到子女回来，安然无事，心里才踏实。再如清仇兆鳌《杜诗详注》于《新婚别》篇末云：

此诗"君"字凡七见:"君妻""君床",聚之暂也;"君行""君往",别之速也;"随君",情之切也;"对君",意之伤也;"与君"永望,志之贞且坚也。频频呼"君",几于一声一泪。

此即揭明此诗累用"君"字的用意。在于强调新婚难别的情意。

4. 明行文之意法

古人行文,这样写而不那样写,往往有一定的用意,这叫作"行文之意"。训诂中常常揭明行文之意,帮助读者深入理解文意。如:

《周礼·天官》序官《世妇》,郑玄注:"不言数者,君子不苟于色,有妇德者充之,无则缺。"

其他各官均有数额,此"世妇"不写数额,故揭明其行文之意,表明君子不苟于色,以德为重,不拘于数额。再如:

《尚书·无逸》:"周公曰:'呜呼!继自今嗣王,则其无淫于观、于逸、于游、于田,以万民惟正之供。无皇曰今日耽乐,乃非民攸训,非天攸若,时人丕则有愆。无若殷王受之迷乱,酗于酒德哉!'"宋代钱时《融堂书解》:"观此一节,当看三个'无'字,前面专言稼穑之艰难与享国之修短,于此寂无一语及之,而止曰'无淫'、曰'无皇'、曰'无若',前面许多发明,都收拾在此三字上,而于末独以殷王受为训,举一人之尤甚者,则诸君之耽乐罔寿不必言矣。"

钱氏意谓此处以"无淫""无皇""无若"三语引头为文,总括前面所论各种要义,也是揭明行文之意。

在《春秋三传》中,明行文之意法表现为对《春秋》行文义例的揭示和说明。如:

《春秋·庄·十年》:"秋九月,荆败蔡师于莘,以蔡侯献舞归。"《公羊传》:"荆者何?州名也。州不若国,国不若氏,氏不若人,人不若名,名不若字,字不若子。"

此揭明《春秋》的七等笔法,即叙事时或称州名,或称国名,或称"氏",或称"人",或称其名,或称字,或称爵,共七等,称爵最尊,称州名最贱,其他依次递降。荆败蔡师,并俘获蔡侯,以当时的正统观念看,无礼至极,故不用前六种方法相称,而称以最贱的州名,以示重贬。再如:

《春秋·昭·三十一年》:"冬,黑肱以滥来奔。"《左传》:"冬,邾黑肱以滥来奔。贱而书名,重地故也。君子曰:名之不可不慎也如是。夫有所有名,而不如其已。以地叛,虽贱必书。地以名其人,终为不义,弗可灭已。是故君子动则思礼,行则思义,不为利回,不为义疚。或求名而不得,或欲盖而名章,惩不义也。齐豹为卫司寇,守嗣大夫,作而不义,其书为'盗'。邾庶其、莒牟夷、邾黑肱以土地出,求食而已,不求其名,贱而必书。此二物者,所以惩肆而去贪也。若艰难其身,以险危大人,而有名章彻,攻难之士将奔走之。若窃邑叛君,以徼大利而无名,贪冒之民将置力焉。是以《春秋》书齐豹曰'盗',三叛人名,以惩不义,数恶无礼,其善志也。"

此揭明《春秋》贬斥叛臣的行文义例。邾黑肱以地叛,奔鲁,故不书官,不书字,也不书人,不书氏,重地,贱而书名,以惩不义。又如:

《春秋·桓·元年》:"冬十月。"《穀梁传》:"无事焉,何以书?不遗时也。《春秋》编年,四时具而后为年。"

此揭明《春秋》虽无事,时月必书的行文义例。

5. 明立言角度法

凡立言角度不同,则行文不同,含义不同,因此,训诂中也需要加以揭明。如:

《诗·大雅·生民》:"厥初生民,时维姜嫄。"《毛传》:"生民,本后稷也。"

此即揭明此诗的"生民",仅是指后稷说的,而不是泛指。由于后稷是周人的始祖,为姜嫄所生,本诗讲后稷,故云"厥初生民,时维姜嫄"。若是泛指人类的出生繁衍,则姜嫄显然不是最早开始生民的人。毛公解诗,恐学者产生歧义,故揭明此诗的立言角度,谓"生民,本后稷也"。再如:

《周礼·春官·大宗伯职》:"春见曰朝,夏见曰宗,秋见曰觐,冬见曰遇,时见曰会,殷见曰同。"郑玄注:"此六礼者,以诸侯见王为文。"

此即谓这里所讲的六种礼制,是从诸侯朝见王的角度立言的,因此施事者是诸侯,而不是王。这与下文正好相对:

《周礼·秋官·大行人》:"春朝诸侯而图天下之事,秋觐以比邦国之功,夏宗以陈天下之谟,冬遇以协诸侯之虑,时会以发四方之禁,殷同以施天下之政。"郑玄注:"此六事者,以王见诸侯为文。"

此即表明这里所述的六种礼事,是从王接见诸侯的角度说的,因此施事者是王,而不是诸侯。"秋觐"以下各句,承上文而省"诸侯"二字。如果不明白立言角度，将上述两段原文的施事者弄颠倒，文意就讲不通了。下同：

《楚辞·招魂》："朕幼清以廉洁兮。"洪兴祖《补注》："五臣云：'皆代原为辞。'"

此即表明此篇不是屈原自作，是宋玉用屈原的口气写的。

6. 明从一而省文法

古人行文，前面所举数事，本来各不相类，但为了行文简便，后面仅根据其中之一加以总括，而不一一为说，这叫作"从一而省文"。这跟语法方面的省文不同，不是从句子成分的省略着眼的。训诂中对这类省文也加以揭明。如：

《礼记·中庸》："郊社之礼，所以事上帝也。"郑玄注："社，祭地神，不言后土者，省文。"

"郊"，指祭天，事上帝；"社"，指祭地，事后土。《记》文前部举"郊""社"两事，后部却只以"事上帝"为说，即只照应了郊礼，而省略了社礼，不言事后土，属于从一（即郊礼）而省文，故有此训。再如：

《论语·乡党》："沽酒市脯不食。"邢氏《正义》："酒当言饮，而亦云'不食'者，因脯而并言之耳。经传之文，此类多矣。《易·系辞》云'润之以风雨'，《左传》曰'马牛皆百匹'，《玉藻》云'大夫不得造车马'，皆从一而省文也。"

此即谓《乡党》原文本该云"沽酒市脯不饮不食"，以"不饮"对"酒"，以"不食"对"脯"，却只以"不食"总指酒脯。再如，雨能说"润"，风不能说润，却只以"润"总括风雨；马称"匹"，牛不称"匹"，却只以"匹"总指马牛；车是"造"的，马不能说"造"，却只以"造"总括车马。如此之类，均属于从一而省法。邢疏连类广训，一并给予揭明。

7. 明断章取义法

行文中随意摘举典籍旧文，不按原意作解，而按自己的需要作解，这叫作"断章取义"。这种解释大都与原意相去甚远，所以训诂中也给予揭示。如：

《诗·邶风·匏有苦叶》："匏有苦叶，济有深涉。"孔颖达《正义》："言叶苦不可食，似礼禁不可越也。《传》以二事为一兴，《诗》有此例多矣。'涉'言深不可渡，似叶之苦不可食。《外传·鲁语》曰：诸侯伐秦，及泾，不济。叔向见叔孙穆子。穆子曰：'豹之业及《匏有苦叶》矣。'叔向曰：'苦叶不材，于人供济而已。'韦昭注云：'不材于人，言不可食，供济而已。佩匏可以渡水也。’彼云取匏供济,与此《传》不同者,赋诗断章也。”

此即揭明春秋时赋诗断章取义,因此对这两句诗的说解跟《毛传》不同。再如《汉书·武帝纪》云:

“征吏民有明当时之务、习先圣之术者,县次续食,令与计偕。”颜师古注:“计者,上计簿使也,郡国每岁遣诣京师上之。偕者,俱也。令所征之人与上计者俱来,而县次给之食。后世讹误,因承此语,遂总谓上计为计偕。阘驷不详,妄为解说,云秦汉谓诸侯朝使曰计偕。偕,次也。晋代有计偕簿。又改‘偕’为‘阶’,失之弥远,致误后学。”

此即揭明《汉书》的“令与计偕”,是让所征之人与上计使者俱往京师的意思,“计”与“偕”不是一个词。后世断章取义,连用“计偕”为一个名词,又改“计偕”为“计阶”,失之更远。

第三节 评论写法法

历代训诂著作中评论所解书籍的写作方法的方法很多,可以归纳为随文评论写法法与专文评论写法法两大类来介绍。

一、随文评论写法法

随文评论写法法,即在训诂过程中,对所解诗文的写作方法随文加以评论。可分为以下四类。

1. 序文中总评法

序文中总评法,即在注释者所作的介绍性总序中对所解书籍的写作方法加以概括性评论,让读者事先有一个总认识。如东汉赵岐《孟子题辞》云:

孟子长于譬喻,辞不迫切而意以独至。

短短两句话,对《孟子》一书的写作特点作了高度概括。再如晋代范宁《春秋穀梁传集解序》云:

《左氏》艳而富,其失也巫。《穀梁》清而婉,其失也短。《公羊》辩而裁,其失也俗。

此即对《春秋三传》的写作特点作了概括评论。

2. 文前总评法

文前总评法，即在开头对所解全书或有关篇目的写作方法加以总评。又可别为两类。

1)全书之前总评法

如明代陈第《尚书疏衍》卷一《尚书评》云：

> 《尚书》之文简短而深闳，明雅而突奥，玩之愈渊，行之愈切，测之不可以为象，卒然而置于前，则令人惊怪不知何从而得之也。诚宇宙间至文哉！

此即是对《尚书》语言特色所作的总评。

明清之际的几部重要小说和戏剧，如《三国演义》《水浒传》《西游记》《红楼梦》《西厢记》等，都有许多评本，这一类作品对各书写作方法的评论更详细、更具体。如明代金圣叹评本《水浒传》开头的《读第五才子书法》云：

> 《水浒传》不是轻易下笔，只看宋江出名，直在第十七回，便知他胸中已算过百十来遍。若使轻易下笔，必要第一回就写宋江，文字便一直帐，无擒放。

此即以宋江在书中出现颇迟为例，评说其结构的曲折有致。又云：

> 《水浒传》不说鬼神怪异之事，是他气力过人处。《西游记》每到弄不来时，便是南海观音救了。

将两书对比，说明《水浒传》在写法上靠真功夫取胜。又如：

> 别一部书，看过一遍即休，独有《水浒传》只是看不厌，无非为他把一百八个人性格都写出来。
>
> 《水浒传》写一百八个人性格，真是一百八样。若别一部书，任他写一千个人，也只是一样。便只写得两个人，也只是一样。

此总论该书人物性格刻画的成功之处。又如：

> 《水浒传》章有章法，句有句法，字有字法。人家子弟稍识字，便当教令反复细看。看得《水浒传》出时，他书便如破竹。

此总论该书章法、句法、字法俱佳。又如：

> 江州城劫法场一篇，奇绝了；后面却又有大名府劫法场一篇，一发奇绝。潘金莲偷汉一篇，奇绝了；后面却又有潘巧云偷汉一篇，一发奇绝。景阳冈打虎一篇，奇绝了；后面却又有沂水县杀虎一篇，一发奇绝，真正其才如海。
>
> 劫法场，偷汉，打虎，都是极难题目，直是没有下笔处，他偏不怕，定

要写出两篇。

此总论该书对同类难题的处理极为成功。又如:

> 《水浒传》只是写人粗卤处,便有许多写法。如鲁达粗卤是性急,史进粗卤是少年任气,李逵粗卤是蛮,武松粗卤是豪杰不受羁靮,阮小七粗卤是悲愤无说处,焦挺粗卤是气质不好。

此以该书所写粗卤人物的各种特色和个性为例,进一步评论人物性格创造方面所取得的成功。又如:

> 写李逵色色绝倒,真是化工肖物之笔。他都不必具论,只如逵还有兄李达,便定然排行第二也,他却偏要一生自叫李大,直等急切中移名换姓时,反称作李二,谓之乖觉。试想他肚里是何等没分晓。
>
> 任是真正大豪杰好汉子,也还有时将银子买得他心肯。独有李逵便银子也买他不得,须要等他自肯。真又是一样人。

此以李逵形象刻画为例,深论人物形象的塑造。接着,还概括地论述了《水浒传》独有的写作方法,其中有"倒插法""夹叙法""草蛇灰线法""大落墨法""绵针泥刺法""背面铺粉法""弄引法""獭尾法""正犯法""略犯法""极不省法""极省法""欲合纵法""横云断山法""鸾胶续弦法"。

总之,金圣叹的评本在思想性方面有其阶级、时代的局限,需要批判,但在写作方法方面的评论却独具慧眼,所言多中肯。

再如署名清代护花主人评、大某山民加评的《增评补图石头记》卷首《护花主人总评》说:

> 《石头记》一书,全部最要关键是"真""假"二字,读者须知真即是假,假即是真;真中有假,假中有真;真不是真,假不是假;明此数意,则甄宝玉、贾宝玉是一是二,便心目了然,不为作者冷齿,亦知作者匠心。

此总评全书结构思想的关键,即由真成假,以假说真。明白地说,就是该书通过对当时的社会现实,尤其是对作者自己的亲身经历,加以艺术概括,塑造了以宝、黛为中心的一大批典型的人物形象,通过他们的故事,对当时的封建社会制度进行了批判。在文网森严的清朝,不便揭明这种态度,故借助佛家的色空观念,用真假之说曲折地加以表达。又说:

> 《石头记》一书,有正笔,有衬笔,有借笔,有明笔,有暗笔,有先伏笔,有照应笔,有着色笔,有淡描笔,各样笔法,无所不备。

此概述该书的各种写作手法。又如:

书中多有说话冲口而出，或几句说话止说一二句，或一句说话止说两三字，便咽住不说，其中或有忌讳不忍出口，或有隐情不便明说，故用缩句法咽住，最是描神之笔。

此具体说明该书中人物说话的种种特色。

另外，该书文前总评还有《护花主人摘误》一题，专门摘举书中行文脱漏纰缪。如云：

十七回大观园工程告竣，栊翠庵已圈入园内。究系何时建盖，何人题名，妙玉于何时进庵，如何与贾母等会面，竟无一字提及，未免欠细。

又云：

七十三回贾政差竣回京，先一日珍、琏、宝玉既出迎一站。回家伺候，应先禀知贾母、王夫人，次日即应俱在大门迎接。何致贾政已在贾母房中，直待丫头匆忙来找，宝玉始更衣前去。此处叙事，未免前后失于照应。

若此之类，另是一番功夫，对读者极有用处。

2)篇前评论法

篇前评论法，即在所解篇章之前，评论当篇的写作方法。如金圣叹评本《水浒传》在第三十九回《梁山泊好汉劫法场 白龙庙英雄小聚义》的回前总评中写道：

此篇妙处，在来日便要处决，迅雷不及掩耳，此时即有人报知山泊，亦已缩地无法，又况更无有人得知他二人与山泊有情分也。今却在前回中，写吴用预先算出漏误，连忙授计众人下山。至于于路数日，则恰好是事发迟二日，黄孔目捱五日，三处各不相照，而时至事起，适然凑合。真是脱尽印板小说套子也。

写戴宗事发后，李逵、张顺二人杳然更不一见；不惟不见而已，又反写两番众人叫苦以倒踢之，真令读者一路不胜闷闷。及读至虎形黑大汉一句，不觉毛骨都抖；至于张顺之来，则又做梦亦梦不到之奇文也。

此即评论这一回小说结构安排的奇妙。再如清代毛宗岗评本《三国演义》在第二十七回《美髯公千里走单骑 汉寿侯五关斩六将》的回前总评中写道：

文有伏线之妙：荥阳城中之事，先于东岭关前伏线，此即伏于一卷之内者也；玉泉山顶之事，早于镇国寺中伏线，此伏于数十卷之前者也。其间一传家信，一叙乡情，闲闲冷冷，极没要紧处，却是极要紧处。如此叙事，虽龙门复生，无以过之。

关公斩蔡阳在后卷，而此卷先有蔡阳欲赶关公一段文字；廖化归关公尚隔十数卷，而此卷先有廖化救二夫人一段文字，皆所谓隔年下种者也。至于关公行色匆匆，途中所历，忽然遇一少年，忽然遇一老人，忽然遇一强盗，忽然遇一和尚，点缀生波，殊不寂寞。天然有此妙事，助成此等妙文。若但过一关杀一将，五处关隘一味杀去，有何意趣？

此论伏笔及点缀。

3. 文中评论法

文中评论法，即在所解原文中间对其写作方法进行评论，其法可分为两类。

1) 文中夹评法

如金圣叹对《水浒传》第二回《史大郎夜走华阴县 鲁提辖拳打镇关西》中的一段话夹评如下：

鲁提辖假意道：鲁达亦有假意之口，写来偏妙。“你这厮诈死，洒家再打！”只见面皮渐渐的变了。鲁达寻思道：写粗人偏细，妙绝。“俺只指望痛打这厮一顿，不想三拳真个打死了他。洒家须吃官司，又没人送饭，大丈夫快活事，他日出家，亦亏此句也。不如及早撒开。”拔步便走。回头指着郑屠尸道：“你诈死！洒家和你慢慢理会！”一头骂，一头大踏步走了。鲁达亦有权诈之日，写来偏妙。

再如张书绅对《西游记》第六十八回《朱紫国唐僧论前世 孙行者施为三折肱》中的一段话夹评如下：

进前行处，忽见有一城池相近。三藏勒马叫：“徒弟们，你看那是甚么去处？”行者道：“师父原来不识字，不知如何看医书。此笔照定结尾，已伏下视远惟明之意。亏你怎么领唐王旨意离朝也！”三藏道：“我自幼为僧，千经万典皆通，怎么说我不识字？”正为不识《本草》脉诀者道。行者道：“既识字，怎么那城头上杏黄旗，是为‘朱紫’二字着色。明书三个大字，就不认得，却问是甚去处，何也？”三藏喝道：“这泼猴胡说，那旗被风吹得乱摆，总有字，也看不明白。”点出“明”字，是反照下意。行者道：“老孙偏怎看见？”八戒、沙僧道：“师父，莫听师兄捣鬼，这般遥望，城池尚不明白，如何就见是甚字号？”视远不明，俱是反照。行者道：“却不是‘朱紫国’三字？”陡然先擒“富”字，便已正照下章之意。三藏道：“朱紫国必是西邦王位，非贵无以驭其富，此句是陪。却要倒换关文。”行者道：“不消讲了。”

2）眉评法

眉评法，即在所解本页天头空处作眉批，评论写法。如《水浒传》第二十二回写武松打虎的一段文字道：

武松将半截棒丢在一边，两只手就势把大虫顶花皮肐膊地揪住，一按按将下来。那只大虫急要挣扎，被武松尽气力捺定，那里肯放半点儿松宽。武松把只脚望大虫面门上、眼睛里，只顾乱踢。

明万历年间袁无涯刻本对此眉批道：

一幅打虎图，活虎活人，俱在眼前。

再如杜甫《洗兵马》末尾两句云：

安得壮士挽天河，净洗甲兵长不用！

清代杨伦《杜诗镜铨》眉批道：

沈云：“结出题目，通篇得力。”

4. 文末总评法

文末总评法，即在注文末尾总评所解诗文的写作方法。如《三国志·魏书·荀彧荀攸贾诩传》末尾云：

评曰：荀彧清秀通雅，有王佐之风，然机鉴先识，未能充其志也。荀攸、贾诩，庶乎算无遗策，经达权变，其良、平之亚欤！

裴松之注云：

臣松之以为列传之体，以事类相从。张子房青云之士，诚非陈平之伦。然汉之谋臣，良、平而已。若不共列，则馀无所附，故前史合之，盖其宜也。魏氏如诩之俦，其比幸多。诩不编程、郭之篇，而与二荀并列，失其类矣。且攸、诩之为人，其犹夜光之与蒸烛乎，其照虽均，质则异焉。今荀、贾之评，共同一称，尤失区别之宜也。

此即对《魏书》此传的编次与评论给予批评，认为贾诩不应入此传，荀、贾连评失伦。再如清代仇兆鳌《杜诗详注》于《登高》篇末云：

胡应麟曰：此章五十六字，如海底珊瑚，瘦劲难移，沉深莫测，而精光万丈，力量万钧。通章章法、句法、字法前无昔人，后无来学。此当为古今七言律第一，不必为唐人七言律第一也。元人评云：一篇之内，句句皆奇；一句之中，字字皆奇。

此总评该诗的章法、句法、字法。又云：

张綖曰：少陵诗有二派：一派立论宏阔，如此篇"万里悲秋常作客，百年多病独登台"及"二仪清浊还高下，三伏炎蒸定有无"等作，其流为宋诗，本朝庄定山诸公祖之。一派造语富丽，如"珠帘绣柱围黄鹄，锦缆牙樯起白鸥""鱼吹细浪摇歌扇，燕蹴飞花落舞筵"等作，其流为元诗，本朝杨孟载诸公祖之。

此总论杜诗的风格及其影响。

明清时代所出现的许多小说评本的回末总评也属于这种类型。如明万历年间容与堂刻本《李卓吾先生批评忠义水浒传》第十二回《急先锋东郭争功 青面兽北京斗武》的回末总评云：

《水浒传》文字形容既妙，转换又神，如此回文字形容刻画周谨、杨志、索超处，已胜太史公一筹；至其转换到刘唐处来，真有出神入化手段，此岂人力可到？定是化工文字，可先天地始，后天地终也，不妄不妄！

此即对这一回小说刻画人物的方法极力进行赞扬。再如明代建阳吴观明刊本李卓吾评《三国演义》第四十五回《三江口曹操折兵 群英会蒋干中计》的回末总评道：

周郎借蒋干以害蔡瑁、张允，此等计策，如同小儿，即非老瞒，亦自窥破，谓老瞒入其计中乎，决无此事。但可入通俗演义中，以惊俗人耳。妙哉技也，真通俗演义也。

此即对这一回书的虚构法作了评论。

二、专文评论写法法

专文评论写法法即不附所解原文，著为专书，评论有关作家及其作品的风格和特色。这类书籍一般不作训诂著作看，但其对有关原书写作方法的评论与以上所论诸法有密切联系。如南朝梁钟嵘《诗品》卷一云：

魏陈思王植诗，其源出于《国风》，骨气奇高，词彩华茂，情兼雅怨，体被文质，粲溢今古，卓尔不群。嗟乎，陈思之于文章也，譬人伦之有周、孔，鳞羽之有龙凤，音乐之有琴笙，女工之有黼黻，俾尔怀铅吮墨者，抱篇章而景慕，映馀辉以自烛。故孔氏之门如用诗，则公干升堂，思王入室，景阳潘陆自可坐于廊庑之间矣。

此即对曹植的诗歌风格及其成就作了概括性评述。再如《苕溪渔隐丛话》前集卷三十九云：

> 山谷云:东坡道人在黄州作《卜算子》……语意高妙,似非吃烟火食人语,非胸中有数万卷书,笔下无一点尘俗气,孰能至此?

此即对苏轼《卜算子》词所体现的高妙脱俗的意境作了评论。又如清代蒋骥《山带阁注楚辞》所附《楚辞馀论》卷上论《离骚》云:

> 篇中曰"好修",曰"修能",曰"修名",曰"前修",曰"修初服",曰"信修","修"字凡十一见,首尾照应,眉目了然,绝非牵附之见。盖好修者其学也,为彭咸者其忠也,不知好修者固不能为彭咸。然或不忍其修之默默而已,而求用于他国以自见,则亦必不能为彭咸而毕志于楚也。其学可以无所不为,而其忠也宁一无所为,此原之所以与日月争光也。

此即对《离骚》频用"修"字的写作特点作了评论,指出屈原好修不已,尽忠爱国,故与日月齐光。

第十四章　综合性训解

第四章到第十三章介绍的都是一个方面的训诂方法及其理论，本章介绍的训诂方法和理论一般都适用于训诂的几个方面乃至各个方面，因此称为综合性训解。

第一节　考辨法

考辨法，指考论辨正一类的训诂方法，也包括考证法。凡古籍训诂，易于理解的部分，大都使用一般的训诂方法作解；遇到疑难问题，一般的训法不足以对付，便用考辨法进行训释。因此，考辨法属于高难训诂，即所谓专家之学，训诂著作的学术价值主要由此类训法来体现。从标点、校勘到释词、解句以及古文字考释等，举凡训诂中所遇到的一切疑难艰深的问题，都可以通过考辨法而得以解决。这类训法综合性强，由来已久，应用广泛。据文献记载，至迟从孔子起，看来就开始使用了①。《孟子》的《离娄》《万章》两篇中这类用例已经不少。下至东汉，二郑解经，应用渐多。唐宋以下，直至今天，这类训法的应用范围越来越广，这方面的训诂专著不断增多。其主要训法可概括为以下十五类。

1. 对文相证法

对文相证法，即利用两相对偶的文句，以一方印证另一方以成释。如：

《荀子·臣道》："故土之与人也，道之与法也者，国家之本作也。君子也者，道法之总要也。"王念孙《读书杂志》："杨注曰：'本作，犹本务

① 参见本节第十一条"据历史考辨法"下。

也。'念孙案：杨未解'作'字之义。'国家之本作''道法之总要'，相对为文。'作'者，始也；始，亦本也。总，亦要也。上文云'无土则人不安居，无人则土不守，无道法则人不至'，故此四者，为国家之本始也。《鲁颂·駉》篇《传》曰：'作，始也。'《皋陶谟》：'烝民乃粒，万邦作乂。''作'与'乃'相对为文，言烝民乃粒，万邦始乂也。《禹贡》'莱夷作牧'，言莱夷水退，始放牧也。'沱潜既道，云梦土作乂'，'作'与'既'相对为文，言沱潜之水既道，云梦之土始乂也。"

此考辨词义训释方面的错误。杨倞不解"作"字的意思，训"本作"为"本务"，未妥。王氏用对文相证的办法加以考辨，认为原文上下两句对文，下句的"总要"二字是一个意思，即所谓"同义连文"，上句的"本作"也应该是一个意思。"本"亦"作"，"作"即"始"，故改训为"本始"，并引《尚书》的《皋陶谟》《禹贡》两篇类似对文例子为证。所解甚是。又如：

《墨子·亲士》："太上无败，其次败而有以成，此之谓用民。"孙诒让《间诂》："毕云：李善《文选》注云：河上公注《老子》云：'太上，谓太古无名之君也。'案：'太上'对'其次'为文，谓等之最居上者，不论时代今古也。毕引《老子》注义与此不相当。"

此即用对文相证的办法证明这里的"太上"表示等次最上，与毕氏所引《老子》注义不同。其实，《老子》中的"太上"也与"其次"为对文，也是表等次，相当于现在的"首先"，旧注训为太古之君，迂而欠妥。再如王引之《经义述闻》卷三《尚书》类"柔远能迩"云：

家大人曰："《尧典》《顾命》《文侯之命》皆曰'柔远能迩'，王肃注《尧典》曰：'能安远者，先能安近。'姚曰：'言当安远，乃能安近。'某氏于《顾命》曰：'言当和远，又能和近。'于《文侯之命》曰：'能柔远者，必能柔近。'此皆袭取王注而小变其说。经文'柔远'与'能迩'相对，若如王肃诸人之解，以'能迩'为能安迩，则经文'能'字之下须加一'安'字而后可通，何其谬也！案：'能'与'柔'义相近。《大雅·民劳》篇'柔远能迩'，《毛传》曰：'柔，安也。'《郑笺》曰：'能，犹伽也。安远方之国，顺伽其近者。''伽'与'如'，古字通。是'能'为如顺之意，犹《周官》言安扰耳。'能'与'而'，古字通。故'柔远能迩'，汉督邮班碑作'渘远而迩'；《屯·彖传》'宜建侯而不宁'，郑本'而'作'能'，云'能，犹安也'。《汉书·百官公卿表》'柔远能迩'，颜师古注曰：'能，善也。'安、善二义并与顺伽相近。古者谓'相善'为'相能'。《康诰》曰:'亦惟君惟长,不能厥家人。'《僖·九年·左传》曰:'入而能民,土于何有?'《文·十六年·传》曰:'不能其大夫,至于君祖母以及国人。'《昭·十一年·传》曰:'蔡侯获罪于其君而不能其民。'《三十一年·传》曰:'公在乾侯,言不能外内也。'《僖·二十四年·公羊传》曰:'不能乎母也。'《宣·十一年·穀梁传》曰:'辅人之不能民而讨。'并与'柔远能迩'之'能'同义。"

此以对文相证法考辨旧注在词义、句意方面的失误,认为"柔远"与"能迩"对文,"柔"是实义动词,"能"也是实义动词,不是情态动词。旧注多不按实义动词讲,而按情态动词讲,其下增出一个"安"字,是错误的。王氏并引例证明,安、善之义是上古汉语中"能"字的常用义,"能迩"就是亲善近处的人民。

2. 异文相证法

根据同一种书籍的不同版本中存在的异文相证成释,称为"异文相证法"。如明代袁仁《尚书砭蔡编》于"方命圮族"条下云:

方字,古"放"字,盖二字通用者,《蜀志》《晋书》引《古文尚书》并作"放命圮族",郑康成谓放弃君命,是矣。今云圆则行,方则止,恐太穿凿。

此据异文考辨句意。蔡沈《书集传》解此"方命"时谓,圆则行,方则止,失于穿凿。《古文尚书》"方命"作"放命",郑玄解"放命"为放弃君命。故袁氏据"方"字的异文"放",认为"方命"就是"放命",并认为郑氏的说法是对的。再如王氏《经义述闻》卷十《仪礼》类"宅者"条云:

"宅者在邦则曰市井之臣,在野则曰草茅之臣。"郑注曰:"宅者,谓致仕者去官而居,宅或在国中,或在野。《周礼·载师之职》'以宅田在近郊之地'。今文'宅',或为'托'。"①引之谨案:《周礼》"宅田"未知何指,若以为居宅,则仕与不仕,皆有所居之宅,但云"宅者",无以见其为致仕者也。且致仕者曾为士大夫,岂得遽同疏贱,而称市井之臣、草茅之臣乎?反复文义,当以今文"托"字为长。盖羁旅之人寄托于此国者也。《襄·二十七年·左传》"卫子鲜出奔晋,托于木门,终身不仕"是其证。托者若仕,则自称于君,与士大夫同。不仕,则或曰市井之臣,或曰草茅之臣而已。《孟子·万章》篇"在国曰市井之臣,在野曰草莽之臣",皆谓庶人。庶人不传质为臣,不敢见于诸侯。今托于此国而不仕,亦是不传质为臣

① "托",繁体作"託"。

者，故其自称于君者相若也。下文"他国之人曰外臣"，则其不托于此国者矣。

此据异文考辨词义训释，谓《仪礼》的"宅者"，当依今文作"托者"，指寄居于此国的他国人。

3. 博征类比法

所引虽然不是对文或异文，但也属于相同类型的例证，故广加征引，类比成释。如：

《墨子·非命下》："下以待养百姓。"王念孙《读书杂志》："'待'字义不可通。'待养'，当为'持养'，字之误也。（自注：《周官·服不氏》：'以旌居乏而待获。'注：'待，当为持。'）《天志》篇曰：'食饥息劳，持养其万民。'《荀子·劝学》篇曰：'除其害者，以持养之。'《荣辱》篇曰：'以相群居，以相持养。'（自注：杨倞注：'持养，保养也。'）分言之，则曰持曰养。《管子·明法》篇曰：'小臣持禄养交。'《晏子春秋·问》篇曰：'士者持禄，游者养交。'是也。"

此属于考辨文字讹误，通过博引《荀子》《管子》《晏子》等书有关例证，进行类比，认为上古汉语中通行"持养"一词，没有"待养"一词，《非命下》中的"待养"，当是"持养"之误。再如王引之《经传释词》卷九"孰"字下云：

书传中言"孰与"者，皆谓"何如"也。《广雅》曰："与，如也。"《秦策》曰："秦昭王谓左右曰：'今日韩、魏孰与始强？'对曰：'弗如也。'王曰：'今之如耳、魏齐，孰与孟尝、芒卯之贤？'对曰：'弗如也。'"《齐策》曰："田侯召大臣而谋曰：'救赵孰与勿救？'"《赵策》曰："赵王与楼缓计之曰：'与秦城何如不与？'"是"孰与"即"何如"也。故《汉书·司马相如传》："楚王之猎，孰与寡人？"《史记》作"何与寡人"。

此考证词义，通过引证类比，说明"孰与"即是"何如"的意思。

4. 据旧注推解法

《诗·大雅·大明》："天位殷適，使不挟四方。"《毛传》："纣居天位，而殷之正適也。"孔颖达《正义》："《微子之命》及《左传》皆谓微子为帝乙之元子，而纣得为正適者，郑注《书序》云：'微子启，纣同母庶兄。纣之母，本帝乙之妾，生启及衍。后立为后，生受德。'然则以为后，乃生受，故为正適也。"

此据郑注推解，辨明诗句解说中的疑义。再如元胡三省《通鉴释文辨误》卷一云：

“田横与其客二人乘传诣洛阳。”（页三五八）史炤《释文》曰：“乘传”者，依乘符传而行，若使者持节尔。传者，以木为之，长尺五，书符于上以为信。余按：如淳《汉书》注曰：四马高足为置传，中足为驰传，下足为乘传，一马、二马为轺传，急者乘一乘传。师古曰：传，若今之驿。古者以车谓之传车，其后单置马谓之驿骑。此乃驿传之传，非符传之传也。史炤自是以后，凡释乘传处，或以为车传，或以为符传。其曰车传者，依《汉书音义》而为说；其曰符传者，则臆见横于中，终不知其误也。

此据如、颜两家旧注推解，辨正史炤对“乘传”一语的误说。又如清代王夫之《尚书稗疏》于《洪范》篇“玉食”条下云：

诸家注疏于玉字俱未考核，但云美食，则孔子之食精脍细，岂亦僭惟辟之食乎？食无恒味，适口为美，古重八珍，然亦士大夫之所公食也。天子之食特多太牢，酒醴醯酱脯脩稻粱则亦与下等。按《周礼·玉府》：“王齐，则供食玉。”郑司农众云：“王齐，当食玉屑。”郑康成云：“玉是阳精之纯者，食之以御水气。”唯天子之齐则有之。然则玉食者，碾玉为屑，以供王之齐食，取其贵而非取其美。或疑玉刚坚刺齿，则亦如服药然，非必饱餐之也。唯王为有，公侯而下不得与焉，“惟辟玉食”之谓已。今世俗呼白粲为玉食，既鄙陋可笑，而操觚家有“玉食万方”之云，真不知其何等语也。

此即根据二郑的注释，推解“玉食”的含义，释学者之疑。

5. 据文字形体考辨法

唐李匡义《资暇集》卷上“行李”条云：

“李”字除果名、地名、人姓之外，更无别训义也。《左传》“行李之往来”，杜不研穷意理，遂注云：“‘行李’，使人也。”遂俾今见远行，结束次第，谓之行李，而不悟是“行使”尔。按旧文，“使”字作“岑”，传写之误，误作“李”焉。（自注：旧文“使”字，山下人，人下子）

此考辨讹字误训，即谓《左传》的“行李”当作“行使”，杜预误作“行李”，臆解为“使人”，以致谬训谬传。再如：

《晏子春秋》内篇《问下》：“庆善而不有其名。”王念孙《读书杂志》：“‘庆’字于义无取。‘庆’，本作‘荐’。不有其名，谓不以荐善自居也。隶书‘荐’字或作‘廌’，形与‘慶’相似而误。《群书治要》正作‘荐善’。”

此据形体考校讹字。

又如唐兰《殷虚文字记》“释保”条列举了甲骨文中“保”字的各种形体，通过仔细分析，认为“保”字属于象形字，基本字形作，像人反手负子于背，本义是负子于背。《尚书·召诰》：“夫知保抱携持厥妇子。”其中的“保”字即用此本义。《说文》训为“养也”，后世常用作保护义，都是引申义。其解甚确。此即根据形体考释古字，加以楷定，确定它的本义及引申义，并指出前人考释中的错误。王国维、罗振玉、杨树达、郭沫若、于省吾、徐中舒等大家的甲骨金石文字研究著作中这类例子举不胜举①。姚孝遂《契文考释辨正举例》于“”字下道：

> 孙海波《甲骨文编》五四〇页“五”字下列有的形体。甲骨文的数字，一、二、三、四都是积画。“五”从来没有积画作的例子，金文也是这样。经核对《林》一、一八、一三，实际上是“亖”字，上面一画乃泐痕。李孝定《集释》也误以为“五”字。②

此根据形体，考校甲骨文的讹字。

6. 据音理考辨法

如清代王夫之《周易稗疏》卷二“旧井无禽”条下云：

> 旧以“禽”为鸟兽者，非是。井非鸟兽栖止之地。藉令有之，正惟荒废之井，人迹不至，鸟或暂集。而日汲之新井，所必无。若云水浊而禽亦不饮，鸟兽岂择清泉而后饮哉！按：禽，获也。汲而得水，以获为利。今此井泥，人不食之，固无复治之者，日久淤塞，泉脉不通，则虽往汲而亦无所获矣。始则尚有水而人不食，久则虽欲汲而终无水，故曰时舍，以舍之故，遂至于无也。

此据音同字借，考辨旧注词义训释的错误。《周易·井·初六》“旧井无禽”的“禽”，前人多就字作解，当作名词，解为鸟兽，迂曲难通。王氏通作“擒”字，当动词讲，意通理顺。再如：

> 《诗·周南·关雎》：“关关雎鸠，在河之洲。”《毛传》：“雎鸠，王雎也，鸟挚而有别。”《郑笺》：“挚之言至也，谓王雎之鸟，雌雄情意至，然而有别。”戴震《毛郑诗考正》：“古字‘鸷’，通用‘挚’。《夏小正》‘鹰始

① 这方面的考释文字一般都比较长，而且古字很多，难于印制，不便多加举例。

② 姚文载《古文字研究》第1期，中华书局1979年版。

挚’,《曲礼》‘前有挚兽’是其证。《春秋传》:郯子言少皞以鸟名官,雎鸠氏,司马也。说曰:挚而有别,故为司马,主法制。义本《毛诗》。不得如《笺》所云,明矣。后儒亦多有疑猛鸷之物不可以兴淑女者,考《诗》中比兴,如螽斯,但取于众多;雎鸠,取于和鸣及有别,皆不必泥其物类也。”

这也是根据文字通借,考辨词义训释的错误。意谓《毛传》的“挚”字,即是“鸷”的通用字,取义于和鸣有别,不取义于情意至。其说证据确凿,论辩通达,足以发明《传》意,纠正《笺》误,开释学者的疑难。第五章第五节介绍理校法时所举王念孙《广雅疏证》中的例子,也是据音理辨误的用例。

7. 据文体考辨法

李贺五言律诗《感春》第三联云:“上幕迎神燕,飞丝送百劳。”清代王琦《李长吉诗歌汇解》:“上幕,张幕也。《月令》:仲春之月,元鸟至。至之日,以太牢祀于高禖。盖古人以燕至为祈嗣之候,上幕迎神燕,盖是其事。谓之神燕,美其称也。”又谓:“燕来主吉祥,故迎之;伯劳鸣主有凶兆,故送之。想长吉居处风俗有此言,故云。送者,遣去之义。飞丝事未详。”伯劳,即“百劳”。今人叶葱奇《李贺诗集》注:“飞丝,指春天飘荡空中像蛛网般的细丝,即杜甫诗所谓‘落花游丝白日静’的游丝。”按:“上幕”为动宾词组,王氏解为“张幕”是对的。但叶氏训“飞丝”为“春天飘荡在空中像蛛网般的细丝”,那就不对了。因为一则“飞丝”与“上幕”相对,也是动宾词组,不可能是名词。叶氏释为名词,与律诗的节奏不合。二则若释为名词,便与后三字“送百劳”无所取意,可知叶说未妥。实际上,“飞丝”就是飞丝而射,也就是“弋射”。《诗·郑风·女曰鸡鸣》:“将翱将翔,弋凫与雁。”孔颖达《正义》:“谓以绳系矢而射也。”又《吕览·功名》:“善弋者下鸟乎百仞之上。”高诱注:“弋,缴射之也。”缴为生丝,缴射之,就是以细丝绳系矢而射,射后矢可收回。这是古代的一种射法,即“弋射”。弋射时必然将系矢的细丝绳射飞于空中,故可称为“飞丝”。飞丝而射的“飞丝”正是动宾词组,与诗律相合。飞丝而射,正是为了“送百劳”,前后意思紧密相关。这个例子说明,联系文体考辨疑误,确定词义,是一种有效的方法。另外,第四章第三节之四下所举吕叔湘《〈通鉴〉标点琐议》一例,也属于据文体考辨法。

8. 据文例考辨法

《汉书·司马相如传》:“枇杷橪柿,亭柰厚朴。”颜师古注:“张揖曰:‘枇杷,似斛树,长叶,子若杏。橪,橪支,香草也。亭,山梨也。厚朴,药名也。'郭璞曰:'樕支,木也。'师古曰:此二句总论树木,不得杂以香草也。樕,郭说得之。朴,木皮也。此药以皮为用,而皮厚,故呼厚朴云。"

此根据文例辨正词义。认为原文总论树木,不得杂入香草,故张氏对"樕"的训释是错的。再如清代阎若璩《尚书古文疏证》卷一第五辨今本《尚书·武成》篇之伪时指出,刘歆作《三统历》时古文《武成》篇未亡,所引该篇八十二字,与今本《武成》篇不同,并指出:

> 且尤可议者,古人之书时记事,有一定之体。《召诰》篇:惟三月丙午朏,越三日则为戊申。《顾命》篇:丁卯,命作册,度越七日,则为癸酉。所谓越三日、七日者,皆从前至今为三日、七日耳,非离其日而数之也。今丁未既祀于周庙矣,越三日柴望,则为己酉,岂庚戌乎?甲子之不详,而可以记事乎?夫一古文也,刘歆见之于三百年前信而有征如此,梅赜献之于三百年后伪而无稽如此,学者将从远而可信者乎?抑从近而不足信者乎?

此据《尚书》书时记事的文例,辨正后出《武成》的伪迹。认为《尚书》记事书日,所谓越几日,都是通计前日在内至今为几日,而不是不计前日至今为几日。如《召诰》所书丙午,越三日戊申,是谓从丙午起算,到戊申,共三日,即丙午、丁未、戊申三日,中间只隔了丁未一日;而不是从丁未起算,否则越三日就是己酉,而不是从戊申。但后出《武成》违背了这个文例,它书日所谓越几日,都是不计前日在内至今为几日。如谓丁未,祀于周庙,越三日庚戌,柴望。按《尚书》文例,丁未越三日,当是己酉,而不是庚戌;今却谓庚戌,显然不合《尚书》文例,可见今书是伪作。

9. 据语法考辨法

> 《左·昭·二十年》:"闻免父之命,不可以莫之奔也。亲戚为戮,不可以莫之报也。奔死免父,孝也。度功而行,仁也。择任而往,知也。知死不辟,勇也。父不可弃,名不可废。尔其勉之,相从为愈。"孔颖达《正义》:"勉,谓努力。尔其勉之,今勉力报仇,比于相从俱死为愈也。病差谓之愈,言其胜共死也。服虔云:'相从愈于共死。'则服意,'相从',使员从其言也。语法,两人交互,乃得称相。独使员从己语,不得为'相从'也。"

楚子听信奸人费无极的谗言,逮捕了忠臣伍奢。奢的两个儿子伍尚与伍员逃亡吴国。费无极设诈,想让楚子出令,告诉伍尚与伍员,说你们回到楚国来,便赦免你们的父亲。两兄弟听到告令后,知道这是楚国奸人想设计将他们父子全部杀掉,但有免父的名义在,不可不理。伍尚告诉伍员,让伍员继续留在吴国,伺机报仇,他回楚国赴命,便说了以上那段话。对于最后的"尔其勉之,相从为愈"这两句话,孔颖达的解释跟服虔不同。服氏认为"相从",是伍尚让伍员听从他的安排。孔颖达从语法的角度加以辨说,认为两人交互行事,才能称为"相从";只让一方听从一方的话,不能称"相从",因此,"相从"指一起回楚国相从俱死。从文意及上古汉语的语言习惯讲,似孔说为长。孔氏的这段辨说,也是现在所能见到的我国古籍中称举"语法"一词考辨文意的最早的一个例子。再如阎若璩《尚书古文疏证》卷一第十辨今本《尚书·君陈》篇之伪时道:

书有句读本宜如是而一旦为晚出古文所割裂,遂改以从之者。《论语》:"《书》云:'孝乎惟孝,友于兄弟,施于有政。'"三句是也。何晏《集解》引汉包咸注云:"孝乎惟孝,美大孝之辞。"是以"《书》云"为一句,"孝乎惟孝"为一句,"友于兄弟"为一句。《晋书》夏侯湛《昆弟诰》:"古人有言,孝乎惟孝,友于兄弟。"潘岳《闲居赋序》:"孝乎惟孝,友于兄弟,此亦拙者之为政也。"是其证也。伪作《君陈》篇者,竟将"孝乎"二字读属上,为孔子之言。历览载籍所引《诗》《书》之文,从无此等句法。然则载籍中亦有"孝乎惟孝"句法耶?余曰:"有之。《仲尼燕居》:子贡曰:'敢问将何以为此中者也?'子曰:'礼乎礼!夫礼所以制中也。'""礼乎礼",非此等句法耶?伪作古文者不又于句读间现露一破绽耶?

此据古文《君陈》以"孝乎"断句,与《论语》所引《书》中"孝乎惟孝"句式不同,辨正《君陈》之伪。再如:

《楚辞·离骚》:"薋菉葹以盈室兮,判独立而不服。"姜亮夫《屈原赋今译》:"薋,王逸注'蒺藜也',与上下文义不连,与本句的文法也不通。依文法来说——尤其是《屈赋》的文法,这个字应是一个动词。我说此字应是'资'字之误。因为下面的'菉葹'从草,写的人也顺乎加了艸头。资,积也。字又借'茨'为之。《广雅》:'茨,积也。'《屈赋》又一作'茨',见朱熹引,即是此因。"

此据《屈赋》句法特点,辨词义训释的错误,认为这里的"薋"是"资"字之误,表示积的意思。其说可从。

10. *据文意考辨法*

如李匡乂《资暇集》卷上"万儿"条云:

“万几”字出于《尚书·皋陶谟》：“兢兢业业，一日二日万几也。”案：孔安国云：“几，微也。言当戒万事之微也。”史以晋太宗为丞相时，于事动每经年，桓温患其稽迟而问，对之曰：“万几那得速耶？”斯对真得《书》义。近者，改为枢机之“机”，岂《尚书》之前，别有所见？始未闻也。当由汉王嘉奏封事，引用误从木旁也。颜氏不引孔注以证，又后人不根其本，遂相承错谬。且曰：《汉书》尚尔。曾不知班、颜亦自误后学也。

此据“万几”一词的原义，辨说《汉书》改为“万机”及颜氏不根据《尚书》原词原义作解，而就“万机”一词作解的错误。后世依《汉书》用字，写作“万机”，并用颜氏训义，属于以讹传讹。唯所谓孔安国注，属于依托，当时尚未辨明。再如：

《汉书·哀帝纪》：“八月，诏曰：‘待诏夏贺良等建言改元易号，增益漏刻，可以永安国家。朕过听贺良等言，冀为海内获福，卒无嘉应。皆违经背古，不合时宜。六月甲子制书，非赦令也，皆蠲除之。’”颜师古注：“如淳曰：‘悔前赦令不蒙其福，故收令还之。’臣瓒曰：‘改元易号，大赦天下，以求延祚，而不蒙福，哀帝悔之，故更下制书，诸非赦罪事皆除之，谓改制易号，令皆复故也。’师古曰：如释非也，瓒说是矣。非赦令也，犹言自非赦令耳也。”

此根据文意，辨正旧解是非。诏令中的“非赦令也，皆蠲除之”两句，意谓六月甲子制书中所言事项，凡不关赦令的其余都废除，不再行用。也就是说，只有赦令有效，其余都无效，停止实行。颜注引用如淳与臣瓒两说，加以考论，认为如氏说错了，臣瓒说为是。

11. *据历史考辨法*

如东汉应劭《风俗通义》卷二云：

《吕氏春秋》：鲁哀公问于孔子：“乐正夔一足，信乎？”孔子曰：“昔者，舜以夔为乐正，始治六律，和均五声，以通八风而天下服。重黎又荐能为音者，舜曰：‘夫乐，天地之精，得失之节，故唯圣人为能和乐之本，夔能和之，平天下，若夔一，足矣。’故曰夔一，足，非一足行。”

此相传孔子答鲁哀公问，根据历史记载，辨正人们的错误认识。再如：

《汉书·高帝纪》：“贤士大夫有肯从我游者，吾能尊显之。布告天下，使明知朕意。御使大夫昌下相国，相国酂侯下诸侯王。”颜师古注：“臣瓒曰：‘《茂陵书》：何封国在南阳。酂，音赞。’师古曰：瓒说是也。而或云何封沛郡酂县,音才何反,非也。案《地理志》:南阳酂县云侯国,沛酂县不云侯国也。又南阳酂者,本是春秋时阴国,所谓迁阴于下阴者也。今为襄州阴城县,有酂城,城西见有萧何庙。彼土又有筑水,筑水之阳古曰筑阳县,与酂侧近连接。据何本传,何薨之后子禄无嗣,高后封何夫人同为酂侯,小子延为筑阳侯。孝文罢同,更封延为酂侯。是知何封酂国兼得筑阳,此明验也。但酂字别有'鄌'音,是以沛之鄌县,《史记》《汉书》皆作'酂'字,明其音同也。班固《泗水亭碑》以萧何相国所封,与何同韵,于义无爽。然其封邑实在南阳,非沛县也。且《地理志》云王莽改沛酂曰赞治,然则沛酂亦有赞音。鄌、酂相乱,无所取信也。说者又引江统《徂淮赋》以为证,此乃统之疏谬,不可考核,亦犹潘岳《西征》以陕之曲沃为成师所居耳。斯例甚多,不可具载。"

此据历史考辨萧何封国所在。萧何封为酂侯,但汉代有两个酂县,一在南阳,一在沛。魏晋以下,学者已不能确定究竟是哪个酂县,说法不同。颜注根据历史考证,有力地说明封国在南阳,不在沛。又如唐刘知几《史通·疑古》篇云:

《汤誓序》云:"汤伐桀,战于鸣条。"又云:"汤放桀于南巢,唯有惭德。"而《周书·殷祝》篇称桀让汤王位云云。此则有异于《尚书》。如《周书》之所说,岂非汤既胜桀,力制夏人,使桀推让,归王于己。盖欲比迹尧舜,袭其高名者乎?又按《墨子》云:"汤以天下让务光,而使人说曰:'汤欲加恶名于汝。'务光遂投清冷之泉而死。"汤乃即位无疑。然则汤之饰让,伪迹甚多。考墨家所言,雅与《周书》相会。夫书之作,本出《尚书》,孔父截剪浮词,裁成雅语,去其鄙事,直云惭德,岂非欲灭汤之过,增桀之恶者乎?

此据有关史料,考论商汤击败夏桀,取代王位的具体过程。又如宋代洪迈《容斋随笔》卷五"元二之灾"条云:

《后汉书·邓骘传》:"拜为大将军,时遭元二之灾,人士饥荒,死者相望,盗贼群起,四夷侵畔。"章怀注云:"元二,即元元也。古书字当再读者,即于上字之下为小'二'字,言此字当两度言之。后人不晓,遂读为元二,或同之阳九,或附之百六,良由不悟,致斯乖舛。今岐州《石鼓铭》,凡重言者皆为'二'字,明验也。"汉碑有杨孟文《石门颂》,云:"中遭元、二,西夷虐残。"《孔耽碑》云:"遭元、二轗轲,人民相食。"赵明诚《金石跋》

云："若读为'元元'，不成文理，疑当时自有此语，汉注未必然也。"按：王充《论衡·恢国》篇云："今上嗣位，元、二之间，嘉德布流。三年，零陵生芝草。四年，甘露降五县。五年，芝复生。六年，黄龙见。"盖章帝时事。考之本纪，所书建初三年以后诸瑞皆同，则知所谓"元、二"者，谓建初元年、二年也。既称嘉德布流，以致祥瑞，其为非灾眚之语，益可决疑。安帝永初元年、二年，先零滇羌寇叛，郡国地震，大水。邓骘以二年十一月拜大将军，则知所谓"元、二"者谓永初元年、二年也。凡汉碑重文不皆用小"二"字，岂有范史一部，唯独一处如此？

此根据历史记载考辨词义，认为《后汉书》的"元二"就是永初元年、二年，并没有其他深奥的含义，发前人所未发，有功史学。又如宋代黄朝英《靖康缃素杂记》卷十"甘罗"条云：

《史记》：甘罗者，甘茂孙也。茂既死，甘罗年十二，事秦相文信侯吕不韦。后因说赵有功，始皇封为上卿，未尝为秦相也。世之人见其事秦相吕不韦，因相传以为甘罗十二为秦相，大误也。唐《资暇集》又谓相秦者是罗祖名茂。以《史记》考之，又不然。茂得罪于秦王，亡秦入齐，又使于楚。楚王欲置相于秦，范蜎以为不可。故秦卒相向寿而茂竟不得复入秦，卒于魏。以此观之，则茂亦未尝相秦也。杜牧之《偶题》云"甘罗昔作秦丞相"，其亦不考其实而误为之说也。

此根据历史，考辨俗间有关历史人物甘罗的传说，认为所谓甘罗十二为宰相的说法是错的。

12. 据制度考辨法

《汉书·高帝纪》："后九月，怀王并吕臣、项羽军自将之。"颜师古注："文颖曰：'即闰九月也。时律历废，不知闰，谓之后九月。'如淳曰：'时因秦以十月为岁首，至九月则岁终，后九月即闰月。'师古曰：文说非也。若以律历废不知闰者，则当径谓之十月，不应有后九月。盖秦之历法，应置闰者总致之于岁末。观其此意，当取《左传》所谓归馀于终耳。何以明之？据《汉书表》及《史记》，汉未改秦历之前，迄至高后、文帝，屡书后九月，是知故然，非历废也。"

此即根据秦汉之际的历法制度，辨正文颖的误说。再如清代江永《群经补义·春秋补义》云：

《昭·二十八年》：晋成鲒曰：武王克商，光有天下，其兄弟之国者十有五人,姬姓之国者四十人,皆举亲也。杜无注。疏谓《僖·二十四年·传》数文之昭有十六国,此言武王兄弟之国十五人者,人异,故说异。此说误矣。文之昭十六国亦在姬姓四十国之中,此别言兄弟之国者,谓婚姻之国如齐姜陈妫之类耳。古人通以婚姻为兄弟。

此根据周代亲属称谓制度,考辨《左传》孔疏的误说。

13. 据事理考辨法

《三国志·魏书·武帝纪》:"八月,绍连营稍前,依沙塠为屯,东西数十里。公亦分营与相当,合战不利,时公兵不满万,伤者十二三。"裴松之注:"臣松之以为魏武初起兵,已有众五千,自后百战百胜,败者十二三而已。但一破黄巾,受降卒三十馀万。馀所吞并,不可悉纪;虽征战损伤,未应如此之少也。夫结营相守,异于摧锋决战。本纪云:'绍众十馀万,屯营东西数十里。'魏太祖虽机变无方,略不世出,安有以数千之兵,而得逾时相抗者哉?以理而言,窃谓不然。绍为屯数十里,公能分营与相当,此兵不得甚少,一也。绍若有十倍之众,理应当悉力围守,使出入断绝,而公使徐晃等击其运车,公又自出击淳于琼等,扬旌往还,曾无抵阂,明绍力不能制,是不得甚少,二也。诸书皆云公坑绍众八万,或云七万。夫八万人奔散,非八千人所能缚,而绍之大众皆拱手就戮,何缘力能制之?是不得甚少,三也。将记述者欲以少见奇,非其实录也。按《钟繇传》云:'公与绍相持,繇为司隶,送马二千馀匹以给军。'本纪及《世语》并云公时有骑六百馀匹,繇马为安在哉?"

此据事理辨明《魏书》原文写曹操兵少,欲以少见奇,非为实录。再如王夫之《周易稗疏》卷二"顺德积小以高大"条云:

《本义》云:"顺,当作慎。"今按:地中生木,无有慎象。而自本达茎,以生枝叶,则其积之也,顺,坤顺也。巽亦顺以入也。君子之德,下学而上达,顺德之序也。若急图高大而忽其小,则躐等而逆矣,自当如字。

此据理辨正校勘方面的失误,认为这里的"顺"字不误,朱熹说不可从。又如江永《群经补义·春秋补义》云:

《费誓》"马牛其风",《左传》"风马牛不相及",皆以牝牡相诱为风。楚人意谓边境相近,则马牛牝牡相诱可相及,或有牝随牡,牡随牝而之彼之此者,若齐与楚绝远,虽风马牛亦不能相及,语意甚明,杜注竟上微末之事,非是。

此据理辨明“马牛其风”的含义，并指出杜预的说法不对。

14. 据事实考辨法

《史记·扁鹊仓公列传》：“扁鹊者，勃海郡郑人也。”司马贞《索隐》：“勃海无郑县，当作鄚县，音莫，今属河间。”

此根据事实辨正史书误字。再如：

《史记·楚世家》：“吴回生陆终，陆终生子六人，坼剖而产焉。”裴骃《集解》：“干宝曰：‘先儒学士多疑此事，谯允南通才达学，精核数理者也，作《古史考》，以为作者妄记，废而不论。余亦尤其生之异也。然案六子之世，子孙有国，升降六代，数千年间，迭至霸王，天将兴之，必有尤物乎？若夫前志所传，修己背坼而生禹，简狄胸坼而生契，历代久远，莫足相证。近魏黄初五年，汝南屈雍妻王氏生男儿从右胳下水腹上出，而平和自若，数月创合，母子无恙，斯盖近事之信也。以今况古，固知注记者之不妄也。天地云为，阴阳变化，安可守之一端，概以常理乎？《诗》云‘不坼不副，无灾无害’，原诗人之旨，明古之妇人尝有坼副而产者矣。又有因产而遇灾害者，故美其无害也。’”

此引干宝说，据当时事实，辨正史书所记不妄，却学人之疑。又如宋代赵明诚《金石录》卷十三《爵铭》跋尾云：

大观中，潍之昌乐丹水岸圮，得此爵及一觚。按《考工记》：“爵，一升。觚，三升。献以爵而酬以觚，一献而三酬，则一豆矣。”（自注：郑氏云：“豆，当读为斗。”）而汉儒皆以为“爵一升，觚二升”。今此二器同出，以觚量之，适容三爵，与《考工记》合。以此知古器不独为玩好，又可以决经义之疑也。

此根据出土实物，亲自验证，辨正旧说疑义，认为一觚三升，《考工记》所载不误。明代李时珍《本草纲目》卷十一金石部“凝水石”一品下所标〔正误〕云：

恭曰：凝水石有纵理、横理两种，色清明者为上。或云纵理为寒水石，横理为凝水石。今出同州韩城，色青，横理如云母为良。出澄州者，斜理，文色白，为劣也。颂曰：今河东汾隰州及德顺军亦有之，三月采。又有一种冷油石，全与此相类，但投沸油铛中，油即冷者是也。此石性冷有毒，误服令人腰以下不能举。宗奭曰：凝水石文理通彻，人或磨刻为枕，以备暑月之用。入药须烧过，或市人未入轻粉以乱真，不可察。陶氏言夏月能为冰者佳，如此则举世不能得矣。阎孝忠曰：石膏洁白坚硬有墙壁，寒水石软烂可以手碎。外微青黑，中有细文。王隐君曰：寒水石坚白晶洁，状若明矾、蓬砂之质，或有碎之，粒粒大小皆四方，故又名方解石，今人谓之硬石膏者是也。时珍曰：寒水石有二：一是软石膏，一是凝水石。惟陶弘景所注，是凝水之寒水石，与本文相合。苏恭、苏颂、寇宗奭、阎孝忠四家所说，皆是软石膏之寒水石。王隐君所说，则是方解石，诸家不详本文盐精之说，不得其说，遂以石膏、方解石指为寒水石。唐宋以来，相承其误，通以二石为用，而盐精之寒水，绝不知用，此千载之误也。石膏之误近千载，朱震亨氏始明。凝水之误，非时珍深察，恐终于绝响矣。

此根据亲身察验的事实，辨正历代医药家不明凝水石，而以石膏、方解石充用的谬误。《本草纲目》中此类用例甚多，有大功于人类医疗事业。

15. 综合考辨法

综合考辨法，即综合使用以上各法进行考辨，训释效果显著，古今应用最广。如孔颖达《尚书正义》于《泰誓》篇首云：

然则汉初惟有二十八篇，无《泰誓》矣。后得伪《泰誓》三篇，诸儒多疑之。马融《书序》曰："《泰誓》后得，案其文，似若浅露。又云'八百诸侯不召自来，不期同时，不谋同辞'及'火复于上，至于王屋，流为雕，至五，以谷俱来'。举火神怪，得无在子所不语中乎？又《春秋》引《泰誓》曰：'民之所欲，天必从之。'《国语》引《泰誓》曰：'朕梦协朕卜，袭于休祥，戎商必克。'《孟子》引《泰誓》曰：'我武惟扬，侵于之疆，取彼凶残，我伐用张，于汤有光。'孙卿引《泰誓》曰：'独夫受。'《礼记》引《泰誓》曰：'予克受，非予武，惟朕文考无罪。受克予，非朕文考有罪，惟予小子无良。'今文《泰誓》皆无此语。吾见书传多矣，所引《泰誓》而不在《泰誓》者甚多，弗复悉记，略举五事以明之，亦可知矣。"

孔疏所引马融说，即对后出《泰誓》从文体、文例及不见他书所引原书文句等方面，进行了综合考论，认为是伪作，不可信据。再如：

《汉书·货殖传》："昔粤王句践困于会稽之上，乃用范蠡、计然。"颜师古注："孟康曰：'姓计名然，越臣也。'蔡谟曰：'《计然》者，范蠡所著书篇名耳，非人也。谓之计然者，所计而然也。群书所称句践之贤佐，种、蠡为首，岂闻复有姓计名然者乎？若有此人，越但用半策使以致霸，是功重于范蠡，蠡之师也，焉有如此而越国不记其事，书籍不见其名，史迁不述其传乎？'师古曰：蔡说谬矣。据《古今人表》，计然列在第四等，岂是范蠡书篇乎？计然一号计研，故《宾戏》曰'研、桑心计于无垠'，即谓此耳。计然者，濮上人也，博学无所不通，尤善计算，尝南游越，范蠡卑身事之。其书则有《万物录》，著五方所出，皆直述之。事见《皇览》及《晋中经簿》。又《吴越春秋》及《越绝书》并作计倪，此则'倪''研'及'然'声皆相近，实一人耳。何云书籍不见哉？"

此根据历史记载、有关事实及文字通借等，作了综合考辨，批驳了蔡谟之说，论定计然实有其人，非范蠡书名。又如：

《尚书·禹贡》："四隩既宅。"宋代林之奇《尚书全解》："孔氏曰：四方之宅皆可居。唐孔氏以谓'室隅为隩，隩是内也。人之造宅为居，至其隩内，遂以隩表宅'。案：《尔雅》曰：室西南隅之奥。以隩为室隅，当读曰奥，不得读为隩矣。隩既为室隅矣，而又曰既宅，则其文亦为重复。案：《诗·淇澳》音於六切。王氏曰：隩，隈也。孙大夫曰：隈，水曲中也。又曰崖内为隩。李巡曰：崖内近水为隩。则是淇澳者，是淇水之隈曲处也。此隩当与淇澳同。盖当洪水为患，崖内近水之民犹不得安其居，至于怀襄之难既平，水由地中行，然后四方之民居崖内水曲者皆得安其居。在水涯者犹得安其居，则居平原旷野者盖可知矣。"

《禹贡》"四隩既宅"一句，旧说迂曲难通。林氏从文例、声音、事理各方面作了综合性考辨，创立新解，其说可从。

第二节　论述法

论述法是论述所解书中的有关内容、有关问题、有关事项及读书法等的方法。通过这类论述，可以帮助读者加深对所解原书的理解。主要有以下四类。

一、论述有关内容法

论述有关内容法，即对所解书中的有关内容加以论述。可别为两类。

1. 总论书中有关内容法

总论书中有关内容法，即对书中有关内容总括性地加以论述。可分为三类。

1）总论群书有关内容

总论群书有关内容，即总括性地论述群书中的有关内容。如《礼记·经解》云：

> 孔子曰："入其国，其教可知也。其为人也，温柔敦厚，《诗》教也；疏通知远，《书》教也；广博易良，《乐》教也；絜静精微，《易》教也；恭俭庄敬，《礼》教也；属辞比事，《春秋》教也。"

此高度概括地论述了六经的教育作用，间接地反映了六经内容的不同特色。再如东汉班固《白虎通义·五经》篇云：

> 经所以有五，何？经，常也。有五常之道，故曰五经。《乐》，仁；《书》，义；《礼》，礼；《易》，智；《诗》，信也。人情有五性，怀五常，不能自成，是以圣人象天五常之道而明之，以教人成其德也。

这是从封建统治阶级的政治需要出发，总论五经和五常的关系。又如清章学诚《文史通义·易教上》开头说：

> 六经，皆史也。古人不著书，古人未尝离事而言理。六经皆先王之政典也。

此附带总论六经的性质和基本内容。

2）总论一类书有关内容

总论一类书有关内容，即总括性地论述某一类书籍的有关内容。如宋代托题郑樵所撰的《六经奥论》于《春秋》"三传"条下云：

> 大抵三家之传，各有所长，亦各有所短。如论其短，以王正月为王鲁，是《公羊》之害教；以获麟为成文所致，是《穀梁》之附会；以尹氏为君氏，是《左传》之误文也。所短者若此之类是也。若论其长，则三子之长非一端。经日蚀不书朔者八，《左氏》曰官失之也，《公羊》曰二日也，《穀梁》曰晦也。唐人以历追之，俱得朔日，则日蚀之义，《左氏》为长。公如齐观社。《左氏》曰非礼也；《公羊》曰盖以观齐女也；《穀梁》曰非常曰观，观，无事之辞也。案《墨子》曰：燕之社、齐之社稷、宋之桑林，男女之所聚而观之也。则观社之义，《公羊》为长。经书盟于葵丘。《左氏》曰齐侯不务德而勤远略；《公羊》曰震而矜之，叛者九国；《穀梁》曰陈牲而不杀，壹明天子之禁。案《孟子》曰：束牲载书而不歃血，初命曰无易树子。则葵丘之义，《穀梁》为长。三子之长，如此者众也。

此举例总论《春秋三传》的长短。元代熊朋来《经说》卷四于“《仪礼》《周礼》《礼记》”一条下所论也属于此类。

3)总论一书有关内容

总论一书有关内容,即总括性地论述一种书的有关内容。如《易·系辞》总括性地论述了《周易》一书的内容、意蕴及功用,是现在我们所能见到的有关这方面的最早的用例,也是最典型的例子之一。如云:

天尊地卑,乾坤定矣。卑高以陈,贵贱位矣。动静有常,刚柔断矣。方以类聚,物以群分,吉凶生矣。在天成象,在地成形,变化见矣。是故刚柔相摩,八卦相荡。鼓之以雷霆,润之以风雨。日月运行,一寒一暑。乾道成男,坤道成女。乾知大始,坤作成物。

此言八卦取象,并表明天地万物的对立统一及变化。又云:

大衍之数五十,其用四十有九。分而为二以象两,挂一以象三,揲之以四以象四时,归奇于扐以象闰,五岁再闰,故再扐而后挂。天数五,地数五。五位相得而各有合,天数二十有五,地数三十,凡天地之数五十有五。此所以成变化而行鬼神也。《乾》之策二百一十有六,《坤》之策百四十有四,凡三百有六十,当期之日。二篇之策万有一千五百二十,当万物之数也。是故四营而成《易》,十有八变而成卦,八卦而小成。引而伸之,触类而长之,天下之能事毕矣。显道,神德行,是故可与酬酢,可与祐神矣。

此总论《周易》筮法。又云:

八卦成列,象在其中矣。因而重之,爻在其中矣。刚柔相推,变在其中矣。系辞焉而命之,动在其中矣。吉凶悔吝者,生乎动者也。刚柔者,立本者也。变通者,趋时者也。吉凶者,贞胜者也。天地之道,贞观者也。日月之道,贞明者也。天下之动,贞夫一者也。夫乾确然示人易矣,夫坤隤然示人简矣。爻也者,效此者也。象也者,像此者也。爻象动乎内,吉凶见乎外,功业见乎变。

此论《易经》的意蕴与功用。

宋人《六经奥论》对各经的总论也属于这类情况,如卷五“仪礼辨”一目下云:

古人造士,以《礼》《乐》与《诗》《书》并言之者,《仪礼》是也。古人六经以《礼》《乐》《诗》《书》《春秋》与《易》并言者,《仪礼》是也。《仪礼》一书，当成王太平之日，周公损益三代之制，作为冠、婚、丧、祭之仪，朝、聘、射、飨之礼，行于朝廷、乡党之间，名曰《仪礼》而乐寓焉。正如后世《礼乐》《舆服志》之类。

此即概括论述《仪礼》一书的主要内容及其成书情况等。明代高拱《春秋正旨》、清代方苞《周官集注》卷首《总说》等均属于此类。

2. 分论书中有关内容法

分论书中有关内容法，即对书中有关内容分别标目，加以论述。也可别为三类。

1）分论群书有关内容

分论群书有关内容，即对群书中的有关内容分别标目，加以论述。如《白虎通义》四十四篇，大部分都是对群经要意的分别论述。如《社稷》篇云：

王者所以有社稷何？为天下求福报功。人非土不立，非谷不食。土地广博，不可遍敬也；五谷众多，不可一一而祭也。故封土立社，示有土尊；稷，五谷之长，故封稷而祭之也。《尚书》曰："乃社于新邑。"《孝经》曰："保其社稷而和其民人，盖诸侯之孝也。"稷者，得阴阳中和之气，而用尤多，故为长也。岁再祭何？春求秋报之义也。故《月令》仲春之月，择元日命人社。《援神契》曰："仲春获禾，报社祭稷。"以三牲何？重功故也。《尚书》曰："乃社于新邑，羊一，牛一，豕一。"《王制》曰："天子社稷皆大牢，诸侯社稷皆少牢。"宗庙俱太牢，社稷独少牢何？宗庙大牢，所以广孝道也。社稷为报功，诸侯一国所报者少故也。……

"社稷"这个概念，在各种典籍中广为应用，故专门列为一类，加以统一论述，供学者取正。东汉应劭《风俗通义》的部分内容也属于此类。

2）分论一类书有关内容

分论一类书有关内容，即对一类书中的有关内容分门别类，加以论述。如清代陈祖范《经咫》礼类有"答服问""妾服议"及"学仕解""祭物论"等七目，分论《三礼》中的有关内容，即属于此类。再如皮锡瑞《经学通论》的《春秋》类分立五十六个标题，论述《春秋》及其《三传》的各种问题，有些篇目也分论书中有关内容，如"论《春秋》改制，犹今人言变法，损益四代，孔子以告颜渊其作《春秋》，亦即此意"一目下云：

《史记·孔子世家》："子曰：'弗乎，弗乎！君子病殁世而名不称焉。吾道不行矣，吾何以自见于后世哉？'乃因史记作《春秋》，上至隐公，下讫哀公十四年，十二公。据鲁，亲周，故殷，运之三代，约其辞文而指博。故吴楚之君自称王，而《春秋》贬之曰‘子’；践土之会实召周天子，而《春秋》讳之曰‘天王狩于河阳’：推此类以绳当世贬损之义，后有王者举而开之。《春秋》之义行，则天下乱臣贼子惧焉。孔子在位，听讼，文辞有可与人共者，弗独有也。至于为《春秋》，笔则笔，削则削，子夏之徒不能赞一辞。弟子受《春秋》，孔子曰：‘后世知邱者以《春秋》，而罪邱者亦以《春秋》。’”又《自序》引壶遂曰：“孔子之时，上无明君，下不得任用，故作《春秋》，垂空文以断礼义，当一王之法。”锡瑞案：此二条，史公未明引董生，不知亦董生所传否？而其言皆明白正大。云“据鲁，亲周，故殷”，则知《公羊家》存三统之义古矣。云有贬损，有笔削，则知《左氏》家经承旧史之义非矣。云“垂空文，当一王之法”，则知素王改制之义不必疑矣。《春秋》有素王之义，本为改法而设，后人疑孔子不应称王，不知素王本属《春秋》，而不属孔子。疑孔子不应改制，不知孔子无改制之权，而不妨为改制之言。所谓改制者，犹今人之言变法耳。法积久而必变，有志之士，世不见用，莫不著书立说，思以其所欲变之法，传于后世，望其实行。自周秦诸子，以及近之船山、亭林、梨洲、桴亭诸公皆然。亭林《日知录》明云：“立言不为一时。”船山《黄书》《噩梦》，读者未尝疑其僭妄。何独于孔子《春秋》反以僭妄疑之？

此从《公羊》学的角度，引用《史记》之文，论述《春秋》所体现的存三统及改制变法的思想。

3）分论一书有关内容

如宋人《六经奥论》卷六《周礼辨》下分“天文总辨”“中星辨”“分野辨”“五服九服辨”“六服朝礼”“封国辨”“贡助彻法”“田税辨”“沟洫辨”等目，分论书中有关内容，如“贡助彻法”一目下云：

郑氏谓周制，畿内用贡法，税夫无公田；邦国用助法，制公田而不税。如此，则公卿采地及九服之内尽是助法，惟六乡六遂公邑二百里地用贡法，与商制亦何异？岂有天子自税民田而令诸侯俱为公田而不税哉？予谓周之畿内以及天下诸侯一用彻法，田皆为井，井中为公田，外为八家之田，透彻而耕，及其出税，依公田之法而税之。凡言公田，商法也。文王为商诸侯，武王初得天下，纯是商制，到得周公摄政作礼乐，方变助而为彻。凡言周为公田，皆在文武之时，不知周公时后已变之矣。

此即论述周朝的税法及其演变情况。再如宋代叶时《礼经会元》分一百目,每目为一篇。分论《周礼》中大旨。如“重农”一目下云:

周人以农立国,自后稷以来,稼穑有教。今观《周礼》,而知周公稼穑之教为甚详。太宰九职之任,一曰三农。司徒十二职之颁,一曰稼穑。其重农之意可知矣。小司徒之井牧,立田制也。遂人之沟洫,兴水利也。草人辨其地之刚潟坟垆,辨壤粪也。稻人掌其水之畜止均泻,防旱潦也。一稼穑之教,司徒既教之,遂人又教之;一耕耨之趋,鄰长既趋之,里宰又趋之;一种稑之种,舍人既县之,司稼又辨之;一美恶之地,旅师既等之,土均又均之;用力不过三日,恐其夺民时也。起役无过一人,虑其妨农业也。田不耕者出屋粟,惧其游惰而不勤也。民无职者出夫布,忧其舍本而趋末也。甸师何预于农而帅属以耕王籍,所以劝天下之力田。内宰何关于农而帅官以献王种,所以示天下之重谷。尝之日预卜来岁之芟而为田业荒芜之虑,社之日预卜来岁之稼而为旱干水溢之备。其始也,于田祖而祈年,以祈农事;其终也,享百神而祭蜡,以报农功。凡有可以佐百姓力农者,无不设官而劝导之。且以成周盛时,天下之田皆井矣,天下之民皆农矣,有田可耕,何患其不耕?有土可稼,何患其不稼?而周公必为之纤悉区画者,盖以农者天下之本,食者民之天。农不耕则失业,食不给则伤生。既思所以厚其生,又思所以利其用;既思所以兴其利,又思所以除其害。先王拳拳重农之意如此,百姓岂有不从事耒耜而服勤田亩哉?

此即论述《周礼》中所体现的重农思想。又如宋代王晢《春秋皇纲论》、俞琰《读易举要》等均有这类用例。

二、论述有关问题法

论述有关问题法,即对与所解书籍有关的各种重要问题加以论述。如孔颖达《周易正义》卷首八论中的“第七论传《易》之人”一目云:

孔子既作《十翼》,《易》道大明,自商瞿已后,传授不绝。案《儒林传》云:“商瞿子木本受《易》于孔子,以授鲁桥庇子庸,子庸授江东馯臂子弓,子弓授燕周丑子家,子家授东武孙虞子乘,子乘授齐田何子庄。及秦燔书,《易》为卜筮之书,独得不禁,故传授者不绝。汉兴,田何授东武王同子中及雒阳周王孙、梁人丁宽、齐服生,皆著《易传》数篇,同授菑川杨何,字叔元,叔元传京房,京房传梁丘贺,贺授子临,临授御史大夫王骏。

其后丁宽又别授田王孙，孙授施雠，雠授张禹，禹授彭宣，此前汉大略传授之人也。其后汉则有马融、荀爽、郑玄、刘表、虞翻、陆绩等及王辅嗣也。”

此论《周易》的传授情况。当然所论不一定都妥当。再如唐刘知几《史通·浮词》篇云：

昔尼父裁经，义在褒贬，明如日月，持用不刊。而史传所书，贵乎博录而已。至于本事之外，时寄抑扬，此乃得失禀于片言，是非由于一句，谈何容易，可不慎欤！但近代作者，溺于烦富，则有发言失中，加字不惬，遂令后之览者，难以取信。盖《史记·世家》有云：“赵鞅诸子，无恤最贤。”夫贤者当以仁恕为先，礼让居本。至如伪会邻国，进计行戕，俾同气女兄摩笄引决，此则诈而安忍，贪而无亲，鲸鲵是俦，犬豕不若，焉得谓之贤哉？又《汉书》云：“萧何知韩信贤。”按：贤者处世，夷险若一，不陨获于贫贱，不充诎于富贵。《易传》曰：“知进退存亡者，其唯圣人乎？”如淮阴初在仄微，堕业无行。后居荣贵，满盈速祸，躬为逆上，名隶恶徒，周身之防靡闻，知足之情安在？美其善将，呼为才略则可矣，必以贤为目，不其谬乎？又云：“严延年精悍敏捷，虽子贡冉有通于政事，不能绝也。”夫以编名酷吏，列号屠伯，而辄比孔门达者，岂其伦哉？

此论史书存在的遣词不当、比喻失伦的问题。再如宋人《六经奥论》卷一于“六经注疏辨”一目下云：

疏　唐贞观中，孔颖达奉诏撰《五经正义》，与马嘉运等参议，于《礼记》《毛诗》取郑，于《尚书》取孔传，于《易》取王弼，于《左氏》取杜预，自《正义》作而诸家之学始废。独疑《周礼》《仪礼》非周公书，不为义疏。其后永徽中，贾公彦始作《仪礼》《周礼》义疏。本朝真宗，又诏邢昺校定《周礼》《仪礼》《公羊》《穀梁》正义，于是九经之义疏始备。仁宗朝，欧阳文忠公上言曰：“自唐太宗诏名儒定九经正义，迄年以来，著为定论，不本正义者为异说，然所载既博，所择不精，多引谶纬之书，以相杂乱，异乎正义之名。臣欲乞特赐诏诸巨儒学官，悉取九经之疏，删去谶纬之文，使经义纯一，无所驳杂，其用功至多，为益最大。”使欧阳删定正义，必有大可观者，惜乎其不果行也。

此论九经正义成书经过，并及学术流变，所记欧阳修欲删旧疏一议，几成训诂一大厄难。又如宋代岳珂《九经三传沿革例》的“字画”一目下云：

字学不讲久矣，经文非古，讹以传讹。魏晋以来，则又厌朴拙，耆姿媚，随意迁改，义训混淆，漫不可考。重以避就名讳，如“操”之为“摻”，“昭”之为“佋”，此类不可胜举。唐人统承西魏，尤为谬乱，至开元所书五经，往往以俗字易旧文，如以“颇”为“陂”，以“平”为“便”之类更多。五季而后，镂板传印，经籍之传虽广，而点画义训讹舛自若。

此论魏晋以来群经文字讹谬相承的情况。又如清陈祖范《经咫》于“春秋”一目下云：

治《春秋》者尊圣人太过，索圣人之意太深，至于苛密烦扰，彼之义例自相乖剌，而经旨愈益茫昧。粗举一二，如开卷“元年春，王正月”，鲁史奉周正朔纪事之常规，有何深义？而谓《春秋》谨五始之要。董子治《公羊》，以“正”次“王”，“王”次“春”，为对策论端，假使冠“王”于“春”上，虽初学亦知其不顺也。后来夏时冠周月，改正不改时之辨，益纷纷矣。《庄·元年》“夫人孙于齐”，上甫书公与夫人姜氏如齐，故不复著姜氏，省文也。《闵·二年》“夫人姜氏孙于邾”，去《庄·二十四年》“夫人姜氏入”已旷隔矣，不得不著“姜氏”。说者谓杀夫罪重，故去姓；杀子罪轻，故不去姓，此何理也？

此论《春秋》训解中所存在的对于文意求之过深的问题，有摧枯拉朽、廓清迷雾的作用。

总之，训诂中对所解书中有关问题的论述，范围甚广，初无定例，随事而施，均有益于读者。皮锡瑞《经学通论》所反映出来的这方面的问题更多、更集中，读者可以参看。

三、论述有关事项法

论述有关事项法，即对书中存在的跟读者理解有关的各种事项，如款式、体例等，酌情给予论述。如陆德明《毛诗音义》在《周南·关雎·诂训传第一》后《毛诗》下注云：

《诗》是此书之名，“毛”者传诗人姓，既有《齐》《鲁》《韩》三家，故题姓以别之。或云小毛公加“毛诗”二字，又云河间献王所加，故大题在下。案：马融、卢植、郑玄注《三礼》，并大题在下，班固《汉书》、陈寿《三国志》，题亦然。

此结合《毛诗》，论述古书标题款式。再如孔颖达《毛诗正义》在《郑氏笺》下云：

不言名而言“氏”者，汉承灭学之后，典籍出于人间，各专门命氏，以显其家之学，故诸为训者皆云“氏”，不言名。

此论当时著书署氏的惯例。又云：

汉初为传训者，皆与经别行。《三传》之文不与经连，故石经书《公羊传》皆无经文。《艺文志》云：《毛诗》，经二十九卷，《毛诗故训传》三十卷，是毛为诂训，亦与经别也。及马融为《周礼》之注，乃云欲省学者两读，故具载本文。然则后汉以来始就经为注，未审此诗引经附传是谁为之。

此论注文与原文的分附情况。再如《周易·坤·初六·象·正义》云：

夫子所作《象》辞，元在六爻经辞之后，以自卑退，不敢干乱先圣正经之辞，及至辅嗣之意，以为《象》者本释经文，宜相附近，其义易了，故分爻之《象》辞，各附其当爻下言之，犹如元凯注《左传》，分经之年，与传相附。

此论《易传·象》辞分附当爻之下的开始，兼及《左传》附经的事情。再如清代阮元《周易注疏校勘记》在《周易兼义上经乾传第一》下注云：

闽、监本同，毛本“第”上有“卷”字，石经、《释文》、岳本、考文引古本、足利本，题《周易上经乾传第一》，钱本、考文所据宋本题《周易注疏卷第一》。按：“兼义”字乃合刻注疏者所加，取兼并《正义》之意也。盖其始，注疏无合一之本，南北宋之间，以疏附于经注者谓之某经兼义，至其后则直谓之某经注疏，此变易之渐也。

此论疏与经注合刻时书名的演变情况。

四、论述读书法

宋代以下，训诂著作卷首往往还要论述阅读所解书籍的方法。如朱熹《论语集注》卷首《读〈论语〉〈孟子〉法》云：

程子曰：“凡看《语》《孟》，且须熟读玩味，须将圣人言语切已，不可只作一场话说。人只看得二书切已，终身尽多也。”

此论联系实际的读书方法。所谓“切已”，用现在的话讲，就是学以致用，主要指按照孔、孟所讲圣贤的标准，改造自己。这自然是针对当时的情况讲的，现代的读者应该批判对待。以下所论同此。再如明代胡广等《书传大全》卷首《书说纲领》引朱熹说云：

圣人千言万语，只是说个当然之理，恐人不晓，又笔之于书。自书契以来，二典三谟，伊尹、武王、箕子、周公、孔、孟，都只如此，可谓尽矣。只就文字间求之，句句皆是做得一分，便是一分工夫，非茫然不可测也，但恐人自不子细求索之尔。须是量圣人之言是说个什么，要将何用。若只读过便休，何必读《尚书》？初读甚难，似见于己不相干。后来熟读，见尧舜禹汤文武之事皆切于己。

这也是论述联系实际的读书法，强调反复研读，仔细体味。又如阮元《重刻宋版注疏总目录》①云：

窃谓士人读书当从经学始，经学当从注疏始。空疏之士、高明之徒读注疏不终卷而思卧者，是不能潜心研索，终身不知有圣贤诸儒经传之学矣。

此论文史工作者阅读古书的方法，强调需要认真研索旧注。

第三节　发凡立例法

一、发明凡例法

训诂中，遇到带有普遍性、规律性的问题时，往往以此法作解，发举凡例，帮助读者以简驭繁，从宏观上着眼，掌握全面情况，用以加深对所释文意的理解。发凡法具有推广训释效果的作用，其训式主要有三种：一是句式开头称“凡”，一是句式中间用“皆”“均”之类括举性字眼，一是从句意上体现发凡的作用。根据这类训式在注文中出现的位置及有关情况，可以分为随文发凡法和总举凡例法两大类。

（一）随文发凡法

随文发凡法，即在注解过程中，随文发明有关凡例。又可别为两类。

1. 随文发明所解书中凡例法

《春秋·庄·二十九年》：“夏，郑人侵许。”《左传》：“凡师，有钟鼓曰伐，无曰侵，轻曰袭。”

此即称“凡”以发其例，说明《春秋》中凡书出兵打仗，大鸣钟鼓以声讨其罪称“伐”，不鸣钟鼓称“侵”，轻兵出击称“袭”，即连类广训，因释“侵”，并释及

① 即指《十三经注疏》。

“伐”与“袭”。此属于以发凡法训释词义,推广训释效果。《春秋》文例谨严,字不虚设,故《三传》及其注疏中发凡法用例很多。再如:

《春秋·隐·元年》:“三月,公及邾仪父盟于蔑。”《左传》:“未王命,故不书爵。曰‘仪父’,贵之也。”

此《传》揭明《春秋》文例,连发两个凡例,都是从句意上体现发凡的作用。“未王命,故不书爵”,即是凡未经王命,皆不书爵的意思。“曰仪父,贵之也”,等于说“仪父”,字也。凡称字,贵之也。《公羊传》《穀梁传》的发凡法大都属于这一类。如:

《春秋·隐·六年》:“七月。”《公羊传》:“此无事,何以书?《春秋》虽无事,首时过则书。”

《春秋》此处只书“七月”二字,别无所记。《公羊传》在此发明它的书法凡例,意谓《春秋》书法,虽无事,凡首时过去,都要记载。首时,指每个季节的头一个月。春季的首时是一月,秋季的首时是七月,余可类推。又如:

《春秋·隐·四年》:“九月,卫人杀祝吁于濮。”《穀梁传》:“称‘人’以杀,杀有罪也。”

此发明《春秋》书法,等于说,凡称“人”以杀,杀有罪也。也就是说,不书“卫杀祝吁”,而加了个“人”字,说“卫人杀祝吁”,表示所杀者罪大恶极。祝吁弑其君,罪重,故称国人行杀。

在其他书籍的训诂中,随文发明所解书籍凡例的用例也很多。如:

《周礼·夏官·司马》:“王南乡,三公北面,东上;孤东面,北上。”贾公彦疏:“经所云‘上’者,皆据近王为上,不据阴阳左右也。”

此在句中称“皆”字发凡,揭举礼书讲到朝廷君臣面位时所用“上”字的含义,等于说,凡经称“东上”“北上”之类者,据近王为上,不据阴阳左右也。也就是说,凡此类“上”字,都是根据最接近王的位置来说的,不是根据其他的什么原因来说的。王面朝南,三公面朝北,故曰“东上”,即以东为上的意思。余可类推。又如:

《汉书·艺文志》:“凡《书》九家,四百一十二篇。入刘向《稽疑》一篇。”颜师古注:“此凡言‘入’者,谓《七略》之外班氏新入之也。其云‘出’者与此同。”

此发明《艺文志》言“入”言“出”之例。第九章第六节所介绍的“以发凡式通音义法”也属于此类。

2. 随文注明己作凡例法

随文注明己作凡例法，即对自己训诂著作中所使用的凡例随文加以注明。如：

《史记·五帝本纪》开头裴骃《集解》："凡是徐氏义，称徐姓名以别之。馀者悉是骃注解，并集众家义。"

此即裴氏随文注明自己集解《史记》的凡例。再如：

《文选·（班固）两都赋序》："或曰：赋者，古诗之流也。"李善注："《毛诗序》曰：《诗》有六义焉，二曰赋，故赋为古诗之流也。诸引文证，皆举先以明后，以示作者必有所祖述也。他皆类此。"

李氏注明自己注解《文选》时引文证明原文的用意，并发为凡例。

（二）总举凡例法

总举凡例法，即将书中有关凡例总括起来，集中加以揭举。可别为两类。

1. 文前总举凡例法

文前总举凡例法即在注文开头总举书中有关凡例。如《周易·乾·象》"天行健，君子以自强不息"下孔颖达《正义》云：

凡六十四卦说象不同，或总举象之所由，不论象之实体，又总包六爻，不显上体下体，则《乾》《坤》二卦是也。或直举上下二体者，若云雷，《屯》也；天地交，《泰》也；天地不交，《否》也；雷电，《噬嗑》也；雷风，《恒》也；雷雨作，《解》也；风雷，《益》也；雷电皆至，《丰》也；洊雷，《震》也；随风，《巽》也；习坎，《坎》也；明两作，《离》也；兼山，《艮》也；丽泽，《兑》也。凡此一十四卦，皆总举两体而结义也。取两体俱成，或有直举两体上下相对者，天与水违行，《讼》也；上天下泽，《履》也；天与火，《同人》也；上火下泽，《睽》也。凡此四卦，或取两体相违，或取两体相合，或取两体上下相承而为卦也。故两体相对而俱言也。虽上下二体共成一卦，或直指上体而为文者，若云上于天，《需》也；风行天上，《小畜》也；火在天上，《大有》也；雷出地奋，《豫》也；风行地上，《观》也；山附于地，《剥》也；泽灭木，《大过》也；雷在天上，《大壮》也；明出地上，《晋》也；风自火出，《家人》也；泽上于天，《夬》也；泽上于地，《萃》也；风行水上，《涣》也；水在火上，《既济》也；火在水上，《未济》也。凡此十五卦，皆先举上象而连于下，亦意取上象以立卦名也。亦有虽意在上象而先举下象以出上象者，地上有水，《比》也；泽上有地，《临》也；山上有泽，《咸》也；山上有火，《旅》也；

木上有水,《井》也;木上有火,《鼎》也;山上有木,《渐》也;泽上有雷,《归妹》也;山上有水,《蹇》也;泽上有水,《节》也;泽上有风,《中孚》也;山上有雷,《小过》也。凡此十二卦皆先举下象以出上象,亦意取上象共下象而成卦也。或先举上象而出下象,意取下象以成卦义者,山下出泉,《蒙》也;地中有水,《师》也;山下有风,《蛊》也;山下有火,《贲》也;天下雷行,《无妄》也;山下有雷,《颐》也;天下有山,《遁》也;山下有泽,《损》也;天下有风,《姤》也;地中有山,《谦》也;泽中有雷,《随》也;地中生木,《升》也;泽中有火,《革》也。凡此十三卦,皆先举上体,后明下体也。其上体是天,天与山,则称下也;若上体是地,地与泽,则称中也。或有虽先举下象,称在上象之下者,若雷在地中,《复》也;天在山中,《大畜》也;明入地中,《明夷》也;泽无水,《困》也。是先举下象而称在上象之下,亦义取下象以立卦也。所论之例者,皆大判而言之。其间委曲,各于卦下别更详之。先儒所云此等象辞,或有实象,或有假象。实象者,若地上有水,《比》也;地中生木,《升》也;皆非虚,故言实也。假象者,若天在山中,风自火出,如此之类,实无此象,假而为义,故谓之假也。虽有实象假象,皆以义示人,总谓之象也。

此于首见《象》辞下总举《象》传解说六十四卦取象之法的凡例。再如《礼记·表记》开头"子言之,归乎"一节下孔颖达《正义》云:

称"子言之"凡有八所,皇氏云:皆是发端起义,事之头首,记者详之,故称"子言之"。若于子言之下更广开其事,或曲说其理,则直称"子曰"。今检上下体例,或如皇氏之言,今依用之。

此于首见注下总举《表记》中称"子言之"与"子曰"的凡例。

2. 专文总举凡例法

专文总举凡例法,即专门行文,总举书中凡例。可分为两类。

1)专文总举所解书中凡例法

如《仪礼》十七篇之后多有《记》《传》,总发《礼》文凡例。如《乡饮酒礼》文末所附《记》文可摘录如下:

乡朝服而谋宾介,皆使能,不宿戒。

其牲,狗也。亨于堂东北。

献用爵,其他用觯。

宾俎脊胁肩肺,主人俎脊胁臂肺,介俎脊胁肫胳肺。肺皆离,皆右体进媵。

以爵拜者不徒作。

坐卒爵者拜既爵,立卒爵者不拜既爵。

凡奠者于左,将举于右。

立者东面北上,若有北面者则东上。

乐正与立者皆荐以齿。

凡举爵,三作而不徒爵。

凡旅不洗,不洗者不祭。既旅,士不入。

彻俎,宾介遵者之俎,受者以降,遂出授从者,主人之俎以东。

若有诸公,则大夫于主人之北,西面。主人之赞者西面,北上,不与。无筭爵,然后与。

此即专文总举了举行乡饮酒礼时应当遵行的各种常例,《记》文有的针对《礼》文而发,有的属于补记。《礼记·曲礼下》所记也属于此类。

2)文前总举己作凡例法

文前总举己作凡例法,即在一部训诂著作的卷首,将自己行文的凡例一总列出,供读者了解掌握。此法所起较晚,但纲举目张,方便读者,故一经出现,历代沿用不已。如宋代丁易东《周易象义》十六卷,书首自标《凡例》十三条,皆以"一"起,简要清晰。再如元代胡炳文《周易本义通释》卷首载《周易本义通释例》,共四条:

一 先是,集诸家《易》解,名曰《精义》,然未免失之太繁,窃惟学有统一,《易》至程、朱明且备矣,《本义》于程又能足其所未圆,白其所未莹,贯其所未一,于是一以《本义》为主,而为之《通释》。

一 《通释》之于《本义》,依朱子《集注》例,盖集诸家之注为之也。《精义》中取有合于《本义》者或一字,或一句,或一段,或用其义,不用其辞,以故不可出诸家名氏。己见附其中,亦不表以愚谓。

一 《通释》之名从勉斋黄氏例。

一 观《朱子语录》,《本义》有未改正者,今《通释》辄从朱子之志云。

第一条说明撰写《通释》的原因及其所主,第二条说明《通释》的基本方法及引文情况,第三条说明取名依据,末一条说明对《本义》也有所去从,以《语类》为准。除第三条外,其他三条均带有凡例性质。又如明代胡广等《周易大全》卷首标《条例》七条、清钱澄之《田间易学》卷首标《凡例》十四条,均属此类。现代学者著书,多从此法,大都在书前载有凡例。

二、立例法

立例法是在发凡法的基础上所产生的一种综合性的训解方法,是指将所解书中带有普遍性、规律性的问题归纳出来,标题立例,加以论述和举证,供读者参阅。立例法和发凡法的区别在于,发凡法只发举凡例,不标例目,与所解原书关系密切;立例法必须标立例目,统领例证,独立性强,与所解原书关系疏远。此法可分为于总论中立例法和专门立例法两类。

1. 于总论中立例法

于总论中立例法,即在训诂著作的总论部分立例,或总释书中带有普遍性、规律性的问题,或总举该书训诂中采用的各种义例。如唐代张守节《史记正义》书首附有"论史例""论注例""论字例""论音例""音字例""发字例"等目,其中"论史例"总论《史记》的内容及结构;"论注例"以下至"发字例",相当于后世训诂著作卷首注者自标的凡例,只不过以立例的方式加以表现罢了,其中既论《史记》的字体,又论前人的注解,兼明自己的训诂义例。

再如清代马瑞辰《毛诗传笺通释》书前《通释》部分立有"诗人义同字变例"一目,说明同一篇诗中,上下本可用同一个字,但为了变文便韵,故一用正字,一用借字或俗字,这叫作"义同字变例"。同时列举了各种情况,谓或上用正字,下用借字,如云《王风·君子于役》上言"羊牛下括",下言"曷其有佸"。括、佸都表示至的意思,前为正字,后为借字;或上用借字,下用正字,如云《小雅·蓼莪》上言"母兮鞠我",下言"长我育我","鞠"是"育"的借字。

又如宋代孙奕《示儿编·学说》有"字异而义同""字同而义异""字异而音同""字同而音异"四目,各汇集群籍例证,义例分明,有益于学者。标目中虽不加"例"字,实际上也等于立例。

2. 专门立例法

专门立例法,即撰写专门论著,创发、标立所解书中体现出来的各种义例。大致可别为两类。

1)为一种书立例法

晋代杜预《春秋释例》是这方面较完整地保留到现在的最早的一部专书,

共十五卷，前四卷立有“公即位例”“会盟朝聘例”“战败例”“母弟例”等四十二例，总释《春秋》中各类问题，第五卷以下是其他内容。所创立的每个义例，先标例目为题，以下备列《春秋》中属于该例的各种记载，最后加以总释，其文颇长。以下节录卷四中一例以示例：

执诸侯例

《僖·五年》：冬，晋人执虞公。《传》曰：晋侯复假道于虞以伐虢，师还，馆于虞，遂袭虞，灭之。执虞公及其大夫井伯。

十九年春，王三月，宋人执滕子婴齐。

夏六月，己酉，邾人执鄫子，用之。《传》曰：夏，宋公使邾文公用鄫子于次睢之社，欲以属东夷。司马子鱼曰：今一会而虐二国之君，又用诸淫昏之鬼，将以求霸，不亦难乎？得死为幸。

二十一年秋，宋公、楚子、陈侯、蔡侯、郑伯、许男、曹伯会于盂，执宋公以伐宋。

二十八年春，二月丙午，晋侯执曹伯，畀宋人。

……

《释例》曰：诸侯不道于其民，诸侯讨而执之，则曰“某人执某侯”。诸见执者，以身在罪贱之地，书名与否，非例所加，故但言“执某侯”也。天生蒸民，而树之君，使司牧之，勿使失性。若乃肆恶于民上，人怀怨讟，诸侯致讨，则称“某人执某侯”，众讨之文也。不然，则否。谓诸侯虽身犯不义，而恶不及民，则不称“人”以执之。晋侯执曹伯，是也。虞公昧于货贿，贪以自亡，国非其国，臣非其臣，晋人取之，若执一夫，故称“人”以执，而不言晋灭，罪虞，且言易也。凡诸侯无加民之恶，而称人以执，皆时之赴告，欲重其罪，以加民为辞，国史承之，以书之于策，而简牍之记具存，夫子因示虚实。故《左传》随实而著其本末，以明其得失也。滕子、鄫子皆称“人”见执，宋欲重二国之罪，故以不道见赴，或名或不名，从所告之文也。《传》具载子鱼之辞，以虐二国之君见义，明非罪也。宋襄志于好古，贪于为善，而不知其节。先为鹿上之会，见其易而不虑其难，遂有霸心。召诸侯，于是诸侯与之好会，因执以伐宋，不称“人”以执者，罪不加民也。不称国者，总见众国诸侯同志也。

以上即先备列《春秋》中诸侯被执的记载及《左传》中的有关记载，最后称“《释例》曰”，对执诸侯的各种不同记载详加分析，大旨有三点：第一，诸侯身犯不义,恶及于民,则称"某(国)人执某侯",若无恶于民,则称"某(国)侯执某侯";第二,凡诸侯无恶于民,而称"某(国)人执某侯",属于当时赴告不实,以加民为辞,鲁史照书,孔子仍之,因示虚实;第三,诸侯被执,不称某国执,表明为众国诸侯共执。

显然,杜氏所立执诸侯例,对于读者正确理解《春秋》经传中这方面的记载是很有好处的。唐代陆淳《春秋啖赵集传纂例》、明代王樵《春秋凡例》、清代凌次仲《礼经释例》及王筠《说文释例》等,均属于此类。

2)为群书立例法

此法所立各例不主一书,兼括群籍,概括性更强。俞樾《古书疑义举例》是这方面的代表作。如卷一所立"两句似异而实同例"下云:

> 古人之文,有两句并列而实一意者,若各为之说,转失其义矣。《礼记·表记》篇:"仁有数,义有长短小大。"郑注曰:"'数'与'长短小大',互言之耳。"按:数即短长小大,质言之,则是仁有数,义亦有数耳。乃于仁言"数",而于义变言"长短小大",此古人属辞之法也。

此说明例意。接着,又广举《尚书》《诗经》《周礼》《仪礼》《史记》《汉书》《孟子》《荀子》《淮南子》《庄子》《法言》《说苑》《上林赋》等群书中的例子,加以论证。很明显,这类条例对于读者正确理解群书文意是大有好处的。其后,刘师培、杨树达等人对俞书的赓续之作均属于此类。

晚近以来,出现了不少短篇学术论文,或为一书立例,或为群籍立例,可以分属以上两类。

第四节　其他训法

一、图解法

有些词句的意义倘只用文字去解释,既费事,又欠明显。但如果画一个图形来表示,往往简单明了,给读者以直观的印象,永志不忘。因此,从古到今,训诂家们大都很重视图解法的应用。如《周礼·春官·司几筵》云:"凡大朝觐、大飨射,凡封国命诸侯,王位设黼依。"郑玄注:"斧谓之黼,其绣白黑采,以绛帛为质。依,其制如屏风然。于依前为王设席,左右有几,优至尊也。"贾公彦疏:"郑云'斧谓之黼'者,案《礼记·明堂位》云:'天子负斧扆。'彼及诸文多为'斧'字者,若据《缋人职》则云'白与黑谓之黼',据采色而言之。若据绣于物上,则为金斧文,近刃白,近銎黑,则曰斧,取金斧断割之义。故郑以斧释黼。云其绣白黑文者,《缋人职》文。郑知以绛帛为质者,《乡射记》云:'凡画者丹质。'此黼画之,故知绛帛。绛帛,即丹质也。云'其制如屏风然'者,屏风之名出于汉世,郑以今晓古,故举屏风而为况也。"以上郑注、贾疏主要解释"黼依"一词,"黼"是白黑两色的斧形文;"依"又作"扆",象屏风。通过这样繁细的解释,初学者的印象是,意思基本上清楚了,但很抽象,还想象不来"黼依"到底是什么样子的东西。不消说,这样的解释给人的印象不是很深刻,放下书本很快就会忘记。宋代聂崇义《三礼图集注》卷八载有《扆》图如下:

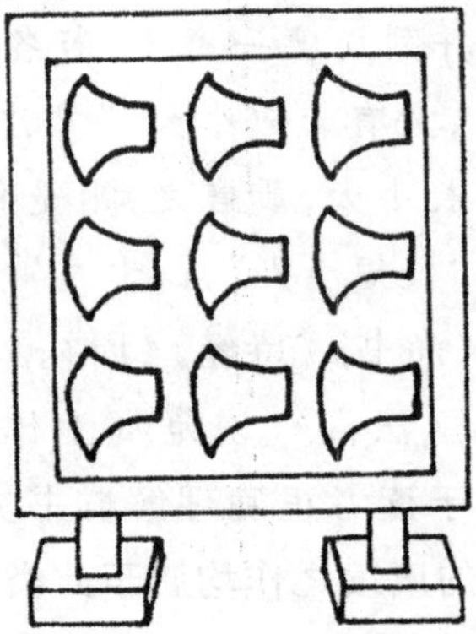

图 14-1　扆

读者看了这个图之后,就会觉得注文和疏文的解释更清楚、更明白,对"黼依"的印象也就更深刻。再如《周礼·冬官·考工记·冶氏》:"戈广二寸,内倍之,胡三之,援四之。"郑玄注:"戈,今句孑戟也,或谓之鸡鸣,或谓之拥颈。内,谓胡以内接柲者也,长四寸;胡六寸,援八寸。郑司农云:'援,直刃也。'"《冶氏》文和二郑注,都是讲"戈"的形制,由于连带提到"内""胡""援"三个概念,对后世的读者来说,问题反而变得更复杂,因此,对于"戈"究竟是什么样子,初学者总是想象不来。清代乾隆时敕撰的《钦定周官义疏》卷四十七载有《戈》图如下:

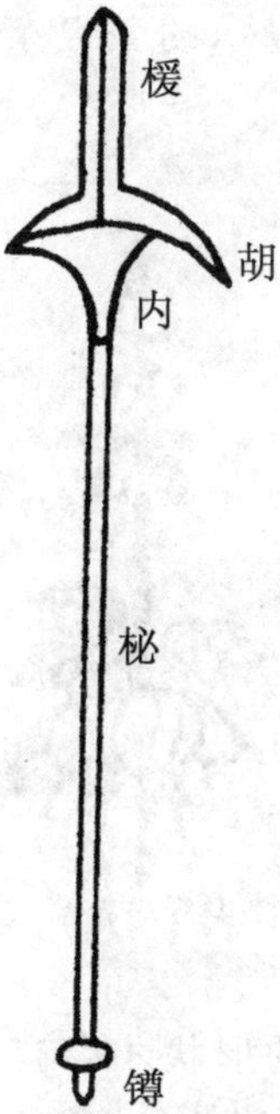

图 14-2　戈

并解说道：

> 陈氏祥道曰："胡，曲而下垂者也。楥，直而上达者也。柲，所以受胡者也。或谓之鸡鸣，或谓之拥颈，皆胡也。"

显然，看了这个图，对于"戈"的形制就不难理解了，而且还会加深对其他有关文献资料的认识。如《礼记·曲礼》："进戈者前其镈，后其刃；进矛戟者前其镦。"彼注云："锐底曰镈，取其镈地；平底曰镦，取其镦地。"可知，镈、镦都是指戈矛一类兵器的柄端。对言，则有锐底、平底之分；散言，则镈、镦可以互用。故《诗·秦风·小戎》："厹矛鋈錞。"《毛传》训为："錞，镈也。""錞"，与"镦"同。又如明代李时珍《本草纲目》卷十二下"赤箭天麻"《集解》云：

> 恭曰：赤箭是芝类，茎似箭竿，赤色，端有花叶，赤色，远看如箭，有羽。四月开花，结实，似枯苦楝子。核作五六棱，中有肉如面。日暴则枯萎。其根皮肉汁，大类天蘡冬，惟无心脉尔。去根五六寸，有十馀子卫之，似芋，可生啖之，无干服之法。

《集解》博引众家之说，比长量短，以相证发。以上所录苏恭说，仅是其中一

家。各家说解角度不同,互有出入,纷繁复杂,难得要领。好在卷二有“赤箭天麻”图如下:

图 14-3 赤箭天麻

看过上图之后,读者对“天麻”的形状才会有直观、清楚的认识。再如古代与“车”的各个部件有关的名词甚多,各有专门的解释。仅以车箱“舆”为例,与它相关的名词就有“轼”“軓”“輢”“轵”“较”“轸”等。修订本《辞源》按这方面的义项,对以上各词作了如下解释:

“轼”,车箱前扶手横木。《战国策·秦》一:“伏轼撙衔,横历天下。”经传多作“式”。

“軓”,车前揜版,在轼之前,与轸前后相对。《周礼·考工记》:“軓前十尺而策半之。”清代戴震《考工记图·释车》:“軓与輢皆舆揜版。輢之言倚也,两傍人所倚也。軓之言范也,范围舆前也。”

“輢”,车旁人所凭倚之木。

“轵”,车箱左右横直交结的栏木。《周礼·考工记·舆人》:“参分较围去一,以为轵围。”注:“轵,輢之植者横者也。”

“较”,车箱两旁横木,跨于輢上者。其长与车箱等,平底筑孔,以纳軨子,谓之牝服。前端有曲钩谓之耳,栈车无軨,故无较。命士以上一较,卿以上重较,重较则重耳。

“轸”,车箱底部后面的横木。《周礼·考工记》:“车轸四尺。”注:“轸,舆后横木。”车箱底部四周横木亦曰轸。

初学者看过以上解释之后,概念交错,往往不易分清。好在“舆”字条下引了一个图，一看，对于跟“舆”有关的各个名称的基本概念就一清二楚了。其图为：

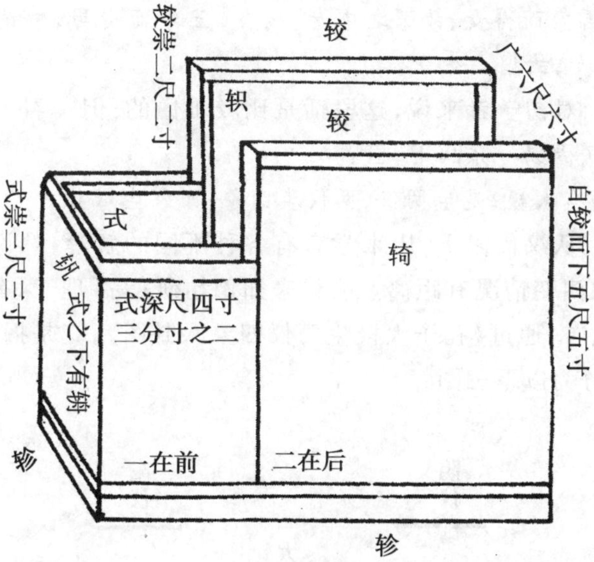

图 14-4　与车箱“舆”相关的概念

以上所举数例，都属于用图解法帮助表明词义。另外，也可以用图解法显明句意。如朱熹《周易本义》书首载《文王八卦次序》图如下：

图 14-5　文王八卦次序

并注明“右见《说卦》”，当是对《说卦》下面一段话的图解：

《乾》，天也，故称乎父。《坤》，地也，故称乎母。《震》一索而得男，故谓之长男；《巽》一索而得女，故谓之长女。《坎》再索而得男，故谓之中男；《离》再索而得女，故谓之中女。《艮》三索而得男，故谓之少男；《兑》三索而得女，故谓之少女。

如果不看上图，对初学者来说，这段话是比较难懂的；但一看上图，含义就很清楚了。再如《周易·系辞下》云：

《易》有太极，是生两仪，两仪生四象，四象生八卦。

对于这几句话，从汉代以下，历来学者有各种不同的解释，都说得似是而非，与《周易》卦象演变情况有距离。明代来知德精研《易》理，深有所得，在所撰《周易集注》卷首，通过《孔子太极生两仪四象八卦图》，算是揭明了这几句话的含义，该图分为以下三图：

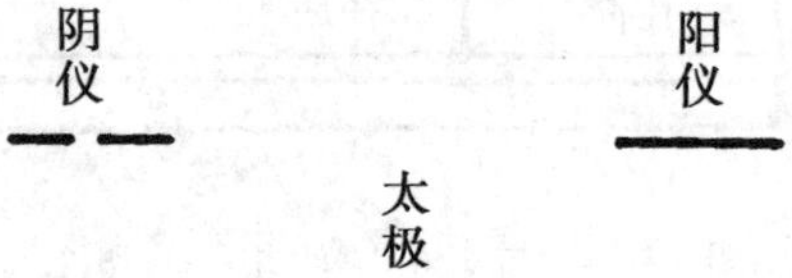

图 14-6　太极生两仪

图 14-7　四象

坤	艮	坎	巽	震	离	兑	乾
八	七	六	五	四	三	二	一
☷	☶	☵	☴	☳	☲	☱	☰
太	太	少	少	少	少	太	太
阴	阴	阳	阳	阴	阴	阳	阳
上	上	上	上	上	上	上	上
加	加	加	加	加	加	加	加
一	一	一	一	一	一	一	一
阴	阳	阴	阳	阴	阳	阴	阳
为	为	为	为	为	为	为	为
坤	艮	坎	巽	震	离	兑	乾

图 14-8　八卦

来氏的图解从阴阳、四象（即七八九六）、八卦的演变生成出发，简明扼要，深得《传》旨，合于《易》理。又如解释古代帝王世次时，若用文字叙述，介绍的辈次一多，往往令人感到杂乱难理；但是若用图表形式来表示，就一目了然。如宋代杨甲《六经图》卷二《帝王世次图》即如此：

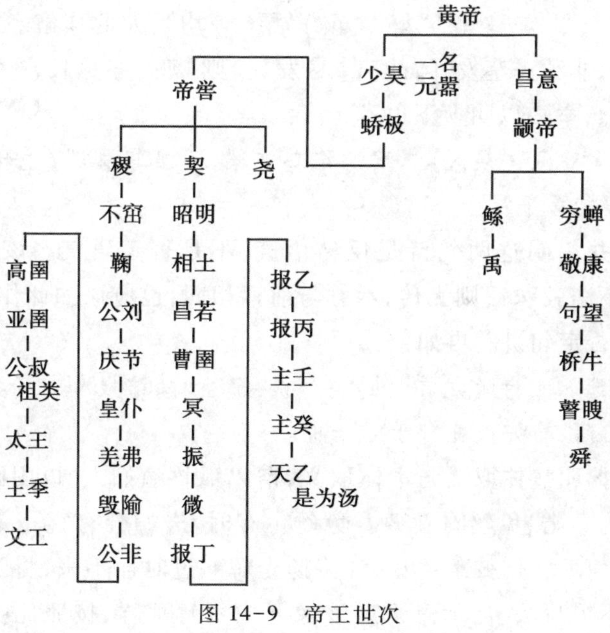

图 14-9　帝王世次

还有,古书中有关地理位置、情景场面之类的内容,若用文字解释,往往令人感到烦琐缭乱,但是若用图表、画面来显示,就能收到事半功倍而一目了然的效果。如宋代杨甲《六经图》部分图表、杨复《仪礼图》,元代朱公迁《诗经疏义会通》所载《诗经大全图》,清代胡渭《禹贡锥指》及晚近行世的《中国历史地图集》等,都属于此类。还有,古典文学作品注解中所加的插图,也属于此类。由于这些图表一般结构复杂,印制困难,故从略。

二、简约训法

简约训法主要有以下四类。

1.释此见彼法

释此见彼法,即对所解书籍中同一类型的问题往往只释其中之一以见例,示意其余均可依例作解。如:

> 《诗·大雅·生民》:“实种实褎,实发实秀,实坚实好,实颖实栗。”《毛传》:“发,尽发也。”

此用于释词。诗中讲后稷教民稼穑,种则必好,若有神灵相助。“发”,指禾株发管,将要抽穗。《毛传》训“发”为“尽发也”,意谓所有的禾株都发管了,示意其他“种”“褎”“秀”“坚”“好”“颖”“栗”等均当如此作解。故孔颖达《正义》云:“发者,非独一茎发耳,故言‘尽发’。则‘褎’亦尽长,‘秀’‘颖’‘好’‘栗’皆亦尽然,举一以明上下也。”

> 《诗·曹风·候人》二章:“维鹈在梁,不濡其翼?”《毛传》:“鹈在梁,可谓不濡其翼乎?”

此用于解句,并揭明这两句诗是反诘语气,不是否定语气。该诗第三章云:“维鹈在梁,不濡其咮?”则无传,示意与前章相同,也应该如此作解,读为反诘语气,不能当否定句讲。再如:

> 《文选·古诗十九首》其八:“冉冉孤生竹,结根泰山阿。”李善注:“竹结根于山阿,喻妇人托身于君子也。”

此用于解句,揭明喻体取义与本体取义,谓以孤竹喻妇人,以山阿喻君子。以下云:“与君为新婚,兔丝附女萝。兔丝生有时,夫妇会有宜。”又云:“思君令人老,轩车来何迟?伤彼蕙兰花,含英扬光辉。过时而不采,将随秋草萎。”但注文却只字不提写法事,示意都应该像开头所解那样,按照比喻妇人与君子的意思去理解。又如:

《诗·陈风·泽陂》首章："彼泽之陂，有蒲与荷。有美一人，伤如之何？寤寐无为，涕泗滂沱。"朱熹《诗集传》："言彼泽之陂，则有蒲与荷矣。有美一人而不可见，则虽忧伤而如之何哉？寤寐无为，涕泗滂沱而已矣。"

此用于翻译诗句。该诗第二章云："彼泽之陂，有蒲与蕑。有美一人，硕大且卷。寤寐无为，中心悁悁。"末章云："彼泽之陂，有蒲菡萏。有美一人，硕大且俨。寤寐无为，辗转伏枕。"对这后两章却没有翻译，也示意应该像首章那样去翻译。

2. 详此略彼法

详此略彼法，即相同或类似的词句同文并见，详解于此而略释于彼。读者通观上下文，方能以详知略，完整地了解训义。如：

《诗·召南·采蘩》："于以采蘩？于沼于沚。"《毛传》："沚，渚也。"

《诗·秦风·蒹葭》："溯游从之，宛在水中沚。"《毛传》："小渚曰沚。"

此用于释词。对同一个"沚"字的解释略前详后。下同：

《仪礼·特牲馈食礼》："主妇视饎爨于西堂下。"郑玄注："炊黍稷曰饎。"又《记》："饎爨在西壁。"郑玄注："饎，炊也。"

对同一个"饎"字的解释详前略后。再如：

《春秋·隐·四年》："秋，翚帅师会宋公、陈侯、蔡人、卫人伐郑。"《公羊传》："翚者何？公子翚也。何以不称公子？贬。曷为贬？与弑公也。其与弑公奈何？公子翚谄乎隐公，谓隐公曰：'百姓安子，诸侯说子，盍终为君矣？'隐曰：'吾否，吾使脩涂裘，吾将老焉。'公子翚恐若其言闻乎桓，于是谓桓曰：'吾为子口隐矣，隐曰吾不反也。'桓曰：'然则奈何？'曰：'请作难。'弑隐公。于钟巫之祭焉，弑隐公也。"

此补释公子翚参与弑隐公事，颇详。再如：

《春秋·隐·十年》："夏，翚帅师会齐人、郑人伐宋。"《公羊传》："此公子翚也，何以不称公子？贬，曷为贬？隐之罪人也，故终隐之篇贬也。"

此补释公子翚为隐公的罪人，甚略。是详于前传而略于后传。又如训诂著作中称引诸家说，一般都是首见时详称其姓名，以后出现，则只称姓。如王先谦《庄子集解》在开卷《逍遥游》集解中首次称引时称"方以智云""成玄英云""司马彪云""支遁云""王念孙云"等等，以后便只称"方云""成云""司马云"

“支云”“王云”等等，也是详于前而略于后。

3. 标明后同法

倘所解书中同类情况较多，就没有必要一一作解。为了避免重复，解释过其中的一个情况之后，即附注“他皆仿此”或“他皆类此”之类语句，关照读者其他情况相同，注意参照理解。如：

《周礼·天官》序官《宫正》：“上士二人，中士四人，下士八人，府二人，史二人，胥四人，徒四十人。”贾公彦疏：“宫正，上士二人为官首，中士四人为之佐，下士八人理众事，府二人主藏文书也，史四人主作文书，胥四人为什长，徒四十人给徭役。诸官体例言府、史、胥、徒之义皆然，不可文文重释，他皆仿此。”

此即先解宫正所属官员“上士”至“徒”各自的职责，后注明“他皆仿此”，关照读者，诸官所属士、府、史之类职责与此相似，解法相同，无须重释。再如：

《文选·（张衡）西京赋·薛综注》李善注：“善曰：旧注是者，因而留之，并于篇首题其姓名。其有乖缪，臣乃具释，并称‘臣善’以别之。他皆类此。”

此注明已作凡例时附注“他皆类此”。又如：

《诗·豳风·七月》首章：“七月流火。”朱熹《诗集传》：“七月，斗建申之月，夏之七月也。后凡言‘月’者放此。”

此即谓《七月》诗中后凡言“月”的，都应照此理解，即都是指夏正之月，不是指周正之月。

4. 标注参见法

当某一词句已在前边作过解释或者将要在后边作解时，便标注参见某处，示意为了行文简洁，本处不作重复解释。主要包括三类。

1）称某文备矣

《易·乾·初九》：“潜龙勿用。”王弼注：“《文言》备矣。”

意谓关于《初九》爻辞“潜龙勿用”的含义，《文言》中解释得相当完备，可以参见，故本处不再重释。所谓《文言》，是指附在该卦后部的《传》文之一。彼文云：“《初九》曰‘潜龙勿用’，何谓也？子曰：‘龙德而隐者也。不易乎世，不成乎名，遁世无闷，不见是而无闷，乐则行之，忧则违之，确乎其不可拔，潜龙也。’”又云：“君子以成德为行，日可见之行也。潜之为言也，隐而未见，行而未成，是以君子弗用也。”注文所谓“备矣”，正是指以上所引两段解说。这是据本书称“备矣”，因为《易传》已被分附于各卦之后。再如：

《易·夬·九五·象》：“中行无咎，中未光也。”朱熹《周易本义》：“《程传》备矣。”

也是说关于这两句《象》辞的义理，《伊川易传》中已经阐述得相当完备，可以参见，本处不再赘述。这是据他书称“备矣”，因为朱氏《本义》跟《程传》是两种书，不相附。

2）称别见

称别见，即只说明关于某一词句的解释已见于别处，但不确指见于何处。比起上一法来，显然粗疏了一些。刘孝标《世说新语》注中多此类用例。如：

《世说新语·言语》：“会稽贺生，体识清远，言行以礼。”注：“贺循，别见。”

意谓贺生，即是贺循，对于他的介绍见于别篇，可以参看，本处不再重释。但到底见于哪篇，没有指明。实际上是指见于后边《规箴》篇第十三条的注文，那里引《贺循别传》作了详细介绍。再如：

《世说新语·方正》：“陈太丘与友期行，期日中，过中不至，太丘舍去，去后乃至。元方时年七岁，门外戏。”注：“陈寔及纪，并已见。”

意谓陈太丘就是陈寔，元方就是陈纪，关于这对父子的介绍已见他篇，也没指明见于何篇，实际上是指见于《德行》篇第六条。

3）称已见某处或参见某处

《后汉书·明帝纪》：“又复其口算。”李贤等注：“口算，已见《光武纪》。”

此即谓对“口算”的解释已见于《光武纪》，本处不再重释。再如：

《汉书·王吉传》：“又汉家列侯尚公主，诸侯则国人承翁主。”颜师古注：“翁主者，言其父自主婚也。解具在《高纪》。”

这也是说详解已具于《高帝纪》。又如：

《通鉴·齐纪二·武帝永明三年》：“初，太祖命黄门郎虞玩之等检定黄籍。”胡三省注：“见上卷太祖建元二年。”

此即谓这里所记的事情及对“黄籍”的解释，参见上卷彼处，此不重释。

三、谨慎为训法

以下各法体现了谨慎作解的精神。

1.举众说定是非法

凡所解书籍，前人已有成说的，不忙于另创新解，慎加选择，列举其中有代表性的解释，加以按断，定其是非，让读者有所适从。各种集解体训诂著作常用此法。如：

> 《汉书·张良传》："良尝闲从容步游下邳圯上。"颜师古注："服虔曰：'圯，音颐。楚人谓桥曰圯。'应劭曰：'汜水之上也。'文颖曰：'沂水上桥也。'师古曰：下邳之水，非汜水也，又非沂水。服说是矣。"

此用于释词。即列举服、应、文三家对"圯"的不同解释，据方域水系，判定服说为是，其余两家皆非。下同：

> 《尚书·尧典》："帝曰：'咨！四岳。'"苏轼《书传》："孔安国以四岳为羲和四子，而太史公以羲和为司马之先，以四岳为齐太公之祖，则四岳非羲和也，当以史为正。"

某氏《传》与《史记》对"四岳"的解释不同，苏氏判定当以《史记》为正。再如：

> 《汉书·高帝纪》："秦，形胜之国也，带河阻山，县隔千里，持戟百万，秦得百二也。"颜师古注："应劭曰：'言河山之险，与诸侯相县隔，绝千里也。所以能禽诸侯者，得天下之利百二焉。'李斐曰：'河山之险，由地势高，顺流而下易，故天下与秦县隔千里也。持戟百万，秦得百二焉。'苏林曰：'百二，得百中之二，二万人也。秦地险固，二万人足当诸侯百万人也。'师古曰：县隔千里，李、应得之。秦得百二，苏说是也。"

此用于解句。先引应、李、苏三家说，后加按断，认为对"县隔千里"的解释，李、应为是；对"百二"的解释，苏说为是。又如：

> 《墨子·兼爱中》："人之与人相贼，君臣不惠忠，父子不慈孝，兄弟不和调，此则天下之害也，然则崇此害亦何用生哉？"孙诒让《间诂》："俞云：'崇'字无义，乃'察'字之误。'何用生'者，何以生也。《一切经音义》卷七引《苍颉篇》曰：'用，以也。'《诗·桑柔》篇'逝不以濯'，《尚贤》篇引作'鲜不用濯'，即其证也。言国与国相攻，家与家相篡，人与人相贼，以及君臣、父子、兄弟之不惠忠、不慈孝、不和调，当察其害之何以生，故曰'然则察此害亦何用生哉'？上篇曰当察乱何自起，与此同义。案：俞说是也。苏云'用'疑当作'由'，非。"

此用于文字校勘，认为俞说是，苏说非。

清代江永《礼记训义择言》则几乎全用举众说定是非法成书。

2. 存异说法

众说各异,能定其是非,即用上法作解;若是非难断,便以此法为释,近是者居前,疑非者处后,兼采并存,以待来哲,体现了为学术负责的精神。如:

《诗·小雅·天保》:"俾尔单厚。"《毛传》:"单,信也。或曰:'单,厚也。'"

此用于释词。先训"单"为"信",又存或说。再如《史记·五帝本纪》开头张守节《正义》云:

太史公依《世本》《大戴礼》,以黄帝、颛顼、帝喾、唐尧、虞舜为五帝。谯周、应劭、宋均皆同。而孔安国《尚书序》、皇甫谧《帝王世纪》、孙氏注《世本》,并以伏牺、神农、黄帝为三皇,少昊、颛顼、高辛、唐、虞为五帝。

这也用于释词,即兼存前人对"五帝"的两种解释。又如:

《春秋·桓·二年》:"宋督弑其君与夷及其大夫孔父。"《穀梁传》:"孔父先死,其曰'及',何也?书尊及卑,《春秋》之义也。孔父之先死,何也?督欲弑君,而恐不立,于是乎先杀孔父,孔父闲也。何以知其先杀孔父也?曰:子既死,父不忍称其名。臣既死,君不忍称其名,以是知君之累之也。孔,氏;父,字谥也。或曰:'其不称名,盖为祖讳也,孔子故宋也。'"

此用于解句,即对"孔父"称字不称名的原因作了分析。《穀梁传》的传统解释是认为孔父之死与宋督欲弑君有关,怕孔父捍御,故先杀他。因此称字加以褒奖。又引或说,认为孔父不称名,仅是孔子作《春秋》时为祖讳而已。又如:

《论语·为政》:"子曰:'今之孝者,是谓能养。至于犬马,皆能有养,不敬,何以别乎?'"杨伯峻《论语译注》:"孔子说:'现在的所谓孝,就是说能够养活爹娘便行了。对于狗马都能够得到饲养;若不存心严肃地孝顺父母,那养活爹娘和饲养狗马怎样去分别呢?'"

译文中译"至于犬马,皆能有养"一句为"对于狗马都能够得到饲养"。又在注中道:"一说是犬马也能养活人,人养活人,若不加以敬,便和犬马的养活人无所分别。这一说也通。"这也是句解中存异说。

3. 自解而设疑辞法

倘前人对所解词句没有解释,或有解释,由于未当,不予采用,注者自行作解,但却不是十分有把握,为了谨慎起见,便采用此法,在句末加"与""乎""耶"之类词语,表示多少尚有疑问,不敢肯定其说,望读者多思。如《周易·

系辞下》云：

子曰："《乾》《坤》，其《易》之门邪！《乾》，阳物也；《坤》，阴物也。阴阳合德，而刚柔有体，以体天地之撰，以通神明之德。其称名也，杂而不越，於稽其类，其衰世之意邪？"

此用于论述《易》理。孔颖达《正义》云："凡云'邪'者，是疑而不定之辞也。"再如：

《周礼·夏官·御仆》："大祭祀，相盥而登。"郑玄注："相盥者，谓奉槃授巾与？登，谓为王登牲体于俎。"

此用于解句。贾公彦疏云："上小臣云'沃'，此又云'盥'，明是奉槃授巾，以其《少牢》《特牲》尸盥时有奉槃授巾之事，故云也。以无正文，故云'与'以疑之也。"这说明即使有所比例，但由于不见明文，仍称"与"设疑，不敢肯定。又如：

《汉书·司马相如传》："交精旋目。"颜师古注："郭璞曰：'交精，似凫而脚高，有毛冠，辟火灾。旋目，未闻也。'师古曰：今荆郢间有水鸟，大于鹭而短尾，其色红白，深目，目旁毛皆长而旋，此其'旋目'乎？"

此用于释词。前人无说，自己有所目验，猜测作解，故加"乎"字，表示尚有疑问。

4. 阙疑法

倘对有关词句不得其解，不强作解人，注明未详，以付阙疑。如：

《周礼·地官·掌节》："守都鄙者用角节。"郑玄注："角用犀角，其制未闻。"

此属于释词，即谓守都鄙的大夫在其境内所用的角节，以犀角为质料，但角节的具体规制如何，未曾听闻。下同：

《尔雅·释诂》："蓟，大也。"郭璞注："蓟义未闻。"

意谓"蓟"字训为"大"，未曾听闻。再如：

《史记·律书》："武王伐纣，吹律听声。"司马贞《索隐》："其事当有所出，今则未详。"

此属于解句。又如：

《后汉书·班超传》："后三年，忠说康居王借兵，还据损中。"李贤等注："损中，未详。《东观记》作'顿中'，《续汉》及华峤《书》并作'损中'，本或作'植'，未知孰是也。"

此属于校勘。

第五节 整个训诂中应该注意的一些重要问题

在之前好几章中,我们已经分别论述过训诂中应该注意的诸多问题,那大都是针对一个或两个特定的训诂方面而讲的。这里谈的则是在整个训诂工作中应该注意的一些重要的原则性问题。

一、必须坚持古为今用的原则

人类社会进入21世纪,人们的社会生活、经济状况、科学文化以及其他百般千样,都发生了前所未有的巨大变化,而且突飞猛进,日新月异。世界上的各个国家、各个民族都在历史的马拉松跑道上奋力拼搏竞争。科学技术的现代化和经济实力的增强,实际上成了两个最大的决定性因素。处在这样紧迫的新形势下,我们从事古籍整理,注解古书,绝不是发思古之幽情,而是为了发扬中华民族的优秀传统文化,促进物质文明和精神文明的建设,一句话,就是古为今用。这四个字很重要,当我们制定古籍整理方面的有关政策和规划,思考为什么要注解古书时,它就代表了目的;当我们考虑沿着什么路子注解古书时,它就代表了方向;当我们研究应该注解哪些古书和怎么样去注解它们时,它就代表了依据;当我们考察一部训诂著作的作用和价值时,它又代表了标准。总而言之,古为今用这四个字代表了我们从事训诂工作的目的、方向、依据和标准,因此我们称它为原则。只有坚持这个原则,从事训诂工作,才能做到目的对头、方向端正、方法得当、效果显著,多出书,出好书。否则,必然漏洞百出,事与愿违,劣书、坏书充斥市场,浪费人力,浪费财力,毒害人民,不起好作用,而起反作用。全国各地自由书市上形形色色的阴阳迷信书籍和邪恶淫秽书籍,就足以证明这一点。这些书籍有的是原版影印,有的是注释本,有的是翻译本,有的是改写本,也打着“古为今用”的幌子,印有“批判”“研究”的标记,但大都是挂羊头、卖狗肉,直接目的是投机牟利,其结果却是毒害了民众。

必须指出,古为今用是一个严肃的学术用语,当我们在训诂学领域使用这个术语时,所说的“古”不是任意的,而是有选择的,质而言之,主要是指代表中华民族优秀文化遗产的那一部分古籍。所说的“用”,也不是任意的,而是有选择的,质而言之,主要是指能够促进物质文明和精神文明建设的那种作用。如果与这样的宗旨相违背,就不是我们所提倡和坚持的古为今用,而是别一种货色,必须加以抵制和反对。

二、必须坚持科学态度

为了贯彻落实古为今用的原则,提高训诂著作的质量,训诂中必须坚持科学的态度。为此,应该着重注意以下五个问题。

1. 不崇古,不薄今

古代的训诂著作,在资料、方法以及训释效果等方面,大都有自身的长处和特色,尤其是历代公认的名家名著,如《易传》《尚书大传》《春秋三传》《礼记》《毛传》《尔雅》《方言》《说文》《释名》《广雅》《白虎通义》以及郑玄、高诱、赵岐、王逸、郭璞、郦道元、裴松之、裴骃、皇侃、陆德明、孔颖达、颜师古、李善、邢昺、朱熹、王夫之、顾炎武、戴震、段玉裁、王念孙、王引之、钱大昕、俞樾等人的代表作,确实有后人难以企及的地方,以至于其中许多书籍习惯上被当作各个门类中训诂方面的经典性著作。但是也应该看到,世界上十全十美的事物是不存在的,训诂方面十全十美的著作也是不存在的。就以上述所举名家名著论,没有任何人的任何一部训诂著作不受到后世乃至同时代人的指责和非难,仅仅是所受指责和非难的程度不同罢了。虽然原因是多方面的,但凡所指责和非难,大都有被命中的地方,大都有其确实存在的问题①。因此,尊重古人的训诂成就,那是对的,但没有必要达到迷信的程度,似乎凡《尔雅》所载、《毛传》所训、《说文》所论、郑玄所解,都是对的,百般回护,没有道理也要硬寻出个道理来,这样做是没有必要的。但是如果反过来,走到另一个极端,像宋代疑古派攻击汉唐旧注那样,企图否定古注,那也是没有道理的。正确的态度应该是,训诂中应该实事求是,用历史的观点、科学的态度,批判吸收古注中合理的有用的部分,舍弃其糟粕的部分,也就是既要依靠,又不迷信。

时代在不断发展,学术也在不断进步。今人的训诂著作在风格上、方法上以及训释效果上也有各自的长处和特点,也有古人想不到的地方。今天我们从事训诂工作,主要是为了古为今用,今人的训诂佳作更适宜于参考借鉴,

---

① 这方面的例子本书中已经提到过不少,限于篇幅,这里不再举例。《四库全书总目提要》中多此类例证,读者可以参看。

因此,鄙薄今人也是不对的。

2. 不保守,不妄说

从事训诂工作,过尊旧注,满足于翼赞纂译,就容易流于保守;反之,轻诋古人,不深入考求,企图只凭聪明脑瓜取胜,便容易出现妄说。这两种态度和倾向都不利于训诂事业的健康发展,应该努力克服。

在我国训诂学发展史上,保守的习气和妄说的习气都曾经造成过不良影响和程度不一的损失。前者如两汉今文经学的死守师法、元明时代疑古派的崇拜朱学,后者如魏晋时期玄学家的训诂、宋代疑古派的臆说,都有典型例证,事见史册,书传后世,有目共睹,学人皆知。晚近以来,这两种习气也有不同的表现,特别是在"文化大革命"期间,妄说的例证更是屡见不鲜。我国进入了新时代,形势稳定,经济繁荣,学术思想活跃,技术先进,资料丰富,条件优越,因此我们从事训诂工作应该树雄心,立大志,不保守,不妄说,有所创造,有所发明,在群籍训诂方面作出无愧于时代的应有贡献。

3. 要出于公心,破除门户之见

从事训诂工作,像从事其他科学研究工作一样,一定要出于公心,不能有丝毫的门户之见,否则秉心不正,出言理歪,根本不可能对书籍作出正确的解释。在我国训诂学发展史上,门户之见所造成的危害,是众所周知的,其中最典型的例子是魏晋之际王肃一派攻驳郑学。王肃是当时的通学大儒,以他的才学识而论,注解群籍,倘能正面发挥,各为专书,足以成大业,必能传后世。但他偏偏不这样做,急于争夺官学地位,处处以郑学为靶子,百般刁难、攻击。郑玄用今文经的地方,他便用古文经相驳;郑玄用古文经的地方,他便用今文经相驳;郑玄阙疑的地方,他竟不惜伪造古书,出示假证,用以炫耀自己的博学,显示郑玄的浅陋。结果,虽然由于姻亲关系,靠着司马氏的政治势力,一时得胜,立了学官,但学术是社会公器,是非曲直自有公论,岂能遮掩天下万世的耳目?因此随着西晋的灭亡,王学的尊崇很快就消失了,接着而来的便是后世学人的诟病和指斥。当时追随王肃攻击郑学的那一班人也都为正派学人所不齿。今天我们从事训诂工作,也要记取这个历史教训。学派之争,各个时代都有,只不过派性的大小程度和表现形式不同罢了。学派分别往往是难免的,但是有一条,面对学术问题,要认理不认人,不能认人不认理。只有这样,才能促进学术的发展,对社会作出应有的贡献。真理所在,人心所向,自己学派的影响也就自然而然扩大了。

4. 注重事实,相信科学

古书门类繁多,所记载的内容无所不有。我们作注解,必须要注重事实,相信科学。凡经过仔细验证,确系违背科学规律的东西,要给予必要的批判,指出其谬误所在,以免遗误读者。凡异乎寻常的奇闻怪事,不宜因事不经见而轻易加以否定。一时难以开释,老老实实注明其事未详,以待来哲。世事广大,无奇不有;物类繁衍,生生灭灭,古今不同;人类的见闻至今仍然是相当有限的,不能一概而论。在这方面,要努力寻找事实根据,以亲身经历和目验为准。比如本章第一节之十四“据事实考辨法”一条下所叙《史记·集解》辨“坼剖而产”一事便是这方面的例证之一。再如《尚书·禹贡》谓“导渭自鸟鼠同穴”,自《尔雅》以下至于唐代,历来训诂家或认为鸟鼠同穴是一山,或认为鸟鼠山与同穴山为两山,但有一点是相同的,即认为该地有鸟名鵌,有鼠名鼵,鸟鼠同穴而处。宋代蔡沈《书集传》云:“孔氏曰:鸟鼠共为雌雄,同穴而处,其说怪诞不经,不足信也。”明代袁仁《尚书砭蔡编》申述汉唐旧解,并谓:“今人有入是山而亲见之者,宇宙之间何所不有,安得以己所不见而遂疑其为怪也?”申明有人亲历目验,也可备一证。

5. 尊重前人成果,注意学术流变

凡是前人已作过注解的书籍,需要重新加以注译时,在条件许可的情况下,应该首先研读各种有关的注本,兼采众家之长,在此基础上开始新的工作,如此可以省下许多工夫,少走许多弯路,就像接力赛跑一样,容易到达终点。这种事业不必要从零开始,白手起家。

在研读各家注本的过程中,应该尊重前人的训释成果,讲得对的地方不消说,即使觉得没讲对的地方,也要仔细寻绎注家的思路,不宜轻易否定;即使确实说错了,也不该丑辞相击。必要的话,平声和气加以辨正。如果自己所注属于普及本,有统一的编例,不需要注明主名,便可直接行文,将各家训义加以转述,但主要依据哪几家注本,在前言中也须加以说明;如果属于学术性注本,则需要一一注明主家及引文出处,一来便于读者查考,二来可避掠美之嫌。如果旧注有多家,而且前后递接,各有发明,最好应该在自己注本的介绍性序文中,将该书历代训诂中的学术流变及其得失作一个概括性介绍,这样做对读者有启发、有帮助。

三、方式方法必须得体

训诂的方式方法是否得体,直接关系到一部训诂著作质量的高低、作用的大小。历代有影响的训诂著作,一般来说,在方式方法上都是很讲究的。因此这方面的问题也应该引起我们足够的重视。所谓方式方法,主要是指训诂体式的选择、训诂方面的涉及、训诂方法的应用三个方面。

关于训诂体式,我们在第三章中已经作了比较系统的概括介绍。面对一部需要训解的书籍,应从该书的状况、读者对象以及注者本身的专业特长等方面综合考虑,慎重选择所宜采取的训诂体式。如果只注意某一方面而不注意其他方面,或者不是慎重选择,而是轻易决定,就有可能采取不妥当的体式,势必要影响训释效果。在体式的选择和应用上,还应该注意复合体的应用。有些体式互相配合使用,显得很协调;有些则不然,分用两美,合用两伤。比如标点、注释、翻译三体合用,显得很协调,特别是普及本,从目前的情况看,似乎非此莫属。如果在注释中再加少量的校语,也无不可。但是,如果在这种普及本体式中正经地加入校勘体,那就显得不协调了;如果再加入考辨体,那就要使阳春白雪和下里巴人打架了。再如注释体和通论体各自成书,显得干散利落;但是如果将两者合在一起,前通论,后注释,或前注释,后通论,就难免有牵强凑合的意味。又如释例体一般只宜单行,如果跟考辨体结合,也无不可,但若跟翻译体或图解体放在一书中,那就不成体统了。总之,训诂体式的选择和应用,这中间也有学问可做,初学者不可贸然行事。

关于训诂方面,我们在本书中通过按训诂方面分章,已经显示得很清楚了。从训诂学发展史上看,凡是有影响的随文注释体训诂著作,它们的训诂方面都是比较广的。比如《毛诗故训传》,有序,有释词,有解句,还有对语法和写法的揭示,在现今所能见到的西汉以上所出现的同类训诂著作中,它的训诂方面是最广的。次后,郑玄的《毛诗笺》《三礼注》都遵循了这条道路,而且又有所拓宽,比如增加了校勘的内容。到了孔颖达等撰诸经正义,又增加了论述的内容,而且对其他各个方面的训释又尽量拓宽路子,增加细目。宋初,邢昺等人补作《论语》《尔雅》正义,也一遵汉唐旧规,训诂方面广,训释效果好。因此以上各种训诂著作,后来被收编为《十三经注疏》。可知《十三经注疏》的选编,不只以体现儒家思想的纯正与否为标准,还有训诂方式及训释效果方面的因素在。如果训诂方面不广,必然要影响训释效果。当然,训诂方面的广狭,在一定程度上直接受训诂体式的制约。我们在这里提出训诂方面的问题,目的不是强求实行某一种训诂体式,而是提醒学者在既定的训诂体式所允许的范围内,尽量扩大训诂方面。比如同样是随文注释体训诂著作，有些人可以把训诂方面扩大到十多个，有些人却只知道使用两三个方面，后一种情况在20世纪八九十年代出版行世的训诂著作中屡见不鲜，因此有必要引起训诂家的注意。

关于训诂方法，以往的训诂学著作大都不太重视，讲得很少。本书按训诂方面分章，以介绍训诂方法为主要内容。读者读完本书，对训诂方法和理论就能有一个比较全面的了解掌握。训诂方法的多样化和灵活应用，是一部训诂著作获得成功的又一个重要因素。这方面的道理不难理解，而且有些问题在以前各章中都已讲过了，这里不再赘述。古语云："工欲善其事，必先利其器。"训诂方法正是训诂家的武器，但愿我们的新一代训诂工作者能更好地掌握这类武器，为提高训诂著作质量作出应有的贡献。

谈到训诂方法时还要重复强调一点，就是注文宜简要，详略要得当。除资料汇纂性质的纂集体训诂著作之外，其他各种体式的训诂著作都应该注意这一点。关于注文宜简要的问题，我们先后在第六、第十两章的最后一节中已经讲到了，读者可以参看。

四、引文必须正确

训诂当中涉及引文的事情可分为三个方面：一为引用他书时的称名问题，一为所引文句是否与原文相同的问题，一为标明原书引文出处问题。这三个问题都需要引起训诂家的注意。

关于引用他书时的称名法，古今不大相同，有个发展过程。大致在两汉以上，明引与暗引相为用，而且以暗引为多。所谓暗引，就是不标主名，直用其说。如《诗·豳风·七月》："一之日于貉，取彼狐狸，为公子裘。"《毛传》："狐貉之厚以居。孟冬，天子始裘。"前句暗引《论语·乡党》原文，后句变引《礼记·月令》文，用以证经，都不标明所出。再如《礼记·明堂位》："成王以周公为有勋劳于天下。"郑玄注："王功曰勋，事功曰劳。"此暗引《周礼·司勋职》文。所谓明引，就是在引文开头标明主名或出处。如《易·乾·文言》："《九五》曰'飞龙在天，利见大人'，何谓也？子曰：'同声相应，同气相求。水流湿，火就燥，云从龙，风从虎。圣人作而万物睹，本乎天者亲上，本乎地者亲下，则各从其类也。'"即标明是孔子的话。再如《淮南子·修务》："贤师不能化者，丹朱、商均也。"东汉高诱注："丹朱，尧子；商均，舜子；弗能化。《诗》云'诲尔谆谆，听我藐藐'，是其类也。"即标明引《诗》为证。魏晋以下，训诂中引文大都属于明引，或举主名，或举书名，不厌其烦。如晋代范宁集解《春秋穀梁传》，引门生故吏说，则举其姓氏，如“江曰”“徐曰”等；引兄弟子侄说，则举其名，如“邵曰”“凯曰”“雍曰”等；引诸家旧说，则姓名全举，如“唐固曰”“孔演曰”“徐仙民曰”等；甚至主名和书名并举，如“京房《易传》曰”；书名和篇名同标，如“《周礼·大行人职》曰”。再如南朝宋裴松之注《三国志》、北魏郦道元注《水经》，下至隋唐，陆德明、孔颖达、颜师古、张守节等注解群籍，都是这样。而且有时称篇名，不称书名；称书的省名，不称全名。宋代以下，直至清朝，相沿其例。现代训诂中引文称名，一般要求主名与书名并标，有些大部头的著作，还要求标明篇名，甚至要求标明版本、页码。这样，行文虽不免烦琐，但对读者是有用的。总之，训诂引文称名，详细比粗略好，至于详细到什么程度，由注者自行掌握，本无定例。

在引文称名上，有三个问题需要注意。第一，所标注的主名、书名、篇名，应当力求准确，避免张冠李戴，前后错乱。由于古书各种版本标题的位置不一致，有的在前，有的在后，因此古籍篇名最易错乱，尤其应当引起注意。第二，注意称举篇名时不要增字。有些古书，古代训诂家创注时在每个篇名之后加了字。如东汉高诱注《淮南子》，在篇名后逐一加了“训”字，本作《原道》，变成《原道训》；本作《俶真》，变成《俶真训》，余同。“训”字表示训解的意思，是高氏分篇作注，题写其书时加上去的，非原文所有。再如晋代孔晁注《逸周书》，在篇名后逐一加了“解”字，本作《度训》，变作《度训解》；本作《文酌》，变作《文酌解》，余同。后代训诂家，其中有些还是名家，忽略了这种情况，以为两书篇名之后本有“训”字和“解”字，因此训诂中引用两书原文时，篇名后都误增了“训”字和“解”字。如王念孙《广雅疏证》、钱绎《方言笺疏》、洪亮吉《春秋左传诂》等，都是如此。当代有些名家也不能免于此。这类错误必须克服，否则将会贻误读者，贻误后世。第三，有些书据后世学者多方考证，学界公认为属于伪作，有些注文也属于伪托。比如孔颖达《尚书正义》本所用经文，其中《大禹谟》《五子之歌》《胤征》等二十五篇属于晚出伪作；《传》文系伪托，非孔安国撰。学界引用这类伪经文时，或称作“伪《古文尚书》”某篇，也可以称为“今本《尚书》”某篇或“《正义》本《尚书》”某篇；引《传》文时，或称作“伪孔传”，也可称为“某氏《传》”。总之，要有所区别，防止以假乱真。

关于所引文句是否与原文相同的问题，可以分为两类：一类属于转述或节引，一类属于照引原文。前者，顾炎武《日知录》卷二十“引书用意”和俞樾

《古书疑义举例》卷三“古人引书每有增减例”都有论证,这类引文相当于我们现在所说的间接引文;后者,相当于我们现在所说的直接引文。间接引文词句可变,但不应出现错别字;直接引文则应该完全照引原文,不能随意增减。这样做,对原书、对己作、对读者、对后世都有好处,应当严格遵行。

关于标明原书引文出处,其引文主要有两种:一是所解书籍原文中的引文,一是解释原文旧注中的引文。对于这两种引文,古代的注疏大都标明了出处,也有个由粗到细的发展过程。大致魏晋以上,或不标引文出处,或只标明出于何书。晋宋以下,凡为注疏,一般都须标明引文出处,或标明出于何书,或标明出于何篇,或书名篇名合标。宋代以下,一般沿用前人成例,有时连书名与篇名之间的类目名也一并标出。如《大学》:“《诗》云:‘邦畿千里,维民所止。’”朱熹《章句》:“《诗·商颂·玄鸟》之篇。”再如《孟子·滕文公下》:“《书》曰:‘葛伯仇饷。’”朱熹《集注》:“《书·商书·仲虺之诰》也。”以上都是三名并标。今天我们从事训诂工作,标明原书引文出处,当然应该以详细为好。

附录一

训诂学重要用语索引

为了便于读者寻览，特将出现于本书中的训诂学重要用语汇集起来，按照每个用语首字笔画多少为序，进行排列；倘笔画数相同，按音节开头的拼音字母次序排列；倘首字相同，则按音节多少，依次排列。每个用语之后六角括号中的数字群，依次表示所在的章数、节数及细目序号。第一个数字表示章数，第二个数字表示节数，其他细目或有或无，或多或少，视具体情况而定。

一画

三画

四画

五画

六画

七画

八画

九画

十画

十一画

十二画

十三画

十四画

十五画

十六画

十七画

十八画

二十画

附录二

主要训式索引

为了便于读者寻览，特将本书所介绍的历代群籍训诂中常用的主要训式汇集起来，编列如下。每个训式之后六角括号中的数字群，依次表示所在的章数、节数及细目序号。第一个数字表示章数，第二个表示节数，其他细目序号或有或无，或多或少，视具体情况而定。

疾言之则为 A,徐言之则为 BC 〔9·6·二·(四)·3·3)〕

A 字衍 〔5·3·4·2)·(1)〕
衍 A 字 〔5·3·4·2)·(3)〕
羡 A 字 〔5·3·4·2)·(3)〕
A 字疑衍 〔5·3·4·2)·(4)〕
A 字误重 〔5·3·4·2)·(6)〕
今文 A 为 B 〔5·2·1·2)·(1)〕
古文 A 作 B 〔5·2·1·2)·(1)〕
古书 A 作 B 〔5·2·1·2)·(2)〕
一本 A 作 B 〔5·2·1·2)·(3)〕
别本 A 作 B 〔5·2·1·2)·(3)〕
一本无 A 字 〔5·2·3·2)·(1)〕
不书 A,阙文 〔5·2·3·2)·(2)〕
某本 AB 倒 〔5·3·5·2)·(1)〕
A 下 B 字误衍 〔5·3·4·2)·(4)〕
A 字下增 B 字 〔5·2·3·2)·(5)〕
某本 A 作 B,讹 〔5·2·2·2)·(2)〕
某本作 A,此脱 〔5·2·3·2)·(3)〕
某本重 A 字,是 〔5·2·3·2)·(6)〕
某书 AB 无 A 字 〔5·2·3·2)·(1)〕
A 上(下)当有 B 字 〔5·2·3·2)·(4)〕
A 字上(下)脱 B 字 〔5·2·3·2)·(3)〕
A 字涉上(下)文而衍 〔5·3·4·2)·(1)〕
A 字原阙,今据某本增入 〔5·2·3·2)·(2)〕
定本作 A,俗本作 B,非也 〔5·2·1·2)·(8)〕
A 字原在 B 上,据某本乙正 〔5·3·5·2)·(7)〕
某本 A 上(下)剜添 B 字,是也 〔5·2·3·2)·(7)〕

BA 当倒 〔5·3·5·2)·(2)〕

整理后记

近年来，山东大学文学院高度重视教材建设，组织整理出版“高等学校中文一流学科参考教材”，并成立编辑出版工作委员会，全面负责系列教材的出版事宜。

训诂学是文学院本科生的一门重要选修课。2015年，我从杨端志先生手上接过训诂学的教学工作。2022年4月下旬，马兵副院长与我联系，希望由我带领相关同学一起校对我校老先生们的系列训诂学教材。

《中国训诂学》是冯浩菲先生在训诂学理论方面的一部重要著作，全书51万字，以介绍中国历代群籍训诂著作中所反映出来的训诂学体系为主要内容，于1995年9月由山东大学出版社首次出版。时隔近三十年，此次重新整理出版，以首版作为底本，同时改正原书中的排校错误，重点复核了全书引文，并订正引文错字以及繁简字转换讹误。

本书的校对工作始于2022年7月5日，我从编辑张铭芳女士处拿到书稿，即邀请2019级本科生陈睿、胡慧婷，2020级本科生秦立倩、樊筒几位同学加入到校对工作中来，四位同学都选修过“训诂学”“《尔雅》导读”，成绩优异。具体分工如下：樊筒负责第一至五章，胡慧婷负责第六至八章，秦立倩负责第九至十二章，陈睿负责第十三至十四章及两个附录，一校完成后，两两交换进行二校，其中，秦立倩同学出力尤多。二校完成后，我负责复核，整个校对工作持续月余。

今年夏天异常炎热，团队成员利用暑假，克服各种困难，全身心投入书稿校对工作中，在规定时间内完成了校对任务，保证了教材的顺利出版。宋人宋绶尝言：“校书如扫尘，一面扫，一面生。”（沈括《梦溪笔谈》卷二五）虽说大家已尽力去消除书稿中的各种错误，但也难以保证没有“漏网之鱼”，祈请方家是正。

刘祖国

2022年8月